乔木文丛

胡乔木谈中共党史

（修订本）

《胡乔木传》编写组 编

人民出版社

《胡乔木传》编写组

组　　长　邓力群

副组长　金冲及　程中原

成　　员　（按姓氏笔画为序）

王玉祥　卢之超　刘中海　朱元石　许　虹

李今中　李良志　邱敦红　郑　惠　胡木英

徐永军　黎　虹

《胡乔木谈中共党史》

主　　编　郑　惠

编　　辑　鲁　静

全书资料工作　李今中　张秋云

出版总负责　王乃庄

《乔木文丛》出版说明

胡乔木(1912—1992)是杰出的马克思主义理论家,百科全书式的学者。他长期担任文化思想和理论宣传工作的领导职务,在许多方面作出了贡献和建树,其中最为卓著、最具开创性的领域是中共党史、新闻出版、文学艺术、语言文字。《乔木文丛》即由《胡乔木谈中共党史》、《胡乔木谈新闻出版》、《胡乔木谈文学艺术》、《胡乔木谈语言文字》四卷专题文集构成,相当全面地记录和展示了胡乔木在这些领域的指导作用和学术成就,说明他不愧为中共党史研究和编纂工作的开拓者,新中国新闻事业的奠基人,中国文字改革和社会主义文学艺术事业的推进者。这部文丛是对已经出版的《胡乔木文集》的补充。文丛收录了胡乔木几十年来对上述领域产生过重大影响的文章、讲话,还选收了许多没有公开发表的文稿、讲话、谈话以及书信。它是胡乔木毕生创造的精神财富的组成部分,不仅为研究二十世纪中国文化思想史提供了丰富的材料,而且对中共党史、新闻出版、文学艺术和语言文字等方面的实际工作和学术研究也有长远的借鉴和指导作用。

《胡乔木传》编写组

1999 年 6 月

目　　录

党的八大的革命精神

（一九五六年十一月二十三日在社会主义学院的报告）

一、党的第八次全国代表大会的任务

中国共产党的第八次全国代表大会的任务是把过去的经验作一个总结，对当前的形势作一个基本的分析，根据这些来规定今后一个时期的主要的政策。

为什么需要总结过去的经验呢？因为从党的第七次代表大会到第八次代表大会，中间的时间很长，历史的变化很复杂，需要把过去的经验作一系统的概括。有的经验已经在过去作了理论上的说明，作出了相当的结论。但系统地全面地总结，特别是对一九四九年以后的经验作系统的概括、总结，过去还没有这样做过。经验的主要方面是不是正确，过去在党内党外还有些不完全一致的看法。从"七大"到"八大"期间经历的变化，党所采取的方针有很多是根据中国的具体情况和过去的经验来制定的，与外国的经验有相同的，也有些不相同的。有些同志对不同的地方曾经有过一些不同的看法，需要在第八次代表大会上作个确定的解决。但这并不是说在第八次代表大会上还有些什么争论，过去有些争论已被历史所证明了，所以在第八次代表大会时没有争论。但不同的看法曾经存在过，需要把过去的经验作个确实的解决。所以总结过去经验是有重要意义的。其次,总结过去经验对今后的工作也会发生指导的作用。在制定今后工作时,不能不考虑到这些经验。所以总结过去经验,不能不是"八大"的任务之一。

二、今天国内的主要矛盾

"八大"对当前的形势作了一个基本的分析。当前国内形势最根本的变化,即社会主义革命已经基本上完成。这就是说,中国的国内主要矛盾已经发生了变化,阶级与阶级之间的冲突、矛盾在这一时期已基本上解决了,推翻旧的生产关系和在这个基础上的上层建筑的任务已基本上完成了。今后主要的矛盾已经不是阶级斗争了。国内阶级斗争虽然还是存在的,但不是国家人民生活里面最主要的问题。今天全国的人民要解决新的主要矛盾,这就是把中国从落后的农业国变成先进的工业国。

落后的农业国与先进的社会制度的矛盾,并不是说过去不存在,现在才存在。但在过去很长的时间里,被当时的主要矛盾所压倒了。为着要解决这一矛盾,首先要推翻旧的政权,推翻旧的政治经济制度,推翻帝国主义、封建主义和官僚资本主义的统治,然后改变资本主义的剥削制度。现在这两个任务已基本上完成了,剩下来的任务就是要发展经济,因此要把落后的农业国变成先进的工业国的矛盾,现在变成主要的矛盾了。现在要使大家认识主要的奋斗目标,把主要力量、主要的精力都集中在这方面,以建立先进的工业国。我们的社会主义制度是先进的、生产力是落后的说法,是同外国比较来说的:我们的社会制度在世界范围内是先进的,但我们的生产力在世界范围内是落后的。这中间是有矛盾的,但不等于说生产关系不适合生产力的性质。我们的生产关系是适合于我们的生产力发展需要的。不是说我们的生产力比较落后，就要把我们的生产关系拉到后头一点，来适应生产力的性质。

中国是落后的国家，但革命首先取得了胜利。这同社会主义十月革命时，俄国比西欧资本主义国家发展水平落后一样，但俄国却比许多资本主义国家先取得了革命胜利。十月革命胜利后，苏联的政治经济制度、生产关系跑到西方国家的前面了。但今天的苏联，在生产力方面要超过主要的资本主义国家则还需要一个时间，一直到今天，苏联还提出为超过美国而斗争。从中国来说，当然需要一个更长的时间。今天，党的任务是要集中全党、全国人民的力量，赶快使生产力得到发展，使经济文化的发展赶上去。

三、阶级矛盾已推到次要地位

指出主要矛盾是为了使全党、全国人民的注意力集中到这一目标上来，同时也说明国内的阶级矛盾已退到次要地位，资产阶级与工人阶级的关系已经变得愈来愈和缓，资产阶级与工人阶级之间的冲突已大大地减弱了。当全国资产阶级已经把他们的生产资料、全部企业转变为公私合营的时候，资产阶级对生产资料的所有权仅仅表现在若干年内每年得到一定的利息。在这种情况下，还能说二者的矛盾还是非常重要的问题么？如果这样说，那是不符合事实的，是闭着眼睛不看事实了。今天这两个阶级的斗争还是存在的，而且还要存在一个相当长的时间，但是这种矛盾的性质已有很大的变化，能说矛盾还是对抗的么？报纸上登过很多文章讨论这一问题。认为还是对抗性的见解，大概是认为仍然存在着定息，而定息是剩余价值的一部分，所以认为资产阶级与工人阶级的矛盾仍是对抗性的。

我想这种说法是很难说服人的，定息是工人阶级与资产阶级完全商量好,商量妥当,在一定时间内给他一定数目的利息。这还是一种剥削,但与历史上资产阶级对无产阶级的剥削性质完全不一样。定息几乎可以说是无产阶级主动地、自愿地付给资产阶级的,而资产阶级却不知道自己究竟可以得到多少,当他们知道定息可以得到五厘时,就喜出望外,这能说是对抗性的矛盾吗?如果说这是对抗性的,便好像无产阶级自愿来给资产阶级一种条件,让他来跟无产阶级发生一种对抗。这好像两个人的打架是商量好的一样,被打的人应该怎样被打也是商量好了的。我们不知道这算怎样一种打法,如果说是两个人商量好了,那么,在实际上架也打不起来了。

付给资产阶级一定的定息,这中间当然不是没有争论,但不是工人阶级认为不能给、而资产阶级说非给不行的那种剧烈斗争的产物。定息基本上不是资产阶级与无产阶级剧烈斗争的结果,资产阶级与工人阶级是有矛盾,但不是对抗性的矛盾。

实际上从"三反"、"五反"大的阶级冲突以后,资产阶级与无产阶级关系的对抗性质已经逐渐地在消灭了。因为无产阶级不仅仅在政治上而且在经济上的统治地位,已愈来愈巩固、强化,资产阶级也愈来愈表示愿意接受无产阶级的领导。所以工人阶级与资产阶级已经不是简单的联盟的关系,而是已经变成领导者与被领导者的关系。领导同被领导者当然也是有矛盾的,但它并不会变成对抗的矛盾。所以要指出主要矛盾的转变,这也是说明阶级之间的冲突、对抗已经变化了,阶级矛盾已经基本上解决了,阶级斗争的最主要的任务已经完成,阶级斗争已经得到胜利。

四、经济政策的两个基本特点

"八大"所规定的政策有些什么特点呢?根本的要求是什么呢?

"八大"所规定的今后的政策是多方面的,现在只能从经济与政治两方面简单地作个说明。

关于经济方面。"八大"所通过的关于第二个五年计划的建议列举了各方面的经济政策。"八大"关于政治报告的决议对今后经济政策也说了十条。前面已经说过,我们当前的主要任务是把落后的农业国变为先进的工业国,这是我们总的要求。我们提出的这个总的要求和为实现这个总的要求而提出的政策有什么特点呢?如果说它的特点是要求实现工业化,要求把我们的国家从落后的农业国变为先进的工业国,但这是产业革命后每个落后的国家都有的要求,只不过有的国家已完成了,有的国家正在创造这个条件。因此,要使我们的国家变为工业国还不能表明我们经济政策的特点。谁想使自己国家在今天世界上能独立地生存,生存得好,生存得幸福,能得到经济文化社会各方面的进步,就不能离开工业化。

首先,我国需要在最短的时间内解决工业化的任务。在这问题上我们的特点是什么呢?我们在经济上的政策,是要努力去争取实现工业化的同时,保持人民生活能够逐步地、逐年地有所改善。这是一个很重要的问题。因为本来落后的、工业很少的国家要发展工业,而且要在比较短的时间内发展工业,资金来源是一个很大的问题。要发展工业就得拿钱投资,但是我们又不能像资本主义国家那样采用掠夺的方法来解决资金问题。所以工业化的要求和人民生活的改善必然有相当的矛盾。根据我们过去的经验,"八大"认为这个矛盾是可以得到解决的。可以使国家在发展工业中人民生活不下降,而且能够经常地有相当改善。这是一个困难、复杂的任务,但是必须完成。

当然,整个说来,人民生活的改善要依靠工业化的发展,像苏联一样,苏联工业已有高度的发展,苏联人民生活也比过去有了相当大的提高。但是社会主义国家的经验告诉我们,如果不注意搞好这两方面的关系,也可能犯错误,也可能得到另外一种结果。

苏联人民生活现在比过去已有很大的改善,但在它的经济建设过程中也犯了好些严重的错误,特别是农业方面在相当长的时期内,没有能够恢复到第一次世界大战以前的水平,使人民的生活不能得到迅速的改善。现在这种情况已经过去了。我们在发展工业时,就要避免政策上的错误。我们要充分地利用其他社会主义国家成功的经验和失败的经验,对成功的经验我们要学习,对失败的经验我们要吸取教训。

"八大"在经济政策的规定上着重于生产方面,注意到重工业必须优先发展,同时也注意适当地发展轻工业。既要提高工业在整个国民经济中的比重,也要积极地发展农业。对重工业与轻工业之间,工业与农业之间要作正确的安排,使人民生活得到逐步的改善。轻工业不但为人民生活所需要,而且是为发展农业所必需。没有轻工业,农民交给国家的农产物就得不到适当的东西去交换,农业就不会得到好好发展。所以重工业与轻工业、工业与农业的比例要合适。

其次,对积累与消费、对国家集体利益与个人利益之间的关系要摆得适当。重工业与轻工业、工业与农业的比例主要是生产方面的问题。但仅仅注意生产方面还不够,还要注意怎样正确地分配人民的收入。一方面要正确利用这种分配迅速发展工业,另一方面要利用这种分配适当地、逐步地改善人民生活。即一方面要注意满足国家需要和集体的需要,一方面又要照顾人民的个人利益。当然,今天国家的集体利益,归根结底是为了人民的利益。但如果片面地看待这个问题,认为国家集体利益就是人民的个人利益,看不到二者的差别,就会在工作上发生错误,就会产生不利于生产的结果,生产就不能顺利地得到发展。

因此,对整个国民收入的分配要有正确的比例。如农业合作社的收入中就应考虑到有多少交给国家,有多少交给合作社,有多少交给农民个人。如果不正确安排这些比例,农民就可能认为合作社虽然增产了,但社员并未增加收入,合作社好是好,就是农民个人得不到这种好处,合作社的好处给国家机关和合作社的领导机关分去了。这样的合作社是不会巩固的,要巩固就要使农民个人生活也得到改善,要使合作社和个人利益都得到照顾。当然也不能把这几方面的利益对立起来,如果对立起来,会使合作社社员只为个人而生产,合作社也是不会巩固的。但是不能适当满足社员的个人利益,不能使他们的收入年年有所增加(在正常情况下),合作社也会解体的。不但合作社是这样,农民是这样,工人也是这样,全国人民总的说来也是如此。

所以要兼顾国家集体利益与个人利益,也是兼顾长远的利益与目前的利益。积累过多了,人民生活就得不到改善,拿不出多少东西供给人民消费。积累太少了,国家经济就得不到发展,首先是工业得不到发展,农业也得不到发展。我们不仅要求扩大再生产,而且要求比较迅速地扩大再生产。为了使国家工业化能够实现,同时使人民生活得到适当改善,积累与消费就要规定正确的比例。这样,人民的生活在正常的情况下就可得到适当的改善。

工业要迅速发展,人民生活又要有很大改善,是不可能的;但工业不发展,生活要年年改善,也是不可能的。把改善人民的生活放宽了,人民暂时虽然高兴了,但终归也会失望的。所以正确的做法,只能年年稍微有所改善,使人民感到生活虽不是很满意,虽不是非常好,但是总可以一年比一年好些。在这个问题上我们要进行两条战线的斗争,不能片面地强调国家利益,但也不能片面地强调个人利益。这两方面要照顾得正确,是一件很困难的事;我们要求经常注意到两者的正确比例,不能只注意到一个方面,而忽略了另一个方面。

再次,在我们的经济政策里面,同时还注意到另一个问题。我们建设的经济是社会主义经济,是有计划的、集中的、统一的经济,这是一方面。另一方面,我们还注意到,不能仅仅是有计划的、统一的和集中的经济,还要有相当一部分经济不由国家计划,而由地方计划,或者地方也不列入计划。主要的经济部分是由国家计划,同时有一部分不由国家计划。许多企业需要大规模,也有许多企业不需要大规模。许多项目需要中央直接管理,也有许多企业不需要中央直接管理,可由地方、一直到由区和农村来管理。两方面都照顾到,这样才会使我们的经济有和谐的发展,而不致发展成畸形的东西。在商业方面,除了要有国家直接支配的统一市场以外,还要有在国家领导下的自由市场。如果只注意到由国家计划、统一、集中的一方面,那么就会使得产品种类减少,规格花色单调,产品质量也可能下降,就不能充分地满足人民生活需要。

因此,党的"八大"在经济政策方面,注意到优先发展重工业,也注意到相应地发展轻工业,注意到发展工业,同时注意改善人民生活;注意到有计划的、大规模的集中经营跟分散的、不列入计划的、小规模的经营这两方面的结合。这是党的经济政策的两个基本特点。这两个特点,是总结了我国过去的经验,同其他社会主义国家的经验的结果。

五、政治方面的几个问题

"八大"对国家的政治生活,也作了许多重要的决定。"八大"对政治问题所采取的一些政策,可以分作以下几点来说明:关于政府工作,法制问题,统一战线工作,民族关系。为了便利起见,党的工作也放在这里来说明。

（一）关于政府工作。着重提出来要扩大民主生活，这是跟刚才说过的国内主要矛盾的变化直接相联系的。我们的国家，是一个人民民主的国家，长期地建立了人民民主专政。有的同志问：从一九二七年到一九四九年的政权是不是人民民主专政？是人民民主专政。到一九四九年后还是人民民主专政，不过它的性质有了改变，就是由工农专政转变为无产阶级专政。因为国家的任务发生了变化，政权的性质也变化了。政权既是为社会主义而奋斗，就是为反对和消灭资本主义而奋斗。为了实现无产阶级的社会主义的要求，尽管在实现这个要求的时候，在实现社会主义的过程中，是同其他阶级联合在一起，但是无产阶级专政的性质并不改变。

人民民主专政的政权，是在广大人民群众拥护的基础上对少数人实行专政，对大多数人实行民主。但这不能解释为过去的民主已经是很充分了，今后不需要再扩大了。今后民主生活须要扩大，一方面是因为阶级关系发生了变化，另一方面，是因为在过去的民主生活里面，还有一些不充分的地方。在国家工作里面，长期以来党一直坚持实行群众路线即依靠群众的工作方法。依靠这个方法，取得了革命斗争的伟大胜利。从根本上说，我们是实行了群众路线的，但不是说在任何地方、任何时候，都严格地遵守了群众路线的原则，都密切地依靠了群众。相反的，由于革命的胜利，社会主义的胜利，这方面的缺点，更加显得严重。革命的胜利，使得政府领导机关的作用、权威和威力大大扩大了。历史上没有过任何政府有这样大的作用。

我们的政权有这样大的威力，这是基本的方面，这是我们政权伟大优越的地方。没有这样大的威力，就不能取得这样大的胜利。由于社会主义的胜利，它在人民生活各方面，在经济生活中，也享有非常大的力量。过去的政府在经济活动中也有些作用，但没有我们的政府这样大。比方在政府的组织中,就没有这样多的管理经济的部门。我们的政府除了反对内外的敌人以外,它越来越重要的职能,是组织国家的经济生活,成为各种经济领域的司令部、领导机关。因此,就更加要求我们的政府民主化,更加要减少错误,要求密切联系群众。如果它发生错误,对人民生活影响就非常大。

过去政府机关在群众路线上是有缺点的,即使在过去的群众路线上没有缺点,那时的民主生活到现在也不够了,也需要更加民主化了。因此,党的"八大"着重要求各方面的领导机关,必须在自己的工作中密切依靠群众,在各方面更加接近群众。决议里面讲到,为了执行群众路线,要求贯彻集体领导,健全各种民主制度,在企业内实行民主管理,在军队里面扩大民主。要求扩大对于政府工作的监督,比如扩大各级人民代表大会、各级政协机关对政府工作的监督,扩大人民群众直接对政府的监督,扩大机关干部对领导的监督,加强党对政府的监督。着重反对官僚主义,不让专权的现象,个人独裁的现象为害。不让任何人设想自己可以有一种国家所没有给他的权力,也就是要消除专制主义现象。这种现象是有的。有些政府工作人员,继承了旧社会机关人员的习气,他以为"一朝权在手,便把令来行",他以为什么都可以做,他不同群众商量,他可以把个人利益放在群众利益集体利益之上,他可以把个人意志强加在群众头上,用俗话说,就是他可以横行霸道,作威作福。这种现象,要坚决地反对。要求各级领导机构要依靠群众,健全民主制度,贯彻集体领导,实行民主管理,从各方面展开反对官僚主义、反对专制主义的斗争。

另外,在政府工作人员的日常活动里面,要接近群众。可是有许多机关,有许多工作人员,多年以来,日积月累,形成了许多脱离群众的习气和制度。这表现在跟群众不接近,下级很难见到上级,上级对下级总是摆出一副上级的面孔。上级工作人员在各方面表现特殊

化,跟大多数群众的生活距离悬殊。有些高级干部,自己造成或者被
人家造成一种特权的地位,享有特殊的权利。总之,使得上级人员不
能同下级和老百姓接近。这表现在许多方面,大家都可数得出来。
这些现象,使上级人员觉得他跟老百姓是完全不一样的。这是国家
民主化的一个严重障碍。要求领导者,首先要使高级干部得到教育,
有一种觉悟,认识到他的地位、权限、身份,他存在的条件,都没有什
么跟老百姓不一样的地方。如果跟群众脱离甚至对立的话,那么国
家就形成了新的统治阶层。这个阶层诚然没有占有什么生产资料,
但是因为在政治上、收入上各方面特殊的关系,他们仍然可以跟群众
相隔绝。如果这样,那就是我们社会主义国家的一种危险,是社会主
义国家的一种羞耻。我们的任务,就是要向全党指出这种情况,使所
有的领导人员懂得,他们没有权利跟群众脱离,没有权利享有特权和
享受特殊待遇。大家知道,在革命战争时期,这种现象是不明显的。
指出这种状况,并不是说不要给这些领导人员以工作上应有的便利,
一切要同最困难的群众一模一样。但是不应该在工作需要的掩护下
面,发展起许多并非真正必要的脱离群众的生活悬殊状况,不跟群众
见面,使群众见不到面。这种现象无论如何不能容许。在社会主义
社会,要消除这种现象,把党跟群众的联系,领导人员跟群众的联系,
比过去任何时候更加强,更密切起来,把已经形成的那些不好的现象
消灭。

　　当然,扫除官僚主义不能采取急躁的态度,要求在一个早上或一
个星期里面把它消灭掉,是不可能的。跟这些坏东西作斗争,是长期
的,也可以说是永久的。旧的错误缺点改掉了,又会有新的错误缺点
产生,不要认为错误缺点在有一天会完全改正了。这样指出来,不是
泄气、悲观。我们会不断改善,但不要以为已经改善得差不多了。什
么时候这样想,什么时候坏人坏事就容易产生。要不断地改善我们

的工作,不断地跟坏现象作斗争,没有任何时候可以说是斗争完结了,工作完善了。"八大"把中央和地方的工作作了适当的调整,因为如果什么事都集中到中央,就更不容易把工作做好,官僚主义就更会发展。

(二)法制问题。"八大"对于加强法制,作了明确的决定。在社会主义革命完成以后,旧的生产关系残余对发展生产的障碍已经不大,不需要把它当作严重的阶级斗争了。重要的工作应该是保护生产力,推动生产力的发展。因此,要使一切守法的人得到充分的人身保障,使他们感觉到,只要不违犯法律,法律就会保护他们,不使人们有不安全的思想。对于违犯法律的人,也应该进一步给以宽大的处理,对一般违法的人,以至一般的反革命分子,都是这样。为了保护生产力,就应该做到最高限度地不采取死刑,使国家所有犯罪的人,也可得到最大的教育,转变为善良的人,继续参加生产。

(三)统一战线工作。"八大"对统一战线工作也作了详细的指示,说明在社会主义胜利以后,统一战线仍然要加强,并且特别提出了"共产党与各民主党派长期共存、互相监督"这样的方针。长期共存的基础是什么,政治报告作了说明。根据我们国家长期的经验和外国的经验,证明统一战线的存在,对党的工作只有好处,没有坏处。那么有什么理由提出不应该长期共存呢?只要各党派自己能够存在下去,任何人没有理由也没有权利说它们不要存在下去。这是各民主党派自己的事情。与其讨论为什么要长期共存,不如问为什么不应该长期共存,为什么要短期,谁来规定,根据什么理由、权利来规定?关于各民主党派存在的理由这个问题,可以说是不成问题的问题。存在本身就是理由,人存在,就是存在的理由。党派也是这样,各党派存在,这就是最充分的理由,完全不必耗费精力,去讨论各民主党派为什么在社会主义制度下还能存在。是先有事物的存在,然后才有许多理论家去说明存在的理由。过多的繁琐的讨论,没有多大的益处和意义。对于共产党来说,只应该考虑如何使党和各民主党派的关系处得更好,使各民主党派的工作做得更好。

(四)关于民族关系。"八大"强调提出反对大汉族主义的必要。党指出,汉族对少数民族应该看作是欠了他们的债,今天对少数民族的一些帮助,性质上是偿还我们的祖先在历史上所欠下的债。汉民族应该看到自己有许多欠缺和理亏的地方,做好少数民族的工作是我们的责任。历史上许多民族都受了汉族的气,从中原被赶到边疆,从平原被赶到山区。这些错误虽然不是我们犯的,但汉民族今天有责任偿还这些债务。

以上这些问题,都是为了使我们的国家进一步民主化。有人说,官僚主义是社会主义制度本身带来的,这个说法是否正确?当然不正确。官僚主义,从国家产生的时候就产生了。从有国家开始,一部分人脱离了生产,来管理政治,造成了掌握权力的人脱离群众的可能性,因此就产生了官僚主义的错误和罪恶。我们的国家是最民主的国家,历史上没有过这样的民主:把劳动人民、妇女解放出来,把被压迫的人民群众放在主人翁的地位,解除他们所受的压迫。这说明我们的社会主义政权是最民主的政权。过去的统治阶级,对人民不仅采取官僚主义的漠不关心的态度,而且用一切办法压迫剥削人民群众,想永远维持它们的统治。任何人没有理由、没有资格说过去的国家比我们的国家更民主。这种说法忘记了最重要的东西,就是大多数人民是否得到了权利,生活是否得到了改善,还是受剥削,受压迫。人民的生活,在社会主义国家也可能在某一时期没有得到改善,但这是畸形的现象。从整个历史看,劳动人民的生活在社会主义国家是得到很大的改善的。社会主义的历史,从苏联算起还只有几十年,劳动人民的生活整个说来已经有了非常大的改善。当我们说,在社会主义制度下面,仍然发生某种错误,这丝毫不应该怀疑到官僚主义是从社会主义制度带来的,丝毫不应该怀疑到社会主义社会比其他社会更加不民主。

（五）关于党的生活。为了国家的民主化,党的生活也必须进一步民主化。新党章和修改党章的报告对这些都作了充分的说明,如基层组织权力的扩大,党代表大会制度的改革,地方党组织作用的确定等等。还特别强调提出,党内的不同意见,应得到必要的照顾;允许不同的意见在一定范围内自由讨论;在纪律许可的范围内,在党内有发表的机会。少数人有不同的意见,除了服从和执行同级党组织的决定以外,仍可保留自己的意见。对在党的工作中犯了错误的同志,也不采取绝对的办法,而采取适合于党的团结、能够使所有的积极力量都能发挥的办法。这些规定,都是为了保证进一步扩大党内民主。党内民主的扩大,就会在考虑国家问题的时候,使国家的民主生活进一步地扩大。国家民主生活扩大,就可以少犯错误,犯了错误,也容易发现和改正。当然,不能保证不犯错误,比如二中全会公报谈到在今年的财经工作中还是犯了一些错误。这些错误,在"八大"和"人大"开会的时候,也已经注意到了。要求完全不犯错误,是主观的,是会失望的,因为这种想法本身是不现实的。我们要求尽可能少犯错误,犯了能够及早发现改正。

六、两条路线的斗争

总结上面所说的,在经济政策中,既不能片面强调工业的发展,忽视人民的生活,也不能片面强调国家有计划的集中统一的经营,忽视必要的自由分散的经营。另一方面,也不能过分强调人民生活,忽视国家利益,过分强调自由分散的经营,忽视集中统一。要进行两条路线的斗争,才能建设一个健全的经济。在政治生活中,也要进行两条路线的斗争,既要看到国家生活中的缺点和扩大民主的必要,又不能忽视专政的必要。不能以为反革命分子、帝国主义不存在了,他们不想毁灭我们了,因此忽视巩固专政的必要。一方面要看到党的领导和政府的领导不是没有缺点的,另一方面,也不要认为党和政府的领导充满了错误,根本脱离群众,跟群众相背离。这样想,就会得到很危险的结论,不利于我们的社会主义事业。我们可以从东欧国家取得教训。这种想法如果发展下去,会使人民群众对于我们所得到的很大胜利看不清楚,对于应该依靠什么都忘记了。这也是必须坚决反对的。在每一方面,都要进行两条路线的斗争,既反对"左"的,又反对右的,沿着正确的马克思主义的道路,使我们犯错误最少,忍受的困难最少,走向工业化,使我们的国家走向富强幸福的目标。

党的十一届三中全会的重大意义[*]

（一九七九年一月六日）

党的十一届三中全会和在这以前召开的中央工作会议,在党的历史上意义非常重大。这两个会议的文件,按照中央的规定,将陆续传达、布置学习。今天,我要讲的,是就这两个会议的文件的主要精神,按照我的体会提出几个最重要的问题,给大家在学习时参考。

许多同志都说,很多年没有召开这样的会议了。这两次会议恢复了我党历史上的优良传统,在马克思列宁主义、毛泽东思想的基础上,大家解放思想,畅所欲言,展开了批评与自我批评。这两次会议反映了我们党在政治上的一个伟大进步,说明我们党经过林彪、"四人帮"十多年的打击破坏以后,恢复了自己的光荣传统,重新按照马克思列宁主义、毛泽东思想所规定的工作方法,党内的民主制度,来进行工作。这种工作精神和工作方法,三中全会要求把它扩大到全党、全军、全国人民中间去,永远坚持下去。而且,这两次会议还解决了党的历史上、党的生活里、国家的生活里很多年来没有解决的问题。所以,这两次会议确实是非常重要的,开得非常好,受到全党的

---

* 此篇是 1979 年 1 月 6 日在中国社会科学院全院大会上的报告。标题是收入（胡乔木文集）第 2 卷时加的。

热烈拥护，受到全国人民的热烈拥护。

现在我想从三个方面讲讲这两次会议的意义。一、这两次会议，决定了党的工作中心的转变；二、这两次会议回顾、总结了我们党在三十年中间领导中国社会主义经济建设的基本经验；三、会议回顾、总结了党在新中国成立以来，特别是二十年来，主要是一九六六年以来的许多根本的问题，重大的历史问题，总结了党的生活的历史经验，这两次会议既然在这三个方面进行了这样深入的得到重要结果的讨论，在党的历史上就具有重大的意义。

一、工作着重点的转移。中央工作会议和三中全会都着重地首先提出这样一个问题，就是全党从一九七九年开始，要把工作中心转移到社会主义现代化建设上来。这就是说，一九七七年、一九七八年在全国范围内进行的揭批林彪、"四人帮"这样一个政治大革命已经基本上胜利完成了它的任务。尽管有一些地区、部门在这个方面遗留的问题还不少，还需要有一段时间继续解决没有解决的问题，但是就全国范围说来，这个任务在绝大部分地区、部门已经基本上胜利完成了。因此，党就能够把工作中心转移到建设社会主义经济、实现四个现代化这样一个主要任务方面来。

我们党提出在一九七九年实现工作中心的转变，这并不是说在历史上我们没有提出过这个转变，没有开始这个转变。在历史上已经提出过，而且已经开始。我们党根据马克思列宁主义、毛泽东思想的基本原理，从来认为，我们革命的根本目的，就是要建设社会主义社会，一直到将来条件成熟时，转入共产主义社会。这是我们党的根本纲领、根本任务。在几十年中间，我们奋斗牺牲、前赴后继，根本目的就是这个。我们不是为革命而革命，不是为阶级斗争而阶级斗争。革命、革命战争，这不是我们的目的，这是我们为了达到目的所必须采取的方法。我们建立无产阶级专政，这也不是我们的根本目的，它也是一个方法,一个手段,目的还是为了建设社会主义、共产主义,来提高全体人民的物质文化生活水平,最后达到各尽所能、按需分配这个理想。还在革命战争中间,在有了根据地以后,我们就开始经济建设。那个时候的经济建设,一方面是为了战争的需要,是为了革命的需要,一方面又是要解决人民生活里的迫切问题。可是,在革命战争中进行建设,要受到许多限制,当时我们同敌人进行着生死斗争,不可能把经济建设作为我们全部工作的中心。当我们夺取了全国政权以后,这个任务马上就提到我们面前。毛主席在一九四九年七届二中全会的决议里就已经规定,占领了城市就马上要把生产建设作为一切工作的中心,党的其他工作都要围绕这个中心,而不要乱碰乱撞,妨碍、贻误这个中心。以后,在一九五三年提出过渡时期的总路线,首先是要实现社会主义的工业化,同时实现对农业、手工业和资本主义工商业的社会主义改造。过渡时期的总路线已经包括要实现社会主义工业化这个内容,而这个内容是放在三大改造的前面。正因为是这样,毛主席才能够在一九五六年对我们党领导社会主义建设的经验做出总结,提出《论十大关系》的报告。在作《论十大关系》报告的时候,三大社会主义改造实际上已经基本完成。一九五七年夏天,发生了右派进攻和我们对右派的反击,毛主席后来把它表述成为思想战线、政治战线的社会主义革命。到一九五八年,毛主席提出把技术革命作为党的中心任务,并且在同年提出鼓足干劲、力争上游、多快好省地建设社会主义的总路线。所有这一切都是说,党中央早已把着重点的转移、工作中心的转变提到议事日程上,并且做出了规定,进行了大量的工作。公报里面说,在毛主席、周总理的领导下,为建设社会主义经济进行了大量的工作,正是这些工作,奠定了我们现在在新的条件下实行工作着重点的转移的物质基础,同时也给我们积累了丰富的经验。在一九五八年到一九六六年期间,党在社会主义经济建设过程中,发生了一些曲折。这是大家所知道的。这些曲折并没有使得我们离开这一工作中心,只是我们在工作方法上有一些失误,有一些差错。从那以后,党中央提出了调整、巩固、充实、提高的方针,我们整个国民经济很快得到了恢复,到一九六六年已经超过了历史上已经达到的水平。

一九六六年以后,发生了"文化大革命"。在"文化大革命"开始时,毛主席提出了"抓革命、促生产"的方针,可是一开始就受到林彪、"四人帮"的疯狂破坏。虽然周恩来同志、陶铸同志及其他许多同志跟林彪、"四人帮"做了坚决的斗争,但是这个方针终究没有能够得到认真的执行,因为林彪、"四人帮"的破坏太厉害了。在一九七〇年到一九七三年这段时间,国民经济在党中央、各级党委、全国工人、农民、知识分子的共同努力下,有过一段上升。可是到了一九七四年,"四人帮"在所谓批林批孔的口号下又进行了新的破坏,国民经济受到了很大损失。一九七五年,毛主席提出把国民经济搞上去的方针,邓小平同志和党中央的多数同志坚决执行,使得国民经济重新上升。到了一九七六年又受到"四人帮"在所谓反击右倾翻案风的名义下进行的一次更加疯狂的破坏。这次破坏超过了历史上历次的破坏,使国民经济达到了崩溃的边缘。

一九七六年十月,党中央一举粉碎了"四人帮",造成了我们恢复国民经济的根本条件。一九七七年和一九七八年两年中,进行了全国规模的对林彪、"四人帮"揭、批、查的政治革命。这个政治革命是非常必要的,没有这场革命斗争,要在一九七九年实行全党工作中心的转移是不可能的。同时,这两年也为恢复和发展国民经济做了很多工作。我们现在需要实行工作着重点的转移,而且已经有了这个条件。基本的条件是因为我们对林彪、"四人帮"揭、批、查的斗争已取得全国范围的基本胜利。这表现在六个方面:①查清了同"四人帮"篡党夺权阴谋活动有牵连的人和事,粉碎了"四人帮"的帮派体系;②联系实际,批判了林彪、"四人帮"的极左路线及其反动思想体系,从根本上分清了路线是非;③整顿了各级领导班子,清除了那些参与林彪、"四人帮"篡党夺权阴谋活动的骨干分子;④对林彪、"四人帮"迫害所造成的大批冤案、错案的平反工作取得了很大的成绩;⑤恢复和发扬了党的实事求是、群众路线的传统作风;⑥实现了安定团结,加强了组织性和纪律性。因为有了揭批林彪、"四人帮"斗争的根本胜利,在一九七九年实现这个转变是完全可能的,同时也是完全必要的。

我们现在把工作中心转到建设社会主义经济、实现四个现代化方面来,同以前时期比较起来,我们现在的物质基础更加强大,国内、国际的条件更加有利,但更重要的是全党和全国人民对要实现这个转变的思想认识更加统一,更加明确,更加清醒。大家都承认建设社会主义经济是革命斗争的根本目的、根本任务。如果不把工作中心转移到建设社会主义经济方面来,我们就不可能完成革命的根本任务,不可能达到革命的根本目的和根本要求。那么,我们就对不起为革命牺牲的无数先烈,对不起全国人民,也对不起子孙后代。

革命就是为了建设社会主义。社会主义、共产主义是要靠经济建设才能实现的,离开了经济建设就谈不到实现社会主义、共产主义。林彪、"四人帮"一伙人曾经在很长时间里散布了大量的反马克思主义谬论,冒充马克思主义,批判什么所谓"唯生产力论"。这种对"唯生产力论"的批判,就是企图篡改革命的任务,企图使我们中国革命半途而废,是他们在假革命的口号下使国民经济陷于瘫痪、失败的罪恶阴谋。历史的发展根本上决定于生产力的发展。人们在生产中间结成了相互关系,形成了一定的生产关系,这种生产关系同生产力的关系经历了不同的发展阶段,开始是相适应的,然后逐渐发生各种各样的不相适应的状况。人类社会分裂成为阶级,阶级和阶级之间发生斗争,这是生产力的发展的特定阶段上的现象。只要有人类的历史,就有生产发展的历史。生产的规律,决定人类历史发展的根本规律。不能认为阶级斗争比之于生产、生产力的发展是更为根本的东西。生产力的发展和阶级斗争的发展,哪一个是根本的东西?马克思主义者的回答是,生产力的发展才是更为根本的东西。所以马克思说,发现阶级斗争并不是他的功劳,资产阶级的学者早已讲了这个问题,他的贡献首先就是说明阶级斗争是同社会生产力的发展的一定阶段相联系的。阶级斗争只是人类生产发展、生产力发展、生产关系发展中间的一个特定阶段的现象。问题非常清楚,决不能把阶级斗争看做是比生产力的发展更为根本的动力。如果是这样,在阶级出现以前以及阶级消灭以后人类社会又是怎样发展呢?那个时候人类社会的发展不是没有动力了吗?当然不能这样讲。生产力发展到一定阶段产生阶级,在阶级社会,生产力和生产关系的矛盾,到一定阶段发展成为冲突,形成革命,产生新的生产关系,在新的生产关系下面生产力又得到新的更高的发展。这就是历史唯物主义的基本观点。根据这种观点,社会主义要取代资本主义,当然是为着要比资本主义生产发展得更快、更好、更合理。毛主席曾把它概括为革命就是解放生产力。怎么能把这种马克思主义的根本观点污蔑为“唯生产力论”而进行批判呢?如果一定要说这是“唯生产力论”,那么,这种“唯生产力论”就是正确的。那些批判“唯生产力论”的人,根本不曾也不能解释历史唯物主义是怎样说明生产力的发展,怎样形成了生产力与生产关系之间的矛盾,在怎样的条件下才会形成革命。

在社会主义条件下,由于资本主义社会的残留,由于社会主义发展的初期各种制度的不严密、不成熟,还是有阶级、阶级斗争,这是资本主义历史时期在社会主义历史时期的一种遗留。毛主席说,社会主义社会还有阶级、阶级斗争。但是林彪、"四人帮"一伙,在这个地方进行了极大的伪造,在"存在着阶级、阶级矛盾、阶级斗争"的前面加上了"始终"两个字。这样,就把原来的在一定历史时期的一个正确的命题篡改成为一个错误的命题,篡改成为荒谬的、自相矛盾的命题。大家都知道,社会主义就是消灭阶级,可是又说社会主义始终存在阶级,把这两个命题合在一起,它的结论就是说社会主义始终不是社会主义。如果说社会主义始终都存在着阶级、阶级矛盾、阶级斗争,那么它又怎样向共产主义过渡? 林彪、"四人帮"及其合作者、同谋者在思想理论方面造成的极大混乱,是他们破坏社会主义经济建设而制造的所谓理论根据。当然,还不止这些,还有其他各种各样的反革命谬论。

通过对林彪、"四人帮"的政治上以及思想、理论上的罪恶的揭发、批判,我们党现在终于认识清楚了,革命是手段,社会主义建设是我们的目的。更进一步来说,根本的目的是人民的物质文化生活的提高,从这个根本目的来说,建设也是手段。革命斗争是手段,各种各样形式的阶级斗争,对共产主义者、马克思主义者来说都是手段,目的是建设和实现社会主义一直到过渡到共产主义。我们通过对于林彪、"四人帮"一伙所散布的反革命谬论的批判,我们全党对于社会主义建设的意义以及它同整个革命斗争的关系的认识就更加清楚,全党的思想更加统一了。我们讲三大革命一起抓,在这次会议公报上加上了一句话,以生产斗争为中心。

阶级斗争在一定历史条件下还是存在的。否认、忽略这一点是错误的。我们和林彪、"四人帮"就是一场阶级斗争。在粉碎了林彪、"四人帮"以后,像过去十来年给我们党造成这么大损失,发生这么大规模的反革命事件是否还会出现呢? 是不会了。因为林彪、"四人帮"作为一种阶级斗争的现象,发展成这样的规模,这是一种在特殊历史条件下出现的特殊现象,产生这种特殊现象的条件已经一去不返,因此像林彪、"四人帮"这种大规模的反革命事件不会再重新产生。但是,公报中说,敌视、破坏社会主义建设的反革命分子还是有,还要跟他们进行阶级斗争,要对他们实行专政。这就是说阶级斗争是存在的,但是不允许任意扩大阶级斗争的范围。

现在,我们社会上除了敌视、破坏社会主义建设的反革命分子、坏分子以外,还有一些什么专政对象? 我们过去常常讲地、富、反、坏、右。右派分子是一个历史现象。这个现象已过去了,中央决定全部摘掉右派分子的帽子。三中全会上基本通过的《农村人民公社工作条例(试行草案)》中说,地主、富农绝大部分经过多年的劳动改造,已经改造成为守法的自食其力的劳动者,因此对于这些人要一律摘掉他们的帽子;他们今后都是人民公社的社员,享有中国公民的全部政治权利。至于地富子女,他们有些从来没做过地、富,有些即使做过也是很短一段时间,这些人当然就是社员,一般地说,他们本来不发生劳动改造的问题,对他们更加不允许有任何的政治歧视。至于地、富的孙子一辈,他们生下来就是农民,就是社员,但由于过去历史习惯的影响,我们让他们还拖着尾巴,说他们的家庭出身是地、富,这是错误的,他们的家庭出身也是社员。当然,个别没有改造好的地、富也还是有,但是作为一个阶级来说已经不存在了。对阶级斗争,今后我们还是要密切注意,新的反革命分子、敌视和破坏社会主义的分子、新生资产阶级分子还会出现,我们一定要保持警惕,一定要和他们做斗争。在党内也还会有这样那样的资产阶级思想影响,对这种影响我们也还要按事件本来面目进行批评、斗争,不夸大,也不缩小。人民内部矛盾,应当坚决按照处理内部矛盾的方法去处理。《关于正确处理人民内部矛盾的问题》是毛主席所作的讲演,经过历史考验,证明它是客观真理。在这一伟大著作发表以后的二十多年中间,可惜我们党内常常没有按照毛主席提出的这一原理来做,以后要坚决按照这一原理来处理人民内部的各种问题。这次会上决定关于"双打"(即打击"四人帮"残余势力,打击反革命分子)问题,由各地按实际情况进行,不进行全国性的运动。整党整风也要按照各地具体的情况和风细雨地进行,也不进行全国的运动。过去的经验证明,这种全国性的政治运动经常成为妨碍社会主义经济建设的一个重要的原因。

　　既然要以生产斗争为中心,那么阶级斗争也要以生产斗争为中心。阶级斗争是为着生产斗争利益的需要而进行的,不是为阶级斗争本身来进行的,因为阶级斗争本身不能成为目的。共产主义者从来不以阶级斗争本身作为他们的目的。既然全国人民当前的中心任务是进行社会主义建设,那么,除非发生外部敌人大规模侵犯我们国家的事实,我们就一直要把社会主义经济建设发展下去,把四个现代化的建设发展下去。我们说要在二十世纪末实现四个现代化的目标,那么到二十一世纪我们的四个现代化建设就完成了、就终结了吗?没有这样的事。这是一个长期的任务。我们提出在二十世纪末实现四个现代化,我们也清醒地知道,这还不是很高水平的现代化。要按人口平均计算,按劳动生产率计算,到二十世纪末我们还是一个比较落后的国家。这不是二十年、三十年所能解决的问题,还需要继续进行长期的斗争。这个斗争要继续到什么时候?只要不发生战争,那么我们就一直要进行到实现共产主义。发展社会主义经济建设不是暂时的任务,是共产主义者也是全国人民根本的长远的任务。实现这个工作着重点的转移,这在我们中国的历史上是一个重要的转折。尽管我们说在新中国成立一开始,党曾多次提出并实行工作中心转移到经济建设上来的方针,但是在过去二十年中,这个转移没有完成,中间受到各种各样的挫折、干扰、破坏。现在我们要下定决心,贯彻始终,来进行这个转变。这个转变,不是普通性质的转变,而是历史性的转变。

二、中央工作会议和三中全会,总结了我们国家建设社会主义的历史经验。在这两个会议上,大家一致认为:社会主义经济要持久地、高速度地、有计划按比例地发展,必须有这样两个必不可少的条件:(一)必要的社会政治安定;(二)按客观经济规律办事。

所谓必要的社会政治安定,并不是说,是一潭死水,没有任何矛盾、任何变化、任何斗争。如果那样设想,那是幻想、虚构,因为这不合乎客观规律,不是客观物质世界的反映。社会要发展,要进步,一定会有各种各样的矛盾、斗争。但无论这样那样的矛盾、斗争,都不应该妨碍必要的社会政治安定。这是不是自相矛盾呢? 不是的。我们的历史证明这是不矛盾的。如新中国成立初期到农业、手工业、资本主义工商业三大社会主义改造完成,也就是一九四九年到一九五六年,中间进行了很多的斗争和政治运动。那时,开展全国性的政治运动是完全必要的,并没有妨碍社会政治安定,生产不但没有下降,而且发展很快。我们进行了土地改革、镇压反革命、抗美援朝,进行了农业、手工业、资本主义工商业的社会主义改造,还进行了作为改造资本主义工商业前奏的三反、五反运动。这些是完全适合历史需要的,生产力并没有受到破坏,而且保持了基本的社会政治安定。这同一九六六年到一九七六年中间的情况完全不同。林彪、"四人帮"在"文化大革命"中所进行的各种各样的反革命的倒行逆施,从这一点也可以证明是违反历史发展方向的。过去进行那么大的阶级斗争,真正打倒了一个又一个阶级,社会是基本安定的,生产是前进的。林彪、"四人帮"及其一伙所实行的那种所谓反对"唯生产力论"、反对"基础论"等等假马克思主义的反革命谬论指导下进行的所谓革命,完全是反革命。它破坏了生产,破坏了整个社会政治安定。毛主席为什么几次讲"还是安定团结为好"？可见毛主席已看到不安定团结就不好，再不能那样继续下去了。没有安定团结，经济搞不上去，我们国家就要一天天陷于危险状态。所以，这两次会议认为：工业也好，农业也好，要发展，一定要有必要的社会政治安定。

要保持必要的社会政治安定，就要防止把阶级斗争扩大化、绝对化，以免造成阶级斗争本身的混乱，造成阶级和阶级关系的混乱，阶级内部的混乱。不能随心所欲地，不是按社会生产力发展的需要而进行这样那样的政治运动、阶级斗争。这并不是说，阶级斗争本身有什么好或不好，这是客观历史现象。有各种各样的阶级斗争：有无产阶级反对资产阶级的阶级斗争，有资产阶级反对无产阶级的阶级斗争。阶级斗争本身无所谓好，无所谓不好。要看是什么阶级，按什么目的发动的，目标对着谁的，这个斗争的基础是什么，经济基础是什么，历史基础是什么？没有一定的经济基础，不是为着社会生产力发展的需要，不是为了排除生产力发展的障碍而进行的阶级斗争，必然适得其反，因为这违反了历史的需要。这样的阶级斗争当然要造成社会政治的极大的不安定。这十多年的历史，同一九五六年前七年的历史比较，可以很清楚地看出：什么样的阶级斗争是正确的，是推动历史前进的，是历史发展的动力，是解放和发展了生产力；什么样的阶级斗争或所谓的阶级斗争是违反历史前进方向的，是违反生产力发展的需要的，不是排除生产力发展的障碍，而是制造生产力发展的障碍，它本身就是障碍。这样的阶级斗争必然要造成社会政治的不安定。这同一九四九年到一九五六年进行的各次政治运动的历史效果、社会政治的效果完全相反。这个历史对比非常明显。这里容不得任何的诡辩，也不需要长篇大论的说明，就可以看出事实的真相。大家认为，为了要发展社会主义建设，要实现工作中心的转移，使社会生产力有个大的发展，实现四个现代化，就一定要有必要的社会政治安定。这是我们党花了很大代价所得来的经验教训。

正确处理好党内是非关系，也非常重要。不能把党内是非斗争轻易提成为路线斗争。在一定时期，我们用了"路线斗争"这个概念，正确表达了那个事物的实质。可是当这个名词被滥用的时候，这个名词的含义就变得不清楚了。不做分析，不加区别，对什么问题一律搞所谓路线斗争，就使党内生活长期处于不稳定、不正常状态。我们说要实行"三不主义"：不抓辫子，不戴帽子，不打棍子。最大的辫子、帽子、棍子，不就是林彪、"四人帮"所谓的"路线斗争"吗？按照他们的旨意去进行"路线斗争"，是非界限混淆了，以至于是变成非，非变成是了。按照他们的说法：错误路线，一切都错；反过来说，正确路线，一切都对。这种说法和做法，这种用语造成的习惯，使党内各方面、同志之间的相互关系，不但造成很大的不安定、不团结，而且造成很大的紧张和不正常。

我们不是要混淆是非界限，是非界限不应该混淆。但当我们要分清是非界限的时候，被他们的"路线斗争"一干扰，就常常不是有助于弄清是非问题，而是造成一种气氛，不是实事求是地讨论是非问题，以至把人民内部矛盾的敌我矛盾的界限也混淆了，搞不清楚了。

这次中央工作会议和三中全会，为彭德怀同志恢复了名誉。他是在林彪、"四人帮"迫害下逝世的。他逝世时，情况很悲惨。为什么会造成这种现象？是由于林彪、"四人帮"的罪行，同时，不也是同滥用路线斗争概念相关的吗？这还不足以说明，任意用路线斗争概念，对党内生活没有什么好处，反而有很大的坏处吗？今后，党内还会有思想斗争，但是不能把任何思想斗争都说成是路线斗争。正如刚才说的，不要把阶级斗争滥用、扩大一样，党内路线斗争也不要任意滥用、扩大。否则，党内就会不安定、不团结。党内不能安定、不能团结，社会也就不能安定、不能团结。所以，当我们说哪个单位的

"路线斗争盖子未揭开"的时候,最好事先多想想用语是否准确,是否合乎实际,如果不准确,就不要用危言耸听的语言。这极不利于党内党外的安定团结,也不利于把是非弄清楚。任何事物都有一定的分寸,超过一定的分寸,同其他事物之间的界限就模糊了。不正确的用语使有关事物得不到正确的认识。我们无论对现状,或是对历史,最好通过学习三中全会文件,由此得到帮助,养成在政治生活中严格使用概念、术语,使之能够如实反映事物本来面貌的习惯。

其次,就是要遵守客观的经济规律。既然叫做经济规律,就是客观的,本来没有什么主观的规律,主观的东西不能成为规律。我们曾经有过相当高速度的、稳定持久的、有计划的发展,也曾经有过一些失误。我们在全国范围内建设社会主义,确实没有经验。一九五六年前有了一些经验,为什么后来反而没有经验了?这要作历史的分析。一九五六年前,在进行社会主义经济建设的同时,还进行社会主义改造。社会主义经济在整个国民经济中的比重,还不是占绝对优势,农业还主要是小农经济,工商业中资本主义工商业还占相当大的比重。因此,要分出很大一部分精力去搞改造。另一方面,还没有学会领导全国范围内的经济建设。党中央在新的历史条件下,领导全国范围的社会主义经济建设,确实还缺少经验。所以,在工作中犯了这样那样的错误,同志们应看到这是可以理解、可以谅解的。问题是在工作中已发现了错误,进行了纠正,但是未能把所得的结论作为以后指导工作的基础。所以,公报说,工作指导上有错误。领导社会主义经济建设确实是很复杂的事。一九五六年前,发展较快,当时规模较小。现在条件好了,可是面临的困难并不比当时少。除了林彪、"四人帮"长期破坏遗留的后果这个因素以外,还有另一方面,究竟如何有效地领导全国社会主义经济建设,仍然包含很多复杂的需要探讨的问题。公报讲:毛主席在一九五六年所作的《论十大关系》的报告,到现在还保持着它的重要的指导作用。这是因为,《论十大关系》中提出来的绝大部分问题现在还是存在的,还需要按当时提出的基本方针,在新的条件下加以解决。这里面,最根本的还是两方面,就是要保持必要的社会政治安定,要按客观经济规律办事。像革命与反革命的关系,是非关系,党与非党关系,以至于汉族和少数民族的关系,中国和外国的关系,正确地处理这些关系,就能有必要的社会政治安定。在这个报告中提出的农业、轻工业和重工业的关系,沿海和内地的关系,经济建设和国防建设的关系,国家、企业和个人的关系,中央和地方的关系,仍然是我们现在所必须正确处理的重要关系。这些关系是否处理好,就决定于我们是否掌握了客观经济规律。

三中全会和中央工作会议,就经济体制、管理经济的方法、农业政策等方面作了详细的讨论,现在因为限于时间,不能多谈了。会议着重讨论了农业政策,一些长时间争论不清的问题,在会上得到了解决。我们曾有一个口号叫"堵不住资本主义的路。就迈不开社会主义的步"。这两句话是很好的话,内容很好,语言也很好,是"格言诗"。但有了这两句很好的话,不等于把实际问题讲清楚了。就像"阶级斗争"、"路线斗争",名词也可以很好,但如使用时没弄清它的界限,就不能成为有助于我们前进的武器。这两句话也有这个问题。什么叫堵住资本主义的路? 什么叫资本主义? 应该把它弄清楚。社会主义改造以后,农村有没有自发资本主义势力? 当然有,绝不能说没有。但是,从一九五六年到现在,二十多年的历史,经过各种各样长期、艰苦、曲折、复杂的斗争,也可以看出绝大多数农民拥护社会主义,要走资本主义道路的是极少数。绝大部分原来的地主富农经过劳动改造已经走了社会主义道路,并不像电影里表现的那样,都在搞资本主义。什么叫搞资本主义? 把副业,甚至是正业,除了种粮食以外,搞了其他经济作物,没有按当地的规定去种植,都叫做"资本主义",行吗? 有这样的资本主义吗? 副业经营是社会主义本身的组成部分,还不是补充部分。小量自留地、家庭副业,是国家宪法上规定的,党的正式文件所肯定的,也叫资本主义? 所以,农业中的资本主义倾向是有的,但不能描写成为到处都是,以至为了堵所谓资本主义的路,把所有的门路都堵起来,只留一个门。像我们这个会场,有几千人在开会。能只留一个门吗? 一旦发生意外出得去吗? 什么是资本主义,什么是社会主义,首先要分清。社会主义经济的分配原则,也曾被许多地方在很长时间内认为是资本主义原则。如不把什么是资本主义、什么是社会主义的界限分清楚,那么,农业经济就很难发展。

当前问题很多。要高速度地发展工业经济、农业经济,会受到许多限制。中央已经进行了很大努力,采取许多重大的步骤,可以保证我们的经济以过去所没有的规模和速度向前发展。但在前进道路上有很多困难。由于林彪、"四人帮"长期破坏造成的后果,国民经济比例失调严重,不是短时间所能解决的。这两次会议考虑到多年存在的工业品价格过高、农产品价格过低,解放以来虽有过多次调整,但幅度都还不大,广大农民生产积极性受到挫伤,所以作了决定,坚决调整农产品和农用工业品价格。公报已经说清楚了。但是工农业产品比价问题还不可能在很短时间内完全解决。工业部门也存在许多不平衡的现象。应当承认,近几年内,在前进的道路上,还存在着许多困难和问题,不是全党工作着重点一转移就都能马上解决。我们要大力发展进出口贸易,可以利用外国贷款,采取其他一些国际流行的方式。要发展进出口贸易就需要把港口大大扩大,但不是很短时间能够实现的。交通运输有很多薄弱的地方。电力还有很大缺口。这些都造成一系列矛盾。多年积累下来的人民生活问题,是大家所关心的。农业方面提高粮价的问题,限制征购数量的问题,落后地区援助的问题,广大上山下乡知识青年安置的问题,城市里待业人口安排就业的问题,都需要一个个解决。基本建设中只有"骨头"没有"肉"的问题,就是办了工厂没有一些必要的配套设施——生活设施、交通设施、商业设施。城市居民住房严重困难。我们社会科学院除极少数同志外,都有住房困难的问题。城市很大一部分低工资的职工,工资需要调整。其他如环境污染、卫生、教育、科学,问题非常多,无论小学教育、中学教育、高等教育都存在着大量亟待解决的困难。所有这些问题都要解决,都很迫切,有些问题简直一天都不能等待。为着解决这些问题,国家不得不对经济建设和人民生活的相互关系问题作适当安排。这就是说:我们决不能不管人民生活问题,而专门去搞经济建设。如果不管这些问题,经济建设就发展不起来。但能否短期都解决?同志们知道,这确是很困难的。中央下决心一定要把这些问题都解决,一步一步地解决。不是用"逐步解决"的空话来搪塞,而是切实动手一个一个地解决。我们应当对国家的形势有全面了解。人民和政府之间需要互相谅解,才能使国家一步步前进,经济发展,人民生活改善,都会比较快的。总之,解决了两个根本前提:一定要有必要的社会政治安定(长期的安定),一定要真正按客观经济规律办事(也是长期的,无论何时,只要存在经济活动,就要按经济规律办事)。这些政策都是长期的,只要这样,经济建设一定是会顺利发展的。

生产关系、上层建筑需要围绕生产力的发展进行适当改革。会议讨论了这方面的问题,决定了三条:

(一)对物质利益,大家认定生产关系就是物质利益的关系,不能离开物质利益谈生产关系。分配上,物质鼓励应当与精神鼓励相结合,不允许强调一方面,忽视另一方面。过去不承认物质利益,取消物质鼓励,这样,精神鼓励也必然落空了。林彪、"四人帮"搞的那一套,有什么精神鼓励呢？有的只是精神打击,不该鼓励的受到鼓励,应该鼓励的反而受到打击。现在承认物质利益是经济关系的基础,在这个基础上,才能有精神鼓励。大家积极性上来了,就有创造性了。发明创造,各种优秀的劳动成果,体力劳动和脑力劳动成果,既得到物质鼓励又会得到精神鼓励。

(二)强调民主和法制的作用。报纸刊物上讲了很多,这里不多说了。

(三)会上还强调了分工负责的重要性。在公报里,邓小平同志的讲话,还有其他同志的讲话,都讲到权力过于集中对我们不利。权力过于集中,不但会产生各种官僚主义现象,而且使工作效率降低,甚至不可能有什么效率。权力过于集中,人们无权解决问题,就不会产生专家,产生熟练劳动者。而且,缺少分工负责,劳动秩序也不会好。分工的发展是多方面的现象,工业中要发展专业公司,劳动组织中要求建立各种制度,国家机关也要求建立各种制度。要分级、分权、分工、分人负责,这样才能克服权力过于集中的现象。权力过于集中,也就是刚才讲的比喻,只有一个门,假如发生紧急状态,就没法排队出去,就会造成悲惨的后果。要实行个人负责制,如果什么事都要请示、盖章,劳动生产率、工作效率就不能提高,四个现代化就不能实现。当然,如果权力过于分散,同样也不利。

三、这两次会议,对党内生活进行了讨论,解决了一大批长期没有解决的问题,总结了历史经验。对彭德怀同志、黄克诚同志、陶铸同志、薄一波同志、杨尚昆同志,还有其他许多同志的冤案实行了平反。薄一波同志是六十一人案件的一个代表。这些问题早就应该解决,在这次会上得到了彻底解决。会上宣布一九七五年底到一九七六年进行的所谓反右倾翻案风是完全错误的,把有关的从一九七五年冬到一九七六年一系列文件一概宣布撤销、无效、作废。宣布天安门事件是革命事件,是革命行动。把在"文化大革命"中曾经有重要影响的所谓"二月逆流"、所谓"一月风暴"、武汉"七二"事件、四川产业军,还有许多地方的类似事件,全部平反或恢复它的原来面目。所谓的"一月风暴",既有对被打倒同志平反的一面,也有对它本身否定的一面,取消这个提法。解决了这些问题,使整个党恢复了正常的生活,使整个党得到了长期安定团结的基础。对于在林彪、"四人帮"时期,特别是在粉碎林彪、"四人帮"后的一段时间还犯了这样那样错误的同志进行了批评,这些同志也进行了自我批评。如果这些自我批评不那么使人满意,还要在不同范围内,由各有关部门、有关地区对有关同志继续进行批评帮助。

在思想路线方面,会议用了很多时间来讨论,充分肯定了"实践是检验真理的唯一标准"的讨论的重大意义。坚持实践是检验真理的唯一标准的同志在会上被认定是正确的,反对这一观点的同志被认定是错误的。问题还不在于认定哪些同志正确、哪些同志错误,问题在于认定这是一个关系到党和国家命运的根本原则。如果不承认实践是检验真理的唯一标准,我们党就不能前进,就要脱离实际、脱离群众,党就要失掉生机,我们就要亡党亡国。前一时期,在这个问题上为什么会有反对意见? 会议对这个问题作了分析,指出:一部分同志(并不是说一定不是好同志,他们可以是好同志,或仍然可以变成好同志)的思想受了一些因素的影响,发生了僵化、半僵化的现象。这是在一定历史条件下形成的。这个历史条件,首先是林彪、"四人帮"设置了许多禁区、禁令,不许人有不同的说法,不许人按事实本来面目去说话。其次是权力过于集中的官僚主义,也就是通常说的专制主义。所有问题都由一两个人说了算(不同的地方有不同的一两个人),使得其他人不动脑筋,动脑筋也没有用。党内是非功过不清,黑白赏罚不明,造成很多人不愿用思想,不愿动脑筋,动脑筋反而会受打击。在这种情况下,造成很多人认为不动脑筋最保险。小生产习惯势力,安于现状,不愿改变,也是不愿动脑筋的一个原因。这些情况如何改变?胡耀邦同志提出:林彪、"四人帮"设的禁区、禁令还有哪些未破除的,要求社会科学院和其他单位提出清单,统统要打破。权力过于集中的现象要改变,要反对拥护权力高度集中、特别集中、异常集中的思想。是非不明、功过不明、赏罚不明的现象要改变。是就是是,非就是非;功就是功,过就是过;该赏就赏,该罚就罚。只有这样,每个人作为中华人民共和国的公民,作为积极实现四个现代化的一个公民,每一个共产党员,他的生活、劳动才有意义。安于现状不求上进是不行的。四个现代化是跟小生产不相容的。要改变小生产习惯势力,冲破旧的思想方式、生活方式。现代化的大生产要日新月异,每天都要前进,每天都要发展,每个人都积极参加创造性的劳动,创造性的生活。不允许过一天算一天,饱食终日,无所用心。这样的人在过去时代曾经"有福",现在不行了,他们要"得祸"。饱食终日、无所用心的现象,在中华人民共和国不能繁荣滋长,因为那样,中华人民共和国就不能繁荣滋长。每个人都要积极努力,在自己的岗位上奋发图强,进行创造性的劳动。如果你有一些客观原因不能前进,那么你至少也不能妨碍别人前进。邓小平同志在会上号召大家要解放思想,开动脑筋,人人都要解放思想,开动脑筋。这样,我们的党,我们的国家才有希望。

　　中央工作会议和三中全会还讨论了党的集体领导,提出少宣传个人的问题。这是我们党内生活中一个非常重大的原则性问题,关系到我党今后能不能健康地发展下去。这个决定是具有重大历史意义的决定。不适当地、过多地宣传个人,结果就把大多数人看成被动的力量,看成在历史上不能起积极作用的力量。马克思主义的认识论,唯物主义的反映论,认为群众的社会实践才是人类认识最重要的来源。当然这不是说个人没有作用,但任何个人作用的发挥,都是在前人、同时代人进行大量工作的基础上发展起来的。任何个人都不是孤立地出现的。马克思、恩格斯、列宁、斯大林、毛泽东,都不是孤立于社会之外的。任何个人都是他的时代的产物,是他的社会条件的产物。这样,才能正确解释历史,否则,历史就成了少数人的一种魔术了,就可以任意地编造了,这样就离开了马克思主义。这个问题有重要的现实意义,也有重要的理论意义。

会议对党的生活、党的历史上许多消极现象作了纠正、批评。同时,也讨论了毛泽东同志作为我党创造者之一,作为我党长时期的领袖,作为全党思想上的导师的作用的估计。在这方面,三中全会公报、华国锋同志的讲话、邓小平同志的讲话,都详细地说明了。毛泽东同志作为中华人民共和国的创造者,功绩是非常伟大的,是绝对不允许抹杀,也不能够抹杀的。如果那样,就不忠实于历史了。特别是在一九二七年中国革命失败后,毛泽东同志用他百折不挠的顽强的努力,用他的远见,领导了红军,领导了土地革命,创造了革命根据地。以后,在红军长征中挽救了红军,因而也挽救了党。在这以后,一直使中国革命由非常困难的情况一步一步走到最后胜利。从遵义会议到抗日战争、解放战争、新中国成立、三大社会主义改造基本胜利完成,毛泽东同志的伟大功勋是永垂不朽的,世世代代的中国人民要永远感谢他的努力。当然,他的努力是在党和人民共同努力的条件下进行的。毛泽东同志的大量光辉著作,解释了中国革命的一些根本问题,也解释了在中国革命中如何运用、发展马克思主义的根本问题。毛泽东同志在新中国成立以后写的《论十大关系》、《关于正确处理人民内部矛盾的问题》以及一九六二年在七千人大会上的报告,这些同以前很多光辉著作一样,永远是我党前进的指路明灯。正如公报所说,任何革命领袖都会有缺点、错误,要求一个人没有一点缺点、错误是不可能的。这也是毛泽东同志历来对自己的态度。毛泽东同志在六十年代、七十年代有许多重大决策,到现在还使我们受益。如根据当时国际形势的变化作出的外交工作的新决策,打开了国际斗争的新天地,现在可以看到它的根本方向是完全正确的。如果不是毛泽东同志勇敢地作出决定,打开同美国和日本的关系的僵局,我国就不会同它们实现关系正常化,就不会缔结中日和平友好条约。毛泽东同志在其他方面还有很多伟大贡献。正如邓小平同志讲的,在提到毛泽东同志还有一些缺点、错误时,应该看到他的功绩要伟大得多。所以说"没有毛主席,就没有新中国";"没有毛泽东思想,就没有今天的中国共产党"。在这个问题上,我们社会科学院的全体同志特别应该有明确的、全面的、完整的认识,因为我们要按这种正确的观点进行理论工作。

三中全会强调安定团结的方针,不是临时性的措施。这个方针,具有战略意义。我们国家的基本经验之一,就是要保持长期的、持久的安定团结。如果我们党不能保持应有的安定团结,我们就不能保持社会上的安定团结。全世界都在注意中国能否保持安定团结,做各种各样的猜测。只要我们能保持安定团结,全世界都会相信中国一定能发展起来。否则,会发生很大困难,一些愿意跟我们建立友好关系以及愿意和我们进行经济合作的国家就会动摇。安定团结对国内外都有重要的战略意义。邓小平同志说,在解决一些犯错误的同志的问题时,要从大处着眼,可以粗一点,因为这样,才能向前看,才不至于不必要地纠缠在过去历史遗留的问题上。这些问题要解决,但是要顾全大局,有的不可能也不应该要求解决得那么十分"彻底",基本上把问题弄清楚就好。这也是我们今天党的建设、党的生活中一个重要问题。中央同时指出:对过去的事情可以宽些,今后应该比较严;对普通党员要求可以宽些,对高级干部应该比较严。

关于社会主义时期阶级
斗争的一些提法问题[*]

（一九七九年一月三日）

现在，思想理论工作正处在一个重要的历史时期。由于林彪、"四人帮"的长期干扰，有些旧的说法需要继续清理。我们应当有足够的理论上的勇气，敢于提出问题，解决问题。要有远见，能够看到我们所处的历史条件将向着什么方向发展，使我们的思想理论工作，适合于历史发展的需要。对有些重大的理论问题的提法，要继续进行讨论和研究，弄清楚它们的客观意义和科学含义。

比如，"无产阶级专政下继续革命"这个口号，究竟是什么含义，它的科学根据是什么，继续使用好不好，就值得重新研究。这不仅是一个理论问题，而且是一个现实问题。这个口号本来不是毛主席提出的，而是"四人帮"一伙提出的。它公开见之于文字，最早是在一九六七年两报一刊编辑部写的《沿着十月社会主义革命开辟的道路前进》一文中。后来康生把它写到了"九大"政治报告中，他在向中直机关干部传达"九大"精神时，又作了发挥。这个口号提出以来，

---

[*] 此篇是 1979 年 1 月 3 日在中共中央宣传部碰头会上的讲话摘要。1 月 7 日内部印发。

报刊上发表过不少文章,但始终没有严格推敲,把它的科学含义和根据讲清楚。列宁指出:"一切革命的根本问题是国家政权问题。"通常讲的政治革命,总是指推翻一个统治阶级,夺取政权。这个口号是在"文化大革命"高潮中提出来的,它是同当时的实践即"夺走资派的权"的实践联系在一起的,与后来的"老干部=民主派=走资派"的反动公式也有重要关系。林彪、"四人帮"一伙,利用这个口号,竭力混淆革命和反革命的界限,制造了一整套向无产阶级全面夺权的理论。粉碎"四人帮"以后,对这个口号还作过一些宣传。但是究竟它的含义是什么仍然是一个问题。它与如何估计目前和今后的阶级斗争有关,也与如何解释正确处理人民内部矛盾的理论有关。按照正确处理人民内部矛盾的理论,阶级斗争(无论是否属于人民内部矛盾)是完全可以正确处理的,这种正确处理是否要做"继续革命"?今后,这种涵义不清的口号,在现实生活中仍然可能成为不安定的因素。讲清楚这个问题,对党的理论和实践,对中国革命和国际共产主义运动,都有重要的意义。至于采取什么形式讲清楚,那需要考虑,至少在一段时间内不要在报刊上讲。

对于社会主义时期阶级斗争的形式和作用的认识,也是很迫切需要解决的重要理论问题。毛主席在八届十中全会上说:"在社会主义这个历史阶段中,还存在着阶级、阶级矛盾和阶级斗争,存在着社会主义同资本主义两条道路的斗争,存在着资本主义复辟的危险性。"这个提法后来被林彪、"四人帮"一伙歪曲和篡改了。康生主持修改的"九大"党章总纲也采用了这个说法,说,在社会主义社会"这个历史阶段中,始终存在着阶级、阶级矛盾和阶级斗争"。毛主席没有说过"始终"这两个字,这两个字是康生加的。加上这两个字,就把毛主席的话搞得面目全非,在逻辑上也讲不通。列宁说:"社会主义就是消灭阶级"。如果说在社会主义社会,阶级和阶级斗争始终存在,那怎么消灭阶级,怎么进入共产主义?那岂不等于说,社会主义永远不是社会主义,或永远不能实现消灭阶级的社会主义?这种"始终存在"的错误提法,迫切需要纠正,也很容易纠正。但是也要经过中央正式决定,采取一定的手续才好把它正式纠正过来。

在社会主义社会,阶级斗争在什么范围、什么条件下存在?它是不是社会主义社会发展的动力,或者能不能始终作为动力?它对社会前进究竟起什么作用?生产斗争、科学实验是不是也推动社会前进?生产斗争与阶级斗争的关系如何?这些问题,都需要重新进行认真的实事求是的科学探讨。

又比如,"以阶级斗争为纲",应当怎样理解?这个提法,要看在什么意义上、在什么范围内讲才有意义。不讲清楚就会引起思想上和实际工作中的混乱。人们会认为,只要还有残余形态的阶级斗争,这种斗争就还是社会前进的动力。这样势必造成阶级斗争的人为的扩大化。而且,照这样推论,社会一旦消灭了阶级,失掉了以阶级斗争为纲的根据,社会发展就似乎没有纲、没有动力,或者忽然有别的矛盾起而代之,成为纲和动力了。这是牵涉到历史唯物主义的根本问题,一定要给予科学的解释。

毛主席在七届二中全会提出,无产阶级和资产阶级的矛盾,已经成为国内的主要矛盾。但是在社会主义改造基本完成以后,这一矛盾是否仍然是主要矛盾?《关于正确处理人民内部矛盾的问题》并没有这样说,而是以生产力和生产关系的矛盾为社会主义社会的基本矛盾。一九六六年以后,林彪、"四人帮"借口抓主要矛盾、抓纲,来反对社会主义建设,反对把党的工作重心转移到实现四个现代化上面来。在这个问题上的混乱,现在不能再继续下去了。

与阶级斗争相联系的一个问题,是党的发展问题,党的历史问题。党内斗争,是否都是社会阶级斗争的反映,都是路线斗争?党的历史是否只是路线斗争的历史？《人民日报》已经发表了这方面的文章，这个问题提得很重要。党内存在路线斗争，这是事实。但是，党的历史不等于就是路线斗争的历史。如果任何斗争都是路线斗争，那么，党内就几乎天天存在路线斗争。党内斗争的情况很复杂，是否一定要把某几次斗争指定为路线斗争，并且一定要一次一次地排列起来？这样是不是把复杂的现象简单化，并且会不会产生许多牵强附会的说法？很长时间以来在一些同志中间形成这么一种心理，似乎党内的任何斗争不提到路线斗争的高度上来，就没有重要意义，就像吃饭没有吃饱似的，总不过瘾。这种考虑问题的习惯是一定历史阶段形成的，对党内生活的影响是严重的，因为大家认为，谁犯了路线错误，这个人就一切都错了，就宣布了政治上的死刑，在相当时间内同反革命差不多，因而造成党内生活的紧张状态和不正常状态。这种简单化的提法对党的发展究竟有没有必要，究竟是否有利，究竟是否合乎实际，当然也要根据实践是检验真理的唯一标准的原则，加以科学的探讨，否则会搞得不能自圆其说。马克思、恩格斯、列宁一生都进行过不少的党内斗争，但是他们并没有说进行过多少次路线斗争，别人也没有这样说过，因为没有必要这样来归类和计数。把党内一切复杂的斗争都简单化成为一定的刻板的模式，我们以后有没有必要继续这样做？

　　总之，需要重新研究和探讨的问题还有许多。我们一定要把马列主义、毛泽东思想搞准确，维护它的严整的科学思想休系。这对我们实现新时期的总任务，是十分必要的。

　　以上只是我个人的一些看法，提出来仅供同志们参考，不对的地方请大家批评指正。

档案要为党史研究服务[*]

（一九七九年五月二十六日）

我认为这些历史文件只要:（1）经过一定负责机构提出请求并经过审批;（2）经过严格的登记、保存手续,限定阅读、使用范围,并规定严格的保密制度,是可以并应该借阅的。否则党的重要文件如何编辑,党史如何研究? 现在为编辑周恩来文集,首先需要确定这一原则,同时应请档案馆和毛著办①商定一个借阅、保存、保密和退还的具体办法。这个办法原则上也可适用于今后类似需要。

党史上的秘密,经过一定时间,其秘密性和保密的必要性也就逐步减少,这是世界各国档案工作中的共同规律。

---

*　此篇是 1979 年 5 月 26 日在中央档案馆《关于提供周恩来同志手稿中遇到的几个问题的请示报告》上的批示。

①　毛著办,即中共中央毛泽东著作编辑出版委员会办公室,1980 年改名为中共中央文献研究室。

关于叶剑英国庆三十周年
讲话稿起草情况的说明*

（一九七九年九月十七日）

中央在六月间就决定，今年新中国成立三十周年国庆，由叶剑英同志作一个重要的讲话。因为是庆祝新中国成立三十周年，不能作一个简单的一般的讲话，要有重要的内容。中央并且决定，要把这个讲话提交九月底召集的四中全会上通过。

关于这个讲话，小平同志曾经说过这样的意见：要求这个讲话要有一些新的内容，要能讲出一个新的水平。七月上旬，我们开始约了好几个同志来研究怎么起草这个讲话。以后组成了一个十五人的起草小组来做这个工作。八月十二号起草了第一次草稿。当时中央决定，先召集中央各部门负责同志来讨论，同时发给各省、市、自治区，各大军区、省军区征求意见。八月中旬，中央和全国各地都进行了讨论。八月下旬，讨论意见陆续反映到中央来。然后，起草小组研究讨论了中央和各省市提的意见，作了一次大的修改，等于重写一遍，在九月一号写出了第一次修改稿。这次修改稿曾送邓小平同志看了，

---

* 此篇是 1979 年 9 月 17 日于在京中共中央委员和候补中央委员讨论会上的发言。标题是收入《胡乔木文集》第 2 卷时加的。

他提了意见。后来他又对九月十号的第二次修改提了意见。第一次提的修改意见，主要是讲话稿里对毛主席在新中国成立二十多年各个阶段的作用怎么提法，他提了原则性的意见。第二次提的修改意见，是要在讲话中强调讲一下关于民主与集中的关系问题，关于在党和国家的工作中要有必要的集中、必要的纪律的问题。当然不是说现在民主已经很够了，民主也有不够的地方，但要看到也有许多情况是集中不够，在宣传民主的同时要宣传集中，把民主和集中统一起来讲。此外，小平同志还提了一些比较具体的意见。九月十四号中央政治局举行会议，原则上通过了这个讲话，并且决定根据政治局讨论的意见再作一次修改，然后发给北京和全国各地的中央委员、候补中央委员再作一次讨论。同时，因为这个讲话不是一个党内的讲话，所以要在事前征求党外的负责的民主人士的意见。后一方面，现在正在由中央统战部召集的党外人士座谈会上组织讨论。起草工作从开始到现在差不多有两个半月。三十年的问题很多，要讲得妥善很不容易。现在的稿子有二万二千多字。中间曾经压缩到一万八千多字。后来经过再三讨论又加了许多。在庆祝大会上差不多要讲三个小时。这就有个客观上的限制。稿子再加长不大可能了。如果有重要的意见要加，势必要减掉一些内容。

在起草过程中，在讨论过程中，提了一些重要的意见。很多意见在这个稿子中都吸收进去了。但在讨论中也有不相同的意见。现在把几个重要问题为什么采取这样的说法写法作一些说明。

第一个问题，这个稿子究竟是以庆祝鼓动为主的还是要对过去三十年有相当的总结，要提一些有指导意义的内容。现在的稿子有庆祝鼓动的内容，不过主要的是有对过去三十年作相当重要的总结的内容，根据中央的指示对当前工作提了一些相当重要的指导性意见。

　　要对过去三十年作一个总结，就牵涉到对"文化大革命"十年以及"文化大革命"前十七年中有些重要问题的看法。在上次全国讨论的过程中，总的有两种意见：一种意见希望把过去三十年的一些重要的问题总结一下，认为不总结一下不能统一思想。另一种意见相反，主张不要涉及过去三十年的问题，只作一般庆祝性鼓动性的讲话。他们认为，从三中全会以来，已经有一些同志对三中全会和五届人大二次会议的方针没有完全消化，有争论。虽然人数比较少，但究竟是重要的问题，在这些问题上还要做工作。如果现在涉及"文化大革命"和"文化大革命"以前的问题，怕会引起困难。这两种意见都有它的理由。我们考虑，认为还是要作一些最基本的总结。如果不作，党内的思想是否就统一了呢？对过去的历史作一些总结性的说明，总的说是有助于党内思想的统一而不是有害于党内思想的统一。有些重要的问题，你不去讲，这方面的分歧还是存在。现在中央提出的一些基本的方针、看法，除了有绝大多数同志拥护之外，还有一些同志有怀疑动摇。把一些问题讲好了，这后一部分同志就比较容易接受，分歧的程度就只会缩小不会扩大。当然要看怎么讲法。如果有的问题说得不适当，把大多数同志思想上完全没有准备的问题提出来，也不会有这个结果。如果是党内大多数同志思想上早已有准备有认识的问题，实际上报纸已经直接间接作了大量宣传的问题，现在提出一些基本的看法，那样不致增加和扩大党内的意见分歧，相反，会缩小这些分歧，帮助党内思想统一。如果这个讲话对三十年的问题一概回避，对一些重要的问题在新中国成立三十周年庆祝大会上不敢涉及，那么，在全党全国人民面前以至全世界，都会有损于党中央的威信。所以，最后我们考虑还是要涉及一些问题。

　　这是一个庆祝讲话，不是对过去三十年作全面的总结。那样的总结只能在另外的时间经过另外的会议，经过详细讨论，作出正式的专门的文件。

因为这样,这个讲话势必超出过去——不但十一大,而且三中全会——已经讲过的问题的范围。因为过去的任何一次都不是回顾三十年。现在庆祝大会的讲话要回顾三十年,就不能不对三十年的问题作出一定的说明。

第二个问题,原来的稿子曾经对建党以来新中国成立以来党内外一些重要的牺牲的先烈、已去世的领袖人物和先进人物提出一个名单,表示对他们的怀念,并且曾经拟了一个很粗糙的稿子。当然,如果能来得及,各方面考虑得比较周到,提一个名单是会有很大的好处。可是,也有很大的困难,其中包括短期内不能克服的困难。如名单不能不涉及刘少奇同志。如果提一大串名单没有刘少奇同志,这是不合理的。可是,要提势必要在党的一定的会议上经过一定的讨论,形成一个文件才行,而现在来不及了。当然还有其他困难。所以后来决定采取这个办法,只提四个人的名字:毛泽东、周恩来、朱德,加上孙中山。

第三个问题,稿子讲了毛泽东思想。关于毛泽东思想,在党的历史上曾经有过几次解释的变化。在七大时,七大前,有过解释,应用了相当长一段时间。到六十年代开始,重提这个问题,对七大所作的解释作了相当的改变。到了"文化大革命"前和"文化大革命"期间,对毛泽东思想的提法就进一步改了,改成一个世界性的新的历史阶段的马克思主义,马克思主义在什么世界历史条件下的新的创造。后来毛主席本人对这个提法提出了异议,不赞成提第三个里程碑的说法。在这个讲话里,还是恢复了七大的提法。这并不是说,毛泽东思想没有超过中国以外的影响。但是,超过中国以外的影响是怎么样的这个问题,由中国人自己来讲不是很适当。我们这样讲,其他国家的党并不同意。那么怎么办?实际上现在世界上除少数几个党以外，已经掌握政权的国家的党没有一个接受我们关于毛泽东思想的过分的提法。在这种情况下，如果我们的话说得不适当，对毛泽东思想的宣传不仅没有好处，反而会引起不好的结果。所以，现在还是用马列主义普遍真理同中国革命具体实践相结合的产物这个提法。这个提法并不表示毛泽东思想没有超过中国以外的影响、意义。但是，关于这样的影响究竟在什么时候、什么情况下提，如何提，要由中央考虑，在庆祝新中国成立三十周年的这个讲话中无须去讲。

关于中国革命的影响，这个讲话稿中讲了。这是非讲不可的。在讲这个问题的时候，要考虑各种条件，讲到一定的程度，不作任何的夸大，没有讲中国革命对什么国家有什么影响，讲了一个国家要独立自主地创造适合本国特点的革命道路。这个问题有普遍性，所以在这个稿子中对中国革命的世界意义着重从这个方面去讲。是否这样讲合适，请大家多提意见。

第四个问题，过去三十年的成就要不要讲，怎么讲法。在讨论过程中，也有的同志说，没有什么可讲的。我们考虑还是要讲，但无论如何不能说任何夸大的话，要说切实。现在讲的是比较简单，并没有详细列举。上一次讨论中很多同志提了意见，认为不必讲得过于具体，因为这是庆祝讲话，不是政府工作报告，用不着罗列许多数字，成就可以从各方面来讲，不限于经济，而更多的从政治上来讲。现在的稿子就是这样来写的。

第五个问题，对"文化大革命"前十七年怎么说法。在八月份的讨论中，有好几位同志提出很值得重视的意见，他们建议把三十年多分几个阶段，比如分成四个阶段或五个阶段。这个问题不仅仅是分几个阶段的问题。这涉及对过去十七年如何估计的问题，对十七年要不要分成一九五七年以前和以后两个阶段，或不只两个阶段。这个问题影响比较大。我们考虑，在庆祝大会上不宜涉及这样复杂的问题。因为"文化大革命"前十七年这个现实是大家普遍都接受的。粉碎"四人帮"以后党中央曾经多次作过决定,有些是正式的有些是非正式的决定,肯定十七年。在这方面已经作了相当大量的宣传。现在如果我们对十七年再来分一分,那就确实需要在党内进行一次认真的讨论,看大家是不是同意,然后再来提。现在没有作这样的讨论,如果分成两个阶段或几个阶段,固然会受到相当一部分同志的拥护、支持,可是,也会引起更多的同志不赞成、反对,甚至对中央采取这种方式对这么重大的历史问题作这么一个划分要提出批评,要表示很强烈的不满。这个问题要考虑到。并且,如果把十七年再分一分阶段,它的逻辑结论就是说过去的三十年大部分时期我们是犯了错误。这样一来,这就不仅是庆祝大会上讲话的问题,而是对全党和全国人民都提了一个不很容易接受的问题。这个问题要慎重地考虑。

现在的稿子对十七年的讲法,十七年的问题也提了,但没有再分成两个或几个阶段,而是当做一个整个的阶段,并且肯定了在过去三十年大部分时间我们党的路线是正确的。这里没有涉及十七年中间每一小段的路线应当怎么估价。但是,既然说是大部分时间,那么,这当然不只是从一九四九年到一九五六年,然后从一九七六年十月到一九七九年十月。那样就说不上大部分时间了。

在这里,我们回顾一下毛主席评价从建党到一九二七年这段历史所采用的方法,对我们有很重要的参考意义。毛主席认为陈独秀的右倾机会主义路线错误只有半年,即一九二七年上半年。在这之前不发生右倾机会主义路线错误的问题,这并不是说陈独秀不存在右倾机会主义思想,也不是说一九二七年以前在实际行动上没有非常严重的重大的政治错误。比如在中山舰事件后,对于国民党的整理党务案这个关键问题,陈独秀就犯了非常严重的错误。但是,毛主席认为，它还没有造成一个不可挽救的局势，没有对全党工作造成那样一种后果。当时的工人运动、农民运动、军队工作都还在继续进行，全党的工作是前进的，中央的路线是正确的。如果一九二七年上半年不出现陈独秀的路线错误，也不致发生那样的惨败。

毛主席对陈独秀错误的分析，提供了一个很好的榜样。如果用毛主席观察陈独秀错误的方法来观察十七年，至少可以说十七年绝大部分时间党的路线是正确的。所以现在用了这样一种提法。请大家看看这个问题是不是这样说，这是个很重要的问题。

十七年中关于八大的问题，上次稿子中提了一句，这次稿子把这个问题说得明确了，说毛主席的两篇重要著作和八大的主要文献"是我国社会主义革命和社会主义建设的指针，它们的基本内容至今还有重要的指导意义"。这是一个重要的问题，请大家注意斟酌一下。

在十七年里，关于毛主席怎么提法。不但对过去十七年，在整个讲话稿中，对毛主席的提法是采取了一个始终一贯的原则，从字面上来看，从头到尾没有一句话对毛主席有什么批评。这是问题的一个方面。问题的另一个方面，无论党内党外，看了都会知道，虽然没有直接的批评，但是暗含着一种批评。这是不可避免的。对这样两方面如何处理得适当，这是讲话稿的一个主要的关键的问题。现在在党内党外，都存在两种很不相同的意见，一种认为对毛主席有哪些错误应当讲清楚，有的省在讨论中曾经提出很强烈的要求，但也有相反的意见，认为这个问题最好是不讲。刚才说小平同志对第一次修改稿提了原则性的意见，就是指这个。他看了稿子后马上就提出，最重要的就是这个问题。无论如何不能发表这样一个讲话叫人看了以后认为中国共产党已经否定了毛主席。无论如何不能这样。这个问题是个关系非常重大的问题。这一点我不需要作解释。大家都清楚，这对全党、全国人民的团结,对我们党和国家在全世界的形象、在全世界的地位,都有非常密切的关系,一定要采取非常慎重的态度。

现在我们采取的态度是什么? 就是在整个讲话中不对毛主席提任何直接的批评。在上次讨论讲话稿的时候,有好几位同志提出,现在稿子的写法是"功劳是毛主席的,错误是大家的",不赞成这样的写法。现在这个稿子的写法是对毛主席没有直接的批评,不过暗含着一种批评。采取了这个写法,并没有混淆历史上的是非,并没有在这里说混淆是非、颠倒是非的话。但是,对不少是非问题没有提出一个很明朗的说法,并不等于就把这个问题搞糊涂了。实际上大家看了这个稿子还是会看到什么事情是做得对的,什么事情是做得不对的。在原则上把是非分清了,仅仅在责任上没有作具体说明。这在今天的条件下,为了党的团结,为了大家聚精会神、专心致志搞四个现代化,不要在历史问题上发生严重的争论,这样的写法,我们起草小组的同志认为比较妥当。中央几位领导同志也认为比较合适。当然,是不是每个地方都合适,还要推敲、斟酌。因为稿子里不去讨论那些问题的责任何在,所以在有些事情的叙述上没有完全按时间的次序写,没有完全按编年史的写法。

在"文化大革命"这一段,把毛主席同林彪、"四人帮"严格地分开。关于"文化大革命",后面再来说。

在讲到现在的时候,稿子着重地讲,我们现在所执行的政治路线、思想路线、组织路线都是毛主席确定的。党内有少数人有这么一种评论,说中央现在对毛主席是抽象肯定,具体否定。我认为这个说法不对。实际上我们不仅在思想路线上继承、捍卫了毛主席的思想,而且在政治路线、组织路线上也是如此。关于这一点,没有去详细展开讨论,因为篇幅不允许。但这一点的确应当在党内多作宣传。四个现代化是毛主席提出的,双百方针是毛主席提出的,又有集中又有民主的生动活泼政治局面也是毛主席提出的。在经济方面我们现在所执行的政策基本上没有超出《论十大关系》的范围。政治上也都是按照毛主席在八大提出的去做的。因此,认为中央对毛主席是抽象肯定、具体否定完全是一种糊涂思想。对有糊涂思想的,要进行教育。当然,有些毛主席提的口号、论断,现在没有去提了。要按照实践是检验真理的唯一标准去决定哪些要继承、捍卫,哪些要修改,这才是坚持真理、修正错误的科学态度。

第六个问题,关于"文化大革命"。三中全会曾经作过这样的决定,关于"文化大革命"的问题到适当的时候去总结。但因为要回顾三十年,"文化大革命"占了十年,所以没有法子完全回避。现在的稿子对"文化大革命"没有作正式的分析,但也作了相当的估价。作为一种分析来说,是远远不够的。这只是在必要的范围内作一个简单的描述。这里有一句:"问题是在当时国内外错综复杂的情况下,对国内和党内的政治形势作了不符合实际的估计,并且采取了不正确的斗争方针和方法。"这就作了一个政治上组织上的判断。这个判断不是说的林彪、"四人帮"。后面还讲到"林彪、'四人帮'得以横行是同党内民主生活出现了不正常现象分不开的"。这也是对"文化大革命"中林彪、"四人帮"为什么得以横行说了一个重要的条件,也不是一个全面的分析。关于"文化大革命"本身就说到这里,其他都是说的林彪、"四人帮"的极左路线。也讲了林彪、"四人帮"是个反革命阴谋集团,使用的是反革命两面派手法,但主要讲的是极左路线。

这里没有讲极右的问题。林彪、"四人帮"用来祸国殃民的主要靠极左。他们的反革命阴谋,是反革命的问题,不再去分析它是"左"的右的。当它作为一条路线来说,就是极左。打倒一切,这不能再"左"了! 王明就是打倒一切。毛主席把王明同陈独秀对照,认为陈独秀的右是联合一切,王明的"左"是打倒一切。如果林彪、"四人帮"的路线是右,那应当是联合所谓"走资派"(这里我们姑且用这个提法)。当做林彪、"四人帮"的政治路线,没有一个极右的问题。他们是反革命阴谋集团,他们执行的路线是极左路线。关于他们的极左路线,讲话稿作了一个比较全面的分析。把"文化大革命"期间党的错误同林彪、"四人帮"反革命阴谋集团所推行的极左路线加以区别,这是很需要的。但两者之间不是没有联系的。因为林彪、"四人帮"利用了党的错误,把它推向极端。是不是这样说法,关系重大,请大家多多推敲。

第七个问题,关于社会主义制度的优越性问题。上次稿子中讲了许多社会主义制度的优越性,现在的稿子中把这一部分完全放弃了,只是答复了为什么会出现林彪、"四人帮"的问题。这个问题也没有作深入的讨论,因为这个问题比较复杂,这里只是说中国的社会主义还处在幼年时期,还没有抵御林彪、"四人帮"十年破坏这种风险的准备。幼年时期的提法毛主席在说明中国党的历史时曾经讲过。中国民主革命的第一阶段,毛主席把它作了一个基本的概括,说是处在幼年时期。中国的社会主义时期也是如此。这里虽然没有对出现林彪、"四人帮"的原因作正面的答复,但作了一个比较通俗的为大多数人能够接受的答复。社会主义有它发生、发展的过程,在它的幼年时期出现这样的问题是可以理解的。这只是一个简单的答复,需要作详细的答复。在这个讲话里,就只能说到这样一个程度。

第八个问题,"四人帮"会不会卷土重来。这个问题是党内党外国内国外都很关心的。前不久一个日本团体讨论对中国的投资问题,有一派说中国的政局已经巩固了、稳定了,另一派说没有那回事,过去日本对段祺瑞政府贷过许多款,不久段祺瑞政府就垮了。中国现在的政局能不能稳定,尚在未定之中。上次的稿子作了一个很坚定的答复,引起很大的意见。现在的稿子字面上没有那么讲,但是,实质上还是把那个意思保留了。只是讲要采取什么什么步骤,才能防止"四人帮"的再次出现。说能防止,不仅对国外,而且对国内都是重要的。我们全党全国人民都要树立这样一个信心,当然不是睡大觉,但一定要有这种信心。不能造成一个印象,认为党的事业还存在两种前途、两种可能性,现在也还没有定。这是上次大家提意见比较多的,现在的说法是否适当,请大家考虑。

第九个问题,对打倒"四人帮"以后三年形势的估计,上次很多同志提出要作充分的估计。现在这个估计是否适当,请大家考虑一下。

第十个问题,当前的任务。政治路线已经决定了,三中全会、五届人大二次会议已经讲了,这里不讲了,讲了思想路线、组织路线。思想路线、组织路线的问题,小平同志前不久在一些地方讲了话,在党内影响很大很好。现在的稿子就是基本上按照小平同志讲话的精神写的。当然,国庆会上的讲话同党内讲话口吻要有相当的不同。

加强集中、加强纪律的问题专门写了一大段,在第四十五页到第四十六页。请大家看看是否写充分了,话说得是否适当。

第十一个问题,国际问题、台湾问题、统一战线问题。国际问题没有什么新的提法,只是把有些在人大二次会议报告中说过的再集中说一下。原来的稿子说得简单一些,后来小平同志说,世界上特别是第二世界国家对于我们对一些重要国际问题如何讲法很注意。如果不讲,以为我们不关心了。如最近不结盟国家会议上斗争很激烈,如果我们话说得少了,一些朋友会不满意,也会被一些人利用。

台湾一段话原想把第三次国共合作的内容写上。后来小平同志说,现在公开讲条件还不成熟,去掉了。

统一战线加了一个"拥护祖国统一的爱国者"。因为如果只用原来的提法,不加上这个,对许多港澳、台湾同胞和旅居国外的华侨就不适用。他们中间当然也有拥护社会主义的,但那是少数,多数是拥护祖国统一的,对这部分人要特别加以强调。所以统一战线的内容就变成了三种人的统一战线。

起草《历史决议》的初步设想[*]

（一九七九年十二月十三日）

起草文件和研究历史的关系很密切，但毕竟是两件事。这个文件只能限于三十年历史的若干问题，不能作为三十年历史的读本提纲。

这个工作不是那么复杂。首先要定下来究竟要写几个什么问题。不能大大小小的问题都举出来。没有争论的问题可以不说，何必在那上面花很多笔墨？当然，整个文件要考虑到前前后后、正面反面，互相照顾。

另外，整个文件是怎么写法，也要考虑。恐怕不能照六届七中全会那个决议那么样的写法。六届七中全会那个若干历史问题决议，是把那些时期的问题归结为两条路线，然后作历史分析。现在的情况复杂多了。写历史不能靠抄袭，抄袭家不能成为历史学家。

还有比较麻烦的问题，如国际问题写不写，值得研究，因为直接涉及我们的外交工作。就是不写，也不免在写某些国内问题时要涉及。要研究一种说法、写法。如果正面写，可能吃力不讨好。

---

[*]　作者在负责起草《关于建国以来党的若干历史问题的决议》的过程中，曾就这一文件涉及的多方面问题作过三十多次谈话。此篇是 1979 年 12 月 13 日同《历史决议》起草小组成员的谈话。标题是编者加的。

对一些问题要判断是非功过比较容易，就是会有一些不同意见，争论也不至于太大。但对于某件事发生的背景的分析，却不是很容易说明的。其次，对所发生的问题要作一种理论上的评论，不是简单的说个是非功过，也不是很容易的。比如，对社会主义改造基本完成怎么解释？完成后剥削阶级还存在不存在？这就是个复杂的问题。八大讲了，讲得比较简单。后来虽然讲了几次，一直到现在，党内党外、国内国外，都有种种议论。这是个重要问题，本来希望有人写文章，但没有人写。这次文件中要写，也不能长篇大论，还是要有人写文章，可以作为文件的补充。

有些问题要作一种历史上的判定还是比较费事的。这同写历史相当不同。历史上有些重要问题，这里涉及不到。有些问题这里说，历史书上不必详细去讨论。历史不是史论。中国过去出了一些史论家，但他们写的毕竟不是历史，这是两回事。

在决议里不可能每个人的问题都写进去。那样就变成若干历史人物的决议了。有几个人的问题可能要说几句，如刘少奇、彭德怀同志的问题。其他如陈毅、贺龙同志等，都不需要单独来讲。"文化大革命"期间，涉及个人历史的如瞿秋白、李大钊、彭湃、李立三等，有些要另外作专门的结论，有些不需要涉及，在决议里不可能详细说到。

总的是不能说多了，说多了劳而无功，不能贪大求全。

赶快把要涉及的问题选定，题目越少越好。当然，所谓"少"，是指限制在最必需的程度。问题越多，争论越多。党不是争论俱乐部，只能用少量的必需的时间来讨论这类问题。扯得太多了，写的草案连向中央都拿不出去。那只能在党史里去展开写，有些问题党史里也写不到，所谓是非自有公论，只能留待公论。

希望这个班子对刚才说的问题讨论一下，提出一个意见来。

《历史决议》要注意写的两个问题[*]

（一九八〇年三月十五日）

有两个难题要解决一下。现在的稿子没有涉及。

一个是为什么发生"文化大革命"。说"文化大革命"是错误的不难，但是必须答复为什么发生这个错误的问题。不答复这个问题，决议就失掉价值。一个郑重的马列主义政党，就得对这个问题有个科学的分析。

另一个是，毛泽东思想的实质是什么。我们讲坚持毛泽东思想，是讲坚持什么。许多同志希望中央列出几条来。毛泽东思想同马列主义基本原则是一致的，但它与马列主义的已有的论点相比较又有所不同，有所发展。不能只说坚持武装斗争为主，农村包围城市，这些只适用于过去。还要讲适用于现在的，特别是讲适用于现在的。这个问题在这个文件中一定要答复。不答复这个问题，坚持毛泽东思想的这个口号就没有力量。

第一个问题，讲错误发生的原因。

为什么会发生"文化大革命"以及"文化大革命"以前的一些错

＊　此篇是 1980 年 3 月 15 日同《关于建国以来党的若干历史问题的决议》起草小组成员的谈话。收入《胡乔木文集》第 2 卷。

误？最根本的原因，还是对阶级斗争的认识和估计犯了错误。长期的阶级斗争在党内形成一种思想倾向，认为抓阶级斗争是党的最重要的工作。这种情况虽然有个人的因素，但不仅仅是个人的因素。八大虽然通过了关于分析阶级斗争形势的决议，但在《关于正确处理人民内部矛盾的问题》中，就出现了前后两种不同的估计，一方面说大规模的急风暴雨式的群众阶级斗争基本结束，另一方面在后面又讲阶级斗争还是长期的、曲折的、有时甚至是很激烈的。为什么会这样呢？一九五七年二月间对社会形势是一种估计，到了五六月间又提出另一种估计。反右斗争以后，虽然说了要把党的工作重点放到技术革命上面去，但只是说了一下，很快就不说了。一九五八年还不大讲阶级斗争，讲两个剥削阶级和插红旗、拔白旗，主要还是指的知识分子。到一九五九年庐山会议就大讲党内的阶级斗争。到八届十中全会就讲得更厉害了。长期阶级斗争中建立起来的党，在转到建设的轨道上来的时候，没有转成功。

同时，与此联系的，是把政治的作用估计到不适当的程度，说政治统帅一切。既然政治统帅一切，而阶级斗争又继续存在，继续发展，结果就变成阶级斗争统帅一切。实际上建设是不能光靠政治就能搞成功的。又红又专在一九五八年讲了讲，后来就不讲了。这种情况，多少可以说是一种习惯势力在起作用。同时，也反映了我们党在社会主义革命完成以后，同人民的联系减弱了。实现建设的重大任务，是人民的愿望，人民的需要，但是没有在党中央的领导思想上得到充分的反映。否则阶级斗争代替一切的那种口号很难提出来。社会主义革命胜利以后，人民要求生产不断发展，生活不断改善。拿现在的话来说，人民要求不要折腾。拿老话来说，要求安居乐业。但是，这个要求没有在党的工作中得到充分的反映。相反的，把国内阶级斗争仍然存在的一些现象夸大了，比方说有些地主还保存着变天账,当蒋介石叫嚣反攻大陆的时候,某些地主富农有些活动,等等,把这些个别现象作为估计国内形势的最基本的根据。对有些干部有些贪污,另一些干部对农村生产中遇到的困难采取了一些对策,比方搞点副业,都认为是资本主义复辟。这不能算是阶级斗争,而是对阶级斗争残余矛盾的夸大。贪污也许还可以算,但是把商业、运输业等一些正当的活动都变成走资本主义道路,这就只能算是无中生有了。

在国际方面也有这种因素。反霸权主义斗争是正确的,但是,范围也扩大化了,表现在"九评"中。这转而又影响了国内的斗争,并且起了非常重大的作用。

国内的因素还有一个,即国家民主化进程的中断。从制定第一个宪法以后,全国人民代表大会、人大常委会的作用,开始还明显一些。以后,人大、司法机关等等,慢慢就不起作用了,司法部经过多次批判甚至被取消了。

在党内生活方面,毛泽东同志个人的威信过分突出,这有好些标志。粗一点讲,庐山会议是一个重要标志。林彪上台以后掌握军队,首先在军队范围内搞个人崇拜,提出来一系列口号,搞了一套办法。这对"文化大革命"起了准备的作用。林彪这样搞,加上提出全国学人民解放军的口号,又把影响扩大到军队以外了。

国家本身政治、经济、文化上的落后,也是一个重要因素。尽管革命成功了,民主革命、社会主义革命成功了,但是还来不及把落后的东西统统铲除掉。

在文化、教育、知识分子(主要的是文化)等方面长期以来的偏向,对"文化大革命"的准备,也起了非常重要的作用。如果没有这些,《海瑞罢官》的批判不会搞得起来。在全国范围内,由党中央亲自发动批一个剧本,搞得规模那样大,这在国际上是没有先例的。这也受到斯大林的影响。第二次世界大战以后,苏联由日丹诺夫出面,

批了好些作品,但是都没有像中国那样搞成大运动。解放以来,批
《武训传》,批《红楼梦》研究,批胡风。到六十年代,文艺上批《李慧
娘》《谢瑶环》,哲学上批对思维与存在的同一性的异议,批"合二而
一",等等,应该说是不正常的。如果当做一种学术文化上的争论,
这不成问题。就是当做普通的党内的思想争论也可以。问题是这种
批判带有特殊的政治色彩,简直使人民不知道党的工作中心究竟在
哪里。"文化大革命"是同这样一些特殊的趋势分不开的。非这样
办不可,而且全党都非这样办不可。《清宫秘史》的批判没有能开
展,所以到"文化大革命"来补课。在这个背景下,为什么对《海瑞罢
官》的批判会成为这么大的斗争的导火线,就容易了解了。

这些解释可能还不周全,但是可以提供一种思路。

第二个问题讲毛泽东思想。

毛泽东思想需要先从理论上讲。比方说,可以从《实践论》的贡
献讲起。一篇《实践论》,实际上不仅仅是毛泽东同志个人的一篇文
章,而是自觉地有系统地开创了党的思想传统。我们现在还在讲的
实践是检验真理的唯一标准,实事求是等等,就表明了这个事实。我
们需要从马克思主义哲学的认识论方面,来说明它的地位,它的价值
怎样。

群众路线,也可以当做一个理论问题来考察。

三大改造,当然也是对马克思主义理论的重要贡献。

更重要的是社会主义建设问题。这里首先就有革命与建设的关
系问题。现在国外还有些同情"文化大革命"、对它表示惋惜的人,
其中有一个因素,就是认为"文化大革命"使中国继续保持了革命的
势头,革命的劲头。这个问题需要比较深入的分析。

自力更生为主。恐怕除了很小的国家以外,哪一个国家都不可
离开自力更生为主,否则这个国家就要处于附属地位。在社会主义

国家中,毛泽东首先强调了这一点。我们现在还需要作为一个问题提出来,因为对今后还有很大的作用。四个现代化的建设一定要争取外援,但不能盲目地依赖外援。

两条腿走路。不一定用这个名词,可以把长期以来的经验整理一下。这是先进的、落后或比较落后的技术同时并存,哪一个国家都不可能不这样办。美国今天还有比较落后的工厂,日本、西德都有。我们可以看看是否有别的国家提出来过。

还有两类社会矛盾。

还有反对大民族主义。

还有一个反对大国主义,社会主义国家的对外政策问题。我们的对外政策方面,尽管有些曲折,但全世界都承认我们确实作出了一些非常难得的榜样,是过去历史上没有过的。我们对非洲国家援助的精神、方法,不但当地人民,而且政府都是称赞的。

中国工业化的道路问题,毛泽东提出了一些思想,没有完全解决,现在要继续解决。这不是中国一国的问题,有国际性,第三世界也没有解决。我们不要讲毛泽东提的哪些适用于国外,这个没有意思,我们不讲,我们只讲我们自己的。

究竟有哪些发展?提出这一些作为参考,要筛选一下。要做到少而精,讲出来要是颠扑不破的。要多研究一下。先把框框想起来。至于题目之下如何表述,以后再考虑。可以把思想放开一些。

以上两个问题,思想上要弄得很清楚,不只是写《决议》,而且向群众做思想工作,也要讲清楚。

《历史决议》要有一种理论的力量*

（一九八〇年五月十六日）

邓力群同志说得很好，说要讲历史，要讲理论，不要陷到一件一件历史事件里面去，陷到一件一件事件里面去以后，只见树木，不见森林，说了许多历史，反而看不到历史。另外，很重要的理论问题。理论问题对党内，对老一辈党员干部需要，对青年党员、青年群众需要，对世界上也需要。从反修正主义斗争以后，国际共产主义运动分裂，一方面分裂出很多左派的小党，另一方面产生了一批左派的理论家、思想家。这些各种各样的左派，大部分在"文化大革命"期间差不多都集中在"文化大革命"的旗帜下。为什么会集中在"文化大革命"的旗帜下？因为他们认为是找到了一条反修正主义的道路，这样子就是反修正主义。现在中联部经常要接待许多左派党的同志，他们同原来的党分裂了，跟中国党走。但是，现在问题又来了，究竟有没有修正主义？原来认为，说"文化大革命"是反修防修，这还是对的，只是工作做错了。后来又说根本没有修正主义，那就问题大了。这就发生一个问题，世界上究竟有没有修正主义？我们原来说

---

* 此篇是1980年5月16日同《历史决议》起草小组成员的谈话。标题是编者加的。

南共、意共是修正主义,现在又同他们建立了联系。而且,社会主义究竟怎么搞? 中国是否走到跟苏联一样的道路去了? 如果那样,还有什么反修防修呢? 法国的贝特兰①认为中国已经叛变了。对张春桥、姚文元的文章,我们始终还没有发表一篇有分量的文章来批驳他们。而贝特兰认为,张、姚的文章基本上是正确的。同贝特兰相呼应,是美国《每月评论》的保罗·斯威济②等三个人。他们写了文章批评我那篇谈按经济规律办事的文章。像英国的马克斯韦尔③,这个人说不上是马克思主义理论家,但确实代表一种左派知识分子的看法。他抱着一种善良的愿望来中国农村调查,看三大差别是在缩小还是在扩大,农村是在出现两极分化还是没有。城市也是这样,是否也在扩大各种差别。他要从中考察我们党中央所采取的是什么样的政策。他访问中国过后,稍微感到有点放心,但没有完全放心。他同小平同志谈话以后,大部分问题解决了,但没有完全解决。这些左派不是形成一种正式的左派组织,而是一些左派知识分子。很多国家都有这种说法,原来认为苏联是世界工人运动的前途,在苏共二十大以后这个前途破灭了。以后认为前途在中国。打倒"四人帮"以后,这个前途也破灭了。他们把希望寄托在中国,与毛主席的个人威望很有关系。我们曾经反对苏联修正主义,写了"九评"等不少文

---

① 夏尔·贝特兰(Charles Bettelheim):法国经济学家,多年从事苏联计划经济的研究。"文革"期间两度来我国访问,著有《中国文化革命和工业组织》一书。粉碎"四人帮"后,对我国否定"文革"持有异议。1977 年 5 月辞去法中友协主席职务。

② 保罗·斯威济(Paul Sweezy):美国经济学家,与人合编《每月评论》。曾多次来我国访问。1978 年《每月评论》7、8 月合刊为专刊,题为《毛泽东逝世后的中国》,刊登了贝特兰的《大跃退》一文和注①中提到的 1977 年 5 月的辞职信。

③ 马克斯韦尔(Neville Maxwell):澳大利亚人。1955 年为英国《泰晤士报》记者,1959 年派往南亚任外事记者,常驻印度新德里。曾多次来我国访问,著有《中印边界战争》一书。

章,逐步形成了一种思潮:不相信苏联相信中国,把希望寄托在中国。这里边有好多不正确的东西,我们要负责任的。发展到"文化大革命",达到顶点。对"文化大革命",在中国的人很清楚。外国人来过的,也写过一些书和文章,但是没有动摇贝特兰他们的看法。这两个人在国际左翼知识分子中有很大的影响。影响到什么程度?一直影响到在中国的柯弗兰·艾德勒等人,他们看到贝特兰这样的人现在都不赞成我们,感到很大的震动。因为贝特兰过去写了不少的书和文章,批判苏联,拥护中国,成为欧洲相当一部分左派的代言人。

所以,现在要写这个《决议》,理论部分要给予很大的注意,这方面确实要有跟七大前的那个《决议》差不多的分量。不然在党内国内树立不起信心。像现在这个稿子讲了这个缺点那个错误,大家越看越泄气。你把理论讲清楚了,其他的事情,有的也可以不写。

非常重要的就是要把中国革命究竟走了一条什么道路,要怎么继续走下去,写出来。我们现在既要提出实际发展的道路,又要提出一个理想。如果只讲实际,没有一个理想、一个远景,就不会吸引全世界的工人、知识分子,团结他们,而是使他们感到没有奔头了。所以《决议》里要有一种现实的力量、理想的力量。社会主义建设没有平等的理想,人同人的距离扩大了,还有什么社会主义?只搞经济,不管政治的民主化,高度的精神文明,是不行的。那样,青年人就会只追求现实的物质利益。

从这个观点出发,我们在《决议》里要把毛泽东思想贯穿到从始至终,使人感到中国共产党始终是坚持毛泽东思想的。在党犯错误的时候,党里还有很多人坚持毛泽东思想,他们重新领导人民,把中国带上正确的道路。在这一点上要很鲜明。毛泽东思想的原理、原则,要贯穿在整个《决议》的字里行间,始终使人感觉到,这是这个文件的思想的坚定不移的基础。

我们需要对好些问题认真地想一下。

反对修正主义这个问题一定要讲清楚。"文化大革命"错了,不等于说不需要反对修正主义。

我们头脑里要有这么些问题,这个《决议》才能写好,才能有的放矢,经过研究,才能够答复这些问题。

按照毛泽东思想,经济应当是怎么样的,政治应当是怎么样的,文化应当是怎么样的,党应当是怎么样的。如果这样来答复一下,这对开好十二大,统一全党的思想,乃至统一全国人民的思想,很有意义。当然,全国人民的思想不可能完全统一,但要有一个统一的核心。要让全世界追求进步的人们认识到"文化大革命"是搞错了,但是,中国共产党并没有抛弃它的理想。正因为这样,中国共产党决不会走到苏联的道路上去。当然《决议》中不要涉及国际问题,我们答复不了。但国内问题包括我们的对外政策一定要讲清楚。它是一个《决议》,不能代替十二大报告,但用回顾历史的形式讲这个问题,有一个好处,不需要像作工作报告、政治报告那样把很多问题说得很详尽具体,可以在原则上把问题讲得更透一点。

现在这个稿子总归提供了一个经验,一种探索、尝试,非有这么一个探索不可。

我想是不是这样:从中华人民共和国诞生,就是毛泽东思想在中国民主革命的完全胜利,以后沿着毛泽东思想的道路前进,社会主义革命得到很大的胜利。从一九四九年到一九五六年中间,发生了许多事件,在行文中稍带说说,邓子恢的问题可以不讲,讲多了就复杂了。

然后从一九五七年到一九六五年,这一段是不是这样,党一方面还沿着毛泽东思想的轨道继续前进,另一方面又在一些问题上离开了毛泽东思想的原则,离开了实事求是的原则,离开了群众路线的方法,这样就犯了错误,受了损失,但因为党内大多数干部还是坚持毛泽东思想的,所以错误得到了纠正。当然这里有个问题,既然大多数干部坚持毛泽东思想,为什么又犯错误,要作出一种说明。我们党用很大的毅力医治创伤,并且使各项工作、主要是经济建设,重新走上正轨。但是因为离开毛泽东思想的原则已在党内在相当领域里发生了重要的影响和作用,所以在这一段时间虽然纠正了一些错误,又发生了一些新的错误。总的说来,八大已规定了要转到经济建设为中心,而另一部分同志又离开了这个思想,由于国内、国际的原因,还是以阶级斗争为中心,这个想法愈来愈发展,最后造成"文化大革命"。

　　在"文化大革命"中,党受到非常大的挫折,但党的大部分干部在困难条件下还是坚持了毛泽东思想。有很多人被打倒了,还有一部分人没有被打倒,他们并没有跟着林彪、"四人帮"干那些坏事,还在困难条件下保护党的肌体,保护党的力量,恢复党的力量,继续进行社会主义建设。因为有这样一个错综复杂的情形,后来才能够打倒"四人帮",而这些干部又重新获得了解放。中国社会主义事业尽管遭受了很大的打击,可是还是没有完全破坏。所以没有完全破坏,这还是党多年来进行的工作在那里发生作用,无论在中央还是在基层都有大批的同志在工作。毛主席的错误从什么时候开始说?可以这样说,毛主席开始离开了他自己的科学思想、即以他为主要代表所形成的毛泽东思想,走得很远,犯了很严重的错误,造成很大的损失,但他也没有完全离开。就是在"文化大革命"中,他也没有把权力交给林彪,后来也没有把权力交给江青;他还是要解放干部;他还是在领导外交经济等工作,作了不小的贡献。在这样一种复杂情况下,"四人帮"才容易打倒,否则,最后"四人帮"怎么不能上台呢?如果全部走向了毛泽东思想的反面的话,那么"四人帮"的不能上台就不容易解释了。天安门事件还是要从党内党外干部、群众来说,是反对

"四人帮"的群众运动。打倒"四人帮"以后,邓小平同志很快出来工作,党的大批干部解放了,党的工作很快走上正轨了。这个《决议》既要把错误说够,又要说清楚犯错误的同时党的健康力量始终是存在的,党内许多同志始终是在继续工作和斗争的,他们在工作上发挥了非常重要的作用。因为这样,党的生命、党的事业才没有中断,一直发展下来了。

"文化大革命"是错误的,但是党在这个期间的工作并不是全都错误的。在讲"文化大革命"部分,在什么地方要采取一种多少带辩论的色彩、语调,答复几个问题。究竟"文化大革命"是需要的,还是错误的,是完全人为的?这就要把"文化大革命"前中国党是不是变修了说清楚,把一些问题排列出来,反驳一下。国内阶级斗争形势究竟怎样?党内形势怎样?党的路线正确不正确?"文化大革命"为什么是错误的?对这些问题作一个答复。不能认为这些问题不值一顾。你讲不清楚,就不能说明"文化大革命"为什么是错误的。要分成几层来说。其中有一点要明确地指出来,就是"文化大革命"从来就没有一个目的,毛主席说不出一个目的。如教育革命就没有一个目的。究竟怎么搞是个无产阶级的教育,他答不出来,只是觉得这也有毛病、那也有毛病。张春桥搞了个"两个估计"。文化也是同样。结果只搞了八个样板戏。究竟文化如何搞,也没有提出一个前景。为什么提不出前景?因为出发点就是错误的,所以提不出。指出这一点是非常重要的。这是个致命的弱点,形成了许多混乱的、自相矛盾的思想。一九七四年的理论问题指示,提出要对资产阶级实行专政,怎么专政?究竟资产阶级是谁?也说不清楚。可以把一九七五年初的五号文件找出来看看,那上边说资产阶级知识分子还存在,小生产还存在,等等。按那个讲法,资产阶级永远也不会消失。究竟什么叫资产阶级思想?要搞清楚。知识分子不是什么资产阶级,但是那些资产阶级影响是存在的,而且在某种情况下还会发展,假如我们不对它们保持警惕、不进行一些斗争的话。

《决议》中要在适当的地方把毛泽东思想在建设社会主义时期的经济、政治、文化纲领讲一下。这是继往开来的问题。可以讲得简明扼要。在后面讲什么是毛泽东思想,讲到建设社会主义时期的要求,尽量引用毛主席讲过的话,同时要讲打倒"四人帮"以后,党中央所提出的一些主张,这些纲领合起来就是坚持了毛泽东思想。

总归要达到这么一个目的,这个稿子写出后让人看了不仅仅足把历史上那些问题作一个评判,而且更重要的是要把党的目前的指导思想作一个描绘,而这个指导思想同党历来的指导思想是一脉相承的,真正的是毛泽东思想的继承和发展。

所以,写法还得研究,今天先提出一个要求,究竟怎么搞,请大家仔细想一下,下个星期再议一次。

要寓繁于简。现在这个写法叫人愈看愈没有劲,尽犯错误,一路说下来,这样不行。编年史的写法恐怕不行。这样写很难达到小平同志的要求。小平同志说得很对,宜粗不宜细。还是要按小平同志的要求来做。文体不要一个小题目一个小题目来做文章。那样做文章,把我们自己限死了。我自己先要有一个纲,在这个纲的基础上什么事往哪里说,说几句,以我为主。当然纲是从历史形成的。历史同理论怎样互相穿插?发生这些问题的原因。是中国革命是在一个很落后的国家得到胜利的,很伟大的胜利。但是各种各样的落后不能不影响党的好多方面的活动,也就影响到向社会主义建设转移的困难。斯威济批评我的那篇文章说,社会主义经济有什么客观规律?他们根本不承认有客观经济规律。他们认为最重要的是要使社会上各种不同的发展水平互相接近,平均化,这才是社会主义。至于其他的事情,都不重要。那篇文章可以看一看。落后国家由阶级斗争为主转到以建设社会主义经济和文化为主，有很多困难。又加上国际上的复杂斗争，如苏联搞霸权主义，引起了一些曲折，增加了困难。这样写无非是使全党、全国人民确信什么道路是正确的。

这个《决议》还是要一气呵成，同去年国庆三十周年的叶帅讲话一样，要有个中心思想，整个文件怎么展开这个中心思想，在展开中心思想的过程中把需要作总结的历史问题加以总结，有的事需要整段的话来总结，有的事只要几句话带过去。如果平均使用力量，这个文件很难写好。

中心是要通过这个文件使全党集中力量进行四个现代化建设，同时进行政治民主化建设，精神文明建设。包括加强对全国各阶层人民的教育，这种教育不但是发展社会主义建设所需要的，而且是为了使党不再犯那种严重错误所需要的。

鼓舞人心，统一全党思想，这是写这个文件的基本任务，如果文件的思想内容达不到上述要求，这个基本任务就没有完成。

毛主席发动"文化大革命"是错误的，但还是好人犯错误，他以为一切坏事都是由于党内修正主义造出来的。因此，只要把修正主义打倒，就会符合理想。所以形成这种想法是由于他长期搞阶级斗争，在经济建设中又走了弯路，因此把希望寄托在阶级斗争上面，所谓阶级斗争一抓就灵。当然有许多现象如地主搞变天账。青年一代不知道阶级斗争，这些问题当时也是存在的，但当时对形势估计得不对，也没有找出一个正确的方法。

林彪、"四人帮"两个反革命集团怎么形成的，要有所说明，当然不要像写历史那样去说明。在"文化大革命"这一部分。不能一开始就讲林彪、"四人帮"集团。在"文化大革命"前，不能说就有了这两个集团，在"文化大革命"前期，也不能说就有了"四人帮"集团。

叶帅三十周年讲话讲了极左路线，现在是不是可以不再讲，除了

"文化大革命"以外,其他都不讲路线错误。"文化大革命"不讲有点麻烦。暂时讲这一次,以后就下不为例了。极左路线。左倾路线,分别讲有个好处,它们是有区别的,又是有联系的。如果单讲两个反革命集团,历史不容易解释。

对一九五七年后几段历史的议论[*]

（一九八〇年五月二十四日）

毛主席对社会主义革命以后要反对修正主义、反对资本主义复辟，这个提法从"文化大革命"以前、"文化大革命"中，到末了，他的论点是变化的。一九六二年——一九六五年——一九六六年，一直到一九六七年那篇纪念十月革命五十周年的文章，提了无产阶级专政条件下继续革命的六点，这时的观点是说社会主义社会有走资派，党内有资产阶级代表人物。到了一九七四年初的理论指示，到一九七六年四号文件，这个观点又向前发展了。社会主义究竟怎么搞法，毛主席没有个答案，愈来愈不清楚了。搞阶级斗争，总要有个纲领，对资产阶级实行专政也没有什么具体内容。

《哥达纲领批判》有它的负面影响。当然划分了共产主义的两个阶段有很大好处，但是提出了一个资产阶级法权。怎么过渡到共产主义，马克思没有讲，讲了　个物资的极大丰富、大量涌现，前提是人的全面发展，从分工中解放出来，不是反过来讲首先发展生产力。以后列宁在《国家与革命》中把资产阶级法权说死了，说生产资料所

* 此篇是 1980 年 5 月 24 日同《历史决议》起草小组成员的谈话。标题是编者加的。

有制方面的资产阶级法权已经剥夺了,但在交换范围里的资产阶级法权还没有剥夺。既然有资产阶级法权,就要有资产阶级国家,结果就好像真是一个资产阶级国家。从资产阶级权利到资产阶级国家已经走得很远了。这样就可以引出贝特兰的理论。无产阶级夺取政权以后,就要搞过渡,就要拉平,不要着力搞生产。要实现人与人之间的平等。阶层与阶层之间的平等,地区与地区之间的平等。可是,毛主席也没有朝这个方向详细地想下去。一九六七年纪念十月革命的文章列举了无产阶级专政下继续革命理论的六条,末了一条说"文化大革命"是触及人们灵魂的大革命,它的纲领是斗私批修。搞这么一场"文化大革命"就是为了灵魂革命?"文化大革命"是没有纲领的,要打倒一批人,这批人是走资派,究竟走资派的纲领是什么?反对走资派的纲领又是什么?讲不清楚。说到最后就是要触及人们灵魂。所谓无产阶级专政,所谓成功失败,没法子衡量。把这些人打倒了,就搞不下去了。解决世界观问题是什么意思?世界观怎么能革命?革命怎么能解决世界观问题?为了解决世界观问题要发动一场革命?把马克思主义所有的书翻了,也找不出这种理论。

在这个地方要讲,社会主义改造完成后要怎么样才能过渡到共产主义?建设社会主义怎样实现人同人之间的平等?在这方面这个决议要说出一个道理,才能统一全党的思想。否则,会有很多问题。这些问题,八大文件中没有解决,也不可能解决。

贝特兰讲,张春桥文章虽然不完全对,但讲出一个道理。打倒"四人帮"后,没有一篇文章对张的文章作过系统的批判。张春桥好像继承了文武周公孔子的道统,说马克思怎么讲的,列宁怎么讲的,然后讲生产关系的三个方面:所有制、人与人的关系、分配,这样就摆出一个道理来。他讲的是胡说八道,但是问题得答复。所有制,以后还要变化,也不能设想就是循着由生产队到大队到公社,由集体到全民这样的次序。当然都是要公有化。在公有化过程中,作为公有制补充的个体所有制,还是在社会主义计划经济指导下,在城市农村还存在。农村在什么情况下还有家庭联产承包制。这是什么原因? 这种承包制随着经济情况的好转,群众对集体化觉悟的提高,还要怎么样变化。在交换和分配方面,社会主义要发展商品交换,商品流通,实行按劳分配制度,这样才能促使社会主义经济前进,而不是使它倒退。还有人和人的关系。人和人的关系,本来不只是生产关系的问题,要说,整个生产关系都是人和人的关系。毛主席说的所谓猫鼠关系,是生产关系以外的社会关系,说的不是经济问题,是政治关系。

"文化大革命"是不是实现了平等、自由? 这里要把"文化大革命"造成的幻象、神话,消除一下。

一九七四年的理论指示就是反映了一种观点,十月革命后世界社会主义运动的一种观点。但是,从"文化大革命"没有找到答案。硬要蛮干一气。蛮干确实也是有人煽动的。毛主席闭目塞听,没有几个人同他来往。就是江青在那里煽动。批判《海瑞罢官》时,毛还说要保留意见。后来的变化,同他一九五七年以后思想不断向"左"的方面发展有关系。引火物是评《海瑞罢官》的文章。如果没有这篇文章,究竟要不要搞全国的"文化大革命",也不一定。批判《海瑞罢官》的文章发表以后,《人民日报》又不登,就把他的火煽起来了。在没有这件事以前,他头脑里并没有这些东西。他修改七千人大会上的报告,花了很大的功夫,改了好几道。他还把陈伯达、关锋找去,要给马恩著作写序,结果找去后又不谈了。可见他思想上变化很大。

他是一种矛盾的性格,一碰到有些事,火是非发不可的,如七、八、九三个月搞了文化教育方面的整顿。看到刘冰的信,又下决心批邓。但是也不放心,所以还留那么一点尾巴,实际是走钢丝。迟群、谢静宜成了"文化大革命"的象征。他指示解放蒋南翔,而蒋南翔是迟群去打倒的。认为"文化大革命"是没有搞成功,但不能讲。

一九五七年以后十年这一段,集中力量进行经济建设,问题就是准备不足,发生动摇。一九五八——一九五九年的错误,并没有偏离经济建设这个中心,还是要搞经济建设。反右派扩大化对八大路线是一个偏离,对毛主席的《关于正确处理人民内部矛盾的问题》是一个偏离。但反右派扩大化,对社会主义建设没有太大影响。影响是对知识分子打击,不信任,一直到"文化大革命"没有解决。

八大是正确的,但八大不可能对社会主义建设的经验作充分的总结。从八大以后,路线没有把稳。一九五九年庐山会议上山前,毛主席说经济建设靠陈云,我不行了,是说的真话,虽然不是很愿意说,但还是承认搞失败了。当时参加会的好多人没有转过来,虽然其中许多人在"文化大革命"中被打倒,但是指导思想是一样的。后来宣传无产阶级专政下继续革命一套,虽然他没有讲,是合乎他的本意的。

但是他不是坏心。当时反右派他也搞得睡不着觉,吃不下饭。不是扩大化的问题,而是一个运动的方法问题,要搞什么大鸣大放。毛主席在最高国务会议上的讲话,原来我整理了一个稿子,他说先放一放,只发了一条很短的消息。他到上海以后,一看《文汇报》、《新民晚报》搞得很热火,《解放日报》、《人民日报》按兵不动,他就火了,就说要搞大鸣大放。社会主义革命来得太快,有反对意见是不奇怪的。

把一九五七年以后的事情用这样一个线索、一个逻辑写下来,可以把"文化大革命"的到来作一个科学的历史的解释。错是错了,小错积成大错。

社会主义改造为什么要讲一点理由?因为过去没有怎么讲过。八大也没有讲。中国不在一九五三年以后实行社会主义改造是不行的。资本主义如果不走上国家资本主义道路，如果不控制它们，就要起破坏作用。这方面的事例在"五反"中揭发很多。经过"五反"后，资本主义受到很大打击，它要继续经营下去。不走国家资本主义道路不行。非走不可，不是强制的，是一种必然，对资本家对我们都是必然。资本家有他的代表人物参加国家的领导，所以这种合作是必然的也是可能的。农民也有这个问题，一方面国家要求农业生产有较大发展，另一方面农民在土改后很满足，慢慢地困难户增加，又有意见了。

以建设为主体可以不讲，毛主席讲了这个话，但是也没有真正把它当成主体。那时建设的一百五十六项工程规模有限，各省主要力量还在搞农业，后来搞社会主义改造。

"向自然界作战"，不这样提，因为社会主义建设不只是作战的问题，社会主义建设很多事不能用这个说法来表述。造成这十年的曲折就是三年困难时期。一九五八年大跃进，想要调动群众的积极性，但是没有找到一个正确的方法。要持久地调动群众的积极性，没有经济的办法是不行的。

大致按时间写下来可以，但写了以后，一方面说十年经济建设走了一个弯路，又要说很快医治了创伤，走上正确的道路。要有些数字，重新上升，上升得很快，还是有一大批干部学会了搞经济建设，是在用心学习、掌握建设的本领。如果他们一直不间断地搞下去，中国社会主义建设的成就是了不起的。拿恢复来说，当时速度之快也是难得的，用这个来看今天，会给人以信心。讲了这些以后，正面反面还要集中讲一下。几个方面的错误虽然有些解决了，但是阶级斗争方面的错误反而发展了。对彭德怀的处理过重。后来让彭去三线，毛主席实际上是向他承认错误，但不是采取正常的民主集中制的方法。刘少奇同志在七千人大会上讲了这个问题，也是种舆论压力。

这时毛主席的心里是矛盾的,有时说庐山会议是正确的,有时又感到搞错了,在刘在七千人大会上的讲话稿中,毛主席加了经济核算、按劳分配是两条非常重要的原则,这是绝对不能违背的。一个个错误,具体来说,是纠正了。可是,总的经济建设的指导思想上的"左"倾没有触动。政治方面,阶级斗争理论的一些提法,一步步升级了。这个问题没有解决,反而逐步升级,到"文化大革命"前夜,周总理在人代大会上的报告充满了阶级斗争的词句,已经是阶级斗争为纲了。加上林彪搞所谓活学活用一套,更加煽起个人崇拜的狂热。对林彪的那种搞法,中央没有正式作决定。书记处、中宣部都讨论过,都是不赞成的。少奇同志是不赞成的。林彪在一九六○年军委扩大会上对毛泽东思想就提得很高了,后来不断加温。这段时期一方面有些错误在纠正,另一方面有些错误不但没有纠正,还在大大鼓吹。因此说"文化大革命"的起来不是偶然的。这确实不只是个人的原因,有多方面的原因。

到后来"文化大革命"起来了。这里有一个问题,对我们党犯错误怎么讲法?党犯错误就是党中央犯错误,严格讲很难这样讲。如果不这样讲,就否认了那一段的合法性了。我们还是要承认是党的错误。错误是错误,但不必说它是非法的。说整个党好,还是说党中央好?当时党中央的具体状况也要讲。

把"文化大革命"的任务归结为灵魂、世界观的革命,这个革命是搞不下去的。没有提出具体的目标,因为这本来就是没有经过深思熟虑的。一九六六年毛主席给林彪的五七指示信,一九七一年的教育工作会议,等等,工厂办成什么样的工厂,农村办成什么样的农村,这些口号没有经过实践的检验。提出学制要缩短,一方面要求学制缩短,一方面要求减轻学生负担,结果不能不搞得学生的文化程度下降。所以提不出具体目标是必然的,找不到依靠力量也是必然的,因为前提就错了,没有法子搞下去。

八大到"文化大革命"的一段,不必去讲什么路线错误,讲错误就行了。到"文化大革命",就发展成为路线错误。

国内外都有人说"文化大革命"还有好的方面,一个是说讲平等,找出了具体办法,贝特兰等就是这样认为。国内有人认为还搞了合作医疗等。这些或者不必讲得太零碎,或者在讲干部和群众还在坚持工作中间去讲。干部和群众还在坚持毛泽东思想的一些正确的东西。

你们的稿子说,"文化大革命""永远不能再搞了",这个说法软弱。要强调永远记住这个教训,任何条件下不许重犯这个错误。"文化大革命"的名称要不要说? 这不能叫革命,无论什么意义上都不能算是革命。按照马克思主义,革命的意思是指生产力要挣脱生产关系的束缚。"文化大革命"根本不能这样说,即使类似过去的宗教革命也不是。"文化大革命"没有做什么好事,反而做出许多坏事,不但把原来好的风气丢掉了,而且滋长了许多坏风气。外国人讲起教授下农村,以为是好事。他们根本不了解实际情况。我们断定它在任何意义上都不能算是革命,虽然是一句话,但否定得斩钉截铁。

毛主席的功过,要讲他离开了毛泽东思想。尽管他在建立和发展毛泽东思想的过程中起了决定性的作用,但是,到一九六六年以后,在主要方面他是违背了毛泽东思想。

外交方面,提出三个世界的划分,调整外交政策,主要是功绩,也有错误。

"文化大革命"中期把省委恢复后,多数还是要办事的,要为人民服务的。一直到最后,毛主席没有把最高权力交给"四人帮",解放了一批干部,为打倒"四人帮"准备了条件。当时这样做,实际上等于说打倒这批人是打错了。

关于"文化大革命"的分析，有一个问题一定要讲，"文化大革命"错了，但究竟是不是阶级斗争？能不能说"四人帮"代表反革命阶级？这个问题用不着多说，但是要说一下。林彪、江青两个阴谋集团利用了一部分合法的形式，造成了一场内乱，这个内乱既不能说是一场革命的阶级斗争，又不能说是一场反革命的阶级斗争。这势必要产生一个问题，林彪、江青是不是代表地富反坏右？是不是要搞反革命复辟？他们究竟要干什么？严格说来，还不能说他们就是要搞一个什么东西。他们会把社会主义制度搞得奇奇怪怪，但很难说这是代表资产阶级，代表地主阶级。这不太合乎事实。这两个阴谋集团没有这么一个社会基础。如果要形成复辟，也要有一个社会基础，不能用江青要做女皇这种话来作说明，她要独裁是不成问题的，会把社会主义搞得奇形怪状。这样似乎愈说愈离奇了。当然可以说这些人不会搞什么社会主义，但不一定说他们要搞别的什么制度。整个"文化大革命"怎么解释？要导致灾难，毁灭，都可以讲。搞下去可能会引起某一个局部的反革命事件，但也不太容易。有这么大的一个人民解放军，他们有什么力量能够把全部权力夺过去？这很难想象。

社会主义发展可以说是一个革命的过程。从对资产阶级革命来说，经过所有制改造以后，基本上完了，当然还有斗争。但是，革命并没有结束，要一直过渡到共产主义，才是革命的完成。发展生产力是革命，实现现代化是革命，镇压反革命、抵御外国侵略也是革命。保卫无产阶级专政，保卫党的领导，都是革命，这种讲法，从广泛的意义上而不是从原来严格的意义上讲，是可以讲得通的。好处是把革命的旗帜抓住了。这里涉及好些问题，要仔细讲起来很复杂。是否可以总起来说，革命没有终结，所以还需要党的领导，还需要无产阶级专政。这个问题要讲一下。我们批评"不断革命"、"继续革命",但是我们还要讲革命。这个问题一定要讲清楚,而且要很确定地很明白地讲清楚。

社会差别是不可能拉平的。现在存在这种差别,是不是形成了阶级? 资产阶级批评家说,社会主义国家没有不形成阶级的,都有个集团。这个问题不能详细讨论,但要讲清楚。

人民民主,社会主义民主,不能算是手段。不能把人民的个人权力当做手段,不能算是达到经济目的的手段。那样是把人本身都当做手段了。人本身就是目的。人有个人的基本权力。同个人权力不同,人民要当家作主,是个集体的权力,这是永远的目的,不能说是手段。人民到共产主义时代都要当家作主。人民的意志本身,满足人民的物质和精神上的需要,都是目的,如果连自由都没有,还有什么需要? 通过民主的方法达到什么目的,这是手段。在说到人民的个人权力、集体权力时,要说到集体经济都要按人民的意志来发展,不能把人民当做阿斗,这同党的领导完全不能对立起来。

毛主席在追求一种社会主义[*]

（一九八〇年六月九日）

　　阶级斗争为纲能否概括"文化大革命"的问题？要考虑一下。用人为的阶级斗争来搞"文化大革命"，在这个意义上是不可以的。"文化大革命"作为一个历史，不管是不是人为的，反正叫做十年动乱，在客观上起了什么作用？"文化大革命"中的积极分子究竟追求什么目标？或者说没有什么目标？或者说个人权力目标？这些都要有一个说法。

　　毛主席是在追求一种东西，追求一种社会主义。这种东西是现实的社会主义所不容许的。这个东西要说得很完整也不容易。但是到一九七四年的理论指示，要取消资产阶级法权，是有一套说法的。这个东西也不能用平均主义来描写。这个当然同"四人帮"所追求的不一样。林彪、"四人帮"并不管这些。张春桥是因为毛主席讲了理论问题才写文章。在"文化大革命"中，张的整个言论并不是这些。"九评"的思想虽然不是毛主席设计的，但是对他是有影响的。像四清运动中的一个批示，说是干部要变成官僚主义者阶级，要被工人打倒，是一场阶级斗争等等。还有后来要求知识分子同工农画等

<small>＊　此篇是 1980 年 6 月 9 日同《历史决议》起草小组成员的谈话。标题是编者加的。</small>

号,因为毛主席多年来同工人联系很少,他比较具体、清楚的印象就是农民,所以他说知识分子要到农村去。对干部同工人之间的关系,特别是在分配制度方面,废除工资制,取消八级工资制等等,叫什么?叫按需分配也不好说。毛主席没有想成熟,没有把要实现的目标具体化,因为太不现实了,比如农村三级所有制要真正变成公社所有,他也不能下这个决心。

你们归纳的这五条是不是把党内党外,国内国外,围绕"文化大革命"的问题答复了?贝特兰的文章有没有看?他的基本论点就是无产阶级掌握政权以后,不能把主要注意力放在发展经济上,不能提出要达到什么经济指标。还是要继续实现社会主义革命,要求人人平等,尽量消灭各种差别。所以他说全世界的共产党夺取政权以后都没有搞社会主义,只有"文化大革命"是搞社会主义。因为其他的党都在搞经济建设。资本主义复辟这个命题,究竟如何?资本主义在什么条件下才能复辟?走资派同资本主义复辟是互相联系的,也不能完全否认这种可能性。一个党完全腐化了,党员都用各种手段去谋私利,就有这种可能。但是在实现了生产资料公有制的条件下,这种变化是如何进行的?要实现原来那种资本主义会遇到相当大的障碍,是不是可能实行一种国家资本主义?还有一种可能,是资本主义国家发动侵略,把社会主义国家征服了。这里要说到"文化大革命"以前,中国的农村也好城市也好,究竟有没有走资本主义道路的情况。这就要找当时领导四清的人做些调查研究。白银厂的问题现在否定了,但是这个材料可以研究一下。当做一个标本,仔细研究一下。农村用什么做标本?当时是什么情况?究竟叫不叫资本主义复辟?其中有一些是干部腐化、侵吞公款,做生意为个人发财,像这种情况,可以说是干部的蜕化变质。这是否叫走资派?这种概念给人一个印象:有一个资本主义,有一个派,有一个目标。一些人想利用社会主义来达到个人发财的目的,这是一件事。至于要把社会主义社会变成资本主义社会,那又是一件事。干部中间不是一个个的个人,而是形成一个小集团来盗窃国家财产,利用职务的权力来合伙营私,这种情况是有的,是发生了,应当同这种人做斗争。这种人是否就是走资派?要查一查过去的文件,提出走资派的二十三条是怎么说的?文件中还说层层都有,行行都有,这个概念就大大变化了。既然说无产阶级同资产阶级两个阶级之间的斗争贯串在整个社会主义历史时期,就必然会有新的资产阶级出现,也必然会到党内来,这样就不得不把走资派这个概念扩大。

有个现成的办法,仔细研究一下中央一九七六年四号文件,一九七四年理论指示,一九六六年五七指示,可见这三个文件确实是毛主席发动"文化大革命"多少带有纲领性的东西,相当带乌托邦色彩。通过对这种纲领性文件的分析才能说明毛主席同江青搞的是两码事。在这些文件里表现了急于要向共产主义过渡的思想,所以说斯大林犯了大错误,所以才会把资产阶级的范围不断扩大。把阶级斗争的范围不断扩大。开始说地主变天账等等,大家还承认,后来越添越多,就说不清楚了。

批判唯生产力论确实是一个重要的关键问题。

不一定写成论文式的,而是论断式的,论断是在精确研究的基础上下的,还是提纲性的,话虽然说得简单,但论证的基础是牢靠的。

要把毛主席晚年的错误
同毛泽东思想加以区别[*]

（一九八〇年七月三日）

讲几个原则问题。

在起草文件的过程中，小平同志找我们谈过几次，中心任务是要把毛泽东思想旗帜高高树起来，给它一个比较完整准确的解释，用它来统一党的思想。这个要求在现在这个稿子中没有能够实现。为了充分地解决这个问题，需要对稿子作比较大的修改或改写。这个问题，在党内也有一些不同的意见，但是从三中全会、四中全会、五中全会的过程来看，在中央委员会的范围里，至少绝大多数同志是赞成这个意见的。我们现在没有理由离开这个方向，要向对于这个方向有怀疑的同志做说服工作。这个决议就是说服那些同志的重要武器。我认为在这个问题上是不能动摇的，如果动摇了就达不到写这个文件的目的。

《决议》一方面要对毛主席在"文化大革命"期间犯了"左"倾错误作出判定。另外一方面，为了说明"文化大革命"的发生，要对它

---

* 此篇是 1980 年 7 月 3 日上午在中共中央书记处会议讨论起草《历史决议》时的发言。标题是编者加的。

加以历史的分析,说明这不是偶然的,有它历史的原因。把毛主席在晚年逐步形成的"左"倾思想的发展过程,加以说明,这样才能解释"文化大革命"的发生。对于"文化大革命",不能把它解释成为毛主席为了把别的同志打倒,纯粹是这个目的。毛主席没有这个理由要把当时中央政治局里、中央委员会里绝大多数同志打倒。这样打倒对毛主席有什么好处呢? 毛主席在一九六六年中央一次会议上说过,你们都犯了错误,我也不好过。如果中央同志、省市委书记都犯了错误,毛主席是怎么领导的呢? 实事求是来说,毛主席在八大以后,他对中国社会主义怎么发展,逐渐形成了一种思想,这种思想在党内有时可以暂时地表面上得到多数的接受,但是实际上多数同志是不赞成的。毛主席认为要搞社会主义,从一九七四年理论指示所说的,表现得比较清楚,他就是要限制商品,限制货币,限制工资这几样东西。从一九七四年、一九七五年、一九七六年,一直在讲。但是他也不知道怎么限制。从一九五八年成都会议上反对资产阶级法权起,就有了这种思想的萌芽。到一九五八年北戴河会议就讲要实行供给制,说进城后搞工资制没有理由。毛主席的这种思想虽然没有在正式文件中表达,他感到这个想法得不到多数赞成,但是他的这个思想一直保留着并且在发展。他认为这才是社会主义革命,这种想法同现在有一些同志说中国现在不是社会主义可以说是异曲同工。毛主席把社会主义革命已经消灭了资产阶级这件事丢到脑后了,而认为要把阶级斗争搞到党内来,党内有资产阶级,说搞社会主义革命,不知道资产阶级在哪里。毛主席发动"文化大革命"不应当看做只是出于个人关系,只是由于他对少奇、恩来、小平同志不满意引起的。他是有一种想法。这种想法并不是毛主席所独有的,在世界社会主义思潮中,是一种思潮。这种思潮是从来就有的,现在也还有。所以有人说世界上没有一个国家实现了社会主义,只有中国在"文化大革命"中实现了社会主义。这些评论家并不了解中国的"文化大革命",他们是从毛主席的言论中了解到毛主席的这种思想与他们的想法相吻合才这样说的。这些思想违反了中国长期革命中形成的毛泽东思想体系,从民主革命到社会主义革命到八大,从一九五七年正确处理人民内部矛盾到一九六二年七千人大会讲话,那时他说的社会主义不是上面讲的那种社会主义。这样长期形成的前期的社会主义思想是符合马克思主义的,后期则偏离了马克思主义。我们现在要把毛主席晚年这些思想上行动上的错误同毛泽东思想加以区别,加以对照。对毛泽东思想加以肯定,对毛主席晚年的错误的理论和实践加以批判。这是个非常重要的问题,给予正确解决是非常必要的。

陈云同志讲,一定要在我们这一代人还在的时候,把毛主席的功过敲定,一锤子敲定。一点一点讲清楚。这样,党的思想才会统一,人民的思想才会统一。如果我们不这样做,将来就可能出赫鲁晓夫,把毛主席真正打倒,不但会把毛主席否定,而且会把我们这些作含糊笼统决议的人加以否定。因此,必须对这个问题讲得很透彻。

毛主席对社会主义有这么个想法,这个想法在世界范围有影响,这些想法也不是"文化大革命"引起的,在"文化大革命"以前就有。因为"文化大革命",搞得更突出了。社会主义究竟怎么搞法?世界的工人阶级、左翼知识分子以前把希望寄托在苏联,后来失望了,又把希望转到中国,现在中国搞了一个"文化大革命",其中有的人对"文化大革命"很拥护,另外一些人因"文化大革命"以失败告终对中国也失望了。对苏联也失望,对中国也失望,于是发生一个问题,对社会主义感到一种失望、迷惘,究竟什么是社会主义?我们的决议要恰当地答复这个问题,虽然不能充分地全部地一劳永逸地答复。我们要把社会主义的旗帜高高举起,所谓高举毛泽东思想的旗帜就是高举社会主义的旗帜。要在社会主义旗帜下说明一些社会主义的理想,说明社会主义的基本理想是什么。这样才能用这个奋斗目标团结全党全国人民,教育人民,教育青年。因此,要在决议中说明社会主义的一些基本原则。这些原则不能只是生产力的发展水平。如果仅仅是这一点,有人就会提出,美国、日本的生产力水平不是很高吗? 香港台湾不也是很高吗? 那样,搞资本主义就行了,还要搞社会主义干什么? 一定要加上其他一些原则。我们还要革命,革命并没有结束,要给革命的口号一些新的明确的内容。

毛主席打破了共产国际的
教条化倾向*

（一九八〇年七月五日）

延安反教条主义对斯大林的一套体系没有批判,对斯大林建设党、领导国家、领导国际共产主义运动的原理、方法没有批判。发生"文化大革命"的悲剧,追本溯源还要追到斯大林。

毛主席领导中国革命得到胜利,这在国际共产主义运动历史上,在马克思主义发展历史上,可以说是一个划时代的胜利。否则,不能解释中国党为什么同共产国际进行了那么长期的坚决的尖锐的斗争。共产国际形成了一套,这已经成了世界历史的事实。毛主席同这种现象、倾向做了顽强的斗争,这也是一个事实。这个事实有理论意义。马克思主义如何在发展过程中防止教条化,这个问题,直到现在也没有解决。从马克思主义产生以来,有一百多年理论上没有一个与马克思主义同一水平的突破,这不是说马克思已经把一百年以后的所有问题全都解决了。第一国际当时的情况复杂,第三国际是造成了一种教条主义倾向。但毛主席的确打破了共产国际的专制、教条化倾向。共产国际就不做调查。把调查研究当作一个指导原

---

* 此篇是1980年7月5日同《历史决议》起草小组成员的谈话。标题是编者加的。

则、一个重要方法在共产主义运动中是没有的。从马恩以后,形成了一种对他们的崇拜。梅林在《马克思传》中就说过这个意思。直到现在,对一些理论问题,如绝对贫困化相对贫困化等,还当做一个相当重要的问题来争论。毛主席同第三国际的指导方针做了长期的斗争,这是非常显著的事实。今天讲马克思主义普遍真理同中国实际相结合,怎么结合?就是要研究中国的实际,从实际出发;就是要联系群众,从群众的最大利益出发。毛主席把这些发展成了一个观点、一个工作方法的系统,还可以加上独立自主、自力更生,确实在世界政治上显出中国革命的特点。中国革命是依靠自己的力量、依靠自己寻找的道路来取得胜利的。这个传统可以永远保持。中国有十亿人口,一定要依靠自己,绝不能依靠苏联,也不能依靠美国,子子孙孙都要继承这个思想,要把这个思想固定下来,用显著的形式,用科学的形式、法律的形式把它固定下来。中国在这方面的发展,确实是很有特色,很为世界人士所称道的。这个问题不能说在世界上都解决了,世界上很少有人做这种宣传,但是苏联今天还在坚持所谓现实社会主义的道路,说只有他们现在搞的这一套社会主义是真正的经典的道路,其他什么欧洲共产主义都是离经叛道的。在这种情况下,我们宣传独立自主、自力更生的观点,不但对中国,而且对世界都是很有意义的。

这是马克思主义,但是又是马克思主义在中国革命的长期斗争中的发展,有什么理由不重视?如果对这个不重视,就会产生一种对我们党的历史、党的传统的虚无主义。我们这样重视,不是为着实用主义的目的,为了一种功利的需要;而是忠实于历史事实。讲这个,也有助于批评毛主席晚年的错误。我们恢复从一九二七年到一九五七年时期的毛泽东,这不是一个特殊的时期的历史事实,而是超越了那一段时期。它的意义超越了那一段时期,可以成为对我们党、我们人民长期进行教育的武器。这个思想当然还会发展,从这个思想的一些基本观点出发规定的政策,也是毛泽东思想,我们今天规定的一些政策,也是毛泽东思想的发展。

我们不能把毛泽东思想解释成马克思主义发展的新阶段,因为毛主席也好,中国党也好,实践的范围,涉及的理论问题,都是很有限的。那样说是妄自尊大。但在哪些方面,在长期实践中形成的党的作风、传统,这些作风、传统,曾经是我们区别于其他党的,被其他党所称赞的,这些东西,我们不把它放到博物馆去。

马克思主义成为一个党的指导思想以后,确实面临一个问题,即马克思主义教条化。党纲党章作了规定,党还作了种种决议,这些,党的各级组织和党员都要服从,但是,服从并不是照搬。如何发挥创造性,马克思主义理论,党的理论本身就要解决这个问题。共产主义是运动,当然,它是有原则的运动,但是,它毕竟是运动,在它的发展过程中,不得不用新的原理代替旧的原理,或者对旧的原理作相当大的修改。社会主义的定义、社会主义的基本原理、基本要素也是要发展的。

现在对于马克思的一些观点,还是摆脱不了教条主义的束缚。如对亚细亚生产方式。好像马克思研究中国历史,比中国人研究中国历史还要精通。好像如果不把马克思的亚细亚生产方式研究清楚,中国历史的研究就不能前进。又如关于古代社会,摩尔根提出了一个社会发展的观点非常宝贵,但是,他所描写的古代社会的具体结论都已经过时了。奇怪的是,摩尔根却得到了另一个命运,由于马克思、恩格斯的引用,他那些具体结论就成了不可移易的了。马克思主义为什么要同古代社会的这种具体判断结一种不解之缘呢?

苏联现在大讲现实社会主义,这个现实社会主义同它的扩张主义是结合在一起的。

共产国际犯了两个大错误*

（一九八〇年七月七日）

列宁建立了一个集中制的共产国际，这是一个非常严重的原则错误。这种组织永远不能搞。从这里就可以产生社会帝国主义。在列宁的好些著作里都有这样的观点，尽管一方面关于要尊重民族特点讲了很多，可是另一方面，每个党采取的任何一个策略步骤是正确还是错误，又都要由共产国际的领导人来判断。这就是把人的智慧上帝化了，不是经过集体的讨论来判断，而是由个人的智慧来判断。所以，毛泽东思想在这方面，是对列宁、斯大林的共产国际的一个否定。不承认共产国际的集中制，不承认这种集中制是正确的。这当然不是说一个党对另一个党的建议不可能正确，而是说采取这种作决议的形式，就不能不使事情走上了绝路。

第一国际在当时那种条件下，它集中不起来，但是也有一些倾向。到了共产国际，它有了政权，列宁提出全世界都要建立苏维埃，斯大林同托洛茨基争论中国在什么时候应当建立苏维埃，这种做法是很坏的，中国革命怎么能靠莫斯科来作决定呢？

共产国际犯了两方面的错误：一、对第二国际没有留一点余地，

---

* 此篇是 1980 年 7 月 7 日同《历史决议》起草小组成员的谈话。标题是编者加的。

把它说成是反革命,是社会帝国主义,列宁这个判断也是不正确的,把社会民主党完全等同于帝国主义,结果弄到现在共产党同社会民主党很难合作。这么大的问题这么简单地处理,留下后遗症是不小的。二、建立了一个集中制的共产国际,这可以说是列宁关于共产党建党思想的扩大。列宁的建党思想是在一种特殊的历史条件下提出来的,是在沙皇恐怖统治下提出来的,到十月革命成功以后,是否还要沿袭下来,不作一种原则的改变,而且还扩大到全世界的共产党之间? 这样做的结果,就是俄国要变成全世界的统治者,虽然列宁主观上并不是这样想的。这个影响是非常深的。按照他们那种搞法,就要导致一种观点,认为世界上存在着领导民族和被领导民族,两者的关系是上下级关系,是改造者与被改造者的关系。现在的阿富汗就是用枪杆子来改造,把各种现代化的武器都拿出来,支持完全是代表少数人的组织。这就把共产主义运动完全引到绝路,引导到它的反面。这是非常不好的。

我们要奉行的社会主义,在国内是民主的,在国际上也是民主的。如果没有这种民主,社会主义搞不成,共产主义也搞不成。

毛泽东思想在世界上有两种形象:一种是长期的中国革命,一直到一九五七年,在世界上保持着,在第三世界,以至在资本主义国家,认为中国革命给世界展现了一个新的光明前景,提供了一个新的前途。另外一种,主要是从六十年代以后或者晚一点,在国际反修斗争激化以后,一直到"文化大革命",也产生一种形象。对这个形象,各种人有各种不同的观感。我们现在继承第一种形象,朝着这个方向努力,虽然有困难,但是可以克服的。

同共产国际的上述错误原则做斗争,到毛主席晚年,这种精神也走向反面。在国际范围,他的做法是自相矛盾的。在国内范围,发生这种自相矛盾的情况也不奇怪。

　　一个党对另一个党执行纪律制裁,解散,以至可以进行肃反,把领导人杀掉,这谈不上是什么共产党的原则。

　　共产主义是最高纲领,民主难道就不是?到那个时候民主是否就消亡?我是不大同意民主消亡这种观点的。

　　"文化大革命"期间,党的工作,以恩来、小平同志为代表,还是有成绩的。他们是代表,当然不仅仅是他们两个人,否则,整个党就完了,为什么我们党在打倒"四人帮"以后很快就恢复了?难道真的是经过火化以后再生出一个凤凰来么?要对历史负责,要把历史描述得很公正、很准确。对打倒林彪以后各级党委的状况还是要有一个客观的估计。有些同志,尽管被人家把头按下去了,但是手一放开,头又抬起来了。当时重新建立的各省省委,真正是属于"四人帮"的还是少数。现在的赵紫阳、余秋里、谷牧等同志在当时都出来做了工作。

　　"文化大革命"不是天上掉下来的,"文化大革命"的失败,"四人帮"的被粉碎,也不是天上掉下来的,都不是偶然的,不是一天两天形成的。

　　不能用一种简单的颜色,比如说黑色来描述"文化大革命"。毛主席的错误非常严重,引起大家愤懑,这是不奇怪的。可是我们要写历史时,不能不冷静地客观地对待。毛主席对待小平同志可以说是很大的错误。但是,他究竟没有说要把他开除党籍。不能说毛主席的晚年什么是非之心都没有了,或者完全颠倒过来了。毛主席后来要与美国建立外交关系,不能说完全是为了个人。他发动"文化大革命",是不是就是为了把老干部打下去,不许人家作赫鲁晓夫那样的秘密报告?历史是非常复杂的,如果不在研究的时候保持客观态度,就不能正确地解释历史。这要与我们的感情发生矛盾。但是,愤怒出诗人,愤怒不出历史学家。不可理解的事我们还是要去理解,否则我们就要像雨果那样,尽管在他写的书里充满了对拿破仑第三的仇恨,却并没有把历史解释清楚。把拿破仑第三的阴险、狡猾描写得淋漓尽致,也还是没有把"雾月十八日事变"解释好,而马克思则不同,他还是作了多方面的分析。我们要有比较广阔的视野,用广阔的视野来观察、分析历史。否则,很难用历史来教育党和人民。我们不要捏造事实,但是,历史是个复杂的整体,党也不是一个人几个人的活动。党已经建立了这么大的组织,同群众建立了这么广泛的联系,任何一个人想要扭转历史是不可能的。我们常常这么想,如果毛主席不在那时去世,"文化大革命"究竟怎么办? 不管怎么样,总会找到解决的办法,不会走到死胡同去。

关于民主和专政的问题[*]

（一九八〇年七月十八日）

要研究写作的技巧，学会许多话你在那里说可是不点题。什么要点题，什么不点题要考虑。你们对很多敏感的话不会处理也不会推敲。如"左"的错误倾向要说，又不要说得过于难听。这些都很难，除了科学性、逻辑性之外，还要给人以美感，给人以愉快。要学会处理这些问题，才能为中央起草文件。要考虑到党内有各种感情，各种要求，要找到这中间的最大公约数，在那个基础上来说话，使尽可能多的人能接受，因为各方面有很不相同的意见，所以写这个稿子就要很好考虑。

写第一个历史问题决议，花了很多时间。有一两个月时间，每天上午开会，下午写，确实是集体创作。先议下几个部分，每部分说什么，某个问题怎么说。讨论是相当民主的。没有哪一个人的发言权比哪一个人多的情况。参加的有七八个人。写作中困难比较少，大家思想比较集中。那个决议也有缺点，对历史事实说得太少，从六届四中全会到遵义会议，从遵义会议到抗日战争，都有很长一段时间，

---

* 此篇是 1980 年 7 月 18 日同《历史决议》起草小组成员的谈话。标题是编者加的。

而决议说到三次左倾路线的时候就来分析这个路线,然后同毛主席的路线对比,这个对比在当时是需要的,但中间一大段历史没有讲。历史变成就是路线斗争史,可以说是从那个决议开端的。党的历史退到幕后去了,台上只有路线斗争史,这是个很大的缺点。毛主席对决议没有做很多的修改。

对历史评论是一件事,解释是另一件事。如果不能答复为什么发生"文化大革命",决议就等于不作。"文化大革命"这种历史在世界历史上可以说是千年不遇的。如果连对这个问题都没有做出一个令人信服的解释,决议就没有价值。由此得到的教训,是具体的教训,三十年的教训,主要是"文化大革命"的教训。否则,社会主义怎么搞,就变成了一种空议论。毛主席说斯大林犯了一个大错误,这是个原则问题,是个理论问题,也是个实践问题,所以要认真答复。

列宁在《"左"派幼稚病》中说,提出是领袖专政还是群众专政这个问题就是不对的。当时提出这个问题不一定是对着俄共的,也许是对着德国党的。当时的俄共既是领袖专政又是群众专政。可是列宁把这个问题当做一个已经解决了的问题,看得太轻易了。列宁讲的那个普通常识是就一般的政党政治包括资产阶级政党的事实来说的。但是,就无产阶级政党来说,这是社会主义革命胜利后最大的政治问题,怎么能把资产阶级政党存在的事实作为常识来答复呢?这段话确实是很不好的,但多少年来讲领袖和政党、阶级的关系,都是引用这段话。对党和阶级的关系,也没有讲。按《"左"派幼稚病》的说法,领袖专政是完全合理的,领袖专政就是群众专政。

像瑞士那样的小国,讲民主,居民一年要用很多时间来投票。像中国这样的大国,全国人民代表大会很难工作。人大不是常设机构,人大常委、国务院是常设机构。如果没有共产党的领导,很难工作。

国家这么大，问题这么多，如果没有在北京是几百个几千个，在全国是几十万个负责人成天在那里操心、研究处理许多问题（他们也犯错误），很难使国家基本上能生存、活动、发展。如果离开了这个发动机，那是不可想象的。国家大，人口多，文化低，交通工具很少，没有民主传统，在这种情况下，必须有党的领导。如果没有党的领导，各方面之间扯皮、拆台等等，不知道要发生多少冲突。从这方面来说，党确实是人民的公仆，这是天公地道的，不宣传这个事实是不对的。党的作用在国家生活中什么时候可以减少、缩小？什么时候可以把一些活动社会化？也许要一百年。

南斯拉夫设立工人委员会，工人权力提高了，但还有许多问题不能解决。他们没法解决通货膨胀问题，基本建设战线长、浪费大的问题，消费水平增长速度超过生产增长速度问题。经济上过分民主了，必然是这个结果。群众必然要解决眼前看得见的利益问题，虽然可以向他们做解释，但他们仍然要那样做。

如果没有一批熟练的专家，普通工人代表怎么能懂得财政、外交、军事等等复杂的问题。国家如果没有一个工作机器是很难想象的。一个有效率的、非常称职的、勤勤恳恳的服务机构，至少在现代社会里是不可缺少的。而且即使到了将来共产主义社会，恐怕还要有非常强大的统计中心和计划中心。全世界那时只有一个计划中心也是不可想象的，还是要有许多计划中心，开联席会议来协商，还要有国家机构似的组织。我很怀疑空想社会主义的那种设想，那种没有国家组织的乌托邦。就是如列宁说的，国家机构可以搞得非常简单，许多事情都可以由普通人来办，那也是很难想象的。国家权力、地方权力，无论怎么民主，也要授权给一部分人去行使。火车要运行，就要有铁道部或铁道中心来调度、指挥。所谓特权，只能是指在法律规定以外的权力。每个人只能在法律规定的权力之内活动。交通警的权,过路人就不能有,就得听他指挥。人民如何行使他们的权力,是个非常复杂的问题。并不是每个人要办的公事都要成天同大家商量,而是看他做的事的结果是不是对大众有利。

对"文化大革命"要作出
从历史到逻辑的总结[*]

（一九八〇年七月二十三日）

　　"文化大革命"是从八月八届十一中全会开始还是从五月政治局扩大会议通过"五一六通知"开始，要研究一下。要说明"文化大革命"不是经过法定程序发动的，是强加给党的。"五一六通知"不是政治局准备的，而且对党内国内形势作出那样一种估计，在党中央不作充分的民主的实事求是的讨论，是不能允许的。实际上应当召集党的全国代表大会，只有这种会才能决定。当然即使当时召开，也可能通过，所以民主的形式也不能过于相信。而后来找了一个不成为理由的理由（所谓派工作组的错误）来搞刘邓。工作组是代表学校多数来制止少数人的错误，说它搞了资产阶级反动路线，是没有根据的。毫无理由地改组政治局书记处，使中央文革小组成为凌驾于整个中央之上的机构。这是党章所不允许的。对于中央文革小组，毛主席说过，等于政治局加书记处。凭空搞出一个资产阶级司令部、无产阶级司令部，这也是党章所不允许的。然后，在全国范围停止了

---

* 　此篇是 1980 年 7 月 23 日同《历史决议》起草小组成员的谈话。标题是编者加的。

宪法和法律的作用，从国家主席到所有公民的人身自由没有了，抄家、抓人、打人、斗争。这件事一定要讲，宪法和法律废除了，这是大事变，是不能容许的，一定要大书特书！侵犯了公民的权利，侵犯了党员的权利，党员停止组织生活，在群众中公开宣传多数服从少数。所有这些事情，说明"文化大革命"是怎样荒谬绝伦，怎样叫人没法在这个社会中生活了。

不是叙述事件，而是说明在这期间在党的生活、国家生活中出现了一些极端反常的不能容忍的情况。实行军管，然后革命委员会，党政财文几大方面，都归它管，比"立三路线"的做法还要"左"。革委会是解释为临时权力机构。学校教学宣布停止，也不上课。工业、农业出现什么变化，怎么描写。机关党员非党员都到干校劳动，搞批斗、审查。对大批党员干部采取完全不能容忍的办法，一个审查，一个批斗。如果对国家生活中一些根本原则受到破坏，这样重要的问题都不讲，那就好像是说将来发生了也无所谓。当时这样搞下去，国家生活、党的生活没法子维持，所以不得不搞整党建党。在这种情况下开九大，九大的不正常情况也就是可以理解的了。

然后要答复一个问题：林彪集团是怎么回事？如果按正常原则办事，也不会产生林彪的问题。国家权力完全由极少数人来决定。推翻、产生国家领导人，完全不要经过组织。这是造成政变、阴谋的基础。要说明"文化大革命"极端反常，使这个社会不能正常活动，必然要产生各种阴谋活动、恐怖事件，所以才会产生林彪事件，产生后来的"四人帮"。要使人看到，"文化大革命"根本不是什么革命。说明"文化大革命"不能再生产革命，而是再生产反革命，或不叫再生产，而是生产反革命。

林彪事件不必多写。这段不必多讲毛主席，还是讲党。林彪事件的出现已可以点出"文化大革命"的理论和实践都破产了，这时候应该纠正而没有纠正,所以加重了错误。

接着是"四人帮"同政治局、国务院、军委斗争的时期,有时"四人帮"占上风,有时居下风。如周恩来同志主持中央工作时,"四人帮"居下风。然后批周时,"四人帮"又占上风。然后邓小平同志来主持中央工作时,"四人帮"转到下风,小平同志被批判,"四人帮"又占上风,一直到"四人帮"的消灭。这样把这个历史时期两方面的情况都表现出来。国务院、军委,始终没有被"四人帮"统治,他们想出种种办法夺权、破坏,但没有来得及。这样说了,这个时期的历史,党的活动的特点,才能看清楚。

大约有两年时间,经济、文化开始有哪些恢复,中间又降下来。党在那里复活,党要恢复它的工作,恢复同群众的联系,在非常困难的条件下面。

如果说九大以前全国人民还被搞糊涂了的话,九大以后就很难搞起那种革命狂热。以后产生了天安门事件,"四人帮"灭亡。虽用一切力量想要阻止"文化大革命"的结束,实际上是"文化大革命"已经很难继续下去了。提不出什么目标、口号来动员人民,批邓等等,根本不行了。本来在林彪事件时结束还好一点,硬要拖下去,文章没法做下去了。

然后作一个总结,"文化大革命"在生产关系方面打算做一种什么改变,得到什么结果,生产力的发展实际上不是抓革命的结果,革得愈厉害,生产力愈下降。上层建筑,党的组织发生了什么变化?在"文化大革命"中新提到领导地位上的,从基层一下子跳上来的,状况如何?党同群众的关系大大后退了,政权方面,公检法掌握在谁手里,"文化大革命"那一段成了一个镇压革命、镇压人民的东西,如何说得妥当?军队受到"文化大革命"的破坏,但比较起来要小一些。改革教育、文艺、破四旧,宣传了一种什么思想?这方面的结果,总的说明"文化大革命"是个严重错误,彻头彻尾的失败,不可能不失败。"文化大革命"期间,人民、党员仍然在自己岗位上坚持劳动、工作,但这并不是"文化大革命"的产物,对"文化大革命"要作出从历史到逻辑的总结。然后说这个错误为什么发生,原因说三条:

一、对社会主义条件下的阶级斗争应怎么估计、认识,这个问题是在马列主义历史上新的问题,没解决的问题。社会主义社会有阶级斗争,是确实的,但怎么认识、对待,全党没有准备。马列主义也没有现成的答案。毛主席对这种斗争估计过高,把各种性质不同的问题都归结为阶级斗争,都用阶级斗争的办法来解决。毛主席也没有提出一个合适的办法,就是斗,天天讲,月月讲,年年讲,阶级斗争一抓就灵,以后就是七八年来一次"文化大革命"。社会主义社会还存在商品、生产、分配上的差别,其他差别,还存在各种破坏、腐蚀社会主义社会的活动(经济、政治、文化上),加上国际的条件,因此要进行斗争,但要认识到它的限度,不能把复杂的问题用一种简单的方法去认识、处理。

除了阶级斗争之外,还有非阶级性的斗争,还有其他政治力量的斗争。这种斗争不能说成是阶级斗争,如说成是,只能把事情搞乱。这种政治斗争,在一种特殊条件下可以造成政治危机。

二、由于中国革命的一系列胜利,长时间的胜利,使毛泽东同志在党内、在人民中的威信愈来愈高,把功劳、荣誉愈来愈集中在个人的身上。毛主席增长了一种个人的骄傲情绪。党的民主集中制,不断受到削弱,而且建国后没有集中力量认真地清除封建主义思想影响。这样造成一种在党的生活、国家生活里发展个人专断的条件。建设社会主义的一个重要方面,是建设政治上的民主制度,国家的法制。

三、整个社会历史条件是,中国长时期的封建社会在各方面遗留的传统,社会主义在世界范围里还是一个新的制度,还不成熟,还没有完整的经过考验的经济政治社会制度。无产阶级政党,在中国这样落后的国家执政以后,怎么样起作用,也没有成熟的理论,而且理论上有缺陷。无产阶级政党怎么样限制党的领导机关,领导人的活动,社会主义国家的人民怎么样监督、限制党的活动,在这些方面都有不完善的地方。这是当然的,是要认真研究解决的。

因为这些原因、条件,使得毛主席这样一个在中国革命和国际共产主义运动里作了伟大贡献的人物,犯了这样的错误,使他走到了长期形成的马克思主义科学体系的反面。

党不但要保障党员的权利,而且决不能侵犯党员的权利,党中央怎么可能下命令停止所有党员的组织生活?党中央对全体党员负有一种什么样的责任,党对国家的宪法负有一种什么样的责任,如果不向人民说明,国家怎么能实现民主化?

所谓无法无天,就是可以不受任何约束;这是毛主席多次表示的,这就离开了马克思列宁主义,离开了唯物主义,离开了社会主义。

给"文化大革命"作总结时要说明,中国的上层建筑、生产关系基本上是适合生产力的需要的。党同人民是有联系的,核心力量是在领导社会主义事业的。"文化大革命"的实践证明它是不能破坏的。离开这个党,重新建立一个党是根本不可能的,不要这个党来领导建设社会主义也是不可能的。

毛主席的责任要具体说几条。发动"文化大革命",破坏了党和国家的一些基本原则和制度,使得林彪、"四人帮"得以上台。毛主席的错误同林彪、"四人帮"不同还要讲。林彪、"四人帮"他们搞反革命阴谋活动,依靠秘密组织,他们是要摧毁党。但是,"文化大革命"期间,干部和人民群众还是做了许多工作。把外交说一下,外交工作有很大成绩。当然,对外关系的恶果也很厉害。还有经济工作、部分科学工作也是有成绩的。

遇到新情况新问题也不一定犯错误，尤其是大错误，但由于毛主席过分自信，所以才造成严重错误。

为什么会发生个人专断，有社会历史原因，旧的没有摆脱，新的没有成熟。

把文化性质的问题同政治问题不但混淆起来，而且为了政治斗争的目的来挑起文化斗争。

苏联的社会性质，有各种看法：一种是认为如果要说修，就要从斯大林算起，只有中国和阿尔巴尼亚把斯大林时期及其以后分成两段。如果承认那些对苏联特殊阶层的分析，那就要承认我们中国也有。所以，要解决这个问题，还是要说民主，说民主是社会主义的必不可少的因素，如果把民主当做手段，不承认民主本身的意义的话，那么民主本身就不能保证，因为当做手段，可以用。也可以不用。工人农民要做主人，他个人就有人格、权利。如果没有，还谈得上什么民主，怎么使他们有积极性来建设社会主义经济？把人当做一种工具，把人看成物，在这个思想基础上，用这种理论，不能建设社会主义，如果不解决这个问题。反对不掉封建主义。

反过来说，党是一个手段，政府、军队都是人民的手段。要改变党领导一切的提法，这个话的含义不准确，可以引申出各种各样的意思。但这个问题要说得很恰当，一方面不能把党看成是凌驾于一切之上的超社会的力量；另一方面，在我们国家要坚持党的领导，如果没有党的工作保证，也不行。

"文化大革命"把大批干部打倒了，又解放出来一部分重新工作。整个说起来，说明这些干部不是什么资产阶级，这个上层建筑完全是从工人农民中产生出来的，为他们服务的，所以这些人倒了，使工作受到很大的损失，而这些人经受了考验，能正确对待。这说明认为党内存在一个资产阶级完全不是那么回事,如果是,打倒了他们,工人农民应当高兴,工作应当搞好,结果不是这样。说林彪、"四人帮"是代表资产阶级来夺无产阶级的权,也说不通。说"文化大革命"是一场阶级斗争,是说不通的。"文化大革命"是个大试验,十年之久,这么复杂的斗争,很难为社会主义社会阶级斗争的到处存在找到证据。

毛泽东思想是团结全党奋斗的旗帜[*]

（一九八〇年七月二十四日）

毛主席的错误同功绩比是第二位的。毛主席的这些错误是非常令人痛心的。但毛主席对整个中国革命的贡献是这样伟大，决不能够动摇他在历史上的地位，在中国人民心目中的地位。他的错误是违犯了毛泽东思想的科学体系。因此，这些错误不但没有动摇毛泽东思想的科学性，而且从反面证明了毛泽东思想是不能违背的，违背了就犯这样那样的错误。

毛主席是最伟大的领袖，还有别的领袖，他是最伟大的党和国家的缔造者，为中国人民的解放事业奋斗了一生。他的革命历史可以分成几段讲，一九二七年前一段，一九二七——一九三七年一段，一九三七——一九四五年一段，一九四五——一九四九年一段，一九四九年——三大改造一段。遵义会议后长时间的活动，培养了整个党的领导骨干，培养了一代又一代的党的各条战线干部。这些干部、党员直到今天还是我们各个战线上的骨干。他的思想深入到我们的血肉里去了，他的大量教导永远是中国共产党、中国人民的精神财富。

---

[*] 此篇是 1980 年 7 月 24 日同《历史决议》起草小组成员的谈话。标题是编者加的。

毛主席对中国革命最伟大的贡献是创立了毛泽东思想。然后对毛泽东思想作一种解释，下一个定义，不要讲中国化的马克思主义，还是说毛泽东思想是马克思主义普遍原理同中国革命的具体实践相结合的产物，是中国革命经验的总结，是对马克思主义的新贡献。我们不把毛泽东思想说成是全面发展下的马克思主义，是马克思主义发展的一个新时代，不这样认为，这要说明白，以区别"文化大革命"及其以前的一段宣传。研究马克思主义哲学还要看马恩列的书，不能光看《两论》，经济学更加是这样。但是我们在中国进行革命斗争，建设社会主义，就不能离开毛泽东思想。用毛泽东思想取代马克思主义，把毛泽东思想同马克思主义对立起来，毛主席本人不承认这种说法。

　　然后讲毛泽东思想是在什么历史条件下产生的。明确地讲共产国际在什么时期对别的国家实行一种集中领导，不把各国革命看成是必须由各国人民各国党决定的，而看成是由共产国际执委会决定的。他们不但把马克思主义歪曲了，变成教条，而且把他们的决定、命令变成一种神圣不可侵犯的东西，其结果，只能对各国革命、各国人民带来损失，造成失败。一九二七年大革命失败，共产国际是有责任的。当时中国党的一切重大事件要由共产国际来指导，以至把共产国际的决定拿给汪精卫看。当时形势瞬息万变，从国外的国际组织来指导一个国家的革命，无论什么天兵天将都不能做到。六大的所有决议都是苏联人写的。其中十大纲领有一条废除苛捐杂税，实行统一累进税，这一条是什么意思，我就不懂。这种状况使中国革命陷于一种困难境地。共产国际不可能找到一条引导中国革命到胜利的道路。毛泽东思想是在这种情况下产生的。

　　第一是实事求是。《反对本本主义》是一九三〇年写的，是实际斗争的产物。土改怎么搞，仗怎么打？当时的党中央都靠本本，就是马列的书本和共产国际的文件。拿本本来,是当时的话。但是毛主席当时不是靠共产国际的决议,甚至不是靠党中央的决议(因为党中央离得远),所以提出调查研究,深入实际。调查研究能产生正确方案,能验证中央决议对不对。各国革命的道路要由各国党和人民自己去找出来,这是毛泽东思想产生的条件、背景。革命要依靠各国革命人民在实际斗争中把马克思主义的普遍原理加以运用,同具体实际相结合,这在当时、现在以至将来,永远都是正确的,要坚持的。所以毛泽东思想强调调查研究,尊重群众的经验。智慧、办法要从群众中来。要用马克思主义的立场、观点和方法来总结实际经验,把各国实际经验提高成为理论,不然各国经验不会自然成为理论。这种理论还要拿到实践中去检验,无论什么好的办法都要通过试验。始终坚持实践是检验真理的唯一标准。

　　第二是群众路线。这也是从实际斗争中产生的。为什么提出依靠群众?因为当时什么也没有,什么也不能依靠。要么是失败,是投降;要么是从依靠群众找出路。固然马克思主义也讲工人自己解放自己,但马克思主义政党产生后,很容易丢掉这个观点。中国革命在失败后,在极端困难的条件下,相信群众能接受革命道理,能找到胜利的出路,能找到达到胜利的智慧和力量。红军一开始就在毛主席指导下建立一种新式的官兵关系、军民关系,这样就建立起完全新的军队。建立的新的政权也完全是依靠群众。党员、红军、党的干部、政府人员用自我牺牲的精神来维护群众的利益,把群众力量团结起来,并使群众相信党、红军是团结的中心。从抗日战争到解放战争到全国解放后,还是用这种思想要求党、政、军干部。在和平建设时期毛主席提出了许多新办法,如三结合、三同等等,以后我们还要这样。只要一个党要革命,就要坚持这种观点。

　　第三是独立自主、自力更生。中国革命、建设要胜利,主要依靠自己的力量。任何革命斗争，不能仅仅依靠别人的援助来达到胜利，不依靠自己的力量找到自己的道路，是不能达到胜利的。要争取外援，学习外国先进的东西，但不能离开自力更生这个基本点。在这一点上不能有任何动摇。决不能屈服于任何外国的压力。如果那样，就丧失了革命的原则。同时也要反对自己有任何大国主义的表现。

毛泽东思想是在当时历史条件下，经过很长时期发展的。这几个基本原则一直是我们的出发点。从这些根本精神出发，毛主席在民主革命时期，提出一系列原理，领导革命胜利。单独写一段。然后又根据中国革命具体特点提出了新的办法，完成了中国社会主义改造这样的历史任务。所有这些，都是对马克思列宁主义的重要的新发展、新贡献。

在社会主义改造完成后，毛主席继续提出关于社会主义建设的方针，发展生产力。如不发展生产力，中国要挨打、打败。要发展生产力，要注意一些基本的比例关系，农轻重、国防民用，不同水平的生产力两条腿走路，经济建设与人民生活，消费与积累比例，等等。发展建设事业，要依靠什么人，知识分子、专家，学习掌握科学知识。要实行按劳分配，搞经济核算，等价交换。无产阶级专政的主要目的是保护人民进行和平劳动，区分两类矛盾，正确处理人民内部矛盾，建立民主的政治制度，保护人民的利益。达到一个"又有集中又有民主，又有纪律又有自由，又有统一意志，又有个人心情舒畅、生动活泼的政治局面"。引出一些话，是否可以分一些题目选一些话，虽然这是大家熟悉的，现在引出有两个作用，一是说明毛泽东思想没有过时，我们现在还要继承这些原则，其次，"文化大革命"所以错误是违背了这些原则。违反了它就要失败，这就是毛泽东思想科学体系。毛泽东思想科学体系，最根本的就是用马克思主义同实际相结合这个原则来解决中国当前的问题，采取什么方法，坚持什么原则。依靠什么力量。所谓毛泽东思想科学体系没有另外的意思，并不是要取代马克思主义理论，是在实际斗争中要遵守的依据的原则，它是个科学，因此是要发展的，说它是个体系不是表示再不需要发展，再不能够发展。科学就要发展。一方面讲完整准确地掌握科学体系，只抓片言只字是错误的，但是否认毛泽东思想也是错误的。要求我们继续按照这样一些基本原则前进。不能丢掉共产主义最高理想，不能丢掉马克思主义理论。这些基本原则是我们永远不能离开的。这些基本原则可能还要作些补充。既不是搞句句是真理，也不是搞停滞不前。经历了三十年曲折道路，有挫折，就是由于违反了毛泽东思想的结果。我们总结这些经验，就要坚持毛泽东思想。这是我们使社会主义继续胜利发展的保证。我们党多年来是在毛泽东思想指导下奋斗的，因此，这也是团结全党的旗帜。

还要照顾到另一部分干部，在党内有相当的影响，他们认为我们现在只是嘴上讲毛泽东思想，实际搞的是资本主义。要说明我们做的是毛泽东思想所指示的。要建设社会主义，要采取一些新的经济政策，这会在党内引起相当一部分人的不满，有相当阻力，不能把这部分人撇开。

关于社会主义的若干问题[*]

（一九八〇年八月十三日）

因为是决议的第五部分，不能不同历史相照应。"文化大革命"哪些是错误的，不应该怎么办，应该怎么办，有些前面说了，有些没有说，即使说了，也要提一笔。

第一个问题，幻想社会主义可以不要高度发展生产力，稿子在理论上没讲清楚。社会主义既然是人类最先进的制度，如果没有高度发展的经济，这个社会主义是建设不起来的。社会主义的各个方面是互相联系的，怎么样达到高度的经济水平，可以不讲，但决不能有贫穷的社会主义。如宁可要贫穷的社会主义，不要富裕的资本主义的说法，是完全错误的。把富则修的思想狠狠批一下，把道理讲清楚。穷也可以修。富同修是两码事。

社会主义如果没有物质基础，一切都谈不到。不但谈不到各取所需，按劳分配都很困难。人民没有什么指望。有些社会学家、空想家，认为平等就是最高的理想，如贝特兰、斯威济、马克斯韦尔等等。

离开了发展生产力，就离开了革命的目的，也离开了马克思主义

---

*　此篇是 1980 年 8 月 13 日同《历史决议》起草小组成员的谈话。标题是编者加的。

的根本原理。要把这个意思讲清楚。社会主义一定要有高度的经济发展,从不同水平会有不同的发展历程,但我们已有的基础,可以达到这个目的。

第二个问题,社会主义革命和社会主义建设是什么关系?继续发展社会主义的生产关系,与发展社会生产力是互为因果的。政治、文化、国际关系这些,全都是社会主义革命。社会主义文化建设要提高人民的文化水平,是很大的革命任务。政治民主化,也是很大的革命任务。反帝、反霸,支持民族独立斗争等等也是。在现在,如果再把社会主义革命只限制在生产关系的改变上,就不合适了。生产关系也不会在某个时候来个突然的变化。今后的革命,主要不表现在阶级斗争上。不能搞一个阶级推翻另一个阶级的革命,或生产关系的猛烈的变化。但今后还要革命。这样才能振奋全党的革命精神,也才能驳倒"无产阶级专政下的继续革命理论"。一方面不能再搞什么夺权,经济上也不能设想有什么跳跃式的变化。如分配制度的改变,必然是逐步的、和平的,不会有全社会猛烈的突变。

生产关系怎么发展法,不需要也不可能来预定。"文化大革命"时没有完善现有的生产关系,而要搞一种人为的革命,有些地方还取消自留地、集市贸易,搞核算单位的过渡,等等。这里不去讨论怎么样完善的问题,不存在预定的先验的格式。但是,从原则上说,发展城镇的集体经济、个体经济等等,都是采取各种不同样式来发展社会主义经济。在这样做的时候,就发生一些必须注意的问题。一定要同各种破坏社会主义的活动做斗争。这种破坏不一定都是资本主义的。贪污盗窃、投机倒把、欺骗等等,用各种各样手段破坏国营经济,各种犯罪活动大大增加。要有一节很有力的话来论述。生产关系是要前进的,决不能倒退,是要发展的,决不能破坏。

然后讲分配。人民的生活一定要提高。讲人民生活要共同富裕,普遍提高,会有差别,这种差别不可怕,害怕它,不是社会主义的实现,而是社会主义的灭亡。

每个问题不一定都联系"文化大革命",但每一节都要有几句话同过去的"左"的思想、错误思想对照。

第三个问题,社会主义不能只保障人民的经济权利,还要保障人民的政治权利。不能光看生产资料所有制,不能光看经济发展。生产发展了,经济发展了,如果劳动人民不能掌握国家的命运,这种发展可以为反社会主义的目的服务,为非正义的、霸权主义的目的服务。不只是对外的霸权主义,这种物质手段也可以用来镇压本国人民、少数民族。

社会主义并不仅仅是一个经济制度,而且是一个政治制度,对这个问题,党内没有提出过。总认为政治是为经济服务的,是手段。

法制同民主有联系,民主要用法制来保障,但问题有不同的方面。关于国家民主化,要讲宪法法律的神圣不可侵犯的地位,任何人不依据法律程序不能加以改变,所有人在法律面前是平等的,下级对上级,工作上服从,但彼此的关系是完全平等的,互相独立的,必须互相尊重。人身依附的观念在党内相当牢固,要用很大的努力来破除。要规定一些制度,如选举制度、监督制度等来实现政治民主化。企业、学校、医院等基层单位可以采取职工代表大会来决定这个单位的一些重要问题。地方(城镇、街道等等)上社会生活的许多问题就由这个地方来裁决、决定。不然许多事情国家很难来解决。国家只能搞代议制。社会生活的民主化如果不从基层建立起,如果都要由上面派人去代替原来的人,才能解决问题,那怎么得了? 有些事情村民大会就可以裁决。民主化一定要有基层的,这方面要当做一个要求提出来,由上而下,由下而上,层层都实行民主化。可以是法律,也不仅仅是法律。要使人民生活在一个民主的习惯里。不要说善讲不行恶讲，恶讲不行就动手，甚至说没有武器了，还可以动拳头这些野蛮的话。

讲法制，只讲到保障人民的权利，没有讲到同犯罪做斗争，没有讲到专政的作用，是不够的。这里讲国家消亡，完全削弱了文件的力量。现在明摆着要加强解放军、公安机关，如果不去讲这些，却去讲国家消亡，是不对头的。讲加强也不必用很多话，讲加强公安、军队，加强它们同人民的联系，加强专政机关的互相支持。讲民主的专政，要批判"四人帮"宣扬的全面专政、大民主。那些完全不是社会主义，是封建法西斯主义，社会主义绝对不能容许那些东西。

第四个问题，讲社会主义文化。也要把"文化大革命"中对文化的极左思潮批判一下。所谓知识愈多愈反动这种思潮，是完全反对社会主义的。社会主义没有文化是建设不起来的。发展文化是社会主义的手段，又是社会主义的目的。归根到底要造成人们富裕的物质生活、文化生活。

一方面要提高文化，消灭文盲，普及教育，逐步提高普及教育的要求，这是我们党的一个不可动摇的目的，因为这个问题在党内不是很明确、很坚持，所以小学教育不但在穷困地方不重视，在富裕地方也不重视。

没有文化不能建设社会主义。从初等文化教育，普及教育，一直到高等文化教育，科学技术教育，这些方面的教育要发展，这是一个方面。

另外一个方面，文化生活是个很大的问题。青年人犯罪，往往是因为没有地方玩，没有活动场所、经费等等。因此要丰富人民的文化生活。真正的精神文明包括高尚的道德品质，科学的思想，革命的远大理想，教育文化都要发展这些东西，没有这些，也没有社会主义。所谓社会主义就是个人利益服从社会利益，社会利益高于个人利益，这是最早的社会主义的观点。社会利益是第一位的,个人进步是为着社会的进步,依靠社会的进步。我们要培养这种思想,这是整个社会主义社会公民的道德风尚。讲到社会主义的道德风尚,就要同各种反社会主义的思想,同封建主义、资本主义的思想做斗争。要树立爱国主义、国际主义精神。当做一种道德品质来讲国际主义,也是可以放在这里来讲的。这个决议里要表现这种精神。我们要学习资本主义的一切好东西,但是我们对资本主义的不好的东西是蔑视的。社会主义制度是有前途的。只有社会主义才能培养人的高尚的情操。

社会主义需要高度文化,因此对人类历史上产生的一切有益的文化遗产、精神财富都是重视的。认为可以不依靠那些就能建设社会主义是荒谬的。要培养知识分子,尊重知识分子。

我们会成为社会主义的经济大国,也会成为一个社会主义的文化大国。

第五个问题,对外关系。要讲维护世界和平,加上维护民族独立。社会主义同霸权主义是不可能结合在一起的。我们的社会主义一定是反对战争的,要支援民族独立,联合第三世界等等。无论用什么名义都不能为占领另一个国家的领土、压迫屠杀另一个国家的人民作辩解,这完全是打着社会主义旗号干着帝国主义的勾当,只能叫社会帝国主义。社会主义是主张和平的,反对侵略战争的。我们要同一切爱好和平的国家和人民联合起来,反对战争策动者。然后把反修的问题讲一下。各国社会主义运动正在世界范围发展,到了新阶段。很多国家的共产主义者,革命的劳动者都在寻求、都在探索自己的正确道路。任何一个国家一个党都不能来规定别国别党的道路。反对各国党的修正主义,是各国党自己的事情。这个原则的确定,是我们党的历史上很大的变化。我们不去评判哪个党是修正主义,我们也不去支持哪个党的反修斗争。我们要同世界上一切共产主义者社会主义者联合起来。本来共产党的团结是一个范围,非共产党的团结是另一个范围,民族主义政党又是一个范围。我们现在对这些政党都开门。只用几句话,表示我们再不干涉别的党的事务,也不去回顾过去我们的反修斗争。

　　然后是第六个问题,党的问题,我们要实现这样的社会主义,但党究竟怎么样。

　　党的民主集中制,要说得简明扼要,不能拖沓。我们党从建党以来就把民主集中制当做原则,但犯了错误,以致发生"文化大革命"这样的悲剧。我们现在就要严格地执行民主集中制。可以把党章中有些内容说一说,少数服从多数,个人服从组织等等。要明确说明,党委书记,第一书记,总书记同其他委员的地位是平等的,他是比他们负有更多的责任,是事实,但他不是他们的上级,这样才纠正了过去的错误观念。党的上级应监督下级,下级也应监督上级,怎样监督法? 上级在一定会议上要作工作报告,下级可以提出批评,下级可以发现上级的工作方式方法中的毛病,或者是组织过于臃肿,或者不以平等态度待人,以致高人一等,下级就可以提出弹劾。上级派人下去,下级对派去的人有什么不满,下级可以告发。有些不属于违反纪律的问题,只是工作上的弊病。如何提出批评、指责、质询、弹劾,规定出一个法律上的步骤,有个受理、要得到结果的问题,下级应有这种权利。为着保障民主制度的执行,要规定凡是违反党章,无论哪一级的决议都无效,下级就可以不执行,这样"文化大革命"就搞不起来,宣布停止组织生活,就可以不执行。你说违反他说不违反,如何办? 应规定党的纪律检查委员会有权对某个组织的决定是否违反党章作出裁定,这是合理的。它不是从政治上裁决,而是从是否违反党章作出裁决,这是对民主集中制提供一个强有力的保证。顾问委员会遇到中央委员会的决议不正确的可以出来干涉,顾问委员会、纪律检查委员会有三分之二以上的多数，可以否决，至少可以要求复议。这样党内生活就民主多了，好多问题可以合法地进行争论。

完善党的民主集中制要有这些内容，文字不在多，不然说了半天还是不解决问题。

要讲民主集中制的重要，民主要讲，集中也要讲。

要有一段讲党在建设社会主义中的作用，逻辑上严密，政治上重要的一段。

建设社会主义要把几千年剥削社会的历史遗留改造过来，要完成这种改革，人民中有各种不同利益的集团，矛盾是非常复杂的，只有党，只有以实现共产主义为职责的，按照一定的原则组织起来的，有纪律的，有牺牲精神的党，才能把各部分人的利益、意见统一起来，依靠党组织和党员的工作、才干、威信，同人民的联系，才能把人民团结起来。从人民外部来说，有虎视眈眈的帝国主义，要消灭我们的社会主义。所谓和平演变，并不是臆造，是事实。要对付各种威胁、利诱，明的暗的破坏，没有党是不可能的。有人认为只要掌握了军队、法律，加上领导集团、智囊团，这个国家就可以高枕无忧了。这是一种书生之见。好像我们不应管那么多事。资本主义本来就不要求这样。社会主义要求体现全国人民的共同利益，要保障这种共同利益。要实现四化，没有党的领导是根本不可能的。如果不要党的领导，只能恢复到四分五裂、一盘散沙的状况。"文化大革命"期间即使不武斗了，也还是四分五裂。十年惨痛经验从反面证明，削弱了党的领导其结果如何，党的领导非要加强改善不可。

但是在三十一年经验中，特别在"文化大革命"中，也确实表明了党在国家中的地位没有明确规定它的界限。要使党在国家生活中的地位、作用的范围，在宪法里有规定。简单地说党领导一切这个话，是非常不妥当的。这个话在外延上就没划清楚，哪些领导，哪些不必领导,领导什么,如领导政府,如果领导政府工作的一切,那就没有政府的活动了。

另一方面,党要真正是正确有效的领导,不能搞无法无天的领导。如果党的决定违反宪法、法律,不但是无效的,还要受到追究。宪法、法律是党领导制定的,如果认为哪一条不合适,可以通过法律程序去修改。如果你领导修改的宪法、法律,自己又不遵守,那党就成了国中之国,国上之国。党在国家生活里一定要有它活动的规则,这个规则是不能违反的。定了这一条,即党只能在宪法和法律的范围内活动,人民就放心了。

长期共存,互相监督,党和非党、其他党派的团结,在历史上起了作用,今后还要起作用。所以毛泽东同志的长期共存、互相监督的口号是完全正确的,继续有效的。我们还要遵守这种原则。党召集民主党派来协商,其他党派也可以请党来开会协商,这才叫互相监督。

要搞社会主义建设,党的领导制度、干部制度要改革。领导干部的成分,领导方法要适应。要有年轻化、专业化,定期轮换,取消终身制等等这些领导制度的变化。

党的思想斗争与党的团结统一,反对封建主义、资本主义思想影响,反对教条主义、修正主义也要讲一讲。

党经过这么多的曲折,还是一个团结统一的党,是很不容易的,值得庆贺的。这是我们党能完成各种任务的保证,但是还不够。思想斗争是为了团结,过去过火的斗争是错误的,但不是说党内没有思想斗争,不应当进行思想斗争。有不同的思想,就要通过争论达到一致。如果党作了决定,有少数同志违反也是不许可的。进行思想斗争,为着达到团结的目的,党的团结根本上是依靠思想上的统一,达到行动上的统一,也要有组织保证。对于违反党的纪律的各种现象,要严格地执行纪律。

《历史决议》中对"文化大革命"的几个论断*

（一九八○年九月二十一日）

《历史决议》草案，经过很多同志的努力，小平同志、耀邦同志提了很多次意见，现在已经有了一个稿子。这个稿子，我也说不上是第几次的稿子了，一些主要的骨架，大概就像现在这个样子了，要作很大的变化，实在说我也变不出来了。① 经过大家交换意见，现在的写法跟原来的想法确实有了很多的变化。有许多问题，在党内也好，党外也好，争论是很尖锐的，我现在不想从头讲起了。我挑几个问题讲一下。

关于"文化大革命"的性质，这个决议草案中把它定下来了，这不是革命，而是内乱。老早就有人建议说，对"文化大革命"，以后就叫十年动乱好啦。这不行，动乱没有政治含义。这是我们国家的一场内乱。有同志说，这是反革命，我不同意。说内乱，比较能够站得

---

* 此篇是1980年9月21日在中共省、市、自治区党委第一书记座谈会上的讲话。这个讲话曾作为那次座谈会的"文件十二"印发。标题是收入《胡乔木文集》第2卷时加的。

① 这里提到的《历史决议》草稿为1980年9月10日稿。经过这次座谈会及以后多次会议讨论，稿子作了多次修改，还是有很大的变化。

住。不过,我也不赞成以后在报纸上就讲什么十年内乱。加引号的
"文化大革命",还可以提一个时候。将来写中华人民共和国的历史
的时候,恐怕要说这是十年内乱时期,恐怕没有什么更好的说法。内
乱不一定是反革命。内乱里面有反革命的因素,就是有叛乱的因素,
但是,这个叛乱没有成功。虽然叛乱没有成功,它还是内乱,把我们
整个的国家、整个的党的原来的秩序完全推翻了,而且推翻到没有法
子稳定下来。推翻了以后,用个什么法子稳定下来也可以呀,稳定不
下来。所以,这个内乱就一直延长十年。这个十年,整个就是内乱。
这是一个很特殊的局面。

　　关于"文化大革命"的发动。八届十一中全会的召开,是"文化
大革命"全面发动的标志。在这次会上突如其来地来个"炮打司令
部",所谓司令部,就是中央政治局。毛主席到杭州,委托刘少奇同
志主持中央的工作,忽然刘少奇同志成了反革命了,成了打倒的对象
了。这种状况,在党的生活上不但是极端不正常的,而且是绝对不允
许的。在以后我们党的历史上,要永远不允许有任何这一类的现象
重演。凭空地出来个司令部,什么刘邓司令部。后来又变成刘邓陶
司令部。你看,党中央忽然就变成一个叫无产阶级司令部,一个叫资
产阶级司令部,这是什么地方规定的? 什么地方讨论过的? 什么地
方通过的? 没有任何一个地方授权任何人提出这么两个司令部。如
果要提出,那就应该开党的全国代表大会,并且应该像两案起诉书一
样,提出埋由。有什么物证,有什么人证。什么都没有,就是一句话,
就出来了两个司令部。这个司令部很大,这不是小事,恐怕在座的很
多人,除了极少数以外,全都在那个司令部里面,而我们自己谁也不
知道有这么个司令部。这一次全会通过了违反党章的决定,没有根
据地提出有个资产阶级司令部。其实,反过来,无产阶级司令部有什
么根据? 也没有根据。为什么江青、张春桥、陈伯达、康生这些人就

叫无产阶级司令部？这些有什么根据？完全没有根据。这根本不是一种党的生活，党内根本不能允许这种生活。从那以后，党的生活完全陷于变态，国家的生活完全陷于变态。国家的主席失掉了行动的自由。总书记也失掉了行动的自由。国家的宪法、法律所规定的各种最基本的原则都没有用了。这是一个很重要的问题。这个稿子上说，从这次会起，"毛泽东同志的'左'倾错误的个人领导实际上取代了党中央的集体领导"。将来这样写出来，当然对我们党的历史是很不好看，对毛主席也很不好看。可是，我觉得这没有办法，既然要写这个决议，这一笔就不写不行。当然，也要说，不但是十一中全会，而且十一中全会以后，一直到"文化大革命"结束、"四人帮"被推翻为止，所有的错误，党都要负责任，不能说党不负责任。因为什么呢？十一中全会那么多中央委员，没有人起来反对呀，我也是个中央委员，我也没有反对呀。

在另一方面，在说毛主席跟林彪、江青完全不同的时候，我认为，应该讲毛主席在"文化大革命"里面的一些功劳：第一，毛主席基本上维持了解放军。解放军尽管有林彪、"四人帮"的捣乱，也难免犯一些错误，但是，毛主席维持了中国人民解放军，这是非常大的功劳，这是非常显著的事实。如果不看到这个事实，那是太不公正了。第二，他基本上维持了国务院。林彪也好，"四人帮"也好，他们的手基本上没有插到国务院里。国务院是个小岛，不管它工作怎么困难，也犯了多少错误，可是，维持这么个小岛是很不容易的。维持了一个国务院，这对全国人民，对中国这整个十年，关系是很大的。有了国务院，经济工作毕竟还能够进行，还有领导，不管这个领导犯这个错误那个错误，这都是小事。第三，毛主席基本上还勉强维持了党的统一。这一点，也非常重要。虽然毛主席搞出两个司令部，但是，他也并没有把"资产阶级司令部"的人统统开除出去，或者搞死，实在说，他也没有这个想法。"文化大革命"开始没有多久,他就把"走资派"改成为犯走资派错误的干部(反正这些名词都是他创造出来的)。什么死不悔改的,不死不悔改的,还有什么三反分子,还有什么反革命修正主义分子,一般的修正主义分子,老实说,那些作用都不大,真正起作用的是犯走资派错误的干部这句话,这句话挽救了他,这就是毛主席自己下台阶,不然,毛主席也没法下台。毛主席也并不想把这个党分裂,他讲了很多,说我们的党分裂不了。在这方面,他跟林彪、江青这些人确实是非常不一样的。他在外交上还作了两大贡献。所以,我不同意说我们党变质,我不同意说我们党先变质了,以后又变回来了。总归是把这个党搞得非常混乱了。如果说党变质了,国变色了,中国人民解放军也变修了,也变色了,那在国务院工作的,在座还有好几位同志,还有军委叶帅,这些人统统都变质了,这个话不能讲,这样讲,我们党的历史就说不下去了。让林彪、江青横行十年之久,这个错误实在太严重了,所以,引起这样一种义愤。但是,在这个十年中间,毕竟中央还有许多人在为党工作,地方也有许多人在为党工作。在地方负责任的第一把手,我没有统计,我不敢说,我冒估一下,林彪、"四人帮"的死党是少数,过半数的,不管犯了什么错误,还是好人。我也没有列表统计,统计也很复杂,因为每年都不同,但是,为什么可以说这样的话呢?因为,"四人帮"那一批人差不多年年都要反右,年年都要在全党或者是反三右,或者是反两右,或者是反一右,反正他们是不住地要反右。这说明个什么事实呢?就是"四人帮"没有把我们党统治住,他们统治不住。这是个事实。不然,为什么他们老要反呢?他们已经统治了,为什么还老要反?对于地方上负责的许多同志(不能说所有的同志),他们也不相信,也很反对,不过,他们的力量还没有到把这些人统统都干掉那种程度。把这些现象合起来,如果不是毛主席在那里起作用,刚才说的这些事实是不可能的。我们的军队,我们的国务院,我们从中央到地方的一批同志,也可以说是一大批同志,尽管也要跟着犯好多错误,这是不可避免的,可是,他们还是要把党的事业维持住,把国家的命脉保护住。不然,我们怎么能解释周恩来同志在这期间的工作?你能说他的工作是反革命?不能这样说吧?也不能解释一九七五年邓小平同志的工作。所以,我认为,说内乱是恰如其分的。它确实就是个内乱,这个内乱是非常复杂的,跟历史上的一些内乱不相同。这是一个问题。

这个稿子讲到进行"文化大革命"既没有经济基础也没有政治基础的问题,现在解释一下。说经济上无革命,政治上无革命,文化上无革命,是说没有找出革命对象,没有提出一个纲领,没有找到一个可以依靠的社会力量,理论上不能自圆其说,实践上没有指出一点前途。所谓经济上、政治上、文化上无革命,这是按照科学意义的革命来说的。按照科学意义上的革命,"文化大革命"不能在任何意义上称为一个革命。它不是用一种先进的政治力量来取代一种反动的政治力量。至于文化上,严格地说起来,不能叫革命。没有什么文化上的革命,这个名称本身就是错误的。列宁讲过文化革命;是指扫除文盲。毛主席自己也讲过这个话,也是指提高全国人民的文化水平,由文化很低提到比较高的程度。总之,这个所谓文化革命与后来的所谓"文化大革命"毫无一点关系。而且毛主席自己讲了,思想上、精神上的东西不能够用革命的方法,不能够用暴力的方法,只能够用和风细雨的教育的方法,才能奏效。如果用粗暴的方法,暴力的方法,不但无益,而且有害。这种观点,毛主席讲过多次,就在他的选集里面就有多次。所以,提出这么一个"无产阶级文化大革命",在理论上就不能成立,这个名词就不能成立。开始,毛主席没有讲经济上的革命,后来也没有讲,只说"文化大革命"实际上是一个政治大革命。既然要搞一个革命,那就要把革命对象弄清楚,不能一个个搞清楚，至少要搞清楚几个，可是"文化大革命"直到最后，一个都没有搞清楚，一个都没有找出来。没有一个叛徒，没有一个特务，没有一个所谓走资派。走资派稍微复杂一点，也许有人写过承认犯了什么错误，这是有的，但是那个东西不能算数，反正是没有找出来。敌人究竟是谁？究竟有多少？在哪里？都没有弄清楚。后来，在九大讲话时，毛主席说，这个革命与过去革命战争不同，过去南征北战，敌人很明显，所以仗好打，现在谁是敌人，谁不是敌人，是敌我矛盾，还是人民内部矛盾，弄不清楚。毛主席自己都没有弄清楚，就来发动一个革命，这一点就说明荒唐到什么程度。这种没有法子自圆其说的地方很多。没有提出一个纲领，并不是说搞"文化大革命"的人，中央文革小组，或者加上毛主席，他们头脑里没有一定的纲领，但是，始终没有拿出过一个纲领，这是事实。从发动"文化大革命"一直到末了，没有说清楚，这个革命究竟要达到什么目的，究竟要解决什么问题，用什么方法。写得最长的文章，宣传得最厉害的口号，就是"无产阶级专政下的继续革命"（两报一刊纪念十月革命节五十周年的一篇社论），那里面曾经列了六条，也不能算纲领。因为无产阶级专政下继续革命，只不过说要革命，究竟是革什么命，究竟要达到什么目的，并没有说。革命不能成为革命的纲领。我要革命，我的纲领是什么？就是革命。这不行。在这篇算是纲领性的文章中，有一条说，"文化大革命"是无产阶级专政下继续革命的最好的形式。还有一条说，革命的中心问题是政权问题，因此，无产阶级文化大革命的中心问题是从走资派手里夺权。发动一场革命，结果就变成一个夺权。确实，这个夺权的口号，在"文化大革命"至少前半期是盛极一时，后来还是讲。不叫忆苦思甜，叫忆苦思权，什么有了权就有了一切。把革命搞得庸俗化到极点。这就给一些投机分子、社会渣滓一种可乘之机。要革命，究竟依靠什么力量来革命，毛主席也不知道。毛主席有个谈话,他说,我开始曾经把希望寄托在青年学生(红卫兵)身上,后来,感觉到这些人也不行。那么,依靠谁呢? 他就没有答复,他就没有找到一个社会力量,能够来进行这么一个革命。这不是很奇怪呢? 其实道理很简单,因为这个革命根本就不通,完全是一种无中生有的东西,所以,就不可能找出一个社会力量。工人也不拥护,农民也不拥护,真正的学生后来也不拥护,结果,就造成了一批职业的造反派,这些人就成了帮派体系,在社会上专门对无产阶级专政进行破坏活动。所以,发动"文化大革命"实在是毛主席的冲动。他受了很多的刺激,其中"海瑞罢官"引起来的问题的刺激大概比较大,还有一些别的刺激。林彪讲,毛主席最近就是考虑政变问题。那个话毛主席看过的,可见得是真的。所以,毛主席那个时候的思想可以说是不正常的,完全是一种冲动,根本没有、说不上是一种理性的思维,逻辑的思维。把毛主席"文化大革命"时期说的话同毛主席在解放战争时期或者抗日战争时期或者社会主义改造时期写的文章一比就比出来了。本来,像这样的事情,虽然后来毛主席自己要写长篇的东西不容易了,也可以指定几个人好好地把这个问题研究一下,也没有。所以,"文化大革命"本身,拥护"文化大革命"、发动"文化大革命"的人,并没有对"文化大革命"作任何理论上的解释。当然,表面上有一些解释,那些都是强词夺理的。把列宁在十月革命以后不久讲过的一些话,例如说小生产每日每时都产生资产阶级这一类话当做法宝,那完全是两码事。那时,俄国的土地私有制根本没有动,这种农民、这种小生产者,同我们经过了这么多年的集体化的农民怎么能拿来比呢? 其他一些例子不必详细去说了,始终没有讲出一个理由来。可是又把这句话吹到这样一种程度,说整个社会主义时期始终存在着阶级、阶级矛盾、阶级斗争,而且"文化大革命"一次是不行的,一定要搞多少次。按照这么一种说法,或者是按照这么一种理论(假如叫做理论的话），这个社会主义简直是不如资本主义，这个社会主义根本不能安定，生产也不能发展，因为它不断地产生阶级、阶级斗争，而且这种阶级斗争只能够用打倒一切、全面内战来解决。这么一种社会主义是一种不可想象的社会主义。人类社会要发展到这样一个阶段，必然要经过这么一个阶段，这把马克思主义不知丢到什么地方去了，这怎么能说是科学的理论呢？人类社会怎么能发展到这么一个历史阶段呢？所以，"文化大革命"实际上不是一个革命，在理论上根本不能成立。

《历史决议》主要是在说明为什么产生"文化大革命"。关于"文化大革命"造成了什么破坏，并没有讲很多。"文化大革命"究竟为什么产生？这里讲了四条原因。"文化大革命"既然已经形成了一个巨大的历史现象，在八九亿人口中间延长了十年之久，总有各种各样的原因。社会主义改造基本完成以后，还存在着某些阶级斗争，主要是毛主席对这一点没有精神准备，当然，当时党中央、大家也同意他的观点。我记得，毛主席曾经宣传说，从此以后，阶级斗争就过去了，再没有人跟人的斗争了，人跟人的斗争被人跟自然界的斗争所代替，要向地球开战，这就是我们现在的任务。当时的党中央，对于经过社会主义改造以后的社会是个什么样子，的确想得非常简单，认为就是生产，就是发展生产力，就是人跟自然界做斗争。当然，人跟自然界做斗争，也不是很简单的问题。确实脑子里没有考虑再有什么阶级斗争。在苏共二十大的时候，毛主席当然有很多的想法，其中有一个很重要的想法，他想到中国的社会主义社会要搞得比较民主，不要搞成斯大林时代那样，所以，就召集最高国务会议讲话了。以后，事情的发展就慢慢地不以哪一个人的意志为转移了。毛主席说，本来我讲的百家争鸣，百花齐放，是说的学术文艺的问题。我根本就没有说政治问题，我也没有讲大鸣大放，他们又加了个"大"字。结果，就来了思想上的一场搏斗,搞得过分紧张,就是非要鸣放不可,不鸣放,就是思想不解放,就是不觉悟。等到后来,来了一个大转弯,这个大转弯也非转不可,从此,毛主席头脑里(不但头脑里,在他的文字里),就多出一个概念,叫做政治战线、思想战线上的社会主义革命。就是说,单有生产资料所有制方面的社会主义革命是不行的,是不够的,一定还要有政治路线、思想战线上面的社会主义革命。我刚才说了,这个提法是不对的。这个错误影响到后来,就越来越发展了。共产党已经掌握了全国的领导权,就谈不到政治战线还有什么社会主义革命。谁革谁的命?民主党派里面有几个右派,那是小事,不能说是政治战线的社会主义革命。思想战线的社会主义革命,刚才说了,毛主席多次讲过,思想战线就不能革命,从来历史上也没有什么思想战线上的革命。社会主义的思想教育是个长时期的过程,我们现在对我们的下一代、下两代还要进行艰苦的工作。没有那么便宜的事情。毛主席一九五七年《关于正确处理人民内部矛盾的问题》的讲话是在二月间讲的,到后来发表时,就修改了很多。开始是一种看法,后来是另外一种看法,这儿插一段,那儿插一段,这里改一改,那里改一改,所以,这篇文章中有一些自相矛盾的地方。一方面说,急风暴雨式的阶级斗争已经结束了,另外一方面又说无产阶级跟资产阶级之间的阶级斗争有时甚至是很激烈的,社会主义和资本主义之间谁胜谁负的问题还没有真正解决。一个地方讲,社会主义制度可以调节它的内部矛盾,没有对抗性的矛盾,这是社会主义制度的优点。可是,反右派不是对抗吗?所以,有些地方又用别的话来改掉。不管怎样,毛主席在二月间讲话时的思想,到了反右派以后就发生了非常大的变化,以前的有些想法差不多再也不提了。到了一九五八年,毛主席就提出两个剥削阶级,两个劳动阶级。两个剥削阶级,一个是被打倒了的地主买办阶级和其他反动派,加上右派分子,一个是正在接受改造的民族资产阶级和它的知识分子。经过反右派斗争以后,在毛主席头脑里面,知识分子就是资产阶级知识分子,没有什么不是资产阶级的知识分子,一直到最后都没有改变过。到"文化大革命",后来学生不是也不听话吗? 就作这么个解释,说这些学生由于受了十七年修正主义的教育,所以,也变成了资产阶级的。毛主席对知识分子有很大的敌对的心理。他本来跟资产阶级的一些代表人物,民主党派的一些代表人物,知识分子的一些代表人物,经常有个人的接触,经过一九五七年,他感觉到这些人不大靠得住了。这主要的还在党外,到了一九五九年,就引到了党内,然后到了一九六二年就公式化了,社会主义时期是很长的历史时期,这个时期内始终存在着阶级、阶级矛盾、阶级斗争。再往后,就说这是我们党的十几年来的一条基本理论和基本实践。所以,毛主席对社会主义改造以后阶级斗争的看法,不是愈来愈缩小,而是愈来愈扩大。在二十三条开头估计我们国内的形势的时候,有这样一段话:在我们现在全国的城市和农村,普遍地存在着被打倒的资产阶级用各种方法想要夺回他们的阵地。或者把无产阶级软化、收买,国家面临资本主义复辟的危险。当然,底下也说,只要我们采取正确的方法也可以怎么样怎么样。再有,就是我们这次运动主要任务是整走资本主义道路的当权派,等等。经过这样的几个发展,到了《五一六通知》,也就不能算是很奇怪的事情了。因为前面已经有了那么多的估计了,照那么些估计,吴晗写《海瑞罢官》,把他认为是资产阶级攻击无产阶级司令部,这种话也就很能有人相信了。所以,一个思想的方向、思想的潮流如果搞错了,在社会主义社会里面,确实可以发生严重的影响、损失、灾难。

　　产生"文化大革命",还有其他几方面的原因,一层一层地说到最后,毛主席个人的权威达到了极点。另外,就是本国的和国际的社会历史背景。我觉得,我们确实需要指出封建专制主义的影响,这是非常重要的,而且的确我们大家也容易了解。国际共产主义运动里面,也有它不健康的成分,这一点,我们要有清醒的头脑。南斯拉夫人首先提出来,还有罗马尼亚人,他们认为,共产国际一成立就是错误的。欧洲的共产主义思潮,对于共产国际的评价,基本上是消极的。确实,共产国际在世界共产主义运动中也帮了正忙,但是,恐怕帮的倒忙比帮的正忙要大得多。这也是毫不奇怪的。在马克思的时代,产生一个国际组织,那多少还有一点理想主义的性质,不过是大家都要搞社会主义,它没有严格的纪律。第二国际遇到战争,它就经受不了考验。第三国际一成立,就强调民主集中制,就是国际范围里面的民主集中制。实际上是国际范围的集权制加上党内的集权制。列宁是在沙皇专制制度下要建立秘密党,跟沙皇专制主义做斗争,所以,列宁的建党思想确实是一个伟大的创举。这在《怎么办》这本书里面讲得非常清楚。可是,在共产党夺取政权以后,列宁还没有能够把在恐怖统治下面党做秘密斗争的时候的活动原则改变成为公开地跟群众在一起建设社会主义的原则,这应该是有非常大的原则的不同。虽然列宁讲了许多话,但这些话不足以成为支持苏联党后来所实行的那些制度的一种根据。而苏联党的那种模式,确实对于中国党影响是非常大的。毛主席在很长的时间认为,他就是中国的斯大林(不说中国的列宁了)。二十大批判了斯大林,这对于毛主席的刺激是非常深的。所以,国际共产主义运动中一些消极的东西,对于中国党历史上的发展的影响绝不能小看。我们并不要把我们的错误推给人家,把我们的责任推给人家,但是,客观的历史的影响是不能否认的,我想,这一点是应该指出的。

关于"文化大革命",本来还可以说一些其他的原因,也许不只这四条,但是,我们在起草的时候,开始就下决心不提个人的问题,个人的品质，个人的性格等等。并不是说这些不是问题，而是说讲这些东西不能教育人民，不能教育群众。每个人都有他的品格，他的品格里面都有好的方面，不好的方面，假如强调了这个方面，就如同赫鲁晓夫批评斯大林一样，苏联人也认为没有讲出个道理来。几十年的历史，光有性格就解释了吗？所以，在这个方面不是说没有影响，有影响，但是，我们认为，不写在里面比较好，所以没有写。当然，毛主席的思想里面也还有一些其他的不完全正确的方面。毛主席特别在后半期，有把马克思主义愈来愈简单化的一种倾向，把一些复杂的问题搞得极端简单，他觉得很得意。这种影响，一直到现在，在我们党里面还是相当严重的，喜欢把复杂的问题简单化。不过，说得过多，大家扯不清楚，所以，有许多问题我们没有讲。

　　接下来，最大的争论问题，就是毛泽东思想。我们认为，一定要讲毛泽东思想，而且毛泽东思想不包括毛主席的错误。毛泽东思想，我们认为，不能说得太远了，眼睛看得见的将来，还是对我们有作用。当然，毛主席在"文化大革命"中间给大家造成了很大的恶感，可是，我们还是不要把洗小孩的水和小孩一块倒掉。毛泽东思想是多年在中国革命斗争中形成的。我们不把毛泽东思想鼓吹到它应有的程度以外，毛泽东思想不是马克思主义的全面发展，毛泽东思想当然也不是马克思主义的新阶段，但是，在中国革命的历史上，至少从一九二七年到一九五七年这三十年胜利的历史，跟毛泽东思想是不可分的。我们现在没有理由去掉把我们带到胜利的道路上的这样一个精神武器。有的同志说，就讲马克思主义就行了。应当说，如果就讲马克思主义，中国革命就胜利不了。我们可以看这一段时期毛主席的著作（当然不只他的著作，学一些与他同时代的革命前辈的著作），我们可以看到，这些东西能不能用马克思的著作来代替，用列宁的著作来代替，用斯大林的著作来代替，用什么共产国际的文件来代替？不可

能的。毛主席这三十年的著作，确实是灌溉了我们的党，确实是培育
了我们的党，确实把我们党广大的干部带上了马克思列宁主义的道
路上去。所以，这些著作是决不能丢掉的，这种财富是决不能丢的。
马克思这个人无论怎么好，他没有到过中国，列宁也是一样，尽管他
们关于中国说过许多好话。我们党在很困难的条件下达到社会主义
的胜利，虽然也有其他许多同志的贡献，但是，我们把他们的著作摆
在一起一比，比方说，把少奇同志的著作，恩来同志的著作，跟毛主席
的著作摆在一起一比，就可以看出来，在少奇同志的著作中，在恩来
同志的著作中，就缺乏很多东西，这是很难相提并论的。将来周恩来
同志的选集出版以后，大家一看就可以看清楚。我们所要的毛泽东
思想，就是这个毛泽东思想。当然，一九五七年以后，毛主席还发表
了一些著作，不多，在"文化大革命"期间，那就恐怕没有什么可以收
集在毛主席著作里面。有的同志说，现在要赶快出毛泽东全集，应该
把毛泽东同志的所有作品都照原样编出来，以便于大家来批判（当
然，话没有我说得这样难听，说研究吧）。我想，这个工作是要做的，
这不是什么着急的事情。我们现在写若干历史问题决议，对毛主席
的批判是够严厉的了。以为今天把毛泽东搞得愈臭愈好，这究竟会
达到一种什么样的结果？究竟能够适合于什么人的利益？的确要认
真思考一下。我们当然要实事求是，同时也不能不顾全大局。所以，
我们还是认为，要坚持毛泽东思想，也用毛泽东思想的科学体系这个
提法（关于这个名词将来怎么样解释得更妥当些，我们还有时间来
研究）。毛泽东思想里面不包括他的错误，我觉得，这不算什么奇怪
的事情。这个"思想"不是个动词。毛泽东思想，并不是说毛泽东同
志在那里思想，他想什么东西，就把它记录下来。不是这样，这是个
名词。所谓毛泽东思想，就是毛泽东的学说。他既然成为一种学说，
那么，当然它是有逻辑性的，不然怎么能成为学说呢？不合逻辑的东

西,当然不能放到这个学说里面。历史上无论哪一个大学者,都不会把不能成为学说,也不能把不成为学说因素的东西,放在他的选集里面,也不会把那些成分当做是他的学说的一部分。所以,我想,这个问题,在我看,可以不必进行那么样严重的、长期的争论,这会涣散我们党的团结。当然,毛主席犯了错误,后来犯了严重的错误,这是很大的不幸,但事实已经是这样了,有什么办法? 如果他不犯错误,那当然好了。事实既然是这样,我们只好照现在这样来研究。

《历史决议》里讲到党要成为一个什么样的党,有一部分讲到党和国家的关系。我认为,我们应该确定,中国共产党在中华人民共和国的国家生活中究竟占什么地位,应该给它明确的规定,不能给它笼统的规定。所谓笼统的规定,就是说工人阶级经过中国共产党领导什么什么,或者说中国共产党是中国什么什么的领导核心。这个话是不错的,但是是不够的。因为要领导,就发生几个方面的问题:究竟是怎么领导法? 究竟领导到多大的范围? 有一些范围党确实是有必要去领导的。纯粹学术性的问题,党怎么去领导呢? 何必去找这个麻烦呢? 这类的问题,还可以举出别的来。另外一个方面,党的一切活动,都是在国家的宪法和法律所规定的范围之内,不能够超出这个范围。苏联也有这样一个规定,苏联共产党在苏联宪法的范围内活动,但是,它只有这一句。我想,我们过去已经在这个问题上犯了严重的错误,所以需要说得更加具体。就是说,宪法是由我们自己领导制定的,法律也是我们自己领导制定的,如果我们自己可以不遵守,那人民怎么遵守呢? 遵守了又有什么用呢? 那不是人民都变成傻瓜了? 当然,法律很多,有的无意中犯了哪一条,那是另外的问题,法律的一些基本的条文,最重要的规定,党没有权力违反它。如果党认为哪个条文不合适,党可以通过立法的程序修改。这样,全国人民心里才放心,觉得可以同共产党相处,好处,日子好过,不然,晓得哪一天把宪法跟法律统统都踢到哪里去了,那人民依靠什么东西来保护呢? 所以,关于党与国家的关系,应该有一个明确的说明。

打倒"四人帮"以后,我们的历史发展,我们所取得的胜利。我从来都是这样说,我现在还是这样讲,是不可逆转的。没有力量能够推翻我们现在所取得的胜利。不可能再有"四人帮",再有林彪,或任何其他的人,能够把我们现在所定的这些制度法律统统推翻。这并不是为着安慰大家,这是一种历史的必然。整个的民族经历了十年的教育,这不是件小事,男女老少哪一个人都知道。在"文化大革命"期间入党的党员中,可能有很少数人还有一些思想不通,甚至于还有野心,我们要同他们斗争。但是,他们要想复辟,是办不到的,因为我们并没有睡觉,我们不是死人,除非我们是死人。全国整个的党,有三千八百万党员,加上整个的中国人民解放军。要想跟这个力量来作对? 当然,他可以用许多秘密的形式,把自己装扮成什么样子。可是,一方面全国人民、全党、全军有了深刻的觉悟,另外一个方面,我们定出了各种各样的制度,各种各样的法律,这些东西都在生效,它一步步地、慢慢地在社会上就成了一种不可推翻的力量,再加上我们还要不断地做工作,在这么一种情况下,我觉得,我们应该宣传,我们的胜利是不可逆转的,我们的历史不会再开倒车。我们党一定要有这个信心,而且要到处宣传这个信心。如果我们自己都不鼓起这种信心,怎么能希望全体党员鼓起这种信心呢? 党员没有信心,群众怎么能有信心? 关于历史问题的决议,要说这么一点。

关于阶级斗争问题和党的建设问题[*]

（一九八〇年九月二十七日）

有两个问题要注意：

第一个问题，"文化大革命"的原因，说是阶级斗争扩大化，这个词不太合适。一九五七——一九六六年的几次政治斗争不能都叫阶级斗争扩大化，只能说一部分是阶级斗争，另一部分不是阶级斗争而把它当做阶级斗争。如反彭德怀，就不能说是阶级斗争。批判吴晗等等都是诬陷，一方面说是政治诬陷，另外又说是阶级斗争扩大化，这不是忠实于历史。阶级斗争我不否认，帝国主义特务、台湾特务，同这些人的斗争，当然是阶级斗争。以后还会有，但不能滥用，滥用了发生许多问题，阶级斗争何时是了？

人为地制造所谓的阶级斗争，要加"所谓"，这不是什么阶级斗争。一九五七年社会上本来存在着许多社会政治矛盾，不是阶级斗争。这本来是毛主席一九五七年在《关于正确处理人民内部矛盾的问题》讲话中企图解决的问题，本来是光明的，结果转成黑暗的。一九五七年的反右完全可以不发生，如果没有"四大"（即大鸣、大放、

---

[*] 此篇是 1980 年 9 月 27 日同《历史决议》起草小组成员的谈话。标题是编者加的。

大字报、大辩论），完全可以不发生。人民内部矛盾确实存在，大量存在，无论我们处理了或没有处理，处理得对，或处理得不对。本来主要是经济矛盾（说社会矛盾，包括经济），发展到政治矛盾，以经济为主的社会政治矛盾。多年来，一方面，搞了阶级斗争扩大化，另一方面，对大量社会政治矛盾没有处理好。最明显的是干群关系，花的力气很大，收效甚微。这个文件要同小平同志在政治局扩大会议的讲话衔接。本来要从制度上找原因，想办法。不这样做，结果解决不了，这个话在讲十年中的阶级斗争时，要比较着重地讲一下。"关于正确处理人民内部矛盾"是个总题目，解决这些问题要做复杂的工作，要从制度上解决。这一点没有做。后来爆发"文化大革命"。外国人说，"文化大革命"不是没有功劳、没有积极方面，就是他们看到了这些矛盾。毛主席也提出了这些是人民内部矛盾（《哲学译丛》当时成为他最爱读的刊物，所以在莫斯科庆祝十月革命讲话中说，我很高兴苏联哲学界讨论社会主义社会的矛盾）。说毛主席是第一个提出社会主义社会的矛盾的，不好这么说，但毛主席确实是第一个把它当做一个现实的政治问题提出来，这是他的功绩。可惜以后走上错路，搞阶级斗争了。外国人认为毛主席要解决这些矛盾，总是好的吧，无非方法不对。如果这一条不讲，就发生一个问题，好像我们把社会主义的问题封起来了，加以取消了，虽然后面也讲到要解决生产关系等问题，但没有讲到要解决社会政治矛盾，这是多方面的，范围非常广。如反官僚主义，这是干群关系。就业、物价问题，就是经济矛盾。对这些矛盾解决不好，人民会不满意政府。这是长期存在的，如果处理得不好，波兰事件会出现。对这种矛盾粗枝大叶，生硬处理，也可以发生很严重的后果。虽然可以把根本原因归于极左路线，但也不是简单地用批极左路线能解决的。就学、就业问题，我们工作中一系列的不公正，都可以成为引发事件的导火线。

上面这些意见我向小平同志汇报后,小平同志说赞成你写这一点,但不要说过头了,好像马上要兑现。有社会主义就有这种问题,始终存在。有些矛盾,到共产主义也会存在。为什么计划生育,在农村发生许多命案? 这些例子值得编成材料,教育我们的干部和人民。

第二个问题,党的建设。要讲加强党的理论工作。十一届三中全会以来,讲实事求是非常重要的,现在还需要,同时还要宣传加强理论工作。建设社会主义是非常复杂的事,说"经验极其丰富",太满了。我们面临很多问题,经济、政治、文化,许多建设中的问题要解决,我们要学习马列主义、毛泽东思想不成问题。但不够,还要学别的。不能认为马列主义以外就没有社会科学,不讲马列主义就没有科学性。讲出这一句话来,非常重要,这才是解放思想。这句话是非讲不可的。马克思从来就没有认为李嘉图的著作不是科学。魁奈也是。我们有这么一种不成文法,谁都不能反对的,就是除了马克思以外,所有的社会科学都是假科学、伪科学。所以经济学到了马克思以后,就都是庸俗经济学,这样说一百年,科学史能这样写下去吗? 如投入产出法,是世界上公认的,这不过是一种技术而已,还算不上经济学。马克思主义从产生以后就有教条主义。对此马克思本人就讲,我不是"马克思主义者"。马克思以后,梅林也讲了这个问题。因为马克思主义教条化,同党的集权是互为表里的,因为那是绝对科学,所以你就得绝对服从,这样党内对理论问题就很难讨论了。

讲到毛泽东思想的时候,有这么一句话就好了,让人感觉到,我们所肯定的毛泽东思想也只是它的实质,而不是他的每一句话。像毛主席所说的,是个立场观点方法,似乎也不太好讲。有许多根本的论题、公式,承认不承认? 如剩余价值学说是个理论,不太好说它只是一个立场观点方法。立场观点方法是个政治术语,说说就说空了。在讨论政治问题时大体可以这么说,但讨论纯粹科学问题,就不大好说,说实质好一些。

加强党的理论工作,还要研究中国的现状,世界的现状,各种新问题。要表现出一种精神,马克思主义是要发展的,我们是与那些把马克思主义推向前进的人站在一起的,而不是同死守马克思主义词句的人站在一起的。要研究理论,并且要真正从实际出发,不因为马克思说过什么话就回避事实,用一种创造性的态度来研究,实在是非常迫切的。并不是为了宣传,我们要解决许多问题,许多问题的研究都是非常落后的。从整风以后,实际上很少有什么创造性的研究,要研究就要是毛主席说过的,没有说过的,没有人敢研究。过去党校学《两论》,毛主席说这不好吧,哲学有个系统,这样把大家的思想束缚起来了。实际上以后党的理论水平越来越低,对马克思主义的知识越来越低。要使党在理论上来一个复兴,要像毛主席那样,发现新问题,解决新问题。

没有一个正确的理论指导,我们要犯严重错误,"文化大革命"说明了这一点。

说毛泽东思想萌芽于第一次国内革命战争时期,恐怕很难这么说。他的《中国社会各阶级的分析》后来改得很多。走农村包围城市的道路这种思想当时在党内就有,不能说是毛主席一人的首创,毛主席把它搞得更系统了。游击战争的战略战术,同毛主席相比,别人是不能比,毛主席作了很大的贡献。建立一个革命军队,也比列宁、斯大林的贡献多。这有历史的背景不同,我们是个被压迫民族,毛主席依靠群众来建设人民军队,是突出的。所以苏联军队始终没有建立严格的革命纪律。说第二次国内战争时期开始,毛泽东思想全面展开,也不好说。是要到抗战时期。抗战前夜还不能说,那时还是在着重考虑作战的问题。到抗战后,我们根据地的面积已经相当于欧洲一个国家,要考虑多方面的政策了。

　　一切正确思想都是从群众中来,说不通,很难为全世界的科学界所接受。一个思想的来源,可以有各种形式,是一个非常复杂的过程,用这样一句简单的话来概括,不行。我们党怎么做工作的思想,和党的正确思想,是两个含义。群众的含义是非常含混的,把复杂的问题简单化了。

　　普及与提高的关系,很多伟大作品并不需要从上到下一个一个阶梯下来,才能普及。如一个美的雕塑,许多群众也能欣赏。

　　在农民汪洋大海般的环境里,建党和领导革命战争,有个无产阶级领导农民的问题。毛主席确有一些农民思想,但确在农民占大多数的中国,用马克思主义领导党领导革命达到胜利。做到这一点非常不容易。这一点少奇同志讲过。在解放军中农民的觉悟程度比无产阶级的还要高。在农民占绝大多数的国家里建设这样一个共和国,不能说是一个农民共和国。一九四八年反对农业社会主义,还是非常重要的。

　　小平同志已经讲了,党内民主问题毛主席没有解决。现在的稿子说毛主席解决得非常好,不妥,毛主席在很长时期是按照民主集中制的精神工作的,但是他没有把它制度化。

　　决不要美化,决不要有溢美之词。我们的宣传要非常严格,毛主席讲了的没有做,就不要说他做了。提倡了,还可以写,有些事没有提倡没有实行,就不要宣传。应该很朴素,真正实事求是。对那些确实不是他的特点,我们不要去宣传。毛主席对党的建设究竟贡献在什么地方要想清楚,不要浮光掠影地说。

　　党内斗争,经过这么大的弯路,希望没有林彪、"四人帮"的残余是不可思议的。另外,现在党采取许多新政策,这些政策都是必要的,可是必然会增加许多消极的因素。因此,党内斗争是必然的。

"文化大革命"是个内乱[*]

（一九八〇年九月三十日）

在外国人看来，"文化大革命"好像有许多好的理想。虽然有一些过火行为，但那是任何人都反对的。这场革命使社会主义社会革命化，还是非常必要的。贝特兰，斯威济都是这种观点。埃及的一个理论家提出两条要求：一条是不要把毛主席说得太坏；一条是不要把"文化大革命"说得太坏。他们认为"文化大革命"还是一个很勇敢的尝试。社会主义社会没有建设起一个好的榜样，是个很令人痛苦的事。"文化大革命"似乎是铲除了官僚阶层。

要讲社会主义改造基本完成后，要做很多工作。《关于正确处理人民内部矛盾的问题》发表，本来可以成为一个好的开端。但是，后来用老的阶级斗争的眼光来看，愈搞愈脱离实际。"文化大革命"同它所宣布的、想要解决的问题完全是名不符实的，完全是背道而驰的。原因不是以劳动人民的先进部队作骨干，有计划地有步骤地进行改革。他们只能依靠冒险分子、投机分子，用历史上各种最坏的方法来破坏。本来社会主义完全可以在共产党和人民的民主运动的前

---

* 此篇是1980年9月30日同《历史决议》起草小组成员的谈话。标题是编者加的。

进中来建设,来克服它的困难。而不是硬找出一批人来,把党的领导和先进人物打倒,而后建设出一个"乌托邦"来,结果只能在他们的权力范围内搞法西斯。

"文化大革命"不是革命是个内乱。它之所以不是革命,在于它所提出的任何问题,都不可能解决。社会主义社会有许多非阶级性的矛盾。原来想说是新性质的社会政治矛盾,但也不很准确。因为有许多是原来就有的。历史上的社会政治矛盾,并不都是阶级斗争。阶级斗争、生产关系的变革,并不能解决历史上的社会经济政治矛盾的全部。经过革命,有许多矛盾还存在,除了经济矛盾外,还有许多非经济的矛盾。阶级斗争决不是全体,把部分当全体,理论上实践上都犯了错误。经过社会主义革命,的确也产生了许多新的矛盾,集中表现为国家和人民的矛盾。一切矛盾都集中到政府头上来,工人农民遇到不满,都对着政府,因为没有资本家了,没有地主了,政府掌管了他们的全部生活。这些矛盾是存在的,还有新的,这些用阶级斗争的方法不能解决,反而搞得一塌糊涂。这是不是革命? 不是。

把两个阶级,两条道路的斗争变成两个司令部的斗争,这是很大的升级。

找学生作依靠对象,就说明他没有依靠对象。说明十七年的工作总的说来是正确的,要否定十七年是不得人心的。

党和群众已经建立了密切关系。在这个基础上,如果注意采取真正民主的方法来解决各种问题,社会主义还是可以建设好的,这也就是《关于正确处理人民内部矛盾的问题》一文的实质内容。当然还要加上经济的内容。光用团结批评的公式不够,我们现在就是走的这一条道路。

社会主义社会在不断民主化(经济、政治民主化)的过程中,使各种矛盾趋向于比较协调、比较顺利解决,在这个过程中不断求得进步。

如果说把革命对象搞错了,好像是承认这个革命,只是搞误会了。这是人为地制造假的革命对象,把革命的主力当革命对象,这只能说是反对革命,这不是什么误会。当然毛主席不是,他是有一套理论。

按"文化大革命"的逻辑,随时都可以把全党的人拉来审查,整个国家整个党都不可信任,他们都是走资派,或要变成走资派。而且只要是走资派,一定历史上有问题。审查不出什么,又叫犯走资派错误。对"文化大革命",不能承认它有任何革命的意义。它是一场内乱,自己把自己搞乱。不是对干部审查错了,而是根本不该审查。

已建立的社会主义社会完全可以把它搞好,但把它破坏了。本来说的要对社会主义进行改革的口号,完全成为一种掩盖。

不只是对社会主义的阶级斗争没有精神准备,而且对社会主义其他各种社会政治矛盾也没精神准备。结果来了这些矛盾时,就都当做阶级斗争来搞,越搞越成了一个系统。

陈云同志的三条意见[*]

（一九八〇年十一月十二日）

国外所谓毛泽东主义就是毛泽东同志的晚期思想。他们认为，毛泽东主义同托洛茨基主义同无政府主义是三位一体的东西。晚期思想影响很大，国内一提就很反感，国外也更是这样，所以不愿提毛泽东思想。我们这样一提，就表明我们并不是坚持他们所说的毛泽东主义，而是坚持马克思主义普遍原理与中国的实际相结合的毛泽东思想。这样讲，对东南亚的党也有好的影响。

一九四五年决议的作用是把一切归功于毛主席。那里分析的历史太简单。我特别反对把一切问题都归结为小资产阶级思想。那个概念用得太滥了。家长制不只是小生产的产物，奴隶社会就有家长制，有家庭就有家长制，封建的家长制比小生产的家长制还厉害。王明的错误的思想基础是什么？没有作什么科学分析，完全套用了一个简单方便的工具，什么都是来源于小资产阶级思想，表现为狂热性、片面性。这种说法不但是简单化，而且是向壁虚构。说资产阶级思想，说封建思想残余，确实可以举出来，但说小资产阶级思想，说不

---

* 此篇是 1980 年 11 月 12 日同《历史决议》起草小组成员的谈话。标题是编者加的。

出来。无政府主义、个人主义，说是小资产阶级思想，个人主义为什么一定要说是小资产阶级思想？资产阶级没有个人主义？

要写社会历史背景，这样就归结到党、国家、社会改革的必要。党掌握了政权后，同群众的关系问题怎么会变得这么大？这个问题一定要答复。党取得政权后，如何领导？缺乏思想准备。但思想上不能成为真空，因此就会有各种似是而非的思想产生出来。

马克思所创造的科学社会主义在东方国家实现了，但在发达的资本主义国家没有实现，为什么？我们贡献了什么？毛主席创立的毛泽东思想适合中国国情，晚期思想就不适合了。

陈云同志谈了两次。一、毛主席的错误问题，主要讲他的破坏民主集中制，凌驾于党之上，一意孤行，打击同他意见不同的人。着重写这个，其他的可以少说。二、整个党中央是否可以说，毛主席的责任是主要的。党中央作为一个教训来说，有责任，没有坚决斗争。假如中央常委的人，除毛主席外都是彭德怀，那么局面会不会有所不同？应该作为一个党中央的集体，把自己的责任承担起来。在斗争时困难是非常困难，也许不可能。（"反冒进"不是一次实践吗？中央同志全都参加了，毛来了一个反"反冒进"，结果搞得鸦雀无声了。）三、毛主席的错误，地方有些人，有相当大的责任。毛主席老讲北京空气不好，不愿待在北京，这些话的意思，就是不愿同中央常委谈话、见面。他愿意见的首先是华东的柯庆施，其次是西南，再其次是中南。

党内状况的形成，不是一个人，是个复杂的过程。

关于《历史决议》的几点说明[*]

（一九八一年五月十九日）

这个决议稿是二十几位同志一年多的集体作品，中经多次修改，我只是参加了一部分修改工作。稿中的重要观点很难分清是哪一位提出的，许多是中央领导同志提出的，许多是四千人讨论时和三月三十一日向五十二位同志征求意见时提出的。五月十六日决议稿虽经中央政治局常委同志讨论过，但如有不正确不适当不明了之处，以及其他缺点，都应由我负责。现将几个需要解释的问题作一简要说明。

一、全稿未用或极少用错误路线、机会主义路线、路线斗争和路线等术语。路线一词，马恩列都少用，在他们的主要著作中未用，在其他著作中用时也未给予何种严重意义。斯大林在一九二九年《论联共党内的右倾》一文中开始把路线问题提到非常严重的地步。但在一九三八年在他主持下编辑出版的《联共党史简明教程》一书中前后只用了七八次路线字样，而且用法互有不同，在该书细目和结束语中都未用路线字样。全书未用过路线错误，用过一次"有两条路线斗争着"，但未把路线斗争当做名词用，更没有计算过路线错误的

＊　此篇是 1981 年 5 月 19 日在中共中央政治局扩大会议上的讲话。这个讲话曾在那次会议上作为文件印发，原标题为《几点说明》。现在的标题是收入《胡乔木文集》第 2 卷时加的。

时间和路线斗争的次数。所以不好说不提路线斗争就不能写党史。中国党直至共产国际提出反立三路线以前亦很少用路线一词,如二大至六大的文件都未用过。自王明以后才大用,并且用法愈来愈神圣化,神秘化。实际说到底(除滥用外,而滥用是大量的),就按路线的严重意义说,至多也不过是指总的、根本性的、全局性的方针罢了。过去已用了若干年是事实,但那样用法的害处也是事实。党的历史决不能简单化为路线斗争史。路线错误、路线斗争两个词,不知害了多少同志。中央在批评华国锋同志错误时开始决定不用路线错误,很得人心。原来考虑在这个决议中最后用一次,后来大家认为最好还是从这次决议就不用。用起来要引起许多困难和纠纷。1. 哪次算路线错误,哪次不算? 2. 在这些路线斗争中究竟谁们是正确的,谁们是错误的? 3. 每次错误路线如何起止? 4. 这次决议用了,以后如何停止使用? 在停止使用时要不要承认这次决议用得不对,因而又得对决议加以修改? 想来想去,只有就此不用,恢复马列传统和我党原有传统是上策。机会主义一词,原来也是法国议会斗争中的术语,意思也只是投机,现在有些非洲国家和阿拉伯国家的政界还常用以互相攻击,并非无产阶级或马克思主义所首创,以后用出左倾机会主义一类字眼,事实上是不容易解释清楚的。所以这次决议中也尽量不用。

二、(略)

三、关于批评无产阶级专政下继续革命和不再用以阶级斗争为纲的口号,决议稿已把理由讲清楚。革命本有两个完全不同的意义:1. 政治革命,即一个阶级推翻一个阶级的革命。这是革命的原义。马克思在《哲学的贫困》一书最后说:"只有在没有阶级和阶级对抗的情况下,社会进化将不再是政治革命。而在这以前,在每一次社会全盘改造的前夜,社会科学的结论总是:' 不是战斗,就是死亡;不是

血战,就是毁灭。问题的提法必然如此。'(乔治·桑)"现在的社会
主义社会虽还有阶级甚至某种范围的阶级对抗(反对反革命分子和
其他反社会主义分子的斗争),但已不存在整个社会的阶级对抗,否
则势必把社会主义和资本主义混为一谈("文化大革命"正是如此)。
无产阶级既已掌握政权,再谈一个阶级推翻一个阶级的革命,即沿用
乔治·桑的说法,在理论上和实践上都已证明是完全错误和十分危
险的,是自己推翻自己的荒谬行为,结果必然不能找到任何出路。至
于林江反革命集团是另一问题,用阶级斗争的说法亦不易讲通。他
们并不代表资产阶级和资本主义,而重用他们的毛泽东同志更不是
如此。2. 继续用革命精神为社会主义和共产主义的目的而进行革
命斗争。这是革命由质变阶段转入量变阶段,也可以说是革命的转
义。这当然是绝对不能动摇的。(此外还可讲技术革命等等,但那
更是革命的转义,是一种比喻,可以暂置不论。生产斗争、阶级斗争、
科学实验是三大革命的提法,就是把革命的不同意义混在一起,把不
同性质的事物混在一起。)但继续革命或不断革命(马恩原也是借用
法国大革命时的口号,意指由民主革命转变为社会主义革命,但并未
加以明确论证,而且当时对社会主义和共产主义还没有明确区分,故
后来招致种种误解或曲解。毛泽东同志一九五八年讲不断革命时即
指革命的各种转义,到"文化大革命"时才改为第一义)既可有两种
或两种以上截然不同的解释,用作口号就有危险,何况"文化大革
命"时已对无产阶级专政下继续革命这个口号作过特定解释,把革
命的意义限于一个阶级推翻另一个阶级,并在十一届三中全会后已
经停止使用。现如改变解释重新应用只能引起新的混乱,而林江残
余、托派、其他主张"第二次革命"的反革命分子也必然会加以利用。
故不但不宜再用,而且必须加以批判,以便统一党内外思想,使想再
利用这一口号造反的人们陷于孤立。至于以阶级斗争为纲的口号,

只有在剥削制度社会或由剥削制度转变到社会主义制度的过渡时期才是正确的,在社会主义制度下提出这个口号就是错误的。这已为八大至"文化大革命"的二十年历史所证明,决不能再蹈覆辙。因国内主要矛盾已改变,阶级斗争虽在一定范围内(注意:只限于一定范围内)存在而不能成为工作重点,大量社会矛盾并非阶级斗争,故以阶级斗争为纲理论上已讲不通,实践上也不免与三中全会的决策相违背,并必然导致阶级斗争的新的扩大化,社会上的不逞之徒还将用来作为发动所谓第二次革命的借口。

　　四、关于高度民主和社会主义民主。高度民主有两方面意义:1.社会主义民主比之资产阶级民主或新民主主义的民主都是更高的民主,这在《法兰西内战》、《无产阶级革命与叛徒考茨基》和《新民主主义论》中都已讲过。我们举起高度民主的旗帜,才能在思想上、理论上、政治上压倒那些宣传资产阶级民主的思潮,同时也才能表明我们坚决维护马克思、列宁和毛泽东同志所反复宣传的伟大政治原则。高度民主不能限于政治民主。例如基本生产资料归于全民或集体所有,工人对企业有一定的管理权,就不属于政治民主的范围。男女平等,婚姻自主,反对买卖婚姻和家长制度,父母子女必须互相赡养,这也不是政治民主所能包括的。2.各项民主制度民主生活的高度发展。这当然需要一个长期发展过程,需要各种政治经济文化社会条件的逐步成熟,不能急于求成,犹如现代化一样。但作为社会主义的重要目标不能不提,在"文化大革命"以后尤其必要。高度民主决不能混同于资产阶级民主,而只是社会主义民主的完善化。社会主义民主与资产阶级民主究竟有何不同? 我想至少可以举出下列几点:1.社会主义民主是最大多数劳动人民当家作主的民主,资产阶级民主不可能做到。2.社会主义民主兼含政治民主、经济民主和社会民主,资产阶级民主也不可能做到。3.社会主义民主是保证社会主义制度的民主,它不能容许反社会主义势力的活动自由(包括言论出版结社自由等),因此与人民民主专政是一个意思,不能没有对反革命分子的专政,资产阶级民主当然不可能这样做。4. 社会主义的立法、司法、行政需要有所分工,但根本上是统一的,资产阶级民主不可能,至少在很大的程度上不可能做到(不完全是形式问题)。5. 社会主义的高度民主和高度集中是互相结合的,资产阶级民主不可能做到。6. 由于上述,社会主义民主必然需要共产党的领导,资产阶级民主当然更不可能做到这一点。有同志怀疑人民民主专政即无产阶级专政,其实这是我党社会主义改造以来多年一贯的解释,只在"文化大革命"时期才中断了,而刑法第一条又加以恢复。这个问题小平同志在中央工作会议已讲过了并已传达到全国人民,光明日报特约评论员文章也作了详细说明,希望全党在这个重要问题上要舆论一律,不要各唱各的调。认为无产阶级专政就是无产阶级执掌政权的解释不但违背了马恩列长期宣传的国家理论,而且无法解决无产阶级即工人阶级这个阶级在中国实际上是否、曾否和能否单独执掌政权的现实问题。(党执政=阶级执政是很难讲通的,而且党执政也只能解释为党领导政权,不能解释为党直接成为政权即国家机器。)在这个问题上,有些同志正式发表这样的言论是不够慎重的。

五、中国已进入社会主义社会,这是全党多年来的一贯主张。近年有同志提出异议,而党外有些人(好人坏人都有)也大肆宣扬中国不是社会主义,或不是科学社会主义而是农业社会主义或封建社会主义,中国应补上资本主义这一课或恢复新民主主义制度等谬论,有些文章已公开发表在对外出口的刊物上,其影响不容忽视。因为他们都援引马克思或列宁,所以颇能迷惑一些人。最近《北京日报》和《光明日报》已载文详加辩驳,故不必多说。总之,中国已进入社会主义社会(虽还是初步)是一个根本的客观事实,并且是马克思主义的一个重要发展，党内在这样重大的原则问题上不能"百家争鸣"，以免动摇党心军心民心。决议稿中只提了一句，不可能多说。又，决议稿说建国前七年"完成了由新民主主义到社会主义的转变"，这也是符合客观历史的。中央并未在中央正式文件中讲过一九四九年建国就标志着社会主义革命的开始。只是毛泽东同志一九五三年底在修改中宣部关于过渡时期总路线宣传提纲时加过这样一句话。但在一九四九——一九五二年中，中央从来都是讲新民主主义，否则新民主主义共和国就从来不存在也不可能存在了，新民主主义秩序能否巩固的问题也不会发生了。如果不是这样认识问题，就会损害一九四〇年《新民主主义论》发表以来直至一九四九年《共同纲领》通过并加以实行的党的信誉，使党陷于在根本理论上自相矛盾的地位。这不能用没收官僚资本主义资产来解释，因为这个口号不但在一九四八年《目前形势和我们的任务》中已经明确宣布，实际上《新民主主义论》中关于新民主主义经济部分即已援引国民党第一次全国代表大会宣言而宣布了（"凡本国人及外国人之企业，或有独占的性质，或规模过大为私人之力所不能办者，如银行、铁道、航空之属，由国家经营管理之"），如何能说国民党一大宣言就是宣布社会主义革命？社会主义与新民主主义还如何区别？同样，一九四九——一九五二年所进行的民主革命，特别是占全国人口大多数地区的土地改革这样规模空前的民主革命，也不能解释为顺带完成民主革命的"遗留任务"。至于列宁宣布十月革命为社会主义革命，我们不必照猫画虎。但这个问题只在决议稿中提了一句，今后也没有多加讨论的必要。

六、关于"文化大革命"的原因，毛泽东同志固然应负主要责任，但马克思主义者对待这样重大的问题不能不着重分析历史背景，而不应着重个人责任，尤其不应着重个人品格。我认为决议稿的分析是马克思主义的，这一分析超过了一九四五年历史问题决议的水平

（即把主观主义盲动主义等都简单地归因于小资产阶级）。"文化大革命"的发生有其国内历史原因，也有国际原因。包括马列的一些不明确的被误解的论点和国际共产主义运动传统的影响，指出这些原因，才是客观的，信实的，公允的，全面的。否则即无法解释，何以一个伟大的马克思主义者忽然会犯如此严重的错误。《哥达纲领批判》、《国家与革命》、《"左"派幼稚病》以及斯大林的许多著作我们仍要认真学习，但是决不能当做教条句句照搬。决议稿中提到的资产阶级权利，小生产每日每时大批产生资本主义和资产阶级（这与马克思关于小生产者绝大多数都要变为无产阶级的论点不相容，实是各执一端），其本身是非姑不置论，毛泽东同志和很多其他同志确是把这两句话误解了。所谓资产阶级权利并非真的资产阶级的权利，只是劳动者平等互换劳动的权利的形式（马克思说是原则）与资产阶级等价交换商品的权利有某种类似罢了，更说不上政治上的等级制等等，这种等级制恩格斯早就说在资本主义制度下就已不存在了，何况在社会主义制度下，而且资产阶级权利即平等交换权利正是与等级制完全相反的。列宁所说的小生产，是指世界上（也包括当时的俄国）的小生产，这种小生产在合作化多年后的中国农村基本上已不存在。现在开始有一些小生产，在严格管理的条件下也不会大量地产生资本主义和资产阶级，但当时并无这种问题。至于说党内斗争一定都是（不是说都不是）阶级斗争的反映，这本身就显然不符合我们党内以及各国党内历史的大量事实。但是这些说法无论是否受到误解，却对"文化大革命"的发动和发展发生了难解难分的因缘。这是客观的事实，并非故意要拉上马恩列斯来为毛泽东同志开脱。当然不能说毛泽东同志没有受封建主义历史的影响，但是"文化大革命"究竟不是只用封建主义影响所能解释的。毛泽东同志犯了错误，但他确是（至少主要是）作为一个马克思主义者犯错误的。

他在"文化大革命"问题上基本上离开了马克思主义,但不能因此就说他不是一个伟大的马克思主义者。

七、关于毛泽东同志在哲学方面的贡献。这现在大致可以说有贬低和提高的两种情况。贬低的错误很明显,可以不论。但也不能任意提高,因为这是一个科学问题。毛泽东同志在《实践论》、《矛盾论》中的多数论点,是马恩列或三十年代苏联哲学界所已经提出过的,不能轻易说是他的创见。但毛泽东同志在哲学上确有非常重要的独到之处。决议稿的这一段曾邀请许多同志反复修改,并查对了很多资料(包括毛泽东同志所阅读批注过的哲学书),现在的说法我觉得是比较恰当和谨慎的。至于详细论述,则须一系列专文,决议稿只能说得简单点。

八、决议稿全文对党在历史上的成绩讲得较充分,对错误讲得较简要,这首先是符合客观实际,其次也是考虑到当前党内外国内外的形势。我们对错误所作的自我批评早已超过世界上任何一个党,再作得过多就必然走向反面。决议稿并未隐瞒或掩饰任何重大错误,只是有些问题没有说得完备,有些次要的问题没有提罢了。这也就是"宜粗不宜细"。

九、还有两个个别问题说一下:(1)决议稿中把个人迷信改为个人崇拜,后者是马克思的原话,八大也是这样用的,不宜用个人迷信代替,因含义不同。(2)决议稿说知识分子是劳动人民的一部分,同工人农民一样是社会主义事业的依靠力量。过去小平同志说知识分子是工人阶级的一部分,在社会主义社会中这样说很正确,并起了很大的积极作用。但这样就不好把工人、农民、知识分子并列。所以在决议稿中换了一个说法,实质上并没有变化。

以上说得不对的地方,请批评指正。

对《历史决议》学习中
所提问题的回答*

（一九八一年九月十四日）

省委学习班的同志给我提了五个问题。这五个问题都很大，我恐怕不容易讲好，提出一点意见，供大家参考吧。

第一个问题：我党六十年来为什么"左"的错误经常发生，而且占主导地位？毛泽东同志在民主革命时期主要是反"左"的，而在社会主义时期却一直犯"左"的错误（这个话稍微说重了，我照题目念），这种现象到底应该怎样理解？《决议》在分析毛泽东同志错误时，为什么不提阶级根源？

这确实是一个经常遇到的问题。不但在《决议》通过以后，以前也常常提出这么一个问题。在领导夺取政权的革命斗争中，不仅中国共产党，差不多各国的党在历史上都容易出现这种情况。成立共产党就是要革命，要夺取政权，下这个决心不容易，要抛头颅，洒热血，不怕牺牲一切，但是下了这个决心以后，政权怎样才能夺到手，这条路怎么走法，这是很难避免走错路的。这条路怎么走，并不像从南

---

* 此篇是 1981 年 9 月 14 日在中共江苏省委举办的学习班上的讲话。标题是收入《胡乔木文集》第 2 卷时加的。

京到上海，有一条现成的路，只要坐上火车或轮船，就可以到了。孙中山领导推翻清王朝的革命时，他也是经常犯错误的。共产党比孙中山高明，但也不是高明得不犯错误。对于革命道路上的艰难险阻，各种可能遇到的失败，要经过长期的斗争，这个方面也是准备不够的，经常准备不够。这个准备不够对于一个革命党来说是必然的。马克思、恩格斯也经常犯这种错误，对于革命的形势估计得比较乐观，希望各地革命能够取得成功，哪个地方起来一个革命，就认为这个革命有成功的希望。列宁的时候，也没有多少两样。俄国十月革命成功了，那时列宁和当时俄国的共产党都认为需要西欧各国的革命来支持俄国的革命，因此就经常希望西欧的革命能够胜利，在这方面发表过很多文章，认为西欧的革命一定会起来，一定会成功。西欧在第一次世界大战以后也确实发生了一些革命，但是结果跟列宁预想的不一样，这些革命都失败了。革命虽然失败了，但是列宁在相当长的时间里还是认为这些革命要起来。斯大林那时的共产国际也是这样，老是希望这个地方的革命成功，那个地方的革命成功。既然领导革命，当然希望成功，希望是一回事，能不能达到，怎么样使这个希望变成现实，又是一回事。所以在夺取政权时容易犯这种急于求成的错误，夸大主观的力量，夸大群众的觉悟，贬低敌人的力量，夸大敌人的困难，而低估革命取得胜利需要经历的困难。这一点在一九四五年通过的《关于若干历史问题的决议》上面也曾经说到。为什么党内发生这些"左"倾错误，都是希望革命要早些成功。但是，如何使得革命真正成功而避免不应有的损失，在这方面注意得太少，不注意调查研究，不注意总结经验教训。可以说，主观与客观不一致，客观世界跟自己的主观世界发生矛盾，主观上的各种想法成为一种臆想。这是因为对革命缺少经验，对社会政治力量实际上的对比没有科学的估计，这种情况是在夺取政权斗争中最容易犯的一种"左"倾错误。

除了这种"左"倾错误以外,还有两种"左"倾错误。一种就是夸大党内的敌情。这是另外一种性质的"左"倾错误,就是把党内的意见分歧夸大,用我们现在的习惯说法就是无限上纲。对党内斗争,党内的意见分歧作了一种不适当的、不符合实际的估计,因此就进行了"左"倾的党内斗争。这个不是对敌人,是对自己。在对敌斗争的困难条件下,敌人当然是想方设法要打到我们党内来进行破坏,我们不得不在这方面提高警惕,但是这种警惕性常常变成一种无中生有的猜疑,后来就不仅是猜疑,而且是判断,是断定了。这也是一种"左"倾,这种"左"倾在中国党内,在外国党内,都曾经产生过严重的损失。刚才说的这种错误,都还是属于主观跟客观的不一致,就是主观的认识不符合于客观的实际。毛泽东同志曾经说过,事物在时间、空间里运动,如果我们走到正确位置的前面去了,这就叫做"左"倾,就脱离群众了,如果落在群众的后面,就是右倾,这是"左"右倾的一种情况,这只能解释一种情况。"左"倾并不都是革命者的认识超前,孤军深入,群众跟不上。有一种"左"倾错误,并不是这种情况,而是事情本身就是不对的,群众越觉悟。就越反对这种做法。比如说,秋收暴动期间,提倡杀人放火。毛主席说他亲自点过火。一放,周围的农民都跑了,群众根本就不赞成。这就无所谓跑到时间的前面去,跑到群众的前面去。因为好好的房子为什么把它烧掉呢? 你不能利用它? 烧掉它谁可以得到好处? 谁也得不到好处。像这么一种错误,看起来是非常荒谬的,幼稚的,可是在我们党内维持了很长的一段时间。比方说在解放战争期间,老区土改的时候,就犯过这样盲目破坏财物之类的错误,后来,"文化大革命"的打砸抢,这是更大规模地发展了这种错误。这些根本跟群众的觉悟没有关系。所以"左"倾错误不单是一个我们过高地估计了群众的觉悟,有些事我们本身就做错了,群众无论怎么觉悟都不会赞成,越觉悟越不赞成,只有群众完全不觉悟才会盲从,才会跟着我们干这种蠢事。所以"左"倾错误有几种情况,几种不同的情况,最后的这种情况就不属于主观的认识同客观的形势是否符合的问题了,这里面包括一种逻辑思维上的错误,或者称作一种假言判断上的错误,你提出来的这种行为的标准本身就错了,所以做出了错误的行为,这同群众的觉悟毫无关系,这是我们自己的认识上的错误。毛主席曾经讲过,在民主革命时期他不是没有犯过"左"倾错误。比方在江西的时候反对 AB 团,他也参加过,他也杀错了一些同志,由此他得到了教训,不能随便杀人,党内不能杀人。但是,党内的这些过火斗争,在延安时期也犯过,谁都知道所谓抢救运动。这个抢救运动,不是一个很短的时间,有一两年,恐怕有两三年时间。当然,还是毛主席认识了这个错误,许多材料送到他面前,开始他还相信,到后来,材料里涉及的许多人是他周围的人。他说,别的人我不知道,连我自己身边的人都不相信了?这些人跟我一起工作、生活、斗争这么久,这些人我还不了解吗?他们的历史我也了解,所以他就发觉这个抢救运动是搞错了,因此就要求停止、纠正,并且向所有斗错了的人道歉。他亲自在大会上,在延安的干部大会上,向大家承认错误、道歉。在华北的土改运动中,毛主席纠正了"左"的错误,但是在纠正"左"的错误的过程中间,也不是一下子就搞得很彻底。现在应当承认,当时制定的《中国土地法大纲》也有不恰当的地方,要求平分一切土地,连中农的土地都要平分。毛主席作过解释,说中农受了一部分损失,但又得到了一部分利益,利益跟损失相抵,还是得到的利益比较多,因为推翻了地主阶级。但是,这个办法还是错误的,所以后来毛主席就纠正了这个办法,取消了平分的办法,以后新区的土改就不采用,因为这样要扩大打击面。所以,就是在民主革命时期,也不能说毛主席没有犯过"左"的错误。不过,这些确实是很短暂的,比方像抢救运动,确实是康生这些人搞起来的,并不是出于毛主席的发动,但是,毛主席在一段时间里相信了康生,支持了他,以后才纠正了这些错误。历史需要分析,在社会主义革命时期,毛主席也不是一直犯"左"的错误,这种说法把问题搞得太简单化了,这不符合历史的实际。但是确实是犯了不少,因为这时已经夺取了全国的政权,这时的错误影响比在江西、延安、华北都大得多,因为影响到全国了。

革命时期的"左"倾,也不能都用小资产阶级狂热性来解释。一九四五年的决议里讲了很多小资产阶级的狂热性,同时也讲了小资产阶级从狂热转为消沉,因此就左右摇摆。共产党在革命斗争的过程中间犯这种"左"倾的错误,一九四五年的决议也分两方面说了,一方面是认识上的原因,一方面找社会历史根源,社会历史根源就找到了小资产阶级。这是讲抱着小资产阶级思想参加到党内来的人,还是保持了小资产阶级思想,因此产生了这些错误。我想这是一个比较复杂的问题,需要进一步研究,有小资产阶级思想的原因,也有的不能用小资产阶级思想的原因来解释。如果没有详细的历史分析,就轻易地运用这么一种分析方法的话,就很可能犯一种实用主义的错误,把它当做一种工具使用,哪个错误要分析,有一个现成的解释的方法,就是小资产阶级的思想根源。我们要研究,小资产阶级在特定的历史条件下面,究竟有没有这一种愿望,如果说有的,那么这种解释是合理的。当然,小资产阶级也要分很多集团、不同的阶层,小资产阶级本来是一个阶层,它内里又分了许多小的阶层,互相之间有很大的差别。如果说哪一个集团也没有这么一种要求的话,我们就不好随便地贴这个标签。随便贴标签不是历史唯物主义,这是把历史唯物主义简单化、庸俗化。历史唯物主义本来要求非常仔细地、具体地分析具体情况,不是像贴标签那样。我们在革命斗争中容易犯"左"倾,但也不是说没有右倾,确实犯过右倾的错误,这也是历史的事实。有的时候,右倾的错误也非常严重,这一方面用不着多说了。

我们先从社会主义革命看,在社会主义革命过程中间,也有一种同民主革命时期一样的急于求成的错误,这种错误也跟民主革命时期犯错误的情形一样,都是希望早一点成功,同样是夸大了一个方面,贬低了另外一个方面,对客观世界作了片面的、歪曲的理解,这样子就会作出一种有偏向的决定来。在社会主义改造基本完成以后,主要是两方面的"左"倾错误:一个是政治上,也包括文化上,就是对新建立起来的社会主义社会没有客观的、充分的、全面的认识,一遇到风吹草动,就容易误认为又来了什么阶级斗争,因为阶级斗争的影子笼罩着很多同志的思想。社会主义究竟是什么样的,这是许多国家的共产党必须仔细地重新认识,要用一种学习的态度来认识的一个问题。这个学习也是一个艰苦的过程。自己建立起来一种社会制度,建立起来一种新的社会,但是,不等于自己对它有充分的了解,这很不容易。一男一女结成夫妻,也不容易互相充分认识,也经过一些曲折,最后才能充分了解,相互了解,相互信任。同样,这个新的社会尽管是我们亲手建立起来的,但是,不等于我们就能完全地认识它。建立起一个社会主义社会,可以说从空想社会主义以来就没有解决过这个问题,都认为社会主义社会是个最理想的社会,应该一切都是和谐的,所以才有社会主义运动,所以才成立共产党,都以为建立了社会主义社会,就什么问题都没有了,一帆风顺地前进。假如有困难,那是天灾或其他物质方面的困难所造成的,而不会在人与人之间发生像社会主义以前那样的冲突,这是很自然的。说实在的,认为社会主义社会里还有矛盾,而且有两大类的矛盾,即敌我矛盾跟人民内部的矛盾,尤其是人民内部的矛盾,这还是毛主席的贡献。这是一个已经认识了的事物。可是，已经认识了的事物，不一定就能够永远正确地认识它。在另外一个情况下，本来已经认识了的东西，又不认识了，又发生了错误的认识。所以，认识是一个曲线，不是那样很容易达到目的。一九五七年毛主席讲了关于正确处理人民内部矛盾这样一个原则，可是不久，就发生了阶级斗争扩大化，反右派斗争扩大化，我们现在用不着详细回顾这段历史了。从这个反右派斗争的扩大化以后，阶级斗争扩大化的这个怪物（或是叫魔影），就很长时间笼罩着我们的党了。一九五八年好像没有进行什么阶级斗争，实际也进行了，就是拔白旗，插红旗，反对观潮派、秋后算账派，这些都是一九五八年进行的。一九五八年还发生了反对冒进，党内发动了有非常长远影响的错误斗争。一九五七年的斗争对党内也发生了影响，有好些同志也错划成了右派，但是这个影响比较起来还是小的，对党内来说，一九五八年反对冒进，这个影响就比较大了，这个不仅仅影响到党的经济政策、经济工作，而且影响到党内的生活，影响到党中央的集体领导。因为从南宁会议、成都会议以后，党内的集体领导就受到了非常大的损害，这个时候就形成了一种局面，就是毛主席的话谁也不能反对，而且党内在一九五八年出现一些人宣传"相信毛主席要相信到迷信的程度，服从毛主席要服从到盲从的程度"，这是在正式的会议上公开提出来的，不是几个人在私下谈话，更不是任何人编造出来的。在成都会议上有个同志提出了这样的口号，当时就没有人敢反对。这个同志后来还提升为政治局委员了。当然，一九五八年的错误，毛主席确实在一九五九年上半年做了很大的努力来纠正，这是很认真的。毛主席深深感觉到，他领导经济工作还是外行。在召集庐山会议以前，毛主席已经在一次政治局会议上讲，经济工作看起来还是要陈云同志他们来领导。这个话也不是假的，毛主席说过多次。从一九四九年就说，我们熟习的东西有些快要闲起来了，我们生疏的东西,正在强迫我们去学习。毛主席也进行了一些学习,比如说《论十大关系》就是这样一个产物,可惜这种学习没有坚持到底,还往往过于匆忙地下结论。凡是有利于自己观点的一些方面,就尽量夸大,而不利于自己观点的东西,就尽量否认,或者贬低。一九五九年纠正经济工作方面的错误以后,在庐山会议的后期又发生了批判彭德怀同志的问题,这个大家都知道了。这样以后,就把社会上的阶级斗争越来越引到党内来,不但引到党内来,而且认为党内的阶级斗争比党外的、比社会上的还重要。这当然有一个发展的历史,我们现在没有可能详细写出这样的编年史来,讲出逐年逐年的发展。社会上的阶级斗争本来就没有那么多,没有想象的那么多,说来说去就是那么一些,一些地主保留了一些变天账啦,或者蒋介石要反攻大陆时有些地主说了一些什么话啦,其他的事情,实在也很少。因此,阶级斗争到哪儿去找呢? 后来就越来越到党内来找了。很出名的一件事不是就发生在江苏吗? "夺印"就发生在扬州,于是就成了全国的一相当标准的公式了。但是,在相当一段时间里,"夺印"的问题还是限于基层,而且,毛主席在一段时间里也倾向于不赞成把它夸张得很厉害,当时毛主席说,基层组织有百分之二十烂掉了。刘少奇同志说不止,恐怕百分之三十也下不来。少奇同志对当时农村的形势估计得比较黑暗。这也是发生在江苏,他给江渭清同志写了一封信,说江渭清同志在江苏工作这么久,也不了解江苏的情况。所以阶级斗争的扩大化,扩大到党内来,这不是一个、两个人的问题,并不是说只有毛主席是犯错误的,其他的人是正确的,不能这样说,这样说是不公正的,不符合历史事实。少奇同志确实在估计基层组织变质这个方面,是有过之而无不及的。所以,对这个问题的看法过于极端了,并不是不存在一些社会矛盾、经济矛盾,不是的,而是把这些矛盾都说成是阶级斗争,甚至都说成是敌我斗争,就完全弄错了。可是,这种错误由于我们党过去斗争的历史而形成的习惯势力，很容易产生，几乎就成了一种条件反射，这不是少数人，中央作出这些估计也是根据许多地方的反映，这是客观事实。这些地方的报告到现在还存在中央档案馆，是不能修改，不能否认的。这是互为因果，互相助长的。当然不能要地方同志负主要责任，还是中央应该负主要责任，因为中央先提出一个对阶级斗争长期性的很不恰当的、很过分的一种估计。阶级斗争，要年年讲、月月讲、天天讲嘛；阶级斗争，一抓就灵嘛。那么地方上当然也就抓了，抓了也就"灵"了。这样就出来很多的典型，很多的报告。所以，这段历史可以说是社会主义改造以前那段历史对于社会主义改造以后的这段历史的投影。这个投影也不是完全无中生有，阶级斗争是存在，是有，问题是扩大化了。所谓扩大化，就是一部分是有的，一部分是无中生有，数量上扩大了，性质程度上也扩大了。到《二十三条》的时候（这《二十三条》也是中央跟地方很多同志一起研究制定的），对全国形势的估计为，全国所有的城市和乡村，都面临着资本主义复辟的严重危险，全国普遍地都存在这个危险。底下就说这也不要紧，只要我们认识这个危险，我们就可以跟它做斗争，就可以改变过来。现在大家头脑完全清醒了，这完全不是事实，怎么会社会主义的中国在一九六五年初存在全国资本主义复辟危险呢？社会主义改造后，对新成立的社会主义社会里面的矛盾，没有正确的认识，有些矛盾不但不是资本主义的复辟，而且是社会主义的正常的发展，健全的发展，也被认为是资本主义复辟了，这些事例是用不着详细说了。从《二十三条》就提出"党内走资本主义道路的当权派"这么一个概念。这个概念可以不断升级，一个支部书记或公社主任不能算了不得的当权派，再往前走就走到党内、军队内、政府内、文化界内各个方面都存在资产阶级代理人，赫鲁晓夫式的人物，由小当权派一下子就变成了大当权派了。上升这么快，当然有种种原因。批评《海瑞罢官》的过程,是促进大升级的非常重要的关键。因为毛主席早已对中央政治局不满意,提出两个独立王国,现在证明了。上海《文汇报》上姚文元的文章,北京都不登了,这还得了,这成什么样子了？可见这不是支部书记烂掉了,不是一个支部烂掉了的问题了,政治局都烂掉了。因为这样,就要发展成为"文化大革命",把社会上的阶级斗争扩大化引到党内,即党内的阶级斗争。现在回顾起来,从一九五七年到一九六六年,究竟有没有哪一个案件能成立,是一个问题。当时举出来的一个例子是甘肃白银厂,现在已经完全平反了,报纸上发表消息了,说是完全反错了。原来被当做资本主义复辟典型的白银厂这件事,引起毛主席作出这个判断,说白银厂资本主义复辟的后台在什么地方？就在冶金部,就是王鹤寿,因此就把王鹤寿同志的冶金部部长职务撤掉了,下放到鞍钢。把过去的阶级斗争,盲目地引用到新的时期,不但是引用到新的时期的社会上,而且引用到新的时期的党内来。

　　这种情况所以发生,除掉是由于一种习惯势力以外,也由于革命胜利远远超过了原来的预计。一九四五年估计革命还要经过很长一段时间才能胜利,但是到一九四九年,革命就胜利了,超过原来的估计。并不是说一九四九年不应该胜利,而是确实胜利了,一些人觉得过去对困难估计太多了,对自己主观力量估计不足,这样就对党中央的领导、毛主席的领导威力估计过高,以为什么事情都可以做得到,所谓"什么人间奇迹都可以创造出来"。当然,这话不能当做一个讽刺,共产党是要创造人间奇迹,但是另外一种人间奇迹是创造不出来的,不符合客观规律的那种人间奇迹永远也创造不出来。革命的胜利来得这样迅速,这样就发展了一种骄傲情绪,关于个人的宣传也就越来越高,发展到像一九五八年在中央就不太容易平等地跟毛主席讨论问题。所以每个领导同志都要接受这个教训,这个危险哪！并不是说一定要做了中央的才会有这个危险,哪一个在相当范围里面掌握一定权力的同志都有这个危险。过高估计自己的作用,滥用自己的权力和威信,这样就会走向反面。

在经济上的"左"倾,也同革命时期急于求成的心理一样,希望革命能够很快地实现。也希望建设能够很快成功。谁不希望中国成为一个富强的大国,这个希望完全是正确的,可是要达到这个希望,要实现这个希望,就是一个复杂的问题。中国这样落后的、人口众多的、情况复杂的国家,要很快地赶上资本主义发达的国家,当时不是提出十五年苏联超过美国,中国超过英国(在钢铁等重要工业品产量方面)吗?当然,英国现在是一种走下坡路的情况,但是中国同英国仍然很难进行简单的比较,有一些方面中国的条件比英国有利,有很多方面英国仍然在中国前面,科学、技术、文化这些方面,中国还是远远不如英国,所以要超过英国这个资本主义发达国家,也很不容易。希望尽快超过资本主义国家的情况也不是中国所特有的,哪个社会主义国家都希望自己尽快地超过资本主义国家,苏联是世界上第二个大国,它不是也不断提出口号、指标,老也实现不了吗?苏联早已提出超出美国,到现在也没有超过。所以也不能说这方面的错误就是中国犯,别的国家也同样会犯,也犯过,或者还在犯。经济上的这种"左"倾,当然一方面是由于我们缺少经验,但是同骄傲自满的情绪,过分夸大主观的作用,并且不能够容忍更谈不上接受正确的意见有关。毛主席并不是不了解陈云同志对经济工作比他熟悉,比他谨慎,可是毛主席不但不听他的话,而且简直把他当做所谓党内的右派,这好多同志都是这样讲的了,也并不是毛主席一个人这样讲。

关于这个问题,为什么没有用阶级根源来说明?因为这不单单是一个阶级根源问题。人们(包括各阶级)曾经长期认为地球是世界的中心,并由此产生一系列荒谬行为,现在知道这是错误的了,但这个错误有什么阶级根源呢？没有，这就是认识的错误。它的确不是哪一个阶级本性所决定的。第一个历史问题的决议讲了好多小资产阶级的根源，我预先就讲了，这个问题要进一步分析，不能认为一九四五年作了决议，这个问题就完全解释完满了。对于社会主义改造以后所发生的错误，用阶级根源来解释，路就走错了，不能得到正确的答案，问题本身就提错了。因为人犯错误，并不都是因为有个什么阶级根源，不但在没有阶级的社会里，人会犯错误，就是在阶级社会里，人犯错误也不能都说是由于阶级根源，如科学家搞试验经常要犯错误，你说这是什么阶级根源？这是胡扯。学生做习题做错了，也不能说是阶级根源，就是老师犯错误，也不能说是都有阶级根源。如"文化大革命"这样的问题，能不能用哪个阶级的根源来解释？"文化大革命"究竟符合哪个阶级的利益？谁能够答复这个问题？而且。"文化大革命"期间中国究竟存在哪些阶级？"文化大革命"时当然还存在一些阶级，现在也存在一些阶级，像工人阶级、农民阶级等等，那么"文化大革命"的时候，这种行为，这个十年的历史，符合于哪一个阶级的利益？你说符合无产阶级利益？大家不承认，这不成问题了。你说符合资产阶级利益，哪一点符合资产阶级的利益？这个讲不通。好多资本家被扫地出门，搞得家破人亡，这怎么说符合资产阶级利益呢？说符合小资产阶级利益，在"文化大革命"时期，究竟什么阶级是小资产阶级？我们不能从天上掉下来一个小资产阶级，天上掉不下来，地上原来存在着，还有它的残余势力，我们还可以讲。我们不是讲封建地主阶级的影响现在还存在吗？是不错。可是，历史上的小资产阶级，就是说农民吧，"文化大革命"符合农民的利益吗？是农民要求取消自由市场、自留地？这些办法，符合哪一省农民的利益？这是讲不通的。那么知识分子，"文化大革命"符合知识分子利益吗？"文化大革命"恰巧是把所有的知识分子都打倒了，不但打倒,有许多人都打死了。所以我们不能凭空捏造出来一个阶级根源,这并不是说我们要避免给毛主席安上哪一个阶级的帽子,我们要对历史负责任。假如我们作这样的分析,不但不能解决任何问题,而且把问题搞得越来越糊涂,并且使得我们的子孙后代还要受我们这个决议的灾难。结果认为我们的党里面还有什么阶级斗争,还有什么阶级,因此造成了"文化大革命"。这十年的历史,恰恰证明了,社会上一个人犯错误,以至一个党犯错误,不能专门从阶级去找根源,如果这样找,我们也无法纠正"文化大革命"的错误,反而把"文化大革命"的错误继续下去,还是阶级斗争扩大化。不能用阶级斗争去解释的问题,硬要用阶级斗争去解释,那么,在我们党内就要没完没了地进行阶级斗争。

为什么犯这么大的错误?研究来研究去,还是现在《决议》的说法比较妥当。我们全党对社会主义社会都认识不足,我们以为社会主义社会是个比较短的时期,可以比较快,虽然不像一九五八年想象的那么快,但也不是很远,就可以过渡到共产主义,就可以战胜世界上的资本主义。中国经济、政治、文化方面的落后,也是一个原因,还有党内民主生活的不健全,我们对历史上的教训忽视了。人是很难牢记历史的教训的,比方一九四五年的《决议》里面批评"左"倾错误时讲:"他们'估计形势'的方法,是把对他们的观点有利的某些个别的、萌芽的、间接的、片面的和表面的现象,夸大为大量的、严重的、直接的、全面的和本质的东西,而对于不合他们的观点的一切实际(如敌人的强大和暂时胜利,我们的弱小和暂时失败,群众的觉悟不足,敌人的内部矛盾,中间派的进步方面等),则害怕承认,或熟视无睹。他们从不设想到可能的最困难的和最复杂的情况,而只是梦想着不可能的最顺利的和最简单的情况。""总之,各次尤其是第三次'左'倾路线的同志们只知道关门主义和冒险主义,盲目地认为'斗争高于一切，一切为了斗争'，'不断地扩大和提高斗争'，因而不断地陷于不应有的和本可避免的失败。"这不是说得很清楚，说得非常明白吗？自己亲身经历的历史教训，自己写下来的，在七大党的中央全会前夕通过的，而且是授权七大以后的中央再作文字上的修改，然后才公布的，我们大家都参加讨论的。说得这样清楚的话："盲目地认为'斗争高于一切'，不就是后来所说的斗争哲学吗？毛主席提出这么一个口号，对英国的蒙哥马利说：'中国有八亿人口，不斗行吗？'"这是什么逻辑？中国有八亿人口，怎么就接下来不斗行吗？假如中国只有八百万人口，是否不斗还可以？因为有了八亿人口，一定要斗掉它一批才行，是不是这样？这种话完全是一种武断，根本没有逻辑，用三段论式也不完全，大前提在什么地方？小前提在什么地方？一九四五年的《决议》说："在组织方面，……在党内曾经把一切因为错误路线行不通而对它采取怀疑、不同意、不满意、不积极拥护、不坚决执行的同志，不问其情况如何，一律错误地戴上'右倾机会主义'、'富农路线'、'罗明路线'、'调和路线'、'两面派'等大帽子，而加以'残酷斗争'和'无情打击'，甚至以对罪犯和对敌人做斗争的方式来进行这种'党内斗争'。""它破坏了党内民主集中制的基本原则，取消了党内批评和自我批评的民主精神，使党内的纪律成为机械的纪律，发展了党内盲目服从随声附和的倾向，因而使党内新鲜活泼的、创造的马克思主义之发展，受到打击和阻挠。""宗派主义者不把老干部看做党的宝贵的资本，大批地打击、处罚和撤换中央和地方一切同他们气味不相投的、不愿盲目服从随声附和的、有工作经验并联系群众的老干部。他们也不给新干部以正确的教训，不严肃地对待提拔新干部（特别是工人干部）的工作，而是轻率地提拔一切同他们气味相投的、只知盲目服从随声附和的、缺乏工作经验、不联系群众的新干部和外来干部，来代替中央和地方的老干部。这样，他们既打击了老干部,又损害了新干部。很多地区,更由于错误的肃反政策和干部政策中的宗派主义纠缠在一起,使大批优秀的同志受到了错误的处理而被诬害,造成了党内极为痛心的损失。这种宗派主义的错误,使党内发生了上下脱节和其他许多不正常的现象,极大地削弱了党。"这些历史经验大家都忘记了,我们现在确实应该把这个历史教训好好记住,永远记住,使我们的下一代也要记住,使新提拔的中青年干部永远记住。

第二个问题:希望能从理论上进一步说明在社会主义改造基本完成以后,我国所要解决的主要矛盾,为什么是人民日益增长的物质文化需要同落后的社会生产之间的矛盾而不是阶级矛盾? 需要同生产的矛盾与生产力同生产关系的矛盾应当怎样统一理解?

关于这个问题,我们应该首先认识我们革命是为什么? 人民革命是为什么? 共产党领导人民革命几十年,牺牲那么多同志和群众是为的什么? 为的就是要改善生活,旧社会活不下去,人民才会革命,如果革命成功了,还是活不下去,革命不是变成了盲目的吗? 革命不是变成完全没有目的了吗? 所以革命成功了,首先就要发展生产力,就要解决和提高人民的物质文化生活水平,这是非常明显的,不可避免的,没有任何其他东西能够和它比较的。现在我们是否面对着这个问题呢? 当然面对着这个问题。本来早已应该解决的,早已应该把全国工作中心放在这一点上,我们已经耽误了一二十年的时间,怎么能够再继续耽误下去呢? 不能再继续耽误了。有的同志说,人们生活的需要和生产之间的矛盾永远存在,这不能成为当前主要的矛盾。这个说法是不正确的。人类并不是永远都要处在这么一个状况,处在一个人民生活的直接需要不能满足的状况,不是这样的。当然人民的需要是不断提高的,这是不错。但是有一个时候,人民的需要不是那样的迫切了,这种社会是不是存在呢? 这种社会完全可以存在，并且在相当的范围内，甚至在一些资本主义国家都存在。人民生活没有那样迫切的困难，像什么几代人住一间房子里面，像什么没有道路，没有桥梁，不能够走汽车，等等。工人上班坐自己的汽车，这在经济比较发达的国家已经成了事实。那个时候，人民也还有物质需要，但不会成为像中国今天面临的这种矛盾，这是完全不相同的。所以，认为无论在什么时候，都存在这样一个矛盾，这个说法是不正确的。美国自己也承认，实际上也是这样，它是世界上消耗能源最厉害的国家，浪费能源，浪费各种消费品最厉害的国家。皮鞋穿一星期就不要了，就要换新的。所以，不能够把我们今天人民生活迫切需要解决的矛盾的情况，看成是任何时候都同样迫切地存在，不是这样的。那么这同生产力和生产关系的矛盾，这两个矛盾是什么样的关系呢？应该承认，我们现在的社会生产关系基本上适合于我们现在的生产力，并没有发生严重的冲突。有矛盾，但并不是一种对抗的冲突。现在的问题是我们的生产关系还不完善，有许多环节不合理，但这并不是我们的社会制度不能够发展生产力。有人说社会主义不行，应当进入到共产主义，这就是胡扯。我们现在的物质生产力怎么能进入共产主义？这完全是一种幻想，信口开河。我们现在社会生产力的发展，并没有感受到我们现存的基本的生产关系、也即我们的社会基本制度是一种妨碍。这个矛盾不能成为主要矛盾。认为这个矛盾是主要矛盾就是过去我们在二十多年中间犯错误的一个理论上非常重要的原因。不是集中力量发展生产力，而是总觉得生产关系不对，也不是按照生产力的需要去改善生产关系，而是把生产关系搞得乱七八糟，愈搞愈不能发展生产力，还认为革命前进了，还认为离共产主义更近了，这种思想已经证明是完全错误的。

　　关于"左"倾的指导思想，耀邦同志说，从中央的指导思想上来说，拨乱反正任务已经完成了，不等于说具体工作，其中包括思想工作、理论工作都已经完成,还有很多问题没有解决,还有很多"左"的思想没有解决。中央领导没有犯"左"的错误,已经清算了"左"的错误,不等于我们的各条战线,各个部门、各个地区的工作问题都已经解决了。在思想工作方面,在理论上也还有许多问题要继续澄清。生产力与生产关系基本上协调,还有一些不适应的地方,不协调的地方,这是有的,我们无论在工业、农业、商业领域都能够感觉到,也正在解决这些问题。但是,这是在解决了总的生产关系以后,对于生产关系的许多环节,还没有来得及加以改善,加以完善化的问题,而不是我们的生产关系根本上对发展生产力有什么矛盾。那么刚才说的这两种矛盾是什么关系,应该怎样统一理解? 我们现在要调整生产关系,是为着发展生产力,是为着满足人民生活上的需要,因此,满足人民生活的需要这是第一位。发展经济,满足人民物质文化生活需要是第一位的任务。改善生产关系也是服从这个第一位任务,而不能颠倒过来,颠倒过来就要重犯过去的错误。这两种性质的矛盾,就是一个主从的关系。我们现在不存在根本的生产关系和生产力之间的严重矛盾,不需要用一种新的生产关系来取代现有的生产关系,不存在这个问题。当然,生产关系不是完善的,需要我们加以改善,这方面还要做很多的工作。

　　第三个问题:《决议》提出毛泽东思想的活的灵魂及其三个基本方面,指出"毛泽东同志把辩证唯物主义和历史唯物主义运用于无产阶级政党的全部工作"。可否认为毛泽东同志晚年在理论和实践上都背离了辩证唯物主义和历史唯物主义? 怎样从理论上说清楚这一观点?

　　这个问题,在头一个问题的答复里已经讲到了。是的,不错,是背离了辩证唯物主义和历史唯物主义。《决议》里也这样说,怎样从理论上说清楚这个问题呢? 任何人过去的正确,并不能保证他将来的正确。假如你过去三十年正确，并不能保证你今后三十年一定正确。当然，过去三十年正确，可以为你创造今后三十年继续正确的条件，但是，也可以反过来成为一个包袱，骄傲自满，走向反面，结果呢，不是保证你继续正确，而是保证你犯错误。所以，一个人一定时期正确，并没有什么东西可以保证一个人思想永远正确，只有不断地学习才能保证。人的主观要不断地正确地反映客观，就得要对不断变化的新的客观世界不断地探索，不断地学习。毛主席在后期或晚年没有这么做，因此他走上错误的道路，尽管他过去正确。当然他过去的正确对他后来的错误也不是说没有一点积极的作用，还是有的。所以毛主席在"文化大革命"里面还是做了一些好事，像《决议》里所说的，这与他过去正确有关系。毛主席长期反对在党内斗争中杀人，毛主席不是讲吗，人的脑袋割下来就不能再长起来，不能再安上，不能像割韭菜那样。这一点，毛主席在"文化大革命"期间还是做到了，他并没有作过哪一种决定要杀掉哪个人，相反，他听说很多关在监狱里的人，受审查的干部，吃不饱饭，等等，他就说这种法西斯的手段是什么人制造出来的，一定要追查。当然，少奇同志死了，彭德怀同志死了，贺龙同志也死了，这种情况确实是林彪、江青背着毛主席干的，刘少奇同志是江青下的毒手，贺龙同志是林彪下的毒手，彭德怀同志的情况也是这样。毛主席要开贺龙同志的追悼会，尽管这个追悼会开得不像样子，但是，在当时的条件下能开追悼会，如果不是毛主席下决心，根本不可能。陈毅同志去世后，毛主席亲自去参加追悼仪式。这些说明什么呢？就是说毛主席的正确思想在他的晚年还是起一部分作用的，但是，没有起全部的作用，如果起全部的作用，"文化大革命"根本不会发生。骄傲自满，个人专断，这种情况根本就是违反辩证唯物主义，违反历史唯物主义的。我们应该承认，对于国内国外实际情况研究很少，对马列主义关于社会主义的理论研究很少，这不能说是毛主席一个人的责任,这是整个党中央,以及我们整个党都应该承担的责任。当我们在实际斗争中发展了各种各样错误的时候,在理论上也就发展了许多错误,无论是哲学方面,或者是经济学方面,或者是科学社会主义方面,都脱离了马克思列宁主义,这个问题不详细说了。

　　第四个问题:怎样理解我国的剥削阶级作为阶级消灭以后,阶级斗争还将在一个范围内长期存在? 在我国现存条件下,还有没有产生新的剥削阶级的可能? 敌视社会主义的分子在思想文化上的破坏活动叫不叫意识形态领域的阶级斗争?

　　从经济方面来说,社会主义制度一直发展到目前的水平(不单是中国,就是像苏联也还是这样,尽管它的生产力发展水平比我们高),还不能完全消灭产生贪污、盗窃、诈骗、走私、投机倒把、行贿、受贿等等破坏社会主义制度、破坏社会主义原则这类现象的可能性。这种可能性还是存在。我们的社会主义生产力的发展程度还不够,还没有达到任何人想要什么就有什么,要多少就有多少的程度,因此,在社会主义生产力发展水平以及由此而决定的社会主义的分配方式的条件下,一些受资本主义腐朽思想严重影响的人(这种影响在相当长的时间还会存在),就会去犯前面所说的那些罪。所以在社会主义社会里,这种犯罪的现象,这种反社会主义社会的行为,其中性质严重的,也就是经济领域里的阶级斗争,这是在相当长的时期内免不了的,我们必须坚决地同这种犯罪活动做斗争,不然,我们就不是社会主义。资产阶级腐朽思想的影响不仅从历史上遗留下来,而且在现实的中国,渗入到我们的社会里来。从外面,比方说从香港、从澳门、从台湾,这都是我们中国的领土。再加上资本主义国家现在在世界上还占绝大多数,它们必须要从各方面影响我们,而我们实行开放政策,这个政策是正确的,但是我们也看到由此不可避免地要增加对社会主义社会公民的腐蚀作用。所以经济战线上的阶级斗争在相当的时期里面是不能消灭的,这是客观的事实,并不是永远不能消灭。刚才说的那些条件改变了,就会消灭。那些条件总归会改变的,只是一个时间的问题。

在政治文化方面也是一样,台湾地区、港澳地区以及那些资本主义国家。不仅从外部,而且从我们社会内部、我们国家的内部来进行破坏社会主义、危害社会主义的各种阴谋活动。对于这种阴谋活动,我们决不能够麻木不仁,决不能够低估,特别是在我们这个社会主义生产力水平还没有达到那些发达的资本主义国家的水平的情况下,总归会有一些人企图走资本主义道路。因此在政治上文化上的阶级斗争在相当的时间内也是不可避免的,我们必须承认这一点。我们不能因为反对阶级斗争扩大化而否认这种阶级斗争,这种阶级斗争是客观存在的。在这个范围内,它确确实实是每时每刻都存在的,既不是我们所能捏造的,也不是用我们的幻想就可以把它消灭的,说它不存在,它就不存在了,这没有办法,它是客观的事实。照这样一看,是不是阶级斗争就很危险了?今后怎么样才能不扩大化?似乎这个界限就很难区分了。这个界限还是可以区分的,阶级斗争扩大化是可以避免的。我们已经有了这样的经验,只要我们时时刻刻保持着清醒的头脑,就可以既不重犯阶级斗争扩大化的错误,又不去幻想阶级斗争熄灭。

这种资本主义势力还在同我们进行较量,还在破坏着我们的社会主义社会,甚至于在我们党内也不能说没有人被拉下水。我们不要去抓党内资产阶级,但是我们要承认确实党内也有一些干部被腐蚀了,有极少数人被腐蚀得相当厉害,这些人我们要坚决地跟他们斗争,也就是说要坚决地挽救他们,不能视而不见,这种人很危险。对于青年一代也是同样。但是我们也不要把这种反社会主义的力量估量过高,它也不可能在我们的社会主义国家里占优势,没有这种前途。我们是社会主义国家,我们已建立社会主义社会二十几年了,我们社会主义社会已经是巩固了,尽管有些环节上还有漏洞,但是整个地说起来我们有优越性,资本主义再在中国复活是没有这种可能了。首先,我们有伟大的中国共产党在领导着,这个共产党不是豆腐做的,她是钢铁做的,她是跟资本主义做斗争的。尽管跟一些资本主义国家进行友好往来、友好合作,那是另外一回事。想要在中国搞资本主义,那么除掉特殊的范围,除掉党中央、国务院决定的很小的范围,那是不影响我们整个社会主义大局的,各种敌视社会主义的活动在我们社会主义社会是非法的,至少基本上非法的,也有一部分活动是介乎合法与非法之间,我们也要看到这一点,不过主要是非法的。另外,只有极少数人可能从资本主义那里发财致富。资本主义不可能给中国十亿人民以出路。任何现实的出路,资本主义都不能给的。它只能给极少数受腐蚀被收买的人,或者是它的特务,这些人总归是少数。所以,我们千万不要把阶级斗争扩大化。但是,我们也不能够麻木不仁,熟视无睹,这也不行。因为有党的领导,社会主义在实实在在地给人民以利益,每天在给人民以物质利益,而这种利益资本主义是不可能给的。所以我们要有信心,我们既要提高警惕,也没有任何理由悲观失望。

第五个问题:《决议》指出社会主义生产关系的发展并不存在一套固定的模式。根据现阶段我国国情的基本特征,党中央对我国生产关系的具体模式有些什么设想?

这个问题我没有权力说更多的话。因为决议是中央通过的,决议说那么多,我也只能说那么多。中国现在是走的社会主义道路,它已经有自己的特点。简单地说起来,就是在社会主义计划经济的前提之下,加强企业的自主权,管理的民主化,发挥各种责任制,增加市场的作用。发挥责任制我们要看到这一点，中央七十五号文件讲到东北现代化的农场不存在这一点，要修改，因为报刊上已经登了，东北的最现代化的农场也可以实行，实行拖拉机手的责任制，同样表现了优越性。工厂也可以实行责任制。所以我们的思想需要不断地解放，需要不断地学习。在工业、农业、商业领域里都可以实行责任制。承认集体经济在非农业经济里的作用，农业部门以外的集体经济在中国会成为一个稳定的经济形式，同时还有一定范围的个体经济。这个一定范围的个体经济，我们也要看得远一点，不要杯弓蛇影，不要那么担心。苏联、东欧那些国家，他们经济管理体制也有许多毛病。这个我们不去说它，但是就像苏联这种比较大的农场的条件下面，个体经济的作用苏联也不能不承认，这是实际生活。确实，集体农民的个体劳动对保障城市的供应起了很大作用。其他的国家，比方东欧保加利亚，根据种种材料看起来，他们在东欧生活水平是比较高的，他们也很注意发挥个体副业的作用，至于像南斯拉夫、匈牙利这些国家就更不用说了。所以一定范围的个体经济不可避免，这不是资本主义，而是社会主义社会里的个体经济，它是附属于社会主义经济，附属于社会主义的生产关系，它不是独立于社会主义社会之外的，当然这也需要有正确的管理，如果没有正确的管理，也会走到邪门歪道上去的，那是另外的问题了。以上种种都是我们国家社会主义经济向前进，逐步趋向于成熟的标志，而不是什么退回到新民主主义或者国家资本主义的表现。这个问题也只能说到这样。

　　在今年起草决议的工作中，我们没有能够专门地研究经济问题，所以我不能够作很充分的说明。等到我学习好了，再有机会同大家见面时，再还这一笔账。同志们提的许多问题很重要、很复杂，有许多问题我没有作充分的研究。关于社会主义经济，中国的社会主义模式今天还在发展，要说到很远的将来，不但我答复不了，专门管经济工作的同志恐怕也答复不了。历史只能提出条件已经成熟的问题,同样历史也只能答复条件已经成熟了的问题,其他问题现在我们还不了解,现在我们还不知道。我们要一步步地走着看,还要不断地学习。这个所谓一步一步走着看不是说盲目地爬行,而是说我们要不断地总结经验,在新的现实的基础上提出新的问题。好吧,我就说这么一点。说错了的地方,请大家加以纠正。

十二大的重要成就 *

（一九八二年十月八日）

十二大报告，耀邦同志曾经作过比较，文字比七大、八大的都要短。七大的有三万九千字，八大的有四万六千字，十二大的只有三万三千字。可是内容还是很丰富。今天，很难各方面都讲到，我准备讲这样五个问题：第一，为什么说十二大是七大以来最重要的大会；第二，为什么说现在是建国以来最好的时期之一；第三，到二十世纪末我国工农业年总产值翻两番有没有实现的可能性；第四，关于建设社会主义精神文明的战略意义以及关于阶级斗争的问题；第五，关于党章以及同党章有关的党的建设的问题。

第一个问题，为什么说十二大是七大以来最重要的大会。为什么十二大报告的题目叫《全面开创社会主义现代化建设的新局面》？说它是七大以来最重要的大会，这绝对不是贬低了七大到八大期间的工作，而是充分地加以肯定。说十二大是七大以来最重要的大会，这是因为七大以后我们党就得到了民主革命的伟大胜利，跟它相比较，十二大以后我们也要迎接社会主义建设的伟大胜利。这是不成

---

* 此篇是 1982 年 10 月 8 日在中宣部、总政治部、中央党校联合举办的报告会上的讲话。标题是收入《胡乔木文集》第 2 卷时加的。

问题的。也不是贬低了八大。八大在我们党的历史上也有很重要的意义。但是八大以后走了很多弯路,十二大以后不会再像八大以后那样走那么多的弯路。八大提出了正确的纲领、许多正确的意见,但是,那个时候全党对建设社会主义的思想准备不够,经验也不够,组织的准备也不够,就是思想准备、工作准备、组织准备都有不够的地方,因此八大通过的报告、决议、党章,都没有能够完全实现,有些甚至不久就被推翻了、否定了。十二大同七大一样都是经过挫折,总结了教训,提出了正确的纲领。这些纲领都是逐渐积累成功的经验形成的。虽然没有像七大以前那样集中全党的干部整风,但是从三中全会到六中全会一直到开十二大,这几年同延安整风起了同样的作用,所以十二大同七大一样是经过充分准备的。我们现在没有条件像七大以前那样把很多的高级干部集中在一起,花两三年的时间,大家来检查过去的工作,开展批评和自我批评,现在我们所处的历史条件不能够同过去那个时候相比。但是,十二大提出来的奋斗目标,都是从三中全会以来逐渐积累起来的,组织上从三中全会以来也做了充分的准备,就这些方面说,十二大同七大有类似的地方。全面开创社会主义现代化建设的新局面,就是全面地把三中全会以来各方面的成就、各方面的主张、各方面的经验加以总结并且加以发展,在总结的过程中加以发展,所以说这是全面开创新局面。在三中全会到十二大期间,开过几次中央全会,但是还没有机会把三中全会以来各方面的经验全面地加以总结。六中全会看重是回顾过去,对当前应该做的事情,重要的方针,也作了一些扼要的提示,但那是远远不够的。

十二大同七大比较起来,也有一些不同的地方。十二大是在经过十年内乱,是在掌握了全国政权的条件下举行的,同七大根本不同。在掌握了全国政权的条件下又发生了十年内乱,遗留的后果比王明"左"倾路线的四年更加严重,但是另外一方面,党的力量更加强大了,并没有像遵义会议那个时候遇到那样大的困难。现在遇到的困难当然也很大,但是,党有了全国工作的基础,已经有了十七年的历史成果,所以虽然经过十年内乱,党还是能够很快地恢复过来,党的经验和领导更加成熟了。十二大同七大还有一点很大的不同,七大面临着的是强大的敌人,有日本,有美国,有蒋介石。十二大面前也有困难,国际上也不完全是一帆风顺,还有敌人,可是没有像七大那个时候所面临的那样的局面。七大的报告《论联合政府》提出来的目标,因为蒋介石发动新的内战,结果没有能够按照预期的那样来实现。现在就没有那样的情况了。现在我们的工作,主要的是决定于我们主观的努力,所以我们可以对于我们所面临的困难,我们所要做出的努力,作出比较准确的、稳定的长期的决策。关于第一个问题就说到这里。

第二个问题,为什么说现在是建国以来最好的时期之一。

有少数同志提出这样的问题,现在我们国家社会上有这么多问题,党内的问题也不少,这能同建国初期相比较吗?我们要答复这个问题。答复这个问题,就是要肯定三中全会以来的路线的正确性、它的成就,也就是要肯定十二大路线的正确性。三中全会以来的时间并不长,只有不到四年的时间,我们说它是建国以来最好的时期之一有哪些根据,我想有那么几个方面:

第一,党的领导权是掌握在真正的马克思主义者手中。我们恢复了实事求是的思想路线,恢复了党的组织工作中的群众路线,在党内生活中恢复了民主集中制;我们对建设社会主义进行了大量的、多方面的、有成效的新的探索。我们开始了机构的改革和干部的四化。我们执行了在对外开放条件下的独立自主的方针,这些都是在党的历史上非常重大的发展,在我国历史上非常重大的发展。这些发展的意义,时间过得越久,就看得越清楚。我们承认,在党内、在社会上、在我们国家生活中,现在还有这样那样的隐患,还有这样那样没有解决的问题,我们不能够低估它。但是我们也看到,党和人民已经取得的胜利,不会被这些问题所掩盖。大局是已经稳定下来,不是短时间的稳定,是一年比一年更加稳定,在今后也还会继续保持稳定。尽管我们不排除有发生某种意外情况的可能性,但是这种可能性是很小的。总之,领导权改变了,领导人领导的方法,所进行的领导工作发生了根本的转变。这些改变,有许多是恢复到建国初期,有许多超过了建国初期。

第二,我们把全党的工作中心转到了社会主义现代化建设这个轨道上来。中国党已经成立六十多年了。我们成立中国共产党,进行六十多年的革命是为了什么?就是为了建设社会主义。可是这个目的,在建国以来三十多年中间,没有能够平稳地实现,有相当长的时间没有把这样的工作作为中心。这个转变可以说是付出了多年沉痛的代价换来的成果。对于这样的成果决不能看轻了。这就是说,通过革命,从此走上了正确的、健康的社会主义建设的发展道路。

第三,为着发展社会主义建设,我们党在对待教育、科学、文化、知识分子这些问题上面,纠正了长期的"左"倾,为把工作重点转到经济建设这方面来创造了必要的条件。

第四,我们的军队转到了革命化、正规化、现代化的轨道。把在十年内乱期间所受到的流毒摆脱了,或者逐步地摆脱了。我们在这期间举行了对越自卫反击战,举行了华北地区的大演习,我们在现代化武器的试验方面做了大量的工作。到目前为止,发射了战略导弹一百四十九次,卫星十五个,进行了核试验二十八次。我们部队所做的工作很多,这不过是举几个例子。

第五,我们在政治方面的建设所取得的成就也是非常巨大的。

我们不仅恢复了公检法的机构和工作,恢复了人大和政协的正常的活动,统一战线工作、民族工作,都有了非常显著的发展。特别是我们的国家开始走上真正的社会主义法制的道路,这对于我们国家的长治久安有非常重大的意义。从一九七九年以来,全国人民代表大会通过的法律有十三种,人大常委会通过的法律或具有法律性质的条例有十五种,同时还通过了有关法律的决议十二项,又重新公布了在"文化大革命"以前早已颁布过的法律、法令八条,重新公布有关法律的决议、决定七条。中华人民共和国从一九四九年成立一直到党的十一届三中全会以后才第一次公布了刑法和刑事诉讼法。不久以后将要召开的人民代表大会,还要通过新的宪法。这些对我们国家现代化,对我们国家的稳定将起重大的作用。

从三中全会到现在,整个的社会是安定的。犯罪的现象是不少,但是,与犯罪的斗争得到的成绩也很大。今年一月到八月刑事犯罪的发案率比去年同期减少了百分之十五。在这里要说到,我们现在的刑事犯罪统计的数字比较大,要考虑一个因素,因为过去没有刑法,或者说有了相当的法律,没有能够完全按照这个法律去执行。所以,现在法律愈健全,统计的发案率的数字,就会显得增加一些。这并不是说当前社会治安不是一个主要的问题。我们还要说明,对现在中国的社会治安的状况,要有一个清楚的了解。从以下几个数字来比较,可以得到比较完整、比较准确的观念。中华人民共和国成立以来,按照过去的统计,刑事发案率最低的有两年,一个是一九五六年,一个是一九六五年。一九五六年是万分之二点八七,一九六五年是万分之二点九八,其他的年份都比这个高。今年,拿一月到八月发案率来推算全年的话,达到万分之七点二,这个数字与建国以来犯罪最高年份比较起来,是比较低的,比最低的年份大约高一倍多,不算太多。同去年相比,是在大幅度下降。因此,从建国以来的历史情况看。现在社会秩序是在逐渐地、逐年地进步。我们再拿其他国家来比较（这里统计的数字口径不完全一致，因为统计的资料不完整）。美国在一九八〇年，一万人中犯罪的有五百九十九人，西德在一九八〇年有六百二十二人，法国在一九七九年有四百三十五人，加拿大在一九七九年有七百七十一人，英国在一九七七年有四百一十九人，日本在一九七九年有一百二十一人。在这里面，日本算是最低的。跟中国一九八〇年的万分之七点七比较，是相差十几倍、几十倍。再拿几个首都来看，华盛顿在一九八〇年只有六十几万人口，可是十万人中犯罪的就有一万人，比一九七九年增加了百分之十三。伦敦在一九七九年十万人中犯罪的有一万二千人。而北京一九七九年十万人中只有十五点四个人。美国二十个大城市一九八〇年每十万人中杀人案件平均有二百七十三人，而中国一九八〇年二十个最大城市平均每十万人中只有三人。一九八〇年中国的犯罪率比今年要高，今年还不到这样的百分比。美国最大的城市纽约在一九八〇年每十万人里有二百五十个杀人犯，在上海只有十三个人。所以，我们对于当前我国政治上、社会上的稳定，应该有一个全面的正确的认识。

第六，平反了大量的冤、假、错案。从三中全会以来，党内平反了九十万件。到去年年底改正了错划的右派五十四万人。原来在一九五七年总共划了五十五万人。摘掉了地主、富农帽子的有二百七十八万人，没有摘帽子的还有五万人。把原为小商小贩、手工业者错划为资本家的改正过来有七十九人。宽大释放了国民党县团以下党、政、军、特有四千二百三十七人。当然，这里面有一些原来是属于敌我矛盾，有一些原来是属于人民内部矛盾。另外有一些也不能说是人民内部矛盾，本来就是一些冤、假、错案。这些问题的妥善解决，就使得全国人民政治生活、政治空气大为稳定，人民内部矛盾大为缓和。

第七，我们再说党，党现在有三千九百万人。根据中央组织部一九八一年统计，从建党直到解放前入党的占百分之六点八，"文化大革命"以前入党的占百分之三十八点六，合起来占百分之四十五点四，在"文化大革命"中入党的占百分之四十点六，"文化大革命"以后到一九八一年年底入党的占百分之十四。"文化大革命"中入党的人，我们不能笼统地说这些人就是造反派，完全不能这样说，这里面有很多很好的党员，他们里面也有犯了这样那样错误的，但这些错误是历史形成的，不能由个人来负责的。把"文化大革命"以前同"文化大革命"以后入党的合起来就差不多占百分之六十。现在的党员成分，工人占百分之十八点六三，农民占百分之四十五点五八，解放军占百分之四点八八，在各种服务行业里面的人员占百分之二点四，专业人员占百分之七点八二，还有其他的人。干部的情况（这里说的干部包括非党干部），全国有两千万干部，按年龄来说，其中二十五岁到五十五岁占百分之八十六。按文化程度来说，高中以上文化程度的占百分之五十八。做专业工作的，有各种专业知识、专业能力的并担任各种专业工作的有百分之四十一点七。由于从三中全会以后，党的领导、党的作风、党的纪律各方面都有了非常大的进步，所以党的干部在这六年中间的进步是不能低估的。新党员的质量是比较高的。因为这几年中间发展的党员是很少的，有很多要求入党的人没有能够入党，就是这样，在"文化大革命"结束以后，入党的人已经达到百分之十四。六年中间达到这样的数字。我们可以想象，在十二大以后，新入党的人会更加增加，而且他们的质量会更高。

第八，经济发展方面。三中全会以来，从一九七九年到一九八一年每年工农业总产值增长的数字是百分之六点七，在这中间，解决了两千六百万人就业，国民收入增加了八百七十七亿元。根据计委粗略的计算，大概是这样：农民增加收入五百八十二亿元，职工增加了二百亿元,企业使用的纯收入增加了二百亿元,总共九百八十二亿元。农民、职工和企业所增加的收入大于新增加的国民收入。这就使得国家财政收入在同一期间减少一百一十多亿元。中央为了缩小财政赤字,缩短了基本建设战线,一九八一年比一九七八年国家预算内投资减掉了一百八十七亿元。可是基本建设战线没有能够完全缩短。因为预算外的建设资金大大增加了。一九八一年。预算外的基本建设投资有二百二十亿元,大于国家预算内的二百零八亿元。科教、卫生事业费在财政这样困难的条件下面,三年还增加了六十亿元。在基本建设中,生产性的投资一九七八年是百分之八十三,到一九八一年就下降为百分之五十九;非生产性投资,在一九七八年是百分之十七,而到一九八一年增加为百分之四十一。这些说明什么问题呢? 说明这三年里确实在经济上发生了非常大的变化。这个变化是什么呢? 是城乡居民的收入大大地增加了,文化、教育、卫生、城市公用事业的投资增加了,使地方和企业得到了比较多的机动性,农村的经营多样化。因为基本建设的规模缩小,生产资料供应的紧张状况,虽然现在还存在,但比前几年有所缓和。消费品生产大大增加,有些商品增加到超过了购买力的程度,或者说有过剩的现象。这种过剩现象当然要改变。但是出现这种现象,是建国以来很少有的。这说明人民生活是大大改善了。过去长时期忽略了这些方面资金的分配。长时间欠的账,在短时间要还,但是国家财力不够,因此就借了债来还这个欠账。这就是我们国家今大为什么人民生活好转,生产发展,可是国家财政上有赤字的原故。整个说来,这几年经济的发展,这种变化是必不可免的。当然不能说每一项都是健康的,这里面有盲目性,有用于非生产性投资过多的地方,但是这个问题是可以解决,也是必须解决的。整个说来,人民的生活是大大好转了,无论是工人,或者农民,是大大地得到了休养生息。城乡居民储蓄到八月末已经达到六百二十四亿元。这是我们的社会,我们的政治,整个的国家得到稳定的非常重要的因素。

第九,三中全会以来的经济政策。经济政策最大的变化莫过于农业方面的生产责任制。对这个政策,党内现在大多数同志都拥护了,因为实际的效果很明显,群众的绝大多数都拥护。

应该怎么样认识这个问题呢? 首先要看到关于农业的社会主义化,应该怎样个化法。在这方面,无论马克思、恩格斯、列宁,都没有提出很明确的很具体的设想。马克思、恩格斯、列宁的有关著作,特别是列宁晚年所写的《论合作制》,他们所讲的,同后来苏联所实行的集体农庄制度,以及中国后来的从高级农业生产合作社一直到人民公社制度,都是不相同的。马克思、恩格斯和列宁,都没有设想过用那么样集中的方法来使得农业社会主义化。所以我们不能抱这样的成见,以为以前那样的做法才是社会主义化,现在这样是走回头路。不是这样。我们现在因为时间还不长,可以说是在探索、寻找,由群众自发的创造,找到这样一条路,就是以家庭联产承包为主的农业生产责任制。这种农业生产责任制,仍然是社会主义农业的一种形式。这种形式不但是多种多样的,而且还要发展。在十二大报告中有一句提到:一方面要稳定,另一方面还不可避免地要向形式更加完善的合作经济发展。这就是要使得农业一步一步地,在完全自愿的基础上实行联合,实行各种各样形式的联合。在农村里开始出现各种各样的非农业人口。农村中的工人增加了,做运输工作或其他工作的人也增加了。我们要看到这是一种好现象。中国农村有那么多人口,既不能让他们进城,又不让农村经济向着多种经营发展,使农村的人口多样化,如果全都要做纯粹的农民,中国农民就很难富裕起来,整个农村经济也很难发展。所以这是一种很大的进步。

在工业方面,在一部分商业方面,也开始实行了责任制,打破了过去把所有的城市人口包下来,吃大锅饭的办法,铁饭碗的办法。这种改变也是表示我们在社会主义道路上的进步,而不是退步。我们发展了多种经济形式。我们在城镇里除了国营经济,肯定了集体经济以及一部分个体经济的存在,就使得城市的经济生活活跃了,而且也使得就业的人口增加了。在商业方面也开始向多种形式转变。产和销直接见面。有集体的商业,有个体的商业(商业包括服务业),有在农村里由农民直接来办的供销合作。地方的权力和企业的权力比以前增加了,这样使他们的积极性也增加了,无论是地方或企业,或者是个人(企业里的劳动者)的积极性都增加了。如果把这些方面的积极性加以合理的组织。就能使社会主义经济真正得到迅速的进步。这才是社会主义经济的优越性的表现。

总之,经济政策的这些变化,我们要看到,它的主流是进步。在进步中间不能不遇到这样那样的问题,这是必然的。而这些问题都要在继续前进中来解决。

第十,关于对外开放政策。从三中全会以来,我们说几个数字:到一九八二年六月底为止的统计,国家借用外资累计使用额九十四亿六千万美元;吸收国外的直接投资十亿美元。这样弥补了我们国家建设资金的不足,促进了能源、交通的建设,使得有些被迫停建缓建的项目得以继续建设,引进了比较先进的技术设备和管理方法。我们的出口贸易在这几年中间得到了很快的发展,很大的增加。全国出口商品总额,一九七八年是一百八十八亿元,一九八一年增到二百七十一亿元,剔除物价因素,平均每年增加百分之五点九。出口的货物的成分有了变化:农产品由一九七八年的百分之二十七点六,到一九八一年下降为百分之十七点五;轻工业产品由百分之四十六点九降到百分之三十八点九。而各种重工业产品,包括石油原油和初步加工的产品,煤炭,机电产品以及过去没有出口过的,比如船舶这

一类的产品上升了，由一九七八年的百分之二十五点五增加到一九
八一年的百分之四十三点六。出口采取了多种形式，像进口加工，来
料加工，来料装配，合作生产，以及技术出口，劳务出口等等。进料加
工成品出口额占出口商品总额的比重，一九七八年和一九八一年比
较，由百分之二十一点五增加到百分之三十点七。对外签订的承包
工程和劳务合作合同，到今年六月底累计，已经有六百多项，总金额
达到九点四亿美元，目前派出的工程技术人员和职工有二万五千名，
到达三十多个国家和地区。

出口贸易的扩大对于中国经济的发展起了很大促进作用。举几
个简单的例子：

天津市一九七九年和一九八○年两年新增加的工业产值，有三
分之一是靠发展出口生产实现的；

上海市手工业系统有一半工厂，有三分之一的职工从事出口商
品的生产；

山东烟台地区一九八一年通过出口农副土特产品，使得农村每
人平均收入比上一年增加了四十元。

除此以外，国家民航事业也有发展，国际航线从一九七八年的十
二条增加到一九八一年的十九条，国际地区航线从一九八○年的三
条增加到一九八一年的七条。旅游事业由一九七八年接待一百八十
八万三千人，到一九八一年增加到七百七十六万七千人。

其他的如出国留学、进修、考察，这些方面的数字就不多说了。

我们对外开放的过程中也出了些问题，也吃了一些亏，这是大家
知道的。但是这是很难避免的。我们从这当中也得到了经验，也变
得比较聪明了。总之，对外开放，对中国的经济的发展的好处比它带
来的问题、带来的坏处要大。我们要肯定这一点，肯定对外开放的政
策是完全正确的。无论是经济发展或者经济政策的变化，我们要看

到主流，看到发展的趋势。看发展的趋势是逐渐的变好还是逐渐的变坏。

我们刚才讲了十个方面的成绩。那末就要承认，在三年多不到四年的时间里，得到这样大的成绩，这不单与"文化大革命"的十年不能相比，就是与"文化大革命"以前十年也不能相比，只有建国以后的七年可以比较。这当然不是抹杀"文化大革命"以前十七年中间的成绩。就是"文化大革命"十年中间我们也做了很多的工作。"文化大革命"以后的两年中间也做了很多工作。问题是我们要着重看到这三四年中所取得的成就。这个三四年同建国初期比较，我们要考虑到：第一，两个时期的历史背景是完全不同的。建国初期是我们得到了势如破竹的胜利，在三年多中间就解放了全中国。是在那个时候，在那种情况下所得到的成就。另外一方面，当时是在开始建设，工作的规模很小，许多地方不能同现在比较，工作的方法也有许多不能比较的地方。这是因为历史的条件不同。而且，这个三四年的成绩，是在"文化大革命"以后造成的非常混乱、非常复杂、非常困难的条件下取得的。所以把这些因素考虑进去，我们就更加可以看到，从三中全会到现在的不到四年中间所得到的成绩是多么伟大！说伟大不是夸张的。把这个时期说成是建国以来最好的时期之一，这完全是当之无愧的。

我上面说的取得的这些成绩还很不完全，很多的数字都没有举进去。但是从已经列举的数字也可以看到，这几年的成绩确实是得来不易的。

第三个问题，工农业年总产值翻两番有没有现实的可能性，是不是又是一次冒进？或者说得提得过早？现在在干部里，在群众里都有些人感到这是个不落实的问题。报告里没有能够详细讨论这个问题，所以需要做一些解释。

首先同一九五八年或者是一九七八年来比较,历史的条件是完全不相同的。在过去,一九五八年或者一九七八年都是国家处在一个比较动乱的状态,一九五八年以后就有更多的动乱了。现在是完全安定的。其次,那个时候实际上并没有把经济工作作为全党工作的重点。一九五八年提出大跃进,很多指标带有很大的主观任意性。在北戴河会议时毛主席就讲,他的主要注意力是放在金门打炮方面。因此,无论是大跃进也好,或者是人民公社化也好,都没有经过深思熟虑。再其次,就是当时对政治和经济的关系摆得不适当。当时的提法是政治挂帅,现在的提法是四项保证。既然要把经济建设作为工作中心,那就不能提出政治挂帅。政治挂帅不能够正确地表达政治跟经济的关系。在"文化大革命"时期,反复地引用列宁的话说:"政治和经济相比不能不占首位"。这完全是断章取义。列宁这句话是说,首先要取得政权,并且要保持住这个政权,在这个意义上政治是首位。如果没有政权,根本没有什么经济建设。列宁是这样解释的。所以不能把"政治和经济相比不能不占首位"这个意思绝对化、普遍化。无论在什么时候,无论在什么地方,无论在什么情况下面,都讲政治要占首位,那就要犯错误。恩格斯在《反杜林论》里以及在其他著作里都讲过,政治既可以促进经济发展,也可以阻碍经济发展。政治挂帅并不一定能保证经济进步。所以,用政治挂帅来描写政治跟经济的关系,这不是准确的说法。最后,现在的经济建设是在集体领导下,是真正由全党,由各个地方,中央各个部门,大家详细研究,出谋划策,经过论证来进行的。而在过去的时期,往往是由个人决定的。所以我们把现在提的奋斗目标跟一九五八年、一九七八年相提并论是不对的。不能相提并论,因为整个历史条件不一样。其次,要求的性质、要求的速度是不能够比较的。我们不说一九五八年了,拿一九七八年来说,要求钢产量由一九七八年的三千一百多万吨发展到一九八五年的六千万吨,石油由一亿吨发展到一九八五年的二点五亿吨。在一九七八年还提出在一九八〇年基本实现全国农业的机械化。提出这些口号,提出这些要求,完全是主观主义的,是根本没有根据的。现在没有提出这样没有根据的要求。再其次,无论是在一九五八年或者一九七八年,都没有按照经济发展的规律来提出要求,而是孤立地提出一个或者几个指标,所以不可能实现。再有,过去所提的指标,着重于账面上的数字,而今天提出来的要求,它的前提首先是要不断提高经济效益。离开了经济效益来讲速度,这种速度就不可能不带有虚假的成分。不但带有虚假的成分,而且会造成很大的损失。我们现在不但提出来要提高经济效益,并且同时还提出要兼顾国家、集体、个人三者的利益,继续改善人民生活。因此,这样的要求同过去某些不顾人民的生活的做法,是不能够比较的。我们不能够因为在过去犯了错误,就以为提出任何的发展计划都是错误的,都是不应当提的。如果我们这个社会主义国家根本不要发展计划,经济不要发展,发展不要计划,计划不要远景计划,那还有什么意义呢? 那还有什么社会主义优越性呢?

我们有什么根据提出现在的这个设想呢? 当然这还是一个设想。现在并没有一个完整的计划。说从一九八一年到二〇〇〇年有一个明确的、确定的计划,还没有。但这个设想是有根据的。第一,拿我们自己国家的历史来说,从一九五三年到一九八一年我们国家的发展速度,尽管里面有些虚假的成分,但是我们还得承认基本上是接近事实的。从一九五三年到一九八一年平均发展速度是百分之八点一。一九六一年到一九八〇年的发展速度是百分之六点一。大家知道,这个期间我们经过了许多波折,经过了许多曲折,但是我们的发展速度不是很慢的。拿最近三年来说,我们的经济处于调整时期,但从一九七九年到一九八一年的发展速度仍然达到了百分之六点七。因此我们现在提出今后二十年实现百分之七多一点的速度，不能算是冒进。这跟我们国家长时期平均的发展速度相比，不能说是不能实现的，不能算是空想。过去已经做过的事，已经能做到的事，在今后政治和经济的条件都比过去好的情况下，为什么反而不能做到呢？第二，拿外国的经验来比较，苏联在一九五六年到一九七五年的二十年，实现了社会产品总产值翻两番。它的年平均速度是百分之七点五。日本在一九五七年到一九七○年的十四年间，国民生产总值翻了两番，年平均速度达到百分之十点四。我们现在并没有要求日本那样的速度。第三，我们所要求的发展速度不但是四个五年计划各有不同，各个地区，各个行业也都不同，并不要求全都翻两番，只是要求总起来平均翻两番。按照这样的计划，就是在"六五"计划期间计划要求农业平均增长百分之四，工业年平均也增长百分之四。事实上这两年我们都超过了。这个计划的数字是留有余地的。第七个五年计划期间要求农业增长百分之五，工业增长百分之六点五。总的来说，第一个十年发展速度工农业总产值只要求百分之五点五。第八个五年计划要求农业还是百分之五点五，工业要达到百分之九。到第九个五年计划农业仍然是百分之五点五，工业要求达到百分之十。后十年平均起来工农业总产值大概是百分之八点五。十二大报告里讲到，在第一个十年中间要为第二个十年做好各方面的准备。在做了这些准备的条件下，达到百分之八点五的速度，不能说是空想。对于主要的工业或农业的产品，要求也是不一样的。比方说粮食，在整个的二十年中，设想每年增长百分之二左右，棉花每年增长百分之二到三，能源每年增长百分之三点五，钢每年增长百分之三点二，有色金属每年增长百分之五点六，纱每年增长百分之三点四，电每年增长百分之六点七，乙烯、化纤则要求比较高，乙烯每年增加百分之九点五，化纤每年增加百分之九。一些机械产品的增长速度也可能更高些。刚才说的这些数字,不是计划数字,而是设想。现在还不能作准确的测算,将来还会有变化。这是一个大意。但从这个大意来看,我们的要求不是任意的,不是主观的,不是要求不分具体条件什么东西都齐头并进。第四,工农业产值翻两番,要靠增加产品产量,还要靠科学技术进步,经济效益的提高。今后二十年,能源、钢、有色金属、水泥、纱等初级产品的产量可能翻一番。通过采用先进技术,改进产品质量和性能,增加新品种,用同样数量的初级产品,多创造出一倍或者更多的产值,达到产值翻两番。今后一些技术密集的、附加价值高的新兴工业部门,如电子、信息、核能、石油化工等将得到迅速发展,会推动工业产值的增加。我国现在的工业生产技术大体上相当于经济发达国家五十年代末期或者六十年代初期的水平。经过二十年的努力,我们完全可以在工业的主要领域赶上、在某些方面超过经济发达国家现在的技术水平。这样,就能有效地促进效益的大幅度提高,实现工农业产值翻两番的目标。从我们过去的历史,从国际的经验来看,我们的要求不是不能够实现的空想。当然,要实现这个计划还是有很多的困难,还是有许多的问题需要解决。所以,在报告里面提出,要求解决农业问题、教育科学问题、能源交通问题,要求解决集中资金问题,要求解决大规模的技术改造问题,要求继续彻底地、认真地执行调整、整顿、改革、提高的方针问题,要求有准备地解决一系列经济制度的问题。这样可以达到一个目标,什么样的目标呢?就是我们的工农业总产品可以居于世界前列。所谓居于世界前列是什么意思?根据初步测算和对国外经济发展趋势的估算,我们的粮食产量现在就居于世界第二位,到二〇〇〇年,按我们的设想实现了,就可能居于世界第一位。棉花,现在已经居于世界第三位,按我们的设想,那时它可能变成世界第一位。原煤,现在就居于世界第三位,实现了这个设想,它就可能变成世界第二位。

电力,也是同样的,可能由世界第六位变成第四位;钢可能由世界第五位变成世界第四位;水泥可能由世界第三位变成第二位;化纤可能由世界第六位变成第三位。所以,说我们工农业总产品要居于世界前列,不是一种夸张的话,经过努力是能够实现的。当然,要达到这样的目标,需要经过多方面的、非常紧张的努力。

第四个问题,怎样理解十二大报告把建设社会主义精神文明提到建设社会主义的战略意义的高度。关于建设社会主义精神文明,一九七九年叶剑英同志在庆祝建国三十周年的讲话里就提出来了。那个讲话说,我们要在建设高度物质文明的同时,提高全民族的教育、科学、文化水平和健康水平,树立崇高的革命理想和革命道德风尚,发展高尚的、丰富多彩的文化生活,建设高度的社会主义精神文明,这些都是社会主义现代化建设的重要目标,也是实现四个现代化的必要条件。以后,一九八〇年十二月,小平同志在中央工作会议上的讲话也论述了这个问题。特别是一九八一年紫阳同志在第五届全国人民代表大会四次会议的报告里,着重讲了这个问题。但十二大报告把这个问题提得最高,说明得最完整。

共产主义思想和现行政策之间是什么关系,这在报告里已经讲了,但是还是有同志提出这个问题。有的同志说,我们共产党员革命不是为了按劳分配,可是按劳分配不是我们社会主义的基本特征吗?我们说,共产党员革命不是为了个人的按劳分配,但是在全社会实现按劳分配,这是我们在社会主义阶段里面的奋斗目标。这个目标现在已经基本实现,但是还没有完全实现,还很不完善,还需要做很多工作,使它真正能够完善地实现。这是两件事。我们把全社会实现按劳分配制度当做现阶段的奋斗目标,这是一件事情;至于共产党员个人是为实现共产主义加入共产党的,不是为个人的按劳分配加入共产党的,这是另一件事情。现阶段社会实行按劳分配制度,这是社会主义社会所必需的,不能用来代替我们共产党员根本的奋斗目标。

有同志问,马克思主义认为社会存在决定社会意识,既然现在是社会主义社会,为什么能够提倡共产主义思想? 提出这样一个问题的同志,忽略了用辩证法的眼光来提问题、看待问题。在资本主义社会,就产生了共产主义思想,这能说社会存在不应该产生这种社会意识吗? 在资本主义时代产生共产主义思想,是有它的社会存在的根据的,既然在资本主义时代提倡共产主义思想,并且使它成为一种具有世界性的群众运动,发展到这样一种规模,那末,在社会主义社会的今天,为什么反而这种社会存在不能够产生、不应该发展共产主义思想的运动呢? 这些同志把社会存在和社会意识的关系看得极端的简单了。他们认为社会存在就是极端简单的,因此社会意识也是极端简单的。一就等于一。社会存在是一,社会意识也是一。事实上不是这样。每个时代都有不同的社会存在,每个时代都有不同的社会意识,因为有不同的社会存在,所以就产生不同的社会意识,这是丝毫不奇怪的。任何有人群的地方,都有先进、中间、落后这样的分类,为什么在社会主义社会就没有先进分子呢? 为什么社会主义社会的先进分子反而不如资本主义社会的先进分子呢? 按劳分配在资本主义时代是不能实现的,只是一种理想,但在现阶段,在社会主义的中国,基本上已经是现实。尽管有不完善的地方需要完善,这仍然是我们的任务。但是,这已经不能构成我们的基本理想。因此,它也就不能成为推动整个社会前进的惟一的精神动力。社会主义思想就是现行制度的完善化、理论化,这当然是需要的,但是不能以此为最高理想。社会需要不断地进步,社会主义社会也需要不断地进步。我们共产党员是一切社会进步的急先锋。所以,我们决不能够满足于按劳分配,如果停止在按劳分配阶段,那末我们就不是共产主义者了。

　　物质文明和精神文明为什么是互为条件、互为目的？我们建设社会主义，这是一种物质建设，但是建设社会主义是为了什么？不仅是为了造成许多工厂、铁路、矿山、机器，而且是要造就社会主义的人与人之间的关系，要求有社会主义的人的精神面貌。所以，我们建设社会主义物质文明，在这个意义上说，就是为社会主义精神文明创造条件。而社会主义的精神文明又是要求人们不断地发展人民的物质幸福，因此，社会主义精神文明又是建设社会主义物质文明的动力。所以它们是互为条件、互为目的的。

　　社会主义精神文明里面的文化建设、思想建设为什么是互相促进的？我们要不断提高自己的思想觉悟，这种思想觉悟不能靠一种朴素的情感、简单的常识来求得，是需要掌握人类历史的发展的知识。不但历史上的知识，而且现在的知识，我们都需要掌握。只有这样，才能使我们所坚持的先进的思想，不是一种简单的信仰，而是一种科学的结论。只有这样，我们才能够在对待任何复杂问题的时候，都不至于慌乱，都不至于迷糊。当然，文化是不能离开思想的，报告里面讲文化建设也必须是在共产主义思想指导下发展。我们的科学、教育、文化各种事业都是在共产主义思想指导下发展的。所以，文化的建设和思想的建设是不能分开的，是互相促进的。正因为这样，报告里强调指出知识分子在社会主义建设中的作用。不仅仅建设社会主义物质文明，而且建设社会主义精神文明，都必须依靠知识分子。所以，在现在有同志还提出"团结、教育、改造"知识分子这一种口号，这是一种时代的错误。这一口号是正确的，但是它仅仅在一定的历史时期才是正确的。现在已经不是这个时期。现在的知识分子基本上是在社会主义条件下培养出来的知识分子。他们同工人、农民一样，是我们的依靠力量。如果说团结，那么团结知识分子与团结工人、农民是一样的；如果说教育，那么教育知识分子与教育工人、农民也是一样的；如果说改造，那么改造知识分子与改造工人、农民也是一样的。单独提出"团结、教育、改造"知识分子这样的口号，只有在解放初期对待旧社会的知识分子才是正确的。现在再这样提口号就是错误的。我们说知识分子的世界观没有改造好，这个话一般地这样提出来是错误的。按照这样的标准，那末，工人、农民的世界观是不是都改造好了？既然工人、农民的世界观也没有都改造好，那末，在知识分子中间有一部分人的世界观没有改造好，就应该同对待工人、农民一样地去对待，不应该对知识分子单独提出来。在现有的条件下，把知识分子当做小资产阶级来看待，甚至当做资产阶级来看待，那是完全错误的。这是完全违反客观事实的，也违反我们建设社会主义现代化的利益和需要。报告里提出，我们要在全国普及理想教育、道德教育、纪律教育，这是改造社会风气的重要的条件，也可以说是基本的方法。为了进行理想、道德、纪律的教育，我们还应该进行历史的教育，法律的教育。这是很多地方的事实，很多地方的工作的经验所证明了的。而进行这些教育，知识分子担负着很重要的责任。所以，我们的任务，是要同现在仍然存在着的歧视知识分子的偏见作斗争。这才符合于全国人民的利益，符合于工人阶级的利益，符合于党的、社会主义的利益。

　　有些同志担心社会风气究竟能不能好转？我想这个问题，可以换一个提法来问，就是社会风气是不是在好转？我认为社会风气确实是在好转。据青年团的统计，全国的新长征突击手，一九七九年是一万人，在一九八一年就发展到一百万人。这不是证明社会风气在好转是什么？为什么会有这样大的、这样迅速的进步？（这是按县一级以上表彰的数字统计的。）当然说好转，并不是说社会风气就没有相反的消极的方面，或者说消极的方面就不发展。社会的风气在好转，但好转的还不够，所以党提出要争取社会风气的根本好转。

有这样一种说法:社会风气所以不好,是由于党风不好。我认为这样的说法是不全面的。有一部分社会风气不好是由于党风不好;但另外有许多不好的社会风气,并不是由于党风不好。比方说,现在有些地方出现了妇女卖淫,或者贩卖人口这一类的现象。这都不能说是由于党风指导他们,引导他们向这样的方向发展。可是无论如何,如果我们不管这些事情,不用一切的努力来争取社会风气根本好转,那么党都是有责任的。如果党风不好,当然就没有力量来推动社会风气的根本好转。党的工作中心转移到经济建设方面,这并不是说,经济建设是孤立的事情,孤立的工作,经济建设可以在真空里面进行,不是这样的。经济建设是在整个社会生活里面进行的。所以,我们把工作的重点转移到社会主义经济建设上来,并不是说我们可以放松对于党的工作的领导,对于政法工作的领导,对于群众工作的领导,对于整个社会风气的领导。如果不加强这些方面的领导,就会破坏社会主义建设。举个例子说,山东的胜利油田,那里附近农民盗窃油田物资的情况非常严重。万里同志责成当地的党、政府,坚决扭转这种现象。现在这种现象已经得到了根本的扭转。有位支部书记偷了油田的一根大钢管去做屋梁,现在他把屋子拆掉,把屋梁拆下来,还给油田。当地的农民就说:"支书带了头,群众不能留。"大家纷纷把盗窃的物资归还给油田。这么一件事说明,如果我们认为经济建设可以孤立进行,而不去注意整个党的工作,政法工作,群众工作,那么这个社会主义建设本身就会受到破坏。所以我们决不能放松为了保证社会主义现代化建设顺利进行所必须的社会政治条件。

在今年的过去的九个月中间(也许还不到九个月),全国进行了打击经济犯罪的活动。根据黄克诚同志在中央纪律检查委员会全体会议闭幕时的讲话说,经济犯罪案件(那时在八月,统计数字在八月以前),全国上报经济犯罪案件超过了十万件。报案、自首的案件接近四万件。缴交赃物、赃款上亿元。沿海走私的情况也有好转,大规模的公开的走私活动,已经基本上制止。在我们党和政府大力打击之下走私活动改变了形式,最近又有重新抬头的迹象。刚才说的这些数字和事实表明:一方面问题很严重。另外一方面斗争是有成绩的。但是斗争是没有结束的,必须继续长期地进行下去,不能够放松。在我们工作的各个环节都要加强管理。

这种经济犯罪是不是阶级斗争?我们不能说,不管是什么性质的问题,什么性质的案件都是阶级斗争。但是整个地来说,这种破坏社会主义经济的严重的犯罪活动,是一种阶级斗争,是一种带有阶级斗争性质的犯罪行为,而不是普通的刑事犯罪。为什么呢?因为这种犯罪行为,它的目的就是要破坏我们的社会主义经济制度,这种犯罪活动的矛头就是针对着社会主义经济制度。如果对于这种犯罪活动放松,那么社会主义经济制度,就会要受到非常严重的破坏,甚至于可以破坏到这样的程度,在掌管建设社会主义经济的机关内部,都隐藏着摧毁我们国家的财产、摧毁社会主义经济制度的奸细。如果对这样的情况熟视无睹,那么社会主义经济发展下去就会要变质。

这里需要答复两个问题:第一个问题是既然剥削阶级作为阶级已经不存在,为什么还有阶级斗争?这个问题,近几年中间年年有同志提出来,认为是一个很难答复的问题。在剥削阶级作为阶级消灭以后,为什么还有阶级斗争?剥削阶级作为阶级在中华人民共和国是不是已经消灭?在中华人民共和国,是个是述有地主阶级、资产阶级等等这些剥削阶级,我们不能说现在在中华人民共和国还存在着地主阶级、资产阶级,至于从国外来的资本家和我们搞些合资经营的,这些资本家不是中华人民共和国的公民,这是例外,我们可以不计算。剥削阶级作为阶级消灭了是事实,但是,第一,剥削阶级只是在中华人民共和国统治的范围里面消灭了。而中华人民共和国的领土,还有一部分我们没有收回。主要是香港、台湾。在香港和台湾,怎么能说没有资产阶级呢? 怎么能说那个地方的资产阶级消灭了呢? 那些地方的资产阶级每天、几乎可以说是每时每刻在影响着我们的国家、我们的社会。我们要收回这些地方。这些地方收回后,根据党的方针,也是不改变那里的社会制度。那就是说,那里的资产阶级也还要存在的。只是和现在的情况更加不同。对那些地方的资产阶级当然不可一概而论。但是其中有不少的人,不仅仅用经济的办法,而且用非经济的办法,政治的办法,以及其他乌七八糟的办法,来腐蚀我们国家里的一些不坚定的分子,不爱国的分子。有些人就成为他们的爪牙。台湾的特务机关,每天都在向我们散发各种各样的所谓"心战宣传品",这种"心战宣传品"已经发展到乌鲁木齐等边远地方。至于向广东、福建、浙江、江苏这些地方就更不用说了。这些人成心来破坏我们的国家,破坏我们的制度,推翻我们的制度,推翻我们的统治。他们是我们中国人民的敌人。所以,这一方面的阶级斗争是非常明显地存在着。

其次,在我们国内剥削阶级作为阶级是被消灭了,等于一个敌人的军队,是被我们消灭了;但是不等于说不能有、不会有散兵游勇,来对我们打冷枪。我们不能说只有两军对阵、互相开火打仗才叫阶级斗争,有人打冷枪却不叫阶级斗争。剥削阶级残余分子是少数,但不能因为人少就否认他们的存在。他们还在活动,还在反对我们,还在坚持反动立场同我们作斗争,这些零星的成员仍然是我们的敌人。怎么能说这不是阶级斗争呢? 所以好像认为剥削阶级作为阶级消灭后还有阶级斗争的说法是不合乎逻辑。其实相反,剥削阶级消灭了,而那些少数零星的没有投降的剥削阶级残余分子还存在,还跟我们进行斗争,认为这种斗争不是阶级斗争,这才是不合乎逻辑的。这是一种特殊形式的阶级斗争,跟过去那种阶级对阶级的斗争是不相同,但是它仍然是阶级斗争。不能因为形式上有了变化，就说这个不是阶级斗争。

再其次，就是"四人帮"和其他的犯罪分子。"四人帮"的帮派残余以及有一些死不悔改的而且要铤而走险的犯罪分子，他们要采取各种各样的反革命手段，完全是敌对的手段来对付我们。那末，对于这样的斗争也不能不承认是阶级斗争。

再有，资本主义国家的人在中国也发生各种不同的影响。除了普通的正常的影响，也免不了有不正常的影响，这就有阶级斗争的成分。资本主义国家有些人在中国进行间谍活动，而且在国外对我们派出去的人员进行间谍活动。这也不能不承认是阶级斗争。

最后，就是我们的社会主义社会在目前的发展阶段，还不能够防止在生产过程中间有人用各种方法捣鬼。因为我们现在还没有实现共产主义，有许多人贪心不足，公开地宣传"人为财死，鸟为食亡"。他们不只是口里说，而是写成文章就登在我们的报纸上。《工人日报》前不久，就杜芸芸把十万元遗产捐献给国家进行讨论，就有一些人写文章主张"人为财死，鸟为食亡"。今天我们在制度上工作上都有一些漏洞，有一些环节不严密。那些财迷心窍的人就可以利用这些漏洞进行贪污盗窃，走私贩私等等。这些就是对人民的剥削。这些人就是不通过自己的劳动占有别人的劳动成果。所以，在社会主义制度下面，在目前的发展阶段，要完全消灭剥削分子重新产生的条件，还不能够做到。有一些人可以利用我们制度和工作中的漏洞盗窃国家的、人民的或者个人的财产。这不是小数目，而是上万、上十万，甚至上百万。我们现在说要集中力量抓大案要案。所谓大案要案，常常就出现在这些人身上。

对于上面所说的四种人的斗争不能不说是阶级斗争。这种阶级斗争不限于经济斗争，而且一直发展到政治斗争。把这些说成不是阶级斗争，是一般的犯罪，按照刑法去处分就行了，这是自欺欺人的说法。我们当然要按照刑法来处罚他们，但是，我们一定要告诉人民这是一种阶级斗争。阶级斗争没有停止。我们要保持警惕。

第二个问题是，既然还存在阶级斗争，是不是可以回到"文化大革命"中以及"文化大革命"前所说的那一套呢？什么资本主义在复辟，上上下下都存在着走资本主义道路的当权派，阶级斗争是一切工作的纲，等等。或者说，现在的事实证明那些说法还是正确的？不能这样说，过去的那些说法是完全错误的。

第一，现在还存在这些阶级斗争，我们一定要重视这种斗争，可是不能把这种斗争当做我们全部工作的中心，这些阶级斗争不能成为我们一切工作的纲。如果那样做，也可以说，就刚好中了敌人的计了。如果我们现在还承认以阶级斗争为纲，那么，得到利益的恰巧就是我们的敌人。他们希望我们中国就是不要建设社会主义，就是要时时处处都来进行阶级斗争。

第二，这种斗争根本不是一个阶级推翻一个阶级的革命。这些人所进行的活动全部都是非法的，这些人根本不能够成为一个阶级，根本就没有统治着我们，要我们去推翻他们的统治。我们是需要去逮捕他们，镇压他们，处罚他们。所以，根本不能够讲什么一个阶级推翻另外一个阶级的继续革命。

第三，这个绝不能够同人民内部矛盾相混淆。这些人是极少数。人民内部的矛盾有各种各样。而在过去以阶级斗争为纲的时候，甚至于根本不是什么人民内部矛盾，根本就没有什么矛盾。有些是全心全意为人民服务的人，也变成被打倒的对象。所以。现在进行阶级斗争，决不能够重复过去那种做法，这跟过去讲的所谓的阶级斗争是完全不同的。也不能够再讲什么以思想来划阶级。这些阶级敌人如果仅仅限于思想活动，那是不可怕的，问题是这些人有行动，他们搞各种各样的破坏活动。当然,思想也要反对,但是我们不能够用思想来划分阶级,像在"文化大革命"时期康生这些人所宣传的。那样一来,哪一个人说错一句话就可以变成敌人。我们不能够向全国十亿人每个人发一本词典,什么事情要翻开那一页照那个话说,如果不照那个话说,他就成了阶级敌人。类似的这种荒谬的事情,决不能够重复。

第四,一定要依法办理。不管那些人是怎么样穷凶极恶的阶级敌人,我们都要依法办理,犯什么罪就判什么罪,不能用法律以外的手段来惩治他们。

有的人说,现在所以出现这些问题,就是因为不搞运动。这个话是错误的。在很长的时期里运动没有断过。可是,除了假的敌人没有断过以外,真的敌人也没有断过,也没有停止,也没有消灭。就是在"文化大革命"期间,也不得不搞什么"一打三反"。所以,以为搞运动就可以把这些敌人消灭,是错误的。当然,这不是说一切的行动,一切不同性质的运动都可以混在一起来说,一股脑儿都把它否定,不是这样的意思。就是对待这样的阶级斗争,对待这样的阶级敌人,仍然需要依法处理。要发动群众,要依靠群众。但是,不是靠过去那种群众运动的方法。不管三七二十一,先打倒了再说。不能采取那种手段。

我们说阶级斗争在一定的范围还存在。有同志问,什么叫一定的范围?这个范围把它划出来好不好,这样不就清楚了吗?所谓一定的范围,就是刚才所说的几种情况这样的范围。如果说要在地图上画一个圈圈作为范围,那是画不出来的。所谓一定的范围,就是说这个范围不是所有的人,而且也不是大部分人,也不是小部分人,只是很少的人。但是,这个范围虽然不大,是不能够忽视的。如果忽视了,我们的社会主义制度就可能被他们破坏。十二大报告里把这些人比作白蚁。他们不很显眼,却可以把一座房子整个地蛀空,从墙里面,从柱子里面,从柜子里面,从建筑物的各个部分,可以把它蛀空,所以绝不能放松。这种斗争是长期的,不能希望在一年两年里把它消灭,我们要经常进行这样的斗争。但是,决不能够用过去的那种群众运动的方法来解决。那样不但解决不了,反而会把我们的社会主义事业就像敌人所希望的那样破坏了。

最后第五个问题,关于党的建设。关于新党章,报纸上已经登过很多介绍的文章。《解放军报》发表的关于新党章的问题解答,已经出了第四期,这个很好,对大家学习新党章很有帮助。党章的条文大家都看过,这个不需要作详细的解释。我们刚才说十二大报告比七大、八大、十一大的都短。党章呢,党章的各条文比七大、八大的也要少一些。七大有七十条,八大有六十条,现在只有五十条。但是字数要比七大、八大的党章多,总纲的字数比它们多,条文的字数也要稍微多一些。

党章的特点是适应了新时期执政党的需要。过去我们没有执政,所以说不上这个问题。八大的党章涉及到一部分,但是没有充分地涉及。在这一次十二大通过的新党章里,是充分地考虑到执政党的地位,在这方面作了很多针对性的规定。按照这样的党章去执行,那么我们的党风就能够根本好转,我们党的战斗力就能够增强,我们党在群众里的威信就会大大地提高,我们的党就永远不会腐化变质。

其次,它是适应了拨乱反正的需要,贯彻了民主集中制,这个在党章里面是表现得非常明显的。关于民主集中制的各方面,都作了有针对性的详细的规定,防止任何个人专断。

第三,它是适应了社会主义现代化建设的需要,适应了干部队伍四化的需要。

第四,它是适应了建设社会主义的精神文明,发展社会主义民主,健全社会主义法制的需要。把党的地位跟国家的关系,在党章里第一次作了明确的规定。

最后,它适应了三个根本好转的需要。

所以这个党章是有时代特点的,是适合于我们党的地位、党的历史状况、党的历史责任的。

党章特别规定了党的领导主要是政治、思想和组织的领导。这是过去的党章所没有解决的问题。党在执政以后,在社会主义国家,它的地位是什么,它的任务是什么,它的作用是什么? 新党章把党跟国家机关、非党组织的关系划清了,避免了党政不分、政企不分、党不管党的状况。党章规定了党必须在宪法和法律的范围内活动,保证国家的立法机关、司法机关、经济文化组织和各种群众组织,积极主动地、独立负责地、协调一致地工作。这就把党跟这些机关和组织的关系明确地规定了。

党章还对干部提出了更严格的要求,特别规定了干部要接受轮训,把它规定为干部的义务。这是使我们的干部能够胜任现代化建设任务的一项重要规定。党中央、国务院最近通过了一项决定,即十月三日通过的中发〔1982〕年第41号文件《中共中央、国务院关于中央党政机关干部教育工作的决定》。这个文件规定,干部每三年都要接受一次轮训。干部只有接受训练才能使经验和知识得到更新,得到总结。世界各国,无论是资本主义,还是社会主义国家,差不多没有一个国家不实行这种制度的。美国有一所权威的学校专门有个部训练州长,全国的州长都要到那里接受训练。苏联的国民经济学院对所有的部长、经理、厂长进行训练,这种训练不是短期的,而是长时间的。在苏联、在美国,有些高层次的干部学习结束,要撰写博士论文。这种论文也不是空的。在苏联,你写的论文就是你改进本职工作的具体方案或办法。论文通过,才能毕业。毕业之后,还要按你写的毕业论文去检查你的工作。我们在三十多年的工作中有许多失误，其中重要的一条失误，就是没有把干部教育抓紧，要抓也是用短训班的方法解决。这样一来，我们的干部就不能掌握现代的科学知识和现代的管理方法。依靠我们干部现有的水平，要使我国实现现代化，要使我们的工作效率提高，是不可能的。所以，党章把这一条规定为干部的义务，是完全必要的。

新党章还有许多重要的规定，如对于党的纪律的规定，加强党的纪律检查委员会工作职权的规定，以及把主席制改成总书记制的规定，后一条规定，严格地说不是改变而是恢复，因为在七大以前，我们党一直实行的是总书记制。所有这些规定，都会在我们党的建设上发生重大的作用。

十二大的一个重要的成就，就是开始了有系统的新老交替。在这一方面，叶剑英同志同陈云同志作了很重要的讲话。新老交替是我们党所面临的一个大问题。这个问题在"文化大革命"以前没有现在这样严重。经过"文化大革命"，不但把时间耽误了，而且造成了很多的困难。可是我们并不灰心。时间耽误了，我们就要更加抓紧这项工作。我们有力量、有决心来把党的现在的状况加以改进，使我们党能够把实现社会主义现代化的宏伟任务担负起来，把反对党内还存在的"左"倾和右倾的错误思想的斗争任务担负起来，把我们全党，包括地方、军队、各个方面，统一起来，完全地统一起来，在思想上，在工作上，在行动的准则上，都统一起来，使得我们党一定能完成我们所面临的伟大历史任务。

会见美国记者白修德的谈话[*]

（一九八三年五月十四日）

胡乔木（以下简称"胡"）：这次你在中国走的地方比较多，谈话比较多，你所想要了解的问题都了解得差不多了吧？

白修德（以下简称"白"）：我在中国了解了很多情况，现在想了解的是你的一些想法，这是我想做的最后一件事。

胡：我个人对一些问题的想法并不重要，因为我们党的一些重要决定都是集体做出的。我曾在其中一些问题上参加过意见。这些意见已经成为集体的意见。当然，我很愿意谈谈你认为需要进一步了解的问题，我愿意按照我的了解来满足你的希望。

白：我知道胡乔木很谦虚，在美国文化界，你被认为是在政治局中在改革方面发挥主要影响的人物，也可以说是中国目前领导体制改革、文化改革、技术改革方面的主要领导人物。请你谈谈这场改革的性质，以及作为学者、历史学家，你本人在改革中发挥的作用和对这次改革的影响。

---

[*] 此篇是 1983 年 5 月 14 日会见美国记者白修德的谈话。标题是编者加的。白修德（西奥多·怀特）（Theodore H. White）：美国新闻记者兼作家。1939 年从中国开始记者生涯，撰写了大量的关于中国抗日战争的文章。对中国人民友好。他的作品在世界上有较大的影响。

胡：可能美国一些学者从一些不准确的来源把我的作用夸大了。我没有那么大的作用，我不是起主要领导作用的人，我愿意按照事实，很客观地来作一些说明。这不是谦虚。自三中全会以来，确实有一些重要文件是在我的主持下与许多同志共同起草的，但起草的这些决议反映了党中央主要同志的共同意见，而且得到党的最高领导机关——中央委员会全体赞同，当然也作了许多修改。但比文件更重要的是我们的行为。我可以坦率地、如实地解释这种情况，即我为什么在有些问题上可以提出一些意见供党中央采纳。这同我是从延安时期以来一直在中央工作的少数人员中的一个有关，这同我与已故的毛泽东主席个人在工作上的关系是分不开的。因此，我了解党中央的历史，了解它过去所作决定得到的正反两面的结果。

白：你与毛泽东在工作上是什么关系？

胡：我从一九四一年开始就是他的秘书。在延安的时候，我同时也是当时政治局的秘书。一九五六年，在党的第八次代表大会上，我被选为中央委员，同时，成为新成立的中央书记处的候补书记，这个书记处是在邓小平同志的领导下工作的。一直到不幸的"文化大革命"开始，我始终同时是毛泽东同志的秘书。所以，对"文化大革命"以前的历史，在现存的领导同志中，我是比较熟悉者之一。因为在书记处工作，所以既得到了毛泽东同志的信任，也得到了邓小平同志的信任。邓小平同志对我非常了解，他认为我在一些问题上可以继续做他的助手，就像我曾经做毛主席的助手一样。当然，我能起的作用是有限的，因为我没有在地方、军队、政府机关担任过工作，只是在很短的时间在政府机关中做过一段比较不重要的工作。因此，我的知识也是有限的。

白：我必须要在这谦虚问题上称赞你。因为我看过各种官方的文件，这些文件往往冗长，使人难以看完。但我要说，六中全会通过的"若干历史问题的决议"是非常出色的文件,用我们美国人的话说,就像"动得非常干净的外科手术"。文件的思路很清楚,事实阐述得很明白。这是我对这个文件称赞的意见。应该坦率地说,毛泽东的著作我都没有完全看完。

胡:关于六中全会文件产生的背景,我得要说明。首先,它的许多基本的观点是由邓小平同志和其他一些同志首先提出的,这些观点始终保持在文件里,一直指导着这个文件起草的全过程。其次,这个文件经过很长时间的准备,在起草过程中,曾在几千人内进行讨论,经过至少三次很重大的修改。我认为,这个文件写得成功与否不是单纯的写作问题,像这样的文件主要是如实地反映历史,并从历史中得到正确的结论。在讨论过程中,当然会有各种各样的不同意见。比如说,有些同志比较倾向于更多地原谅毛泽东同志晚年所犯的错误;另外有些同志则比较倾向更多地夸大他的错误,以至于认为错误这样严重,因而不愿再保留"毛泽东思想"这样的名词,或者不愿公平地评价毛泽东同志在中国革命历史上的贡献。当然,还有更加难以处理的分歧意见是怎样解释"文化大革命"以及毛泽东同志个人所犯的错误。究竟什么是"文化大革命"的起因,什么是造成毛泽东同志犯错误的原因,这确实是很困难的题目,对刚才谈的后面的问题,文件采取的态度是,认为历史不是单纯的个人、特别是个人感情、个人品质所能够决定的。如果不这样看,就会离开科学的态度,历史就会变成一种难以理解的事物,我们就会重复赫鲁晓夫在解释斯大林错误时所犯的错误。总的说起来,无论是中国学者或外国学者,研究中国现代历史的都不得不承认,在中国这样一个经济文化落后的国家,建设社会主义要碰到许多客观上以至主观上的困难。白修德先生既然曾多次到过中国,并在中国最困难的时期也曾对中国有很多直接了解,那末,不难理解建设社会主义会比推翻蒋介石、建立由共产党领导的人民政权还要困难。中国革命的曲折历史把共产党大批领导干部都逼到农村去进行长期武装斗争。毛泽东同志巧妙地利用了这种情况,引导中国革命走向了胜利。可是,由此也给这些领导干部带来一些限制,使得许多领导干部对经济工作的很多方面不了解,对文化工作的许多方面不了解,对国际情况也有许多不了解。在这样的基础上,对社会主义的基本原则也产生了一些不正确的看法。当然,这种不了解必然造成一些不幸的后果,而这种不幸的后果是逐步发展起来的。这就是为什么中华人民共和国成立初期,各方面发展比较顺利,而到后来逐步走上了曲折的道路。在这种曲折的道路中,不可避免地发生了一些内部争论。毫无疑问,即使不是全体,至少是大多数党员和人民群众,都承认毛泽东同志是中国革命所产生的最聪明的领袖。其他一些领导人也都有各自的长处。比如说周恩来同志、刘少奇同志、邓小平同志、陈云同志,他们都曾比较长期或短期地在外国,在欧洲生活过,学习过,劳动过。此外,自从国民党反共以后,有许多同志曾在国民党地区长期或短期工作过,使得他们得到一些在农村进行武装斗争的同志所得不到的知识和经验,这点也很重要。刚才所说的这些因素,在革命战争年代大概不显得那么重要,可到了建设时期,就显出了差别,这是很容易理解的。毛泽东同志曾去过苏联,但这段时间不但短,而且是不愉快的。他在领导革命战争中建立了中国历史上确实无与伦比的功勋。中国有非常丰富的农民战争历史,但过去一切农民战争都失败了,即使有的成功了,最后也变质了。惟有毛泽东同志所领导的农民革命战争得到中国历史上没有前例的广泛的胜利。当然,在国民党反动时期领导农民革命战争不只毛泽东同志一个人,但毫无夸大地说,是他创造了完全新型的军队,跟中国历史上所有军队,甚至跟外国哪怕是装备非常现代化的军队完全不同。他也创造了在中国这种困难条件下,以弱小的、装备落

后的军队战胜强大敌人的战略。这是其他领导同志所不能跟他相比
的。因为这样,毛泽东同志在中国革命过程中,特别是中国革命胜利
以后享有了全党最高的威望,成了全党、全国人民、全军的领袖。这
一切是自然的,是历史必然形成的。毛泽东同志在革命发展过程中,
特别表现在革命战争时期,非常善于团结各方面的领导同志,使中国
革命很快走向奇迹般的胜利。可是,在胜利以后,这种情况慢慢发生
了一些变化。在进入和平建设时期,中国革命的卓越领导人,由于他
们的经验、知识不同,他们对于在中国建设社会主义的意见开始发生
一些分歧。当然,这些分歧是慢慢形成的,也就是说,它逐渐由小变
大,由一些局部性质问题发展到根本性质的问题。

　　白:什么样的局部问题?

　　胡:比如说,由于革命战争在后期得到顺利的发展,使他产生一
种想象,比较希望中国用同样的速度来建设社会主义。在这个问题
上,他同其他领导同志,差不多都发生了一些意见分歧,尽管有些比
较明显,有些是比较潜在、不明显的。比如,在建国初期,他能很正确
地对待中国的资产阶级,可是在社会主义改造基本上取得成功以后,
对于中国的资产阶级分子,对与他曾联合,而且联合得很成功的资产
阶级都逐步由不重视到强烈的不信任。到六十年代,他对这些资产
阶级以及中国的知识分子的不信任扩大到对在农村里比较会经营
的、比较富裕的阶层。在同一过程中,他对于在工厂实行按劳分配的
原则也发生了怀疑。应该说,这种分歧的发展过程是很复杂的,并不
是一开始就形成截然不同的两个营垒。毛泽东同志有些意见在党内
也得到很多同志支持。而中国建设过程跟中国国际关系的演变过程
又互相纠缠在一起,这之中最重要的就是中国和苏联逐步走上互相
完全对立的地步。在毛泽东同志以及很多同志心目中,苏联不仅仅
是中国的威胁力量和敌人,而且,苏联已经完全背叛了马克思主义,

成了马克思主义的叛徒,成了修正主义。后来对这种修正主义的态度同对国内的许多人,许多政策的态度也互相混淆在一起。因此在毛泽东同志的心目中逐渐形成这样一种局面,即外面有修正主义。它敌视中国;内部也存在修正主义,它是敌视中国共产党的。这样他就对于中国的社会主义事业形成一种非常广泛而又深刻的不安全感。对于外部、内部的力量都存在严重的不信任感,以致后来发展到一种危机感。在这里我们不能讨论中国和苏联之间争论的起因和苏联一些非常错误的做法。这些情况非常复杂。因为有这样一些条件,党中央在对国内形势认识方面,可以说至少在表面上是一致的,都承认或至少不得不承认国内外都存在修正主义的严重威胁。可是,党中央接受毛泽东同志对国内外形势看法的同时,大多数同志还是认为中国要继续进行社会主义建设,应该接受过去的教训。不然要重犯过去的错误,而且不要把经济建设看得过于简单,以为可以用类似战争的手段或革命的手段就可以把经济建设推向前进。所以,在党内,这个时候就潜伏着两种实质上不能相容的矛盾状态。毛泽东同志也可能不自觉地改变了以前一个时期他所赞成所主张的观点了。比如,他有一句名言:中国一穷二白,因为一穷二白,所以中国需要建设,需要发展科学、文化、教育事业。穷,就要革命,就要改变,就要建设。一张白纸可以画最新、最美的图画,可以发展最新、最现代化的科学、教育事业。他在一段时间里是强调这一观点的。可是,随着他对国内以及国际上许多事件的观察,其中当然包括对苏联的观察,他认为,苏联经济发展了,文化也发展了,可是发展以后,并没有革命,而且,按照当时的观点,它走向了反革命。因此,毛泽东同志认为,由穷变富就要变成反革命。同样,知识越多越不等于他会坚持革命,相反,可以产生这种现象,即知识越多越反动。

　　白:他是否说过这样的话?

胡：知识越多越反动究竟出于哪个人的口我现在也不能确证。我可以说他有这种思想。在接近"文化大革命"几年中,他逐渐形成了这种思想。他确实说过:书读得越多越蠢。他反复强调缩短学校学习时间,要把课程砍掉一半。最重要的是在六十年代,逐步形成一个学说,即无产阶级专政下的继续革命,就是说,虽然实现了社会主义,但还是要不断革命。要推翻一切他认为是离开革命道路,走上资产阶级道路的力量。他开始认为,在中国,无论在城市还是在农村,无论在党外还是在党内,同苏联一样,到处都存在着资本主义复辟的危险。我刚才说的这种情况不能孤立地看,孤立地看就变成了非常神秘,非常不可理解的一种说法。当时毛泽东同志的这些思想得到党内相当多的人的赞成。他们收集了很多例子来证明这种危险是存在的。尽管收集这些例子的人后来也被打倒了。我很难详细描述毛泽东同志各种观点的来由。总之,他既然有这样的观点,而又享有党内最高的威望,使他逐步形成要再来一次革命的思想。开始,他并没有在党内,在政治局讨论过。他对政治局已经不完全信任了,依靠的是他所信任的少数极端分子,这些极端分子最著名的是后来的"四人帮"。他对党的各级领导也逐步有一些不信任了。可是,他对自己创立的人民解放军是信任的,而对人民解放军的高级将领也不信任。他选择的林彪是一个完全的投机分子,是野心家。用一句最简单的话说,就好像物理学上的惯性一样。毛泽东同志是在革命战争中成长起来的,他在革命战争得到胜利以后,还想要继续过去所进行斗争的方法。这样就同认为中国现在主要任务是建设社会主义,是要改善人民生活的头脑比较冷静、比较客观的同志发生越来越尖锐的冲突。而跟着惯性往下走的并不是毛泽东同志一人,有很多干部都是在革命战争中成长起来的。由于这个惯性,火车在拐弯处不拐弯,继续前进,那就要出轨了。这就是解释中国为什么会发生"文化大革命"最简单的方法。所以，解释中国"文化大革命"不可能用个人与个人之间的恩怨、冲突、感情这类问题去解释。虽然不能说这里面完全没有这些因素，但基本上不是这个问题。基本上是由于长期的中国革命的历史在新的条件下应该改变时有一股力量，它没有适应改变的需要，它坚持要继续过去运动的方向和方法。这样就造成了这场悲剧。

白：我一直在考虑你上午的谈话。你谈到历史发展中的一些力量，这使我回想到在延安枣园时的情况。那时，毛主席住在山上，周恩来、朱德住得离他很近。山下住的是彭德怀、刘少奇。毛主席怎么能容忍刘少奇、彭德怀被迫害致死还是他根本就不知道这件事？

胡：首先要说明这三位同志的相互关系。在革命胜利以前，毛主席跟刘少奇共事的时间比较短。他们的关系始终不是很亲密的。相反，毛主席和彭德怀是长期共事的，在革命战争年代有过很长时间的合作，但在这之中也产生了一些摩擦。他们的个性有些不同。彭德怀在华北是抗日战争时期的主要领导人，在这段时间里，他们的关系中出现了一些不顺利的地方。毛主席这位伟大的革命家，比较缺少充分宽容的美德。这是他跟许多同志发生一些不愉快关系的因素。当然，其他同志也都有个人的缺点。你刚才说的三位同志，都是自尊心很强的。但刘少奇、彭德怀都不像周恩来那样善于同别人包括毛泽东很好地相处。如我上午所说，这里最重要的不是个性上的差异，而是对某些问题的观点有重要的不同。拿彭德怀来说，他在一九五九年曾写了一封署名的信给毛泽东，批评一九五八年所实行的办法。这封信在今天看起来，还是相当委婉。但如果他采取其他方式的话，可能不至于导致后来那种不幸的结局。因为毛泽东同志的自尊心过于强烈，很不容易接受哪怕现在看起来是比较委婉的批评，含蓄的批评，他觉得这是对他领导地位的挑战，也是对他整个思想路线的挑战。彭德怀采取的方式和选择的时机都是不幸的。因为毛泽东同志和中央许多同志正在纠正一九五八年的错误。在平心静气时，他对这些错误是能够承认，能够改正的。而且，当时召集的庐山会议本来就是为着纠正一九五八年至一九五九年上半年还没有肃清的过火的"左"的错误。在这个时候，如果彭德怀注意提意见的方式，这次会议可以得到很好的结果。这种可能性完全存在。可惜历史没有这样发展。也许当时可能采取的这种纠正不那么完全彻底，但会给后来继续纠正过去的错误开辟一条顺利的道路。这就如同一个人有了伤口，伤口正在愈合的时候，最好不要去接触它。应该让它自己愈合，那么伤口是可以自己愈合的。但如果接触得不好，特别是接触时带有刺激性，就会引起受伤人的暴怒。这样，就会引起他们两位同志之间过去关系中的一些不愉快方面的回想，认为这是乘机报复。这好像是偶然事件，使得中国历史进程走到相反方向了。这里应该说明，这不单是毛泽东和彭德怀个人之间的关系。彭德怀同志是一个正直的人，但与人相处比较粗鲁，对他不满意的人是不少的。另一方面，大多数党的干部不愿意在这样困难的时候造成内部分歧，不愿意在这样的时候损害毛主席的威信，造成一大批人对毛主席的攻击。在"文化大革命"前不久，毛泽东同志曾邀请彭德怀到他家做客，对他说，我们的争论可能你是对的，正确的可能是在你这方面，这可以让历史来判断。同时，毛泽东同志任命彭德怀同志担任一项重要的工作。

　　白：那时他在四川？

　　胡：不错。担任"三线建设"的副总指挥。应该公正地说，"文化大革命"时期，并不是毛泽东下命令调他回来，要跟他进行斗争，处罚他，甚至追究他的历史的。这不是毛泽东同志的主意。

　　白：但毛是否知道彭德怀在医院病得要死呢？

胡：他不知道。"文化大革命"是一种非常离奇的局面。这是后人以及外人很难理解的。毛泽东发动"文化大革命"就像《一千零一夜》中的故事所说，把一个魔鬼从瓶子里放出来了以后。就很难收回去。在"文化大革命"中，一些重要人物表面上非常尊重、绝对服从毛泽东，实际上不完全是这样。很多事情是他们干了，然后报告毛泽东或不报告。毛泽东对这些事情不是完全能够控制的。彭德怀究竟藏到什么地方，受到什么虐待，党中央并没有几个人知道。周恩来也不知道。只有林彪、江青等少数几人知道。这是绝对秘密的。甚至后来彭德怀病重到医院时，都是极端的秘密。他的名字被改了，没有人能够接近他。医院的院长也不敢泄露这个病人是谁。刘少奇、贺龙、陶铸还有很多人也受到同样的秘密摧残。这好像是难以理解的，其实是不难。因为毛泽东这样很有威力的人同任何有威力的人一样，不可能知道一切，决定一切。原来党的忠实的队伍完全被打垮了，掌权的人中有一些阴谋家。如同对付毛泽东一样，这些人完全有办法对付他们所要对付的人。毛泽东在他后期不像在早期那样，对任何事情都了解得很清楚，亲自处理。他只能依靠一些他所相信的人。而这些人只选择一些愿意让毛泽东知道的事情报告给他。所以，他不可能知道在"文化大革命"过程中所发生的一切情况，包括一些重要的情况。在那时，党是由一批非常残酷的极端分子把持着。有件事可以说明这个问题。有位老同志曾是铁道部副部长，他的妻子利用偶然的机会写信给毛泽东，报告他在监狱里怎样受到各种各样的虐待，吃不饱饭，并且也没有任何权利。这封信居然落到毛泽东手里了，他写了很严厉的批评：这究竟是什么人干的？这是法西斯，根本不是共产主义。这样的人一定要严办。一定要给所有被关起来的人人道的待遇。这是我们党，是毛泽东亲自创造的传统。为什么破坏了？刑讯、逼供的办法为什么又恢复了？可是，这样的问题不能够得出答案,说不出是谁干的。这是当时的一股势力,一股潮流。这是"四人帮"造成的。"四人帮"应该对此负责。这里可以举出两个主要人物说一下。因在美国有人为这两个人物写书,把他们说得很好。这就是林彪和江青。事实上,林彪在解放以前仗打得不算最多。毛泽东所以起用林彪,是因为林反对彭德怀。在这点上,毛泽东跟林彪有共同的地方。从后来查到的笔记本上,林彪早在一九六二年就写道:不能说真话。他担任国防部长以后,实际上任何事都没有做,就是养病。他在"文化大革命"中也没做什么工作。而最积极干的事就是打倒几位元帅,如贺龙、徐向前、聂荣臻、叶剑英等。贺龙是死得最惨的。除此以外,林彪究竟做了什么呢?就是准备做毛泽东的接班人,并要培养他的儿子做自己的接班人。尽管在十大上,林彪被选为毛泽东的接班人,并把它写在党章上。这是很荒谬的。在这时,毛主席也感觉到林彪不是同他真正情投意合的人。毛泽东发现林彪要培养他的儿子做第三任接班人。毛泽东再三提出不要再设国家主席。这本来不是原则问题,问题的核心是如果当时要设国家主席,林彪必然会当选。这样一来,林彪的野心就更加难以控制。为了节省时间,请原谅细节我就不再叙述了。林彪这种野心暴露以后,毛泽东仍然在党内,在许多同志中宣传:林彪虽有这样的错误,可是我们还要维护他的地位。一直到林彪采取实际行动杀害毛泽东。这种事外人很难设想,但这确是事实。林彪一伙派飞机去轰炸毛泽东乘坐的火车,毛泽东巧妙地、突然地改变了行车时间,飞行员又装病不去,轰炸火车的计划没能成功。这样避免了生命危险。林彪印发了有关攻击毛泽东的宣传品,同时布置了他能指挥的陆海空三军,阴谋在广东组织第二个中央政府,以便于同海外建立联系,事情不成功时还可以继续他的活动。这样的计划也失败了。当然,党不得不对林彪加以戒备,可并没有对他作什么处分。林彪在感到非常恐慌的情况下,非常匆忙地带着妻子、儿子乘飞机出走。他是想要飞到苏联去的。因汽油和飞机各种准备都不够，路线不熟悉，事前也未联络，飞机在蒙古人民共和国境内坠落了。苏联派人去看了飞机和尸体。证实是林彪，他们非常后悔事先没有联系。当然，这也是不可能的。现在美国出了一本书，说毛泽东要害死林彪，完全是胡说八道。如有必要，我们可以公布有关档案，当然并没有这样的必要。

白：在这段时期你本人是否下放，受到虐待或软禁，是否安全地渡过了这个阶段？

胡：我多次受过"批斗"。我认为，在可能的范围内，我是能够直言的。所以，毛泽东对我虽有许多不满意，但他知道我是正直的人。经过一系列"批斗"以后，他下命令说只要将我软禁起来，而不作任何其他处理。这样我才能活到现在，不至于受到江青这些人的进一步迫害。一九七三年、一九七四年，毛泽东再三催问他们为什么不"解放"胡乔木，他有什么罪？他认为我没有什么问题，应该使用我。他们把我说成是叛徒，都失败了，由于找不到任何证据。在毛泽东的压力下，不得不恢复了我的自由。

江青跟林彪是完全不同的一种情况。毛泽东跟江青之间的关系很复杂，我也不想再叙述他们关系的许多变化。总之，毛泽东在很长时间里对江青非常厌恶。他完全了解江青不道德的品质。她是一个歇斯底里、残酷的人，是个野心家。他们的夫妻关系在绝大部分时间里只是一种表面形式。但为什么她在"文化大革命"中起了这样大的作用？江青没有什么学问，思想非常极端，对各种各样的人都充满了仇恨。但她的思想投合了毛泽东当时的一些极左的思想。

白：一九四四年在延安我见过江青一次。那是在毛主席的窑洞里，我和毛泽东进行了一次长谈。他留我吃饭。江青进来招待我们吃饭。什么话也没说。她的举止使人感到她是一位很可爱的妻子，而且是尽责任的妻子。那时她还是很漂亮的,但现在使我感到她确实是很可怕的。

胡:因我跟毛泽东是比较熟悉,所以,我可以负责任地告诉你,他们只有很短一段时间住在一起。长时间不住在一起,甚至很长时间不见面,假如要写个人的传记,这是毛泽东同志个人很大的不幸。但毛泽东使用江青和林彪是有责任的。我可以告诉你这样一件事。江青陪菲律宾总统马科斯的夫人去天津附近的小靳庄参观。她认为小靳庄是她的一个代表作。她们的汽车在路上撞死了一个人。马科斯夫人要求赶快停车,但江青拒绝停车。从这件事上可以看出江青的人格。即使是作为一个普通的人,她也是多么残忍!

白:我们谈谈未来吧。谈谈全国人民代表大会。这次当选的知识分子的数量有很大增加,而军队代表数量有了明显减少。人们不会指责你减少了军队的代表人数,但人们会说,工程师、知识分子代表增加这么多是五年来你宣传重视知识分子的政策的结果。在党内,知识分子的作用会不会继续增加?

胡:首先要说明,减少军队代表名额完全与我无关。我无权决定这样的事情。军队代表名额多,是"文化大革命"期间造成的一种畸形现象。建国初期没有这种现象。甚至于现在,军队所占的名额比建国初期还要多些。"文化大革命"期间,全国都乱了。最后,毛泽东只好让军队管理各个重要部门。林彪利用这个机会大量提拔军队干部,以便扩大军队在各方面的力量。这种状态固然是错误的,但不是军队本身的责任。军队的领导同志都了解,这个时代已经过去了,应该结束了。军队应该恢复军队的正常作用,而不应该干预不应该干预的事。

白:我对于知识分子和工程师代表人数的增加更有兴趣。因为胡乔木可以被称为是中国知识分子中最著名的一位。是否可以这样预期:中国今后有可能是由受过教育的科学家来领导。这种趋势是否会继续下去?

胡:要大量提拔知识分子到他们所熟悉,所能够管理好的岗位上去是党中央早已决定的方针。这种趋势是必然的。因为我们要实现社会主义现代化,离开知识分子是不可能的。当然,我所说的知识分子是革命的知识分子。应该坦白地说,他们跟资本主义国家的知识分子是不相同的。他们受过共产主义的教育,受过技术教育、科学教育、文化教育和其他方面的教育。但首先是共产主义教育。他们跟工人、农民结合在一起。我们党中央还决定要让比较年轻,能够学习的工人、农民出身的干部,非知识分子干部学习科学,学习文化,使他们也变成知识分子。没有知识不可能建设社会主义,不可能提高人民的物质生活、精神生活,这些都是党的根本目标。这本来是我们成立中华人民共和国以后应该一贯执行的方针。可惜我们失去了很多时机。现在必须加紧。为了说明这个问题,我想举几个数字,可使你对这个问题了解得更全面。党的代表大会,党的各级机关正在进行调整。调整的一个最重要的要求就是要提高领导干部的文化水平。比如说中央委员会中,有大学程度的同志已经占百分之三十四点八,在政治局委员、候补委员中占百分之二十八点五,在书记处中占百分之四十五点五。这个数字不能看绝对了。因为很多同志在这个百分比以外,虽然没有大学的学历,同样有大学以上水平。这只是为了统计方便,所以按照他们原来的学历。现在中央委员、政治局委员、书记处书记经过多年工作、学习,绝大多数人的知识实际上已经达到大学水平。国务院各部部长,具有大学学历的原来是百分之三十九,现在已经达到百分之五十,省一级的干部具有大学水平的也由百分之二十上升到百分之四十二。这都是最近一年的变化。这个数字并没有包括在长期工作中提高了自己的文化水平的。因为不好用考试或用其他方法去衡量。这个百分比还要提高,我们认为还不够。

白:你刚才谈的是一场很大的社会革命,给人留下了很深刻的印象。

胡:是的。这些数字是说明了他们的原来的学历。更重要的是我们现在提拔了很多专家,他们不仅有学历,而且有实际工作经验,有某一个方面的专门知识。现在差不多各省、市都在努力提拔他们到领导岗位上来。所有的企业、基层组织也在进行这项工作。我们的国家要前进,不能仅仅依靠有革命经验、革命立场,而没有建设所必需的知识的人来领导。那样就免不了产生很多错误、浪费。我们要极力改变由于这方面原因过去长期受到损失的情况,要大力发展教育,首先是高等教育。我们现有大学生一百七十九万多人,今年准备增加三十多万。这是整个社会要进行的巨大变化。想要我们的经济有大的发展,这种变化是必须的。

白:在进行这样一场出色的改革过程中,你是否认为存在来自"左"的方面的危险?是否还有可能产生动乱,使中国又一次脱离现在的方向?

胡:自从"文化大革命"结束,特别是三中全会以后,国内外差不多每年都有人提出这个问题。我们的回答是不会的。首先,我们现在执行的政策符合全国人民的利益,符合国家的利益。这点很容易明白。这种利益不是理论、推想,而是已经逐步成为事实。人民已经看见了这种进步。这种政策是正确的,人民不允许改变。那末可以提出第二个问题:"文化大革命"也不是人民发起的,为什么会出现呢?我们国家就党、政府、军队与人民代表大会的关系作了明确的决定,即党只能在宪法和法律的范围内活动,党不能违犯宪法和法律。这个决定是党的历史上从来没有作过的。可能许多社会主义国家都没有这样明确的规定。即使有些国家作过,但也没有这样明确。这个规定写在宪法和党章里。有人还会说,宪法和党章也可以推翻,因为党的领导、军队的领导和政府的领导仍然掌握权力。要答复这个问题,首先要说明,党、政府、军队的领导干部思想上已经有了根本的转变。刚才说的党章和宪法的规定正是党、政府、军队领导干部思想转变的结果,而不是写在纸上给人民看看就算了的。为什么以前不能作这样的规定?作这样的规定是要有很大决心的。党也好,政府也好,都不得不顾及到自己的威信、信用。这种思想的转变不是暂时的、偶然的。例如一个人把手伸进火里,手烫了,他第二次就不会这样。手是否伸进火里有绝对的差别。党和政府不能不改变过去的政策,这是历史决定的。这种决定现在还看不出有可以推翻的力量。

白:在"文化大革命"期间我曾到过中国,在抗战以前我也到过中国。我是研究中国历史的。我认为,中国的现政权是中国近一百年来或追溯到更远历史上最好的政权。我想邓小平政权应该存在下去。这既符合中国人民的利益,也符合美国的利益。我从内心里向你表示祝愿,祝你们成功。同时对你在这场变革中发挥的作用表示祝贺。

胡:谢谢。

关于遵义会议传达提纲
成文时间的考证[*]

（一九八四年十一月二十五日）

陈石同志：

关于您对遵义会议的传达提纲的写成日期，原来只说是从威信到泸定桥的行军途中（按即一九三五年二月十日至五月二十九日的一段时间），这段时间太长了，也不合情理。现查有关资料，拟改定为从威信到鸭溪的行军途中，即二月中旬至三月上旬。理由如下：

（一）提纲内讲到以洛甫代博古负总的责任，这事发生在二月五日前后，地点在川云贵三省交界处的鸡鸣三省（据恩来同志一九七二年在中央会议上的讲话）。二月十日，红军进驻扎西即威信，休息了一天，此日洛甫同志向中直军直机关营科长以上干部会议传达了遵义会议决议（据伍云甫同志日记，他当时在机要处负责）。您的传达写成了详细的提纲，传达范围是中央纵队，估计比洛甫同志传达的范围更广（否则就不必再次传达了），时间必在二月十日以后，但不

＊ 1984年11月间在编辑《遵义会议文献》一书时，作者对书中收入陈云的传达提纲的成文时间作了考证，并写信向陈云请示。陈云于同年11月27日作了如下批示："同意乔木同志的考证。具体时间记不清了。因为泸定桥会议时决定派我回上海，因此，我只能肯定传达时间不会超过到泸定桥会议时间。"

会迟得太多。洛甫同志的报告,伍云甫同志在二月十六日就向机务员报务员传达了。同日下午,伍日记中还有"听副主席报告"的记载。此日驻白沙。以后在伍日记中行军休息最长的是在三月一日至五日重驻遵义的一段。三月四日,伍日记记载:开积极分子会议,由"010"报告。(不知是否即系陈云同志的报告?)以后至四月间再无听报告的记载。

(二)传达提纲中未讲成立负责军事指挥的三人小组(毛王周)。按三人小组是三月十日在鸭溪决定不打打鼓新场以后成立的,时间当在三月十一日左右,地点当在鸭溪、苟坝一带。传达提纲中对遵义会议以后中央的重要决定都提到了,成立三人小组这样的大事不会不提。因此,估计提纲写成和传达的时间当在三月十一日以前。

请考虑可否根据以上事实,把写成日期改为从威信到鸭溪的行军途中,即二月中旬至三月上旬,并请批示。

胡乔木

十一月廿五日

遵义会议文献书稿已排出清样,即待付印。

关于庐山会议期间的一个史实*

（一九八五年三月十日）

培森同志：

　　三月五日信并张闻天选集印稿全套等件均早收到。因这几天事情很多很忙，迟复为歉。

　　闻天同志所说庐山会议期间的一件事是事实。当时我与陈伯达、田家英、吴冷西合住一院，在一条路的北侧，闻天同志从住处到开小组会处时经常要路过，所以他曾到我们院中来过几次。偶然遇到我们三人在一室闲谈时，他也曾加入闲谈过。但一般是与我单独谈话，因是路过谈的时间也不长。这是会议前期情况。到毛主席对彭德怀同志的信发表讲话后，会议空气顿趋紧张，这种接触就停止了。我对当时国内情况的看法和他的相同，但在小组会上我未作过系统发言，大部分的话都是私下说的（李锐同志有一次晚上到我们住处参加闲谈，这次我谈得很多很尖锐，别的时候也常见面，谈的话他都

＊　此篇是给张闻天选集传记组张培森的复信。张培森在 1985 年 3 月 5 日给作者的信中写道："有一问题向您请教，闻天同志'文革'时所写的一份交待材料中说，他在 1959 年那次庐山会议上发言之前，曾经接到过您的一个电话，劝他在发言中少讲一点大跃进中的缺点，后来他还是照原来准备的讲了。不知闻天同志所说此事是否准确？当时情况究竟如何？能否请您回忆一下？并将简要情况复示我们。"

记到日记上去了,以后就成了我的罪状;但那次谈话闻天同志并未参加)。彭信初印发时,多数同志还摸不准毛主席的意图,闻天同志的发言大概也就是这种情况下在小组会上讲的。在预感到一场大斗争将要爆发时,(彭又涉及黄克诚、周小舟、李锐等,但这是后话)我即告张少说,但张还是照原来准备的稿子讲了。张发言中曾说到毛主席讲要"泄虚气"(意为气可鼓而不可泄的气指的是实气,不是虚气,这是会议前期的话),在后来的小组会上曾被追问这话是从哪里听来的。张说是听我说的,这也是事实。毛主席讲话后会议情况即急转直下,张由于这次发言被列入"军事俱乐部"的成员,会议决议也因此点了彭黄张周的名。这是我现在所记得的大致情况,详情已无法准确记忆。我想这些都不必引入张文集的注释中。

请此后来信不要用"尊敬的""崇高的"字样,我承受不起。

胡乔木
三月十日

加强抗日战争和世界反法西斯战争历史的研究[*]

（一九八五年八月二十八日）

同志们：

请允许我代表党中央热烈祝贺纪念中国抗日战争和世界反法西斯战争胜利四十周年学术讨论会的召开。

中国抗日战争和世界反法西斯战争是中国近代史和世界近代史的伟大转折点。世界反法西斯战争的胜利，不但使以德、意、日为首的穷凶极恶、妄图征服全世界的法西斯势力归于可耻的灭亡，而且造成了一系列社会主义国家的兴起，造成了大批被奴役国家的独立，使近一二百年来统治了亚洲、非洲大多数国家的殖民帝国土崩瓦解，而包括中国在内的新独立国家组成的第三世界进入了世界政治舞台的重要地位。诚然，现在法西斯余孽还没有最后灭绝，新兴的社会主义国家还没有充分强大，大多数新独立国家还面临着许多政治上、经济上的困难，新老殖民主义和种族主义的势力还很猖獗，特别是帝国主义、霸权主义和由此而来的新的世界战争危险还严重地威胁着人类

＊ 此篇是 1985 年 8 月 28 日在纪念中国抗日战争和世界反法西斯战争胜利 40 周年学术讨论会上的讲话，曾在同年 8 月 30 日《人民日报》发表。经修改、补充后加上现标题又在《红旗》杂志同年第 18 期上发表。

的和平和安全。但是今天的世界已经不再是四五十年前的世界了。人民的力量、和平的力量、民族独立和社会进步的力量已经大大增长,绝不容许半个世纪以前的世界性的侵略战争的悲剧重演。

四十年前结束的反侵略战争,对于中国历史尤其具有伟大的意义。中国人民从一八四〇年以后连续遭受西方和东方的资本主义、帝国主义列强的侵略,进行过多次英勇的反侵略战争和帝国主义的革命斗争,但是由于种种历史原因,结果都没有达到目的。直到一九三一年开始于东北,一九三七年扩大到全国,一九四五年八月才结束的反抗日本帝国主义侵略的革命战争,才第一次取得了伟大的胜利。这次战争深刻地教育了全国人民:只要全民族团结一致,进行坚韧不拔的牺牲奋斗,同时广泛争取国际援助,任何凶恶的帝国主义也是可以打败的。由于国民党当局执意重新发动内战,结果是抗日战争的胜利直接导致解放战争的胜利,使中国走上了摆脱任何帝国主义统治和国内封建主义、官僚资本主义统治的独立、民主、社会主义的新时代。这决不是出于什么偶然性,而是完全合乎历史规律和逻辑规律的必然发展。中国人民从此站起来了。中国现在正在中国共产党的领导下,实现我们的无数先烈梦寐以求的社会主义现代化,争取在几十年内,把中国建设成为一个具有高度物质文明和高度精神文明的民主的富强的发达社会主义国家。

中国抗日战争不但是世界反法西斯战争的重要组成部分,而且进行得最早,先后长达十四年之久。从一九三七年以后。由于国共两党再度合作,由于全国各族爱国人民的奋起参加,中国抗日战争发展成为全民族的战争。全国各族各界人民,北起黑龙江,南至海南岛、香港,以及流亡东南亚的爱国人士、参加修筑滇缅公路的军民、台湾爱国同胞、广大的海外华侨和归国华侨,无论在前方、后方、正面战场和敌后战场,到处燃起了抗日的烽火。值得特别提出的是,这一正义战争不但得到了世界人民的广泛支持,并且得到苏联、美国、英国、法国、蒙古等政府的合作。苏联、美国、朝鲜、越南、老挝、柬埔寨、印度、缅甸、泰国、新加坡、马来西亚、印度尼西亚、菲律宾、英国、加拿大、澳大利亚、新西兰等国的友人和反对侵略战争的日本友人、德国友人,都积极支持和参加了中国人民的英勇斗争,并有不少人在中国土地上献出了他们的生命。因此,中国抗日战争的历史,也是全世界主持正义、反对侵略的政府和人民的共同斗争的历史。

　　抗日战争在我国历史上和世界历史上既然有如此伟大的历史意义,我们的学术界首先是史学界就责无旁贷地需要加以充分研究。在这方面,我们已经进行了一些工作。除了已出的一些篇幅较小的单行本以外,由军事科学院编写的一部比较详尽的《抗日战争史》已经写出初稿。《东北抗日联军》一书已经写出初稿。多卷本的《八路军》和多卷本的《新四军》正在积极编写中。这几部书预计不久就可以定稿付印,陆续出版。这是一个良好的值得庆贺的开端。但是我们当然不能满足于这一点初步的工作。相比之下,其他国家已经出版的同类著作要多得多,这些著作有许多是值得我们重视和参考的,不过也有不少著作,或者由于作者的立场不同,或者由于所能掌握的第一手资料有限,远不能正确反映中国人民所进行的英勇而艰巨的斗争,有一些还是很不客观很不公正的。事实上,这样的历史著作还是中国的研究专家最有条件来写作。因为中国抗日战争的历史时间久,地域广,参战的将士和人民众多,涉及的方面十分复杂,写几部书是远远不够的。我们需要也一定能够写出几十部以至几百部著作来。因此,我对于这次学术会议的召开,抱着热烈的希望,希望通过这次会议,能够有大量的研究家、著作家投入到这个在很多方面尚待深入探索的领域中来。

　　研究中国人民抗日战争的历史,不但对中国人民有极大的教育意义,而且对日本人民、亚洲和太平洋各国人民,以及世界其他国家的人民,也都有巨大的教育意义。首先,这是因为中国抗日战争同整个世界反法西斯战争特别是远东和太平洋战区的战争有极为密切的关系,对于整个反法西斯战争的最后胜利具有十分重要的作用,对于世界战后形势有十分重要的影响。其次,还因为有些当年的侵略者和他们的同情者,在近年千方百计地企图推翻远东军事法庭的审判,歪曲这次战争的性质,竭力粉饰和隐瞒这次战争的罪恶,美化甚至崇拜在中国进行"三光"政策和细菌战、制造南京大屠杀和无数万人坑的战争罪犯为"民族英雄",力图使日本现代的青年和将来的人民不知道这次战争的真相。日本人民和中国人民同样是这次侵略战争的受害者。战后日本广大人民对这次战争深表痛恨和忏悔是十分自然的,他们坚决地提出"日本不再战"的口号,各方面的、有远见的公正人士为揭露战争真相,坚持和平宪法,为实现中日友好做了长期的艰巨的可贵的努力。这一切正是中日两国能够恢复邦交、缔结友好条约的历史基础。中日两国政府庄严地宣布了友好合作的四项原则,两国各界的多方面合作交往日益频繁,两国人民多次热诚地表示要世世代代地友好下去。但是,前事不忘,后事之师。中国学术界对抗日战争的深入的客观的研究,正是要使两国的友好关系建立在真诚的牢固的基础上,而与此相反的一切虚伪的歪曲的宣传,却只能动摇和损害这个基础。所以,我们不但希望中国的历史研究家和著作家,而且希望日本的严肃的历史研究家和著作家,及其他一切有关国家的严肃的历史研究家和著作家,能够共同努力,利用各自所掌握的一切真实资料,为这次战争写下有悠久价值的科学巨著。这将是对当代史学的不可磨灭的贡献。

与此同时,我们也热烈希望中国第二次世界大战史研究会和历史研究界、著作界,能够早日写出自己的有关整个世界法西斯战争的大型历史著作,并且努力把各国在这方面一切有价值的科学著作和文献资料介绍到中国来。

祝大会圆满完成预定的任务。谢谢大家。

对党史编写中四个问题的答复*

（一九八五年十月十九日）

一波、尚昆同志：

对党史研究室所提出的四个问题，我个人的想法如下，是否适当，请审阅指示以便转告党史研究室：

1. 对成立中华苏维埃共和国临时中央政府，似不能只从消极方面去看。成立中央政府不但对我各根据地各部分红军加强了合法中枢指挥作用（否则"中央红军"这一名词也缺乏法律根据），在以后对张国焘斗争中的意义不可低估，而且对尔后与东北军西北军开展统一战线，发表"八一宣言"和在与蒋介石谈判中取得一定的对等地位和成立各地边区政府、八路军新四军自成系统也有重要作用。当然，指出当时"左"倾路线的错误是必要的。

2. 宁都会议的叙述我认为原则上可用，细节请尚昆同志酌定。列举人名似不成为大问题，因历史（当然首先要准确）是不能修改的，只看多少取舍而已。

3. 密电和西路军问题我意可力求写得原则些，不必过于具体，以免引起当前的争执。这两事以前已在一次会上谈过。两事中尤其

---

* 此篇是 1985 年 10 月 19 日致薄一波、杨尚昆的信。标题是编者加的。

西路军要写得尽可能为有关各方接受。此点亦请尚昆同志酌定。因印本发出就会使争论扩大，故宜慎处。

胡乔木

十月十九日

　　此信因事忙复迟了。党史研究室于本月二十二日至下月四日开会征求意见，故即迅速阅示。

党史研究中的两个重要理论问题*

（一九八五年十一月四日）

谢谢同志们对党史送审本提了很好的意见。我代表中央党史领导小组向大家表示诚挚的感谢。

写历史是件不容易的事情。有人经常说起我那本《中国共产党的三十年》。我很惭愧。这本小册子无论从逻辑、史实等方面都有很多错误。人民出版社、党史界的同志们曾多次建议让我修改，写中国共产党的四十年、五十年、六十年。为什么不修改？因为那要下很大的工夫，读许多书，我就是把一辈子的时间赔进去也不见得写得好。现在好了，党史研究室搞了个本子，有个基础了。那个小册子过时，要等新书出来。

写一本党史涉及许多理论问题，不是系统地讲理论，而是通过党史表述这些理论。也不是有了这样一本书就能完全答复这些理论问题。写这本书实际上涉及当前争论的一些问题。关于正本、标准本的问题，胡绳同志说得好，这不是正本。我想借用他的一句话：我们需要权威，但它不是权威。下面我就几个问题谈点意见。

---

* 此篇是在 1985 年 11 月 4 日举行的《中国共产党历史》上卷送审本讨论会上的讲话。标题是编者加的。

一、马克思主义与中国的关系。马克思主义是否适用于中国？苏联的刊物批评"中国化的马克思主义"，把"中国化的马克思主义"翻译成"中国式的标新立异的马克思主义"。这句话对有中国特点的马克思主义有点歪曲。有特点与标新立异的含义起码是不尽相同。他们就从这里做文章。实际上马克思主义不管运用在哪个国家，都会发生变化的。有一本书叫《马克思主义与修正主义》。在这本反马克思主义的书中说，马克思主义一出生就会有不同的讲法，就会有修正主义。它列举了伯恩斯坦、考茨基……自称为马克思主义者也不能说是真正的马克思主义者。还列举了普列汉诺夫、布哈林、托洛茨基，连列宁也是修正主义。欧洲人写的书，没有把中国人放进去，如果放进去的话，当然毛泽东也成了修正主义了。马克思主义要发展，在不同的时期、地点，当然会有变化。在什么地方、有什么变化是很复杂的。现在有的党不讲马克思列宁主义了，只讲科学社会主义。罗马尼亚、日本共产党在党章上就取消了马克思列宁主义的提法。欧洲有的党说列宁主义不应与马克思主义摆在同等地位，马克思主义是个完整的学说，解决了许多根本问题，列宁并没有把马克思主义的根本问题都重新提出过并加以发展，没有必要联在一起讲。欧洲有人说，列宁主义是俄国的产物，讲马克思主义一定要挂上列宁主义是俄罗斯中心主义。

中国是东方大国，有自己本民族的悠久的文化。要不要把马克思主义中国化，怎样在中国实践马克思主义，发展马克思主义，怎样在发展中把中国的历史文化与马克思主义有机地结合起来，增加新的内容，使之发展，作出贡献，确实是个问题。这就涉及到对中国文化怎样分析。不能把中国传统文化一概说成封建主义的。有些文化是有阶级背景，有些则不受或不直接受阶级利益支配。中国文化在中国革命中发挥了很大作用。中国为什么能接受马克思主义？我们很需要认真研究，答复这个问题。中国离德国很远，马克思没有研究过中国的历史。马克思著作中有一些地方提到中国，提到中国的历史人物，但把提到中国的地方统统加起来，也只占很少的分量。中国的历史文化资料浩如烟海，太丰富了，要充分研究它取得重大的科学成果是件很困难的事情。我们党一成立，就宣传马克思主义，实践马克思主义，这是很对的。延安时期毛泽东同志提出要有计划地研究中国的历史文化，但没有完成。我们不能责备前人，因为那时没有这样的条件。全国解放后，虽然有了条件，但很可惜，应该做的努力做得很差。没有集中很大的力量来做深入的探讨工作，这有待于今后，还有很长的路要走。

　　中国共产党成立初期，就带有一定的民族特点。说"马克思主义放之四海而皆准"，也是中国人的话，是极而言之。自然科学可以这样说，社会科学做到这样，是难以想象的，不像物理学、数学。中国十亿多人口，占世界人口五分之一多。中国历史的发展有很长的时间。中国历史文化与马克思主义结合，有哪些特色？究竟在哪些问题上结合了？还要研究。把一种时代性的共同性的东西，划出明显的界限来，不是很容易的事。中国史学界有人提出，中国是不是经历过马克思讲的五种生产方式？中国社会是不是要划分为奴隶社会、封建社会和资本主义社会？中国的奴隶社会和欧洲的奴隶社会有很大区别。希腊的奴隶主共和制，中国就没有产生过那种现象。中国的奴隶制与欧洲的奴隶制有共同的地方，也有区别。中国的封建主义与欧洲的封建主义也不同，谁也不能说自己是正统。究竟谁是正统，谁是变种，很难讲。中国的资本主义是怎样发展起来的？鸦片战争前的中国资本主义萌芽，哪些算，哪些不算？中国萌芽式的资本主义，与欧洲早期资本主义也有很多是不一样的。中国的农民与欧洲的农民不一样。现在中国农民分贫农、中农、雇农（严格说不是农民)等。把欧洲的标本放到中国来是不行的。中国富农的历史比资本主义要早得多。这种富农是中国历史上所特有的。中国富农的问题很复杂,有自己的特点。这要涉及到党史、土地革命怎样对待富农等问题。各国农民的分化都不一样。欧洲农民的分化与美国不一样,俄国农民的分化与西欧的也不一样。有的时候,一个名词用来用去会发生很大的危险,好像既然叫富农,中国的与欧洲的就都一样,那就不对了。如果弄不清楚,对中国共产党领导下的农民运动,就不容易说准确。这个问题比较复杂,不但托派对中国农民战争始终不理解,就是共产国际对中国农民战争是否理解,也很难说。当然也不能说中国农民运动与欧洲的就一点相同的地方都没有。但必须看到,中国农民战争与中国共产党结合之后产生了新的形态,既不同于欧洲或别的国家的农民战争,也不同于中国历史上的农民战争。

讲起马克思主义应用于中国革命的历史,不是一个简单的问题。研究党的历史就会遇到这些复杂的问题。我能提出的问题,并不是我能答复的问题。我还没有确定的意见。不是这部书里要答复这些问题,但今后在我们的写作、研究中会碰到这些问题,如果没有一定的见解,就很难写好党史。

二、革命与历史。《共产党宣言》第一句话讲,以往的历史都是阶级斗争史,有的同志对此提出疑问。从一个方面、一个观点来看,是这样的。但历史太复杂了,太丰富了,对于社会历史要研究,就得全面掌握、多方面研究,不能仅仅从一个方面去研究。是不是可以说有阶级的历史都是阶级斗争的历史? 这话也难说。我们是革命家,干的是革命,有革命的世界观,当然认为革命在历史上是重要的。有人说历史有和平发展的时期,那时阶级斗争不是主要方面,不占主导地位。但是反过来说,把革命当成历史发展的不重要部分,那也不对。如果简单地答复这个问题,就不能完整地说明历史。要看到在整个人类历史上有和平发展的时期,那时虽然阶级矛盾也存在着,但不成为中心。在不同的历史时期,革命斗争在历史发展中的作用不一样,在革命不是高潮时期没有形成大规模的斗争,不能说历史就消失了,停止了,历史还是在前进。中国历史上曾有过和平发展时期,但只在有些时候是如此。近代中国的历史更不能采取这样一种说法。从我们亲身的经历,以及父辈们留下的记录,可以看得很清楚,很明显的是阶级斗争史。从中国共产党成为中国的政治力量以来,这段历史如果说不是阶级斗争的历史,那就违背了历史的真实,不是实事求是了。应当说在中国共产党成立后存在着激烈的阶级斗争。但是也不能说没有其他情况,不能说在激烈的阶级斗争以外,就没有历史了。过去批判根据柔石《二月》改编的电影《早春二月》,就是说在中国革命轰轰烈烈发展的时期,怎么还有一个世外桃源? 说这就是歪曲历史。这种逻辑是很危险的。柔石是一个革命家,把年轻的生命贡献给革命,不能设想他会写一部反动的小说。胡绳同志说,写党史要用整个社会历史作背景,这就是说在革命以外还有一种历史,是有联系的,当然也不是相等的。写革命历史的同时如果不写出其他的历史,也难写得准确。柔石写《二月》,据我推测带有某种自传的性质,不是完全凭空想象、向壁虚构出来的。改编成电影时,因为怕挨批判,特地加上了有《新青年》传进镇子的情节,结果还是受到批判。这样来写党史、革命史是不会写好的。

　革命是个曲折、复杂和困难的过程,不是一开始就得到多数人拥护,如果这样容易,革命早就成功了。革命者在很长时间内是人民中间的少数。柔石写《二月》,鲁迅写《阿Q正传》,写《呐喊》、《彷徨》的时代,虽然有共产党,但他们没有写共产党,不能因此说鲁迅就是反革命。一九二八年批判鲁迅的时候,就有人写了这样的意见,成了一个很大的罪名。鲁迅的杂文写了革命的内容,比方说在纪念"三一八"一类的杂文里有非常重要的篇章。鲁迅受了革命的影响,介绍苏联的书和作品,对共产党人有相当深的同情,但他还是没有加入共产党。在广州的时候,他非常同情革命,但没有入党。后来到上海,与已经是马克思主义者的人论战,逼着他看了许多马克思主义的书,使他成为马克思主义者,但他还不是共产党员。正如鲁迅在给许广平的一封信中所说的,我还不完全是共产党员,还有距离,但不大。我扯这些闲话,意思是说历史发展是很复杂的,写一部历史不容易,写革命历史对革命及其周围事件作恰当的描写,要看很多材料,要有相当广泛的视野,各方面的情况都要看到。

胡绳同志讲话中讲到,要分析一些人怎样走到马克思主义道路上来的。有人说中国不应走马克思主义道路,不应成立共产党,当然也就不应革命。党史要答复这样的问题,要答复中国为什么要革命,为什么要成立党。如果不把这样的问题讲清楚,讲得没有说服力,青年人的思想就会糊里糊涂,甚至陷入混乱。党史写得好,就能答复革命史与整个历史的关系,就能说清楚整个历史为什么发展到以革命为中心。群众中许多人开始不了解、害怕革命,甚至反对革命,但是随着革命的发展许多人又不断向革命靠拢,以致投身革命。这是为近代中国历史研究所充分证明了的。

历史究竟是谁创造的? 是少数先进分子创造的,还是人民群众创造的? 人民群众并不是永远先进的、正确的,并不是永远站在历史的前头。有人说党会犯错误,人民群众不会犯错误,这不对。不能接受这种观点。我过去这样说,现在也这样说。人民群众在不同的历史时期扮演着不同的角色。他们的觉悟是随着历史条件的变化而提高的。过去在共产党直接活动的地方,经过一段时间有很多人拥护共产党,但并不是所有人都拥护共产党。我在上海做革命工作的时候,周围的人就反对我,学校也反对我,住亭子间邻居也不接受我的意见。西安事变时,张学良放了蒋介石,蒋回到南京,上海满街放鞭炮,夏衍同志晚上到我住的地方来,我们感到很不是滋味。过去党史的重要缺点是对历史环境描述得不真实,好像周围都是共产党,都是进步人士。

历史是谁创造的?这个问题复杂了。有人说历史是人民创造的。我读了一些马克思的书,"文化大革命"期间读得多一些,读得最多的是《马恩选集》四卷本。马克思恩格斯并没说过这句话。马克思说过,历史越到近代人民起的作用越大。这是在《路易·波拿巴的雾月十八日》里讲的,讲得很谨慎。马克思说过历史首先是生产的历史,生产靠群众,因此历史就是群众创造的。英雄不生产,是不是创造历史?历史唯物主义承认历史首先是生产的历史,但没有推论下去,说历史就是生产者决定的。怎样把这两个命题联系起来,建一个桥,不但人能走过去,汽车也能走过去。很多历史的发展不是生产者起作用,不能简单地说生产者就是推动历史发展的。这个问题很复杂,我没有企图对这个问题作完整的回答。普列汉诺夫在《论个人在历史上的作用问题》一书里讲这个问题讲得很好,很值得读。他说,历史上有相当长的时间个人起很大的作用,那时生产力发展不足,人民群众没有力量表现他们的意志。但是,归根结底,历史是生产发展的条件决定的。这个问题应该答复,但很复杂。在我们的书里面,对这个问题要有正确的表述。对少数人,革命的少数人和反革命的少数人的作用要写。不能因为是少数人就不说他们的作用,也不能说就是多数人决定历史发展的进程。我们追求的目标是多数人决定历史,现在在某种程度上达到了,但在某种程度上还没有达到。党史、革命史上,有革命的积极分子,也有反革命的积极分子。在革命内部,有积极的,也有消极的。这样说,一点不降低党的作用,一点不降低革命人民在历史上的作用。问题在于我们怎样正确的叙述。我们的革命开始是少数人（这与毛泽东同志在"文化大革命"中说的少数人是两回事），后来逐步得到多数人的理解、拥护甚至积极参加，最后取得胜利。这是一个很困难的过程，这样才有那么多共产党人艰苦奋斗，英勇牺牲。为什么要牺牲？因为敌人力量强大，革命力量不能积极保护他们，但也有许多群众掩护党员，这些群众与党员一样也作了牺牲。

历史唯物主义还有其他许多问题，中国的政治、经济、文化，这些问题答复好了，就是真正的马克思主义著作。

最后谈一点关于党史写作的问题。空想社会主义不讲生产力的发展，马克思主义讲革命与发展生产力的关系，使马克思主义成为科学。群众不满意社会上的剥削、压迫、奴役，反对社会上的不公正，要反抗，于是产生革命。马克思对革命作了科学的分析，指出这种革命表现了生产力发展的要求。生产力不是个人，不会讲话，不会说我要发展，你们快来革命吧。就是历史学家、经济学家讲，也不是直接讲人们为发展生产力参加革命、参加党。在座的许多同志是解放前参加革命的，想想为什么参加革命，参加党？是不是读了经济学、《资本论》？恐怕大多数人不是吧，是因为不满意社会的压迫剥削，社会的黑暗，反对反动统治，特别是反对日本帝国主义的侵略、压迫。许多有正义感的青年为了反对国民党政府的腐败，就要革命，就冒着生命危险参加革命。对革命的科学解释是二回事，革命实际上怎样发生又是另一回事。革命并不是要每个人都成为科学家，靠科学的解释才发展起来，那样革命就革不成了。革命就是要把封建主义、帝国主义产生的消极现象消除，如果没有完全消除，革命的任务就没有完。我们扫掉了许多垃圾，但还有，还要扫。我们党为什么得到人民的拥护，为什么得到发展？在写党史的时候，不能用生产关系必须适合生产力这样抽象的原理来解释，否则就是把历史理想化、抽象化、理论化了。我们是要写经济发展遇到国民党腐败政府的阻碍。如果仅此而已，也还是不能说明革命发展的活生生的事实。事实比理论丰富得多，复杂得多。对于革命家走上革命道路要多一些生动、具体的描写，不然历史就变得枯燥、单调，读起来没有味道。历史本来是充满革命斗争的激情、动人的画面的，而我们写的本子常常变成了灰色的、苍白的。用道德观念说，我们就对不起过去的革命家和革命群众！

党史、革命史不仅要写大人物，也要写小人物。革命不是只有个别大人物，而是有无数小人物参加的。不可能写很多小人物，但一个也不写就会成为英雄创造历史了。党史应该有相当生动的情景，不但能说服人，而且能感动人，不但用正确道理教育人，而且用高尚情操陶冶人。我那本小册子（指《中国共产党的三十年》）枯燥无味，非常惭愧。因此，对你们这本党史，寄予厚望。

党史要有许多名言轶事，有人物描写。像司马迁的《史记》，将刘邦、项羽的形象描写得栩栩如生，使之流传下来。这样的历史才能充分发挥作用。历史不仅是简单的记事，而是要像司马迁的《项羽本纪》那样写得脍炙人口。读《项羽本纪》，虽不能至，心向往之。这有些苛求了，不能要求大家都成为司马迁。一个当年清华大学毕业、留学美国的历史学家张荫麟，他说一九三二年中国最好的一篇历史文章是鲁迅的《为了忘却的记念》。这是很有见解的。我们搞党史、革命史，我们要记住，不要连张荫麟这样的见解都没有。

对于党史人物的评价，不能要求那些革命人物是完人，像悼词上说的那样。金无足赤，人无完人。毛泽东同志不是完人，是否被毛泽东同志整过的人就都是完人？也不能这样说。我与他们一起生活很长时间，了解一些情况。要尊重历史。不久前《人民日报》刊登的张树德同志的一篇文章，说一九四五年那篇《关于若干历史问题的决议》是由任弼时同志口授,由他记录的。几个人(包括我)整理一下就成了那个历史决议。这里要申明一下,不是因为牵涉到我,我就讲这件事。我认为,这篇文章写的基本上不是事实,不实事求是,现在写回忆文章,好像回忆谁,谁就都是正确的,形象非常高大。任弼时同志对革命贡献很大,但是他没有起到的作用不要硬加给他。回忆录有些不是本人写的,难免有些内容与客观事实不符,但要尽量做到科学,实事求是。历史上有些事情是不大容易弄清楚的,出现回忆文章不实事求是。让人更加弄不清楚。那个历史决议不是我的作品,也不是弼时同志的作品,是集体创作。讨论时大家提意见,弼时同志也不是提意见最多的。这只是一个例子。写党史时遇到周恩来、刘少奇、彭德怀、贺龙等同志,免不了感情上的问题,但不能说他们没有任何缺点,对这些人物都要采取公正、客观的态度来评价,否则许多问题不可理解。对毛泽东同志,开始是上帝,后来变成魔鬼,不成为历史,成了神话故事,成为不可理解的了。

为了写好党史,要多收集资料,收集国民党和外国人写的共产党的历史,看看他们怎样写红军、八路军、新四军。我看了托派王凡西写的《双山回忆录》,觉得对我们有用处。他说:"我们犯了一个错误,把共产党说成小资产阶级的党。"他说他早就不同意,在解放战争时期就改变这种说法了。《张治中回忆录》对我们写党史很有用处,他写到解放后,写了周恩来,写了对共产党的看法。不是都可取,但有许多可取的地方,也可以使我们认识国民党,了解国民党的人物。要用科学的态度去认识,去叙述,不是像《水浒传》开头写的,洪太尉误走妖魔,三十六天罡,七十二地煞。这是对写好党史的基本要求。

如何写好中国共产党
创立时期这段历史[*]

（一九八六年十月二十五日）

一般地说，写历史要把抽象的事实、具体的事实、事实的背景三个部分搭配好。文字要有波澜起伏，不要像一潭死水。如果老是从头到尾平铺直叙地写下去，就很难吸引人读。一段或几段开头，要有很精彩的话把事情提纲挈领地提出来。毛主席常常对我说，写文章要善于提笔，要有提神之笔。在看似乎平常的地方忽然提高了，使读者精神为之一振。马克思写《资本论》那样科学的著作，也很注意使文章有波澜，有变化。哪些地方有严密的论证，哪些地方有生动活泼的叙事，哪些地方有讽刺，引用莎士比亚的诗，或者自己写些挖苦的话，他都是很用心思的。马克思同恩格斯说，他写《政治经济学批判》时，因为生病，那篇文章带有干巴的毛病。马恩都不愿他们的文章写得平淡无奇。我们的书也要写得引人入胜，使人读起来眉飞色舞。

例如写中国共产党的成立，就可以描写一下成立时的情况。当

---

* 此篇是 1986 年 10 月 25 日就《中国共产党历史》上卷第一编的修改所作的谈话。曾在《中共党史研究》1997 年第 3 期上发表。标题是编者加的。

时法国巡捕房同青红帮勾结,对参加一大的人盯梢,会议不得不换地方开。开成立会时,报纸上没有发表任何消息,在社会上没有引起任何注意,好像没有发生什么事。但是,就在这时,一个新的革命火种开始点燃起来了。

不要老是写会议有哪些人到会,作了哪些决议。要用当时社会上的反应,从客观上观察和评论一些事件。对某个事件,当时报纸是怎么说的,中国反动派是怎么说的。但是,同他们说的不一样,他们完全没有理解到这个事件的意义,这个事件有如何如何的作用等等。

从辛亥革命到五四运动,这个本子写了辛亥革命失败在人民中间引起不满。可以利用当时一些人写的诗,那些诗表达了他们对中华民国的失望。鲁迅的小说中也有这种反映,这是一方面。另一方面,中华民国的成立还是有积极的作用,也得讲清楚。不然老是说几句空话不解决问题。辛亥革命后,尽管有袁世凯、张勋复辟,但都失败了。表明谁要再做皇帝,在当时的形势下是行不通了。清末民初报纸刊物多起来了,不能说这些报纸刊物都是反动派控制的。一些人组织政党失败,但在群众中开始认为组党是可以的了。办了很多学校。虽然学校的情况不一样,但有的就可以讲一些民主的、科学的知识。有一些进步的教师,进步的活动。罗章龙写的回忆录,讲到蔡元培支持北大马克思学说研究会,参加成立大会,这是非常了不起的事情。从这些事情可以看出,虽然当时北洋军阀横行霸道,不民主,搞假民主,但还是容许社会上有一小部分自由,尽管这种自由是越来越缩小的。

党领导了许多罢工,当时罢工的消息在报纸上是公开登出的,认为这是民主国家应有的权利。对禁止罢工的事,有的报纸也能登出来。

要把这些多种多样的人和事,不同的人对中国的局势、中国革命的态度、评论写出来,穿插进去,这样就生动了。

讲辛亥革命是资产阶级领导的革命,在中国树起了民主共和国的旗帜等等,这些都是话,要讲点新话。讲清楚是在什么意义上说它是资产阶级性质的革命。实际上同盟会中国内的资产阶级很少。同盟会只代表资产阶级中要求革命的部分。资产阶级中许多人对孙中山不满意。同盟会在群众中没有多少基础。不但在资产阶级中没有多少基础,而且在知识分子中也没有多少基础。知识分子的一些团体同同盟会没有多少关系。我们的老一辈参加革命,与其说受孙中山的影响多,还不如说受郑观应、梁启超的影响多。孙中山走的是一条崎岖的小道。当时革命力量还不成熟,所以革命必然失败。二次革命也是如此。中华革命党成立时很孤立,没有出路。后来孙中山要找苏联支持,是他再没有别的出路了。依靠陆荣廷、陈炯明都不行,连立足点都没有了。苏联和共产国际选中孙中山,把国民党看得很重要,表明他们对中国的情况很不了解,不了解国民党是个什么组织。

现在一些人宣传中国共产党是个畸形人,说他的建立既没有依据中国文化传统,又没有依据外国文化传统。虽然不必在这个本子里去同他们辩论,但要明确写出这个共产党的诞生是必然的。中国已经有了工人阶级,马克思主义已经传到中国,中国要复兴,走其他的道路已经走不通,只能走共产党的这条革命道路。那些否定共产党的人根本不懂得旧中国的社会政治情况,不懂得当时政治腐败的情况。照外国人的描写,当时北京政府实际上是列强手中的玩物。尤其是借款,如果银行不借款给那些军阀政府,他们马上就维持不了。要一针见血地把当时中国的社会政治情况描写出来。这种描写同引用统计表一样重要。这个本子既要有统计表等科学资料,又要有这类生动的描写。要使人看出这本党史是在研究了有关中国社会的各种资料的基础上写出来的,而不是在一些本子的旧框框里改来改去写成的。

我上次在你们开的会上讲到要好好写一写人物,不能只叙事不叙人,有些人物要好好写一写。如孙中山、袁世凯、梁启超、李大钊、陈独秀、毛泽东、周恩来等。要写陈独秀,不然不能了解他为什么成了共产党的领袖,后来又离开了。李大钊在党内有特殊地位,的确起了很大的作用,要写。张国焘也是个重要人物,一大的主席,在五四运动中非常活跃,听说发现北京档案里有他自首的材料,不知是真是假?如果是真的也要写。张后来有那么大的力量,要分裂党,不描写一下,以后许多事情很难说明。周恩来对党的历史关系太重要了,要写。毛泽东也可在大革命失败后写。他在前边没有发挥特别大的作用。当然也可以写在前边,说后来如何成了主要领导人。参加一大的,后来哪个叛变了,哪个脱离了,都可以写出来。正是这些人,对中国的学问、西方的学问了解较多,要救中国,成为建党的人物。五四运动要写几个领头的人,不仅是北京的,还有其他地方的。北京的许德珩、安徽的周新民,等等。这些人后来有不同的变化,但是当时是很有影响的。对北大,对蔡元培,也可以稍微多写几句。这样内容就显得丰富了。不只是有共产党的事,读起来可以知道中国的许多事情。

对无政府主义只讲了一方面。当时参加工人运动的、共产主义小组的,有好多人相信无政府主义。无政府主义的影响比较大,争论比较多。他们有刊物,有领导人,做了相当多的工作。除吴晖外,还有刘师复等,可以提一下,他们的文章也可以提到一些。

发动罢工是最不容易的。这个本子写工人的觉悟,估计得比较高,说工人一开始就具有强烈的革命要求,这种说法过分了,是否要这么讲?可以考虑。工人阶级从自在的阶级变成自为的阶级,是个非常复杂的问题,决不是一发展工人运动就变成自为的阶级,也不是一变成自为的阶级就一往直前地发展下去。实际上也有从自为又变成自在的情况,不可能全是自为的。即使现在,也不是如此。工人阶级在革命斗争中特别能战斗,是确实的。但要进到这一步是很不容易的。罗章龙回忆录上写他们开初到工人中去宣传,工人不信,很长时间对他们抱怀疑态度,后来他们硬是脱下长衫同工人住在一起,才逐步把工人发动起来。

说中国工人阶级便于同农民结成亲密的联盟,很难讲。农民破产到城市去做工,但他们并不因此就关心乡村农民的命运。惟一的作用是不断把家乡的农民带到城市来。工人运动要写得有声有色,刚刚成立的党,只有几十个人,就掀起了那么声势很大的工人运动,表明共产党人是非常能战斗的,这是国民党愿意同共产党合作的一个原因。

共产党在二七罢工失败后转到联合国民党是必然的。工人阶级在当时虽然是重要的力量,但还不是举足轻重的力量。国民党虽然不大好,但除共产党外也没有一个党比它更好。国共合作打出了民族革命的旗帜,就打开了中国革命的新局面。后来第二次国共合作,也是打出民族革命的旗帜,也是打开了民族革命的新局面,团结了各阶层人民。

写辛亥革命前后的留学生,不能说都是地富子弟,而且家庭出身也不是决定性的。留学生回国后的影响是多方面的。

对辛亥革命后知识分子状况的分析,说有些人因失望而消沉,不问政治。不问政治的人不一定都是先有一个政治目标,后来才对政治灰心丧气。有些人本来就主张教育救国、科学救国,对什么政治都不过问。但他们可以在自己的专业上干出许多成绩。恐怕不好这样来分派,说哪些是消沉的,哪些是革命的。辛亥革命后消沉的人确实有,李大钊就是一个,李大钊后来怎么走到共产主义道路上来的,很值得介绍。

十月革命对中国的影响,要说得复杂一些。简单地说送来了马克思主义,不能把事情说清楚。当时多数群众听到过激主义、过激党来了就非常害怕。把马克思主义说成是过激主义,这种宣传主要是从帝国主义那里抄来的。当时中国报纸用的多是外国通讯社的消息。国民党派了许多人去苏联学习,他们回来并不宣传马克思主义,还是宣传反革命。马克思主义在中国群众中的影响是逐步扩大的。少数最先进的人相信,另外一些人同情,也有许多人是经过相当一个时期才接受的。鲁迅早期并不是相信的。马克思主义的传播,单讲《新青年》不够,还有其他一些刊物也要提到。无政府主义作为学说介绍比马克思主义要晚,但作为思潮传播比马克思主义要早。这同有人赴法国留学有关。当时法国的无政府主义比较流行。勤工俭学同党的发展有很重要的关系,要写好。

国共合作要详细地描写,不单单讲决议有些什么内容。这段时间是非常值得注意的。当然,主要的事情要到下一编才能写到。

总之,要写得有声有色。要尽可能掌握国内外的资料。国外出的这方面的书很多。你们要把凡是国外已经发表的关于中共党史的材料都掌握起来,加以选择,把有用的材料都用上。你们的翻译介绍的力量怎么样?有的重要事实说错了的,必要时我们要作订正。有些事情影响很大的,我们要说清楚。索尔兹伯里的《长征》一书,写了遵义会议后,红军在贵州北部青杠坡遭到很大损失的一次战斗,说无论中国人、外国人的著作都没有提到过这次战斗。这可能是事实。有些外国人、党外人士著作中的精彩描写,我们可以利用。甚至写的一些著名的对话,只要是确实的,也可以利用。我们要学习《左传》、《史记》这些中国历史名著的成功经验。要写出许多感动人的场面。

仅仅说某某同志"英勇牺牲"了,这几个字还不能令人感动。我们的党史本一定要有科学性,要有科学的分析,科学的论断,要对重要的问题作结论,同时又要有生动的叙事。要穿插一些重要报纸的记者、作家的评论,要写出党史人物斗争生活的细节。行文要有悬念,有照应,有精辟的议论,动人的描写,有大开大阖的章法。要改变过去那种枯燥、干瘪的写法,使人读起来津津有味,爱不释手。

党史应拿出权威性的材料，
要有些新东西[*]

（一九八七年六月十二日）

党的历届会议是不是都要写？重要的会议是要写的，有些不那么重要的会议，情况写多了，引述了一大堆会议的文件、材料，读者读起来没有多少兴趣，像这样的内容就不要写了。陈独秀的思想是早已确定了的。当时他是党的主要领导人，第一把手，对党的影响比较大。昨天我看了蔡和森的《论陈独秀主义》这篇文章。当然对陈独秀我们还是要肯定他在建党方面的功劳的。不过，蔡和森的文章，说得还是比较有道理。从建党到国共合作，已经有一股右倾的思想；国共合作以后，就特别明显：不要同国民党争权，遇事退让，尤其是中山舰事件以后，让蒋介石上了台。那个时候，中央开这个会，那个会，作这样那样的决议，好多无关痛痒。有些会议很重要，应用一定篇幅来写。完全是形式的会，就不必写上去了。

二大宣言是苏联人写的还是中国人写的？共产国际有些人来中国，他们来干什么的？有些会议文件是不是他们写的？二大宣言有

---

[*] 此篇是 1987 年 6 月 12 日就《中国共产党历史》上卷书稿修改问题与有关同志的谈话。标题是编者加的。

些话与陈独秀的文章吻合。这个事情要搞清楚。我们知道共产国际派代表团参加了一些会议。国民党一大是他们包办的。我们党的"八七"会议的文件也是共产国际参加起草的。四中全会更彻底是共产国际搞的了，文件是外国人写的。这个要鉴别一下，看看是什么人的笔迹，查一查文件上有没有记载。

对于共产国际的情况，不一定每一件事情都写，重大的事可以写一写。第一次国共合作时党处于幼年时期，共产国际也处于幼年时期。另一方面，当时斯大林也有偏向，偏向当权派。为什么共产党要加入国民党？因为国民党是当时惟一可以号召的力量。为什么要依靠蒋介石？托派分子写的著作好几次讲陈独秀不服气。好些事是共产国际决定的，是鲍罗廷决定的。鲍罗廷要负这个责，不能都算在陈独秀的头上。陈独秀要退出国民党，当然是错误的。对蒋介石屈膝投降，鲍罗廷要负很大的责任。

"八七"会议是个重要会议。有哪些人参加，要进一步弄清楚。郑超麟说他参加了。建党初期一些重要人物要搞清楚。不要回避张国焘。当时陈独秀有名无实，张国焘资格老，活动能力强，北方工人运动一直是他领导的，在党中央比较有发言权。后来他成立第二中央，为什么他能这样做，这与他在党内有资本，是老资格有关系。别人在当时的资格都不如他。现在党史中根本不提张国焘建党初期的活动，是不对的，要恢复历史的本来面目。

上海党中央是谁在那里主持的？哪些人负责？从现在的党史稿子中看不清楚。一些会是哪些人召集的？哪些人在这些会上起了主要作用？这些都要一一查清楚。有些人反对过陈独秀的思想，写过这方面的文章，可以看看。初期，彭述之是个重要人物，现在的稿子没有提到彭述之。陈独秀主要依靠彭述之。瞿秋白写《中国革命之争论问题》一文，为什么批评彭述之，实际是影射陈独秀。党中央当时台前活动的主要人物是谁,现在还不大明白。如五卅运动是哪些人领导的? 这些事情要写得比较实在,要拿出一些新材料,否则不可能超出过去的党史本子。由中共中央领导编写的党史应拿出权威性的材料。把这些问题摊开,实事求是地加以总结,过去一直没有做到。这个工作,到整风时才开始。缺点是实事求是不够。过分强调某个人犯了错误,而对这个犯错误的人的功劳就不敢提了,甚至一笔抹煞,这样不好。希望新修改的本子尽量避免这方面的缺点。

关于毛泽东思想形成的时间问题,达到完整的成熟的,应该是一九三六年。《星星之火,可以燎原》还没有作整个的政治上的分析,谈的只是武装割据思想。给林彪写信时,红军已占领了比较广大的地方了,同国民党作战也有了较多的经验了,但那时对全国的政治形势的完整的分析,还说不上。在毛泽东思想形成时间问题上有点突破是可以的,中央文献研究室的同志也提出过这一问题。不要拘泥于文件上的这句话那句话,那样就无法写历史了,要进行独立的科学的研究。

抗日战争时期,国内情况,是共产党的力量有了很大发展;国际方面,是美国的力量取代了英国,英国处于被动地位,起不了多大作用。原来国民党与美国关系没那么密切,后来在政治、经济、军事方面完全依赖美国。

斯大林派米高扬到西柏坡,他来起了什么作用? 什么作用都没有起,没提出什么建议。从陕北到城南庄以后,毛主席准备到苏联去一趟,他身边的人都做了新衣服,主席也做了新衣服。后来因为情况变化没去成。在我们取得辽沈、淮海、平津三大战役的胜利以后,苏联要求中国不要打过长江去。二次大战后苏联非常害怕引起战争,特别怕美国参战。这是很明显的,对苏联的无理干预,只能作这个解释。

　　资料方面要有些新东西，现在美国、苏联、日本都有一些专门研究中共党史的研究会、研究所。如果我们的研究水平比不过他们，是无法向中央交代的。对社会经济、政治资料的研究，要有强有力的领导，否则，工作不会有什么进展。

在中共党史、中国革命史
讲习班的讲话[*]

（一九八七年八月一日）

首先说明，我这里是谈话，不是作报告。我向到这里参加全国中共党史学会主办的这次讲习班的各位同志，表示亲切的问候。大家在这条战线上辛勤地工作多年了，对党的建设、对党的历史的研究宣传，都做出了很大的贡献。在这方面，我可以代表党中央向各位表示感谢。

我的谈话没有多少准备，临时拿了一个以前跟郑惠等同志谈话的简单提纲，我想借助于这个提纲说一点话。除此以外，我还想对当前抗日战争研究的状况发表一点意见。

我在跟郑惠等同志谈话中，对他们写出来的党史稿曾经讲了好些意见，这些意见不能够都到这里讲。总起来说，我认为写党史不能够都按照党的决议贯穿下来，对文件一一加以解释，然后连贯成文，就成为一本书。我不赞成这样的写法。因为这样写不好党史，也讲不好党史。党的历史非常生动，非常丰富。党的实践远不能用一系列的决议来说明。我不是说这些决议没有重大的历史价值，这是另

＊ 此篇是 1987 年 8 月 1 日在中共党史、中国革命史讲习班的讲话。

外一回事。因为党的实践经常要超出决议范围很多很多,在决议之外,还有我们党的全体党员,还有我们党所领导的广大的革命群众,也包括与我们党密切合作的党外人士的活动。我们党的活动远远超过这些决议。另外一方面,也有一些决议,实际上我们党并没有照那些做。有些决议通过了,而且通过时很认真,但是写一个决议(无论是好的或者不好的)是一回事,党的实践又是另外一回事。如果那个决议不符合于当时党的斗争的实际情况,那末,要实现决议提出来的要求,也是非常困难的。有些决议中有很多对于当时形势的评价并不合乎当时的实际,这些评价也有些是出自我们党的历史上很有权威的卓越的领导人。这种例子很多,我不在这里列举了。

党的路线有的时候是错误的。但是我们大家早已认识到这一点,党的历史不仅仅是正确路线和错误路线斗争的记录。在错误路线领导时期,广大的党员、干部、解放军的指战员,广大的革命工农群众的斗争不能够抹煞。他们仍然是艰苦奋斗、英勇牺牲。这一方面,我们还是要在党史里面生动地、真实地记录下来,不能够因为当时的领导是错误的,我们就把党的群众性的斗争都给否定了。这不行,这大家都知道,都同意这一点。但是,我们党史的写法好像历来就存在这样一个规矩:那一时期开了什么会议,作了什么决议,然后就怎么样;然后又通过什么决议,然后又怎么样。写会议和决议是重要的,也可以说是必要的,但是是不充分的,这样并不能够完全反映当时的实际状况。

此外,我一直主张党的历史应该对一些个人的活动(这些个人上至领导人,下至群众)有所记载。这样党史才是生动活泼的党的真实的历史。两千多年以前的司马迁写《史记》,一直到现在给我们留下了很多很多形象,这些形象不仅仅是什么汉高祖、楚霸王,还有很多很多,其中也有些在当时的社会上并不是有权的人物,并不是统治阶级。所以,《史记》就成了一个人物的画廊。我们现在当然也不能照《史记》那样写法,可是《史记》的优点我们不应当放弃。这方面的话因为我跟党史研究室的同志说过很多,所以在此就不多说了。

还有一点我刚才没有说。党史跟一定的社会政治、经济发展的历史是不能分开的,否则党的历史就得不到科学的解释,这样孤立地讲党史也不符合马克思主义的方法。大家读过马克思所写的一些历史著作,这些著作虽然不是党史(但也有一些共产主义同盟的历史),却给我们很重要的启示。我们应该坚决按照马克思主义的方法来编写、宣讲我们党的历史。这是我要说的第一个问题。

第二个问题,是关于抗日战争的研究。在这方面我自己并没有做过认真的算得上是一种科学的历史研究,我还没有这样的机会。这很惭愧,我应当做一些。但是,我看到了有些关于抗日战争历史的宣传,这种宣传包括写成书的,或表现成为展览的,还有其他的形式。今年是"七七事变"这个全国性抗日战争开始的五十周年,我接触了许多这方面宣传的问题。这方面最严重的问题,就是有些同志对抗日战争研究得越多,就越站到国民党的立场上去了。我不是在这里造谣污蔑,危言耸听,我是有实际根据的。我感觉到这样的话我有义务在这里说一说。我没有要在这个会上对这方面有关的同志当众进行批评的意思。他们也是我们的好同志,我很愿意跟他们交换意见,而且我想如果跟他们交换意见,他们也会重视这个问题。可是这个问题并不是单跟少数的同志交换一下意见所能够解决的,因为这个问题形成了一种思潮。

关于这个问题,我已把我了解的一些情况向军委副主席杨尚昆同志作了一些汇报。他说要跟余秋里同志商量一下,究竟采取什么适当的方式来把这种思潮扭转一下。这完全不是一个小事情,不是一个小问题,是个很大的问题,严格地说起来可能是一个很严重的问题。共产党员,解放军的高级干部,研究抗日战争的历史走到这么一条路上去,认为国民党是抗日战争的主体,国民政府军事委员会、国民革命军担负正面作战的这些将士从蒋委员长开始是抗日战争的主体。这样的事情,实在说我因为孤陋寡闻,我看到以后感觉到触目惊心,我实在不能够理解。我没有参加过中国工农红军,以后也没有穿过解放军的军衣,这大家都知道。我是一个文官,文官也不大,知道的有限,可是这点常识我还是知道的。

为了准确起见,我称国民党政府军。我们说惯了国民党军队,但是,这些军队历来不是国民党直接指挥的。所以,正确的名称应该说是国民党政府军。不管怎么样,从国民党政府方面来说,他们在抗战的第一阶段,从上海到武汉这一段是打了一些仗,有些仗打得不错。我们作为中国人,应该加以宣传。但是,就在第一个阶段,蒋介石的指挥以及他采取的作战的根本方针,也不能够随便加以肯定。大家都读过毛主席的著作,毛主席关于抗日战争的“两种方针、两套办法、两个前途”和洛川会议的决议。这些表明我们党的军队在抗日战争中是采取独立自主的方针的。中国共产党领导的八路军并不受国民政府军事委员会指挥,而是受中共中央革命军事委员会的指挥,这个事实绝不能够含糊。我们是承认蒋委员长的领导,拥护蒋委员长领导抗战到底。大家都知道,这个口号是一个字都不能少的。对于第一阶段,我们需要采取严格的、分析的、科学的、求实的态度,该歌颂的应当歌颂,这没问题。如上海的八百壮士、台儿庄战役等等。但是,比方说花园口决堤,这还能够歌颂吗?这还不是第一阶段的事情吗?到了武汉,就有人提出“一个主义、一个政党、一个领袖”的口号,这大家还不知道吗?这个斗争是很尖锐很复杂的,但是,总的还是在抗日民族统一战线的范围以内。在这个问题上,党内、军内(军内主要的是新四军)也是有斗争的,这大家都知道。我们的根本的观点、根本的立场是不能够动摇的。有些同志特别着重地歌颂在这个阶段蒋委员长的领导、指挥,对于八路军、新四军以及其他的抗日人民武装力量的斗争的独立自主的性质加以忽视。当然我们要宣传抗日民族统一战线,这两点丝毫没有矛盾。

到了重庆时期,发生了一系列的急剧的事变。国民党通过了《限制异党活动办法》,对于八路军、新四军、还有共产党在国民党区设立的后方留守处,大肆进攻,我们牺牲了很多值得我们纪念的同志。当然我们不是好欺负的,在毛泽东主席的领导之下,开展了反摩擦的斗争,也包括军事斗争。这也是没有办法的,他要来打仗,要把我们消灭,我们怎能不还击呢? 像这样的历史,有些同志宣传得很不够。而这种斗争不仅仅在国民党与共产党之间进行。毛主席提出了"坚持抗战,反对投降;坚持团结,反对分裂;坚持进步,反对倒退"这样明确的方针,而且在这个方针之下,进行了政治上、军事上、还有国际上的一系列斗争。国民党政府后来就把陕甘宁边区以及在他们可能有办法进行封锁的地方,一律封锁起来,不惜跟伪军合作。国民党自己的军队也参加了所谓"曲线救国"的活动,跟汪精卫,跟日本采取一些直接的间接的办法来保持接触,曾经有远东慕尼黑的危险。对于国民党的这些活动,英美尤其是美国朝野有相当多的人士(特别是在野的人士)进行口诛笔伐,不仅仅口诛笔伐,还有尖锐的权力斗争。比方说,中印缅战区美军司令官兼蒋介石的参谋长史迪威将军,对蒋介石进行了针锋相对的斗争。蒋介石就向罗斯福(对罗斯福,总的说来我们还是要评价他的积极方面,但是,他的消极方面我们也不能够原谅)提出来,蒋介石说,你是要史迪威还是要蒋介石?要蒋介石,就不要史迪威;要史迪威,就不要蒋介石。罗斯福就决定还是要蒋介石,把史迪威免职了。以后很多美国记者访问延安、重庆,他们以及美国驻华使馆的一些外交官员,还是跟周恩来同志、十八集团军驻重庆办事处保持联系，对我们表示同情。这一历史现在不容易在显著的地方看到，好像提到这些历史有碍于在当前我们争取台湾当局，争取和平统一祖国。我曾问过一些同志，究竟是哪一位决定，我得找到这位同志，跟他磋商一下。后来听说并没有人做这样的决定，没有军委哪一位同志、中央哪一位同志做这样的决定，但总还是有人这样宣传了。许多细节我不在这里说，我就举一个例子。八路军进行了一次百团大战。可是就有这样的宣传，说是叶剑英参谋长向国民政府军事委员会参谋总长何应钦报告，然后由何应钦下达了一个命令给叶剑英。这样就好像变成了百团大战是国民政府军事委员会决定的。我看到这样的宣传，实在是难以忍受。我这些意见已经讲过了，但是，我现在还得要在这个会上讲一下。我认为像这样的宣传是根本错误的，是不能容忍的，凡是进行了这样的宣传的单位应该有所检查。我提出这个要求来，并不是要求哪一位同志向我做出检查，我没有这个资格。但是，这些机构都有上级领导，恐怕最上级的领导就是中央军事委员会。这些都是中央军委直属机构，说起来不止一个，可能有几个。所以，今天我想利用这个机会讲一下。我并不是跟这些同志过不去，我觉得一个共产党员，应当把自己的心里话说出来，我愿意跟大家平等地交换意见。我刚才说话动了一点感情，本来可以说是用不着的，但是一个共产党员没有一点感情是不行的。因为照那样宣传，我们的党史、军史就没法写。怎么后来又搞了个解放战争呢？这不是抗日战争结束以后共产党要搞国民党的乱吗？现在青年人里面流传着这么一种说法。这样就把事情的本来面目搞得混淆不清。这样好像是为了照顾眼前的一种什么需要，我也可以理解这些同志有某种想法。但是这些想法无助于台湾国民党当局同共产党进行合作。不能设想，我们这样宣传，他们就会说共产党不错，就会跟共产党合作。没有这样的事情。争取台湾的人民、台湾同胞、港澳同胞、海外侨胞以及台湾的国民党当局,不是采取这样的方式所能奏效的。我们大家可以回想一下,一九三八年,我们党内也曾经有一股思潮。我丝毫没有这个意思,把目前的思潮跟一九三八年的情况作一种对比。不过回顾一下历史,对于我们今天是有帮助的。争取台湾国民党当局,不是这样争取法,这样争取没有什么作用。有些地方大修戴笠的故居,等等,这些都不是什么好办法、好主意,这可以说是一种馊主意。虽然我们在奉化,把蒋介石老家留下的一些东西保存得很好,这是有意义的。但是推而广之,都来这样的办法,像修复戴笠故居,这就把一个正确的东西发展到荒谬的地步。

当然,这方面的话,我觉得已经说够了,我不想再多说了。我刚才说的话,没有丝毫的意思不承认这些同志在抗日战争研究方面的努力,我还是尊重他们的努力。我愿意跟他们进行一些同志式的合作,友好的帮助。如果我说的话使有些同志感觉到有委屈,我说的话过分了,那么,我欢迎这些同志跟我通信。如果我说得不对,我随时愿意承认错误。哪句话说得不全面,欢迎大家指教。我从来不讲客套话,有一是一,有二是二,对就是对,不对就是不对。我说得不对,那末我就纠正。

我想说的话就到此结束了。谢谢大家。

略谈八年抗战的伟大意义[*]

（一九八七年八月七日）

　　一九三七年七月七日，日本侵略军对我卢沟桥驻军发起的攻击，引发了延续八年之久的中国军民的抗日战争。八年抗战，不但大大加速了中国革命史的发展进程，而且根本改变了近百年来中日关系的不正常状态。中国人民在战胜日本侵略者以后，通过三年人民解放战争的迅速胜利，建立了伟大的中华人民共和国。由于中华人民共和国政府、中日两国各方面友好人士、友好团体和日本政界有识之士的长期艰巨努力，也由于国际形势的发展变化，一九七二年九月二十九日，日本田中角荣首相顺应历史潮流访华，在北京同我国周恩来总理签署中日两国政府联合声明，实现了具有历史意义的中日邦交正常化。一九七八年，两国又缔结了中日和平友好条约。这样就形成了有利于和平和中日友好的远东国际关系新格局。这样的结果，是当时发动侵华战争的日本帝国主义者所万万想不到的。

　　日本帝国主义首先征服中国继而征服世界的狂妄野心由来已久。一八九四年至一八九五年的日本侵华战争（即甲午战争），招致清政府在惨败以后派李鸿章去日本签订丧权辱国的马关条约，其中

---

*　此篇发表于 1987 年 8 月 7 日《人民日报》。收入《胡乔木文集》第 2 卷。

规定割让台湾全岛及其所有附属岛屿,允许日本人在中国通商口岸任便设立领事馆和工厂及输入各种机器,中国不得逮捕为日军服务的汉奸分子,等等。日本并不是第一个侵略中国的帝国主义国家。这里值得特别注意的是,日本从此占领了我国的神圣领土台湾达半世纪之久。第二次世界大战结束以后,台湾已经归还祖国,中日建交时日本也承认台湾是中华人民共和国领土不可分割的一部分。但是日本方面至今一直有些人散布"台湾归属未定论",以各种形式进行制造"一中一台"或"两个中国"的活动。

中日甲午战争以后,中国统治阶级中开始形成了亲日派。直到中华人民共和国成立以后才永远绝迹。

在革命民主派领袖孙中山所领导的辛亥革命中,窃取了革命果实的北洋军阀袁世凯,就是一个亲日派。继而掌握北京政府的皖系军阀段祺瑞,在亲日方面尤有过之。作为新民主主义革命第一页的一九一九年轰轰烈烈的五四学生爱国运动,就是由于反对美、英、法、意、日等帝国主义列强在巴黎和会上决定把德帝国主义在山东的特权移交日本、段祺瑞政府(名义上的大总统是徐世昌)准备在巴黎和约上签字而爆发的。北京的学生反日爱国运动①,迅速扩大到全国,并且由学生罢课扩大成为工人罢工、商人罢市,迫使北京政府不得不首先在六月十日罢免声名最为狼藉的亲日派卖国贼头目曹汝霖、陆

---

① 巴黎和约关于山东问题的决定是由日本政府提议并坚持而通过的,五四运动既然旨在反对巴黎和约,而斗争的主要锋芒也始终指向日本,当然可以称为反日爱国运动。但是巴黎和会的主持者究竟是美英法等列强(日本实际上并未参战,跟美国差不多),而美国总统威尔逊的两次修正案,初则主张由和会暂行代管,继则主张由美英法意五国共管,性质仍然是帝国主义侵略,只是以五强代一强、以共管代独占而已。美国的立场打破了当时很多中国人认为欧战结束将表示"公理战胜强权"的梦想。五四运动既然反对西方列强制定的巴黎和约,所以同样有理由称为反帝爱国运动,尽管当时还没有提出反帝的口号。

宗舆、章宗祥三人的职务。斗争并没有结束，因为和约问题还没有解决。山东、北京、上海和其他各地学生、工人和其他民众，继续展开了坚决拒绝在巴黎和约上签字的斗争。旅法华工（他们主要是作为中国参加欧战的步骤而被派到法国的）和留学生、华侨等，在和约签字前的六月二十七日，包围了中国代表团陆征祥等人的住所，并提出种种威胁性的警告，致使总代表陆征祥终于不敢出席签字，并给北京政府密电："详审商榷，不得已当时不往签字。"这样，由中国学生、工人和其他广大市民兴起的反对日本帝国主义和其他帝国主义、反对军阀卖国贼的有全国性组织的群众性革命斗争（这在近代中国史上是第一次），就获得了当时所能获得的伟大胜利，论成就远远超出了辛亥革命。日本帝国主义和当时的一批亲日派卖国贼的气焰受到了沉重的打击。我们所以在这里比较详细地介绍五四运动，是为了说明，中国人民的新民主主义革命史的开端（下文将论证抗日战争是这部革命史的关键性转折），正是反对日本侵略的民族斗争；而五四运动继续深入发展的主要收获，就是成立了人民抗日战争的领导者中国共产党，随后不久又实现了第一次国共合作。

　　中国共产党在成立以后的长期历史中，进行过大量反抗日本侵略的斗争。例如轰动全国的一九二五年五卅运动，就是由上海日本资本家枪杀内外棉七厂工人代表、共产党员顾正红引起的，这次运动成为一九二五年至一九二七年中国大革命的起点。由于一九二七年国民党反动派中途叛变，对于毫无准备的共产党人、国民党左派、广大的革命的工人农民实行血腥的白色恐怖，共产党人不得不转到农村进行土地革命，建立革命的人民军队，对反动派进行了坚苦卓绝的十年内战。

　　但是国民党实行反革命统治和反革命内战的十年，也就是日本侵略势力采取各种野蛮狠毒的手段，吞并我国大片领土，视我国国家民族为无物的十年。一九三一年日本以武力侵占了我国的东北三省，继而不断向内蒙古和冀东扩张，其间还一度侵入上海。日本帝国主义的对华侵略计划，早在蒋介石叛变的当年就已经确定了。日本内阁总理田中义一在一九二七年七月给天皇的奏折中说："惟欲征服支那，必先征服满蒙。如欲征服世界，必先征服支那。"事实就是这样一步步按照日本预定的计划实行的。由于英美两国一股劲儿袖手旁观，直到一九四一年十二月日本偷袭珍珠港（当时美国正在跟日本美美地谈判着出卖废钢铁的生意）以前，日本确是自认为可以在东亚畅行无阻，并且还梦想着在亚洲某处跟希特勒会师呐。而蒋介石大声宣布"不抵抗"、大力执行"攘外必先安内"的政策，也恰好符合了日本侵略者的需要。

中国共产党从一九三一年"九一八"事变以后，曾先后尽力支持马占山将军、蔡廷锴将军、冯玉祥将军、傅作义将军所领导的局部抗日战争，长期领导东北抗日游击战争，还派出江西红军北上抗日先遣队，指挥中央红军为进入抗日前线的东征。在上述的英勇斗争中，吉鸿昌、杨靖宇、方志敏、刘志丹等杰出的民族英雄献出了自己的生命。但是直到一九三六年，即全国性抗日战争爆发的前一年，情况才发生了根本的变化。第一，中国共产党中央在一九三五年十月率领红军经过二万五千里长征到达陕北以后，向陕西驻军张学良、杨虎城两将军及其所部成功地进行了大量的抗日民族统一战线和停止内战、一致抗日的教育，从而也推动了陕西社会各界抗日救亡运动的持续高涨。陕西的这种特殊局势，已经成为全国局势发展的主要关键。第二，一九三五年底爆发的由共产党地下组织领导的"一二·九"北平学生要求抗日救亡、停止内战的爱国运动，迅速扩及全国各地各界，形成了比一九一九年的五四运动更强大的声势，很多社会名流、大学教授、海外侨胞和以宋庆龄为代表的国民党内的爱国人士，都积极参加了进来。这同样对陕西和全国的局势产生了强烈的影响。第三，蒋介石在一九三六年十二月来到西安,强迫张、杨继续"剿共",坚决拒绝他们提出的停止内战、共同抗日的爱国要求,使局势极端尖锐化。这种情况迫使张、杨扣留蒋介石("西安事变")。由于中国共产党及时派出代表团帮助张、杨,劝导蒋介石,导致这一事变的和平解决,为国共两党重行合作,积极准备全国抗战奠定了基础。令人无限遗憾的是,为促进团结抗战建立了如此功勋的两位爱国将领,张学良被国民党当局长期剥夺自由至今,杨虎城抗战爆发后回国被捕,在重庆解放前夕惨遭凶杀。

五十年前的抗日战争就是这样开始的。中国共产党无论在抗战前夕和抗战的全过程中,始终掌握着政治的主动权,我们充分肯定国民党政府军所有爱国将士尤其是阵亡将士的战功,但是蒋介石政府在抗战初期就实行片面抗战(只要军队,不要人民)的错误政策,从一九三九年起又实行消极抗日、积极反共反人民的反动政策,致使它的军队大部分几乎丧失战斗力。一九四四年即日本投降的前一年,日本侵略军还能够从河南大举进攻,长驱南下,一直打到广西以及贵州的一部,使战时首都的重庆惊心丧胆。而以蒋宋孔陈四大家族为首的官僚资本,却还乘抗战之机大发国难财。国民党反动派如此腐败不堪,不但引起了民主党派和爱国人民的极大愤慨,就连美国中印缅战区司令兼蒋介石参谋长的史迪威将军和美国驻华大使馆的许多外交官员,也都主张美国应该尽量减少对蒋介石的援助(这些援助都被蒋介石用于准备新的内战,而不用于抗日),转而实行对共产党的援助。还在一九四三年冬,深受蒋介石信任的著名爱国将领张治中就曾向蒋介石面陈:"窃谓今日可忧之事,莫过于人心思变,士气荡然。""推而至于友邦人士之批评,以与吾国邦交最亲切之美国而论,其朝野对我之讥弹,已达于令人不堪忍受之地步"(《张治中回忆录》394—395 页,文史资料出版社 1985 年版。这本书很值得一读)。
可见国民党的危机深重,名誉扫地,确是国内外一致公认的事实。

　　相反,以毛泽东主席为首的中国共产党,坚持抗战,反对投降,坚
持团结,反对分裂,坚持进步,反对倒退,加上党政军民亲如一家,艰
苦奋斗,生死与共,使抗日军民有勇有谋,愈战愈壮。今天回忆起当
年的那种如火如荼、惊天地而泣鬼神的战斗生涯,谁能不感到无比的
自豪呢?! 谁能不努力恢复和发扬抗战时期的优良作风呢? 而对于
前仆后继、英勇殉国的无数先烈,又谁能不肃然起敬,贪夫廉而懦夫
立,以他们为终身的楷模呢? 总之,中国共产党所领导的人民抗日力
量,在八年抗战中威望大大提高,力量也大大增强。在一九四三年,
共产党所领导的八路军新四军和其他人民抗日武装力量,已经抗击
侵华日军的百分之六十四,伪军的百分之九十五。到一九四五年四
月,中国共产党的党员已经由抗战前夕的几万人发展到一百二十多
万人,党所领导的革命军队(不包含数量巨大的民兵)已经由几万人
发展到九十一万人,党所领导的解放区的人口已经达到九千五百五
十万人。共产党领导下的人民革命力量在数量上虽然还比国民党的
力量差得多,但是它们所代表的质量却完全不可同日而语。一方是
蒸蒸日上,另一方是飘飘欲坠。因此,经过八年抗战,共产党实际上
已经对国民党占有潜在的优势。

　　蒋介石在抗战结束以后,一意孤行地积极准备内战,并在一九四
六年六月发动了全面的内战。他以为仗恃国民党政府军长期在大后
方养精蓄锐,装备精良,加上美国政府继续给予他军事和财政经济方
面的援助,一定可以在短期内彻底消灭"共匪"。但是历史和他开了
个大玩笑。蒋介石不但没有达到他多次延期的目标,反而在三年以
后,眼睁睁地看着人民解放军大军横渡长江,迅速解放中国大陆,他
自己只落得逃往台湾的下场。"天若有情天亦老,人间正道是沧

桑。"蒋介石王国在中国大地的溃灭，表现了历史的公正判决。物极必反。事实上，抗日战争结束时的政治军事力量对比，已经为人民解放战争的伟大胜利准备了充分的条件。但是对唯物辩证法一窍不通的蒋介石说来，这一切是永远不可理解的。

中国人民抗日战争和解放战争的胜利说明了一个真理：在中国，哪一个政党能够以工农联盟为基础，团结全国百分之九十五以上的爱国人民解决民族独立问题（由于日本邻近中国，对中国侵略时间最长，侵占的国土最广，使中华各民族的生存危在旦夕，中国的民族独立问题首先必然是反抗日本侵略的问题），同时为占人口百分之八十以上的农民解决土地问题，这个政党就一定能够领导中国，使祖国走上富强文明民主之路。在这两个问题上，中国国民党都失败了，中国共产党都成功了。中国人民再不能有别的选择。

有人说，国民党统治集团在台湾的经济发展上不是搞得不坏吗？是的，但这是由于完全不可比的历史条件。国民党统治中国达二十二年之久，人民生活在官僚资本重重压榨之下，已经凋敝不堪，哪还能谈得上什么像样的经济建设。毛泽东同志曾经举例说："过去人家看我们不起是有理由的，因为你没有什么贡献。钢一年只有几万吨，还拿在日本人手里。国民党蒋介石专政二十二年，一年只搞到几万吨。"在台湾统治的国民党，为什么在中国大陆统治了二十二年，却这样不行呢？难道这二十二年都是由于共产党的"捣乱"吗？否。国民党长期以血和剑统治着绝大部分国土。台湾只是到一九四六年才成为中国的一个省。我们承认它的经济发展，而且认识到，这种发展从根本上说，是同美国和日本的大力扶持分不开的。试问，美国和日本能够同样地对待社会主义的新中国吗？且不说几十年中它们对中国的重重封锁，就在七十年代它们同我国建交之后，相互的经济文化交往大大增加了，我国政府决心为继续扩大相互间在平等互利基础上的经济文化交往而努力，但是阳光底下仍然没有也不会出现什么奇迹。这一切还不是明摆在那儿吗？

话说回来，无论如何，如我们所已经说明的，八年抗战对于中国革命历史的发展的确具有扭转乾坤的伟大意义。八年抗战的另一个伟大的意义，就是根本改变了远东的国际政治形势。在八年侵华战争结束以前，日本帝国主义已经陷到山穷水尽、四面楚歌的地步。一九四五年八月，苏军歼灭了日本关东军并进入朝鲜。美军在太平洋战争中节节胜利，在八月六日和九日先后向日本广岛和长崎投了原子弹（众所周知这种战争手段是我们历来反对的）。中国人民抗日军队也大举全面反攻，直扑据守各大中城市的日军。八月十五日日本宣布无条件投降；九月二日，日本正式举行了投降的签字仪式。日本议会通过"和平宪法"，其中第九条明确规定："作为解决国际纷争之手段，永远放弃国家主权发动之战争与武力威吓或行使武力"，"不承认国家之宣战权"。一九四六年一月至一九四八年十一月，由中、苏、美、英等十一国代表组成远东国际军事法庭，审判日本首要罪犯，其中东条英机、土肥原贤二、广田弘毅、板垣征四郎、木村兵太郎、松井石根、武藤章七人被判处绞刑。不到一年以后，中华人民共和国就宣告成立。一向被称为东亚病夫的旧中国一去不复返了。同时，远东的旧形势和世界的旧形势，也都一去不复返了。这也证明了渺视物极必反原理的人，必然会受到它的惩罚。

日本投降前后在日本发生的种种事件，都早已过去，我们很不愿意重提。只是事与愿违，现在日本确有一些人正在故意装作忘却和妄图改变这些不可忘却、不可改变的历史事实。有些人歌颂这次侵略战争和发动侵略战争的罪犯，有些人正在制造否定东京审判的舆论。这些动向，理所当然地引起日本爱好和平的广大人民的不安，也理所当然引起曾经遭受日本侵略的中国和亚洲其他国家和地区的不安。

　　中国受日本侵略之害最深。在八年抗战中，中国军民伤亡总数即达二千一百余万人，其中牺牲者近一千万人（仅震惊世界的南京大屠杀就牺牲了三十多万人），财产损失达六百多亿美元。但是社会主义的新中国一向认为，中日两国是一衣带水的邻邦，有一千年的友好历史，两国不愉快的关系还不到一百年；而且侵华战争只是日本帝国主义的罪恶，日本人民同样是受害者。所以建国以来，一直致力于克服日本政府所设置的重重障碍，发展中日两国人民的友好交往和经济界（主要是中小企业）、文化界、科学界、宗教界、工运界、农业界等各方面的交流。我国早在一九五二年就接待过帆足计、高良富（女）、宫腰喜助三位日本议员，并签订了民间贸易协定；从一九五三年起，中国先后协助日本侨民近四万人回国，日本民间团体先后送还中国在日死难烈士遗骨共三千余具。在抚顺战犯管理所被提前释放的一千多日本战犯，也被顺利地接运回国。许多当年参加过侵华战争的日军官兵，回国后成了宣传"日中不再战"和日中人民友好的积极活动家。但是中日人民友好关系的发展，还是一再受到敌视中国的日本统治集团的阻挠。一九五八年，周恩来总理提出了著名的"政治三原则"，要求日本政府必须：（一）不执行敌视中国的政策；（二）不制造"两个中国"；（三）不妨碍两国关系正常化。一九六〇年秋成立的日本池田内阁态度有所改变，因而日本自民党的老政治家松村谦三和其他政界、贸易界人士所进行的友好活动，在一九六四年达到了一个新的阶段，签署了廖承志办事处和高碕达之助办事处互在对方首都设立常驻联络办事处的协议，和中日双方互派常驻记者的协议。一九七二年九月二十九日，中日两国政府签署的中日联合声明宣布："日本方面痛感日本国过去由于战争给中国人民造成的重大损害的责任，表示深刻的反省"。日本方面重申站在充分理解中华人民共和国政府提出的"复交三原则"（即中华人民共和国是中国的惟一合法政府；台湾是中国领土不可分割的一部分；日台条约是非法的，无效的，应予废除）的立场上，谋求日中邦交正常化这一见解。声明的条文中规定："日本国政府承认中华人民共和国政府是中国的惟一合法政府。""中华人民共和国政府重申：台湾是中华人民共和国领土不可分割的一部分。日本国政府充分理解和尊重中国政府的这一立场，并坚持遵循波茨坦公告第八条的立场①。"在这以前，毛泽东主席在九月二十七日会见了田中角荣首相，双方进行了认真友好的谈话。中日两国从此建立了平等的邦交。这就结束了中国长期遭受日本侵略的痛苦历史，两国关系也就转入了前所未有的新轨道。这是毛主席、周总理和日本有远见的政治家代表两国人民所作出的宝贵贡献。中国人民对日本为日中友好、两国邦交正常化而奔走呼号、呕心沥血的所有组织和个人的功绩，将永志不忘。

中日建交以后，中日友好关系有了新的发展。一九七八年八月，两国缔结了和平友好条约。条约确认中日联合声明"是两国间和平友好关系的基础，联合声明所表明的各项原则应予严格遵守"，并就两国今后关系发展的原则作出了重要规定，包括"缔约双方将本着睦邻友好的精神，按照平等互利和互不侵犯内政的原则，为进一步发展两国人民的往来而努力"，"两国任何一方都不应在亚洲和太平洋地区或其他任何地区谋求霸权，并反对任何其他国家或国家集团建立这种霸权的努力"。同年十月，邓小平副总理代表中国政府前往日本交换条约的批准书并进行友好访问。一九八二年至一九八三年，中日两国确认了中日关系四原则，即和平友好、平等互利、相互信

――――――――――
① 《波茨坦公告》第八条规定："日本之主权必将限于本州、北海道、九州、四国及吾人所决定其他小岛之内。"

赖、长期稳定。

　　常言道好事多磨,中日两国友好关系的发展也不是一帆风顺的。近几年来,纠纷迭起,一九八二年有否认日本对华侵略的历史教科书事件,一九八五年有日本首相和内阁成员正式参拜供奉战争罪犯的靖国神社事件,最近突出的是日本法院把中国国有财产光华寮判归台湾的事件。这些事件,显然都不利于中日两国人民世世代代的友好。

　　上述事件究竟说明了什么呢? 不外是说明,日本当局迄今为止,在一系列重大问题上,还只是在辞藻上而没有在实际行动上认真执行中日联合声明和中日和平友好条约的原则。与此同时,日本防卫费突破国民生产总值百分之一限额等动向,也引起亚洲邻国的关注和忧虑。人们不能不注意到,日本社会上有一股势力总是企图把来之不易的中日友好关系拉向后退,总想千方百计地否定日本过去对中国发动侵略战争的历史,甚至企图翻“南山可移,此案不可移”的历史定案。这种逆历史潮流而动的倾向,已经促使中日两国人民提高警惕。对于中日两国关系的现状,日本政界和社会各界的有识之士也是不满的。他们呼吁:“要回到日中联合声明、日中友好条约等原则和精神上加以对待。”大阪高等法院承认台湾当局对光华寮的所有权和管理权,“就等于承认另一个中国或者说一个独立的台湾”。“歪曲历史有百害而无一利,因为它会从根本上伤害日中友好关系,日本人的自豪感也会受到伤害。”我们深信,在两国关系的长远前途上,理智终会占上风。

　　在纪念日本全面侵华战争五十周年的今天,我们殷切地希望中国军民特别是青少年,重温这半个世纪的血泪史和革命斗争史,密切注视中日关系的动向,并且同日本广大人民一道,共同努力,推动中日友好关系能够在中日联合声明和中日和平友好条约的基础上,切实地长期稳定地向前发展。邓小平同志最近说:"中国不会改变世世代代同日本友好下去的政策,但是不愉快的事情要妥善处理。""对中日关系在历史上的纠葛,坦率地讲中国没有责任。中国强调向前看,不要找麻烦,不要引起不必要的新的纠葛,这些纠葛没有一件是中国引起的。"这些话说得多好,真是表达了十亿人民的心声!中国政府和全国军民十分珍惜中日两国的友谊,热望这种友谊不断地向前发展。这就需要不再制造麻烦。对当前已经制造的难题,有必要按照中日联合声明和中日和平友好条约的原则尽快予以妥善处理。只有不断排除前进道路上的障碍,中日睦邻友好关系才能健康顺利地发展下去,为两国人民带来幸福。孔子曰:"今吾于人也,听其言而观其行。"日本政府究将何去何从,吾人请拭目以待。

答美国记者索尔兹伯里的提问※

（一九八七年十一月五日）

三年多不见了。对你第七次访华拟写新长征的努力表示钦佩。相信会与第六次访华写成长征取得同样的成功。

你的提问很有意思。邓小平的双重贡献是十三大的重大主题之一，你写的长征也结束于一九七四年至一九七五年的邓小平的一章。在十一届三中全会路线形成和发展的道路上，一九七四年至一九七五年，邓小平、毛泽东和"四人帮"三者之间进行错综复杂的斗争过程，无疑是一个重要的时刻。

当然，邓小平以及周恩来、刘少奇、陈云、李先念等早就不同意毛泽东的许多看法。邓小平指出，毛泽东在一九五七年下半年把反右斗争扩大化，这就意味着党在一九五六年八大规定的中心任务（发展生产力，而不是发展阶级斗争，那已不再是中国政治生活中的主要矛盾）被否定了。由于以后毛泽东一直坚持主要任务仍然是阶级斗争而不是发展生产力，这样，他就走上了空想的道路。继续坚持用主

※ 此篇是1987年11月5日会见美国记者索尔兹伯里的谈话。标题是收入《胡乔木文集》第2卷时加的。哈里森·埃文斯·索尔兹伯里（Harrion. E. Salisbury）：美国著名作家、记者。曾任国际合众社记者、编辑，《纽约时报》副总编辑等职。1972年后曾5次访华，著有《长征——前所未闻的故事》等。

要力量发展经济、坚持反对"阶级斗争"扩大化的党的其他领导者和广大干部,就不得不采取各种迂回曲折的形式来与毛泽东争论,时而公开地、更多的是默默地自行其是。现在不可能作详细的回顾,那占时间将太多,只需指出,这种斗争虽在一九六六年至一九七六年的"文化大革命"的困难条件下也没有中止。只是到一九七四年至一九七五年邓小平重新居于领导地位以后,这场斗争才出现在舞台的正前方,为党内外的公众所周知。这也就是你所提问的当时政治战线斗争的主要内容。至于其他内容,即邓小平和毛泽东在约一年时间内共同反对"四人帮"的斗争。

邓小平重新进入领导岗位的过程是:一九七三年三月重任副总理;一九七三年十二月任军委总参谋长、政治局委员;一九七四年四月率代表团参加联大;一九七四年十月至一九七五年一月任中央副主席、政治局常务委员、国务院第一副总理,主持党政军日常工作。是否重用邓小平,在毛泽东与"四人帮"之间发生了尖锐的斗争,这是很自然的。"四人帮"这一名词也就是在这场斗争中(一九七四年七月毛泽东在政治局会上警告江、张、姚、王不要搞四人小宗派)提出来的。随后不久,一九七四年十月,因周恩来病重,毛泽东决定任命邓小平为第一副总理,这就使邓小平代替周恩来成为"四人帮"夺取权力的主要障碍。"四人帮"竭尽全力来阻挠邓小平的任职,但失败了,结果是毛泽东对他们更为憎恶。

毛泽东在"文化大革命"中始终没有在根本上动摇国务院的组织和工作,这表明他认识到对经济工作的组织和领导是必不可少的。此时,毛泽东进一步认识到,"无产阶级文化大革命,已经八年,现在以安定为好。全党全军要团结",这个观点被写入召开四届人大的通知中。他同时还提出"把国民经济搞上去"的要求。这是毛泽东与"四人帮"的一个根本分歧,也是邓小平得以在政治战线(同时也在经济战线)上进行重要工作并系统地展开自己的思想的先决条件。尽管抓革命、促生产的说法和一九六六年十二月《抓革命促生产的十条规定》即在工交企业中全面地进行"文化大革命"的决定，以及由此造成的组织混乱、干部损失，使工交企业陷入严重困难，但一般说来，经济工作在邓小平任职以前，也还在挣扎着前进。周恩来一九七二年至一九七四年主持工作期间，已经针对"四人帮"造成的混乱，要求整顿企业管理状况。邓小平主持工作，继续和发展了周恩来所开始的对工交企业的整顿。一九七五年二月至九月，先后召开了解决全国铁路运输问题的工业书记会议、钢铁工业座谈会、南方十二个省委书记会议和部分地委书记会议、国防工业重点企业会议。提出如下重要原则性的口号："治乱安邦，发展生产力，把国民经济搞上去"，"全党全国都要为(二十五年内实现四个现代化)这个伟大目标而奋斗，这就是大局"——这个口号就是现在要实现的第三个奋斗目标。"三项指示为纲，1. 学习无产阶级专政理论，反修防修；2. 安定团结；3. 把国民经济搞上去。"这样，邓小平的主张就获得了毛泽东的支持。邓小平接受了毛泽东的提法，只是把侧重点放在安定团结和把国民经济搞上去上面。这也当然遭到"四人帮"的强烈反对。你会注意到，这两个口号的实质一直到十一届三中全会，一直到十三大和十三大以后，都还起着指路标的作用。这里已经提到一个中心，一个基本点，另一个基本点改革开放当时还不可能提出来，只能叫整顿，实际上内容不但包含了改革，也包含了开放。当时主要是指对外贸易，首先是引进国外先进项目。这由周恩来在一九七二年初开道，毛泽东也表示赞同。

邓小平进一步突出整顿的问题，使政治战线的斗争逐步深入和扩大。到九月，斗争已扩大到全国各方面。除军队在一月已提出整顿外，工业、农业、商业、财贸、文教(文艺要调整，也就是整顿)、科技都要整顿。还提出整顿的核心是党的整顿,关键是领导班子。"必须建立强有力的敢字当头的领导班子"。

在这些口号指导下,采取了一系列重大组织措施:

1. 在军队中强调军队要统一,要整顿,清除林彪影响,不准闹派性,整风、缩编。这使军队重新掌握在老革命派的手中,成为以后粉碎"四人帮"的首要保证和首要力量。

2. 坚决同派性作斗争,对闹派性的人寸步不让。强调加强党的领导,发扬和坚持党的优良传统。这样,使被摧残的党的战斗力得以恢复。

3. 解放大批被关押、虐待的老干部三百多人,决定被关押者绝大多数要"释放、分配、补资、平反",最后撤销专案组。强调要发挥老干部、中年干部的作用,对青年干部强调"台阶"论(这在当时的意义所指是很明显的),要落实对老劳模、老工人和知识分子的政策。

4. 强调规章制度,工业要抓利润。

5. 强调教育以教学为中心,提高教师地位。否则危机可能出在教育方面。

6. 强调科学技术,指出是生产力,否则要拖整个国民经济的后腿。

这些措施收到了实效。军队大权夺回,党的阵地大为加强,国民经济自一九七五年三月后逐月好转,五、六月创月产最高水平,财政上半年收支平衡,略有节余,军工生产在七、八月召集会议以后也全面好转。

这个成就是邓小平及其他同志们在毛泽东与"四人帮"矛盾上升的情况下取得的,虽然十分难得而且说来令人惊讶,但也是基础不稳定的。关键是在:毛泽东虽然要求安定和团结,把国民经济搞上去,但仍然要坚持在无产阶级专政下继续革命,反修防修。因而邓小平的政策发展到一定时期,两者的矛盾又必然上升。邓小平对教育科学的整顿方针首先引起了毛泽东的警觉。十月,由于争论涉及某个毛泽东所信赖的人,这一矛盾表面化了,成为批邓反右的导火线。

因此,围绕究竟是要发展生产力还是要以阶级斗争为纲,这两者之间的斗争,仍然是当时政治战线的中心问题。不难看出,毛泽东与"四人帮"的矛盾为什么同样不能解决。毛泽东最后还是把权力交给了华国锋这个"凡是"派,而不是"四人帮"。毛泽东这时是空想的革命家,他所想的抓革命促生产本身是自相矛盾的。而"四人帮"和林彪一样,是假革命即反革命的阴谋家,他们只想把一切搞乱,乱得越彻底越利于他们夺权。这样,三者的矛盾都难以调和,但邓小平与毛泽东、邓小平与"四人帮"、毛泽东与"四人帮"之间的矛盾的性质是完全不同的。毛泽东是革命加空想;邓小平是革命加科学或实际;"四人帮"则是假革命加破坏和阴谋。毛泽东认识到"四人帮"有阴谋诡计,但没有认识出他们的反革命本质。毛泽东认识林彪的反革命本质也为时过晚。同样,毛泽东最后虽承认"文化大革命"遭到多数的反对,但未能认识到它本身就是绝大的错误。

上面所说的政治战线的中心问题,本身就涉及意识形态问题。因为不承认既已进入了社会主义阶段或它的初级阶段的事实,不承认既进入社会主义阶段阶级斗争就不能继续成为主要矛盾,而发展生产力就不能不成为新的中心任务的事实,这些都显然是脱离实际的空想,都显然违反了马克思主义基本原理,从认识方法(社会存在决定社会意识)和历史观点上都是如此。这也违反了毛泽东曾经作了最重大贡献的中国共产党的指导思想——毛泽东思想。

这是从实质上看。就当时的现象来说,毛泽东在授予邓小平权力的同时,多次强调要加强无产阶级专政,加强学习无产阶级专政理论,防止资本主义复辟,直到认为中国当时的社会除所有制不同以外,一切和资本主义一样:还是商品制度,工资制度也不平等,不但小生产者,连工人、党员、干部都会变成"资产阶级",因而"搞资本主义制度很容易"。"四人帮"在这方面大肆渲染,甚至把毛泽东的一些话莫名其妙地歪曲引用,引起毛泽东的强烈反感。在另一方面,邓小平在号召学习无产阶级专政理论,反修防修的同时提出安定团结,把国民经济搞上去,而且提出学习毛主席著作要学精神实质,要全面学习,反对把毛泽东思想庸俗化,加以割裂。这是针对林彪、"四人帮"而言的。邓小平对毛泽东的大量空想主义的提法保持沉默。

说到文化方面,这跟经济工作中的情况大致相同。毛泽东在一九七五年确曾在知识分子问题和文艺文化问题方面多次表示要放宽。这些表示当然为邓小平所拥护,同时也当然是对"四人帮"的重大打击。但到"批邓反右"以后,一切又倒转了。如你所知,这个倒转在一九七六年第四季度至一九七八年第四季度,就又被颠倒过来。

决不能简单地认为,毛泽东在一九五七年下半年以后就始终只是一个空想家。对此现在不作详细讨论。你已看到,毛泽东的宝贵遗产一直受到继承和发扬,这一点今后也不会改变。

对编写第二次国内革命战争时期
北京党史大事记的看法[*]

（一九八八年六月十日）

第二次国内革命战争时期，我只在北平做过两年多团的工作，对北平党史情况知道的不多，但是对当时总的历史背景，还是了解的。看了你们编写的这个时期的北京党史大事记（初稿），提出一些看法供同志们参考。

你们编写的初稿，确是费了很大努力，提供了一份北平市一九二七——一九三四年党组织，主要是市委机关人事变化的档案，但是作为党史大事记似乎缺少些什么。给人的印象是形式性的东西太多了，尽是各种领导机构和人员有过哪些变化，开过一些什么会议，作过什么决议，发过什么宣言，组织过多少集会、游行，多少人被捕，哪些人叛变，等等。看了可能会使现在的读者感到这七年多时间里，党的很多言论行动难以理解。那么，为什么还有一批又一批党员前仆后继地牺牲奋斗，并受到众多群众和青年的同情、支持呢？其实这并没有什么难以理解的地方，因为尽管当时党的领导犯了严重的"左"倾错

---

* 此篇是 1988 年 6 月 10 日与中共北京市委党史研究室同志的谈话，曾在《北京党史研究》1988 年第 5 期发表。

误,但是广大党员和革命积极分子为革命理想和人民利益而进行的斗争却是正义的,光荣的,代表了历史前进的方向。如果这个根本的事实没有得到实现,作为党史资料就很难达到教育读者的目的。

第二次国内革命战争时期的地下党组织,由于白色恐怖严重,环境很恶劣,对于客观形势很难作出正确的判断,加上思想上受共产国际和党中央"左"倾路线的指导,提出的要求常常脱离实际,行动上表现为关门主义、冒险主义。对于这些历史事实,现在我们既不能作任何修改,更不能把错误的东西看做正确的东西,如数家珍似的去一一罗列。少奇同志一九三六年写的《肃清关门主义和冒险主义》的文章,就是对这一段历史的科学分析,你们现在起码要掌握这样的衡量标准。写历史,是要给人看的;看历史的人,是要从中得到什么的。你们写大事记,目的不是把过去干的一切事包括干的蠢事都不加分析地记叙一遍。而是要对其中的重大事件和重要史实,用历史的眼光,给予科学的分析和实事求是的评价。只有这样的历史资料,才会给人们以教育,否则最多只能成为一份档案材料。

写历史不是简单地罗列历史现象,要对材料进行筛选。科学的历史观认为,历史总是要不断地重新写下去,因为随着历史的发展,人们(包括历史的著作者)的思想会不断更新,对史料的取舍、评价会有所不同,甚至大不一样。党对三十年代前期的"左"倾错误,从一九三五年起早就开始认识了,现在当然应该有更进一步的认识。我们现在是八十年代,很快就到九十年代了,回顾以往二三十年代的历史,就不能不表现出我们这个时代的历史认识水平。但是必须用新的历史眼光,去分析回顾过去的历史。我们不允许按照现在的观点或需要去重新修饰、粉刷过去的历史。

叙述历史,总是有褒有贬的。我们党在二三十年代领导群众进行的革命斗争,有盲动的一面,但决不能因此加以全盘否定。现在编辑这一段历史资料，不能一味表现那些"左"的东西，而应该把正确的有意义的东西放在主要的地位。比如党在非常困难的条件下，仍然坚持民主解放斗争，为群众谋利益、办好事，同一些上层进步人士保持、发展联系，扩大革命团结等等，这些都是正确的。没有这一段时期的工作，就不可能产生后来的"一二•九运动"。总之，在党这一段的历史，光明面还是主要的。群众和各阶层进步人士支持我们党，投身革命，证明党在这一时期的革命斗争的总方向是正确的。

用大事记体裁编写党史，首先要弄清什么是大事。有些习惯上认为是大事的，实际未必有意义，也不一定要作为大事来写，有些习惯上不认为是大事的，但对党的工作和在群众中有长远影响，却应该作为大事写进去。有些大学教授（有的是秘密党员，有的与党有密切联系），他们的许多工作虽不一定都是在党组织直接领导下进行的，但当时确实是反映了党的奋斗方向和政治影响，仍然应该当做党的活动的重要史实。不能认为，只是北平市委所做的事情才算大事，才可以写。我想，凡是党组织团结群众反抗压迫和侵略而从事的活动，包括各个共产党员在群众中进行的一切对群众有益的进步活动，只要是在北平市委工作的范围内，或者与北平市党组织有关，而又有历史价值，就都可以给予如实的记录和科学的评价。这就会大大扩大选材的范围。虽然还会受到大事记体裁的某些限制，但多想些办法总可以解决。

对于这一时期的党内斗争，记述更要慎重，否则对读者不会有好影响，对有关同志也不公正。党的七大提出批评过去的"左"倾错误，并不是说当时群众斗争包括武装斗争中的党员和群众都是错误的。即使是上面的"左"倾路线，对它负有责任的也只是个别人，绝大多数同志属于党内思想认识的问题，应该肯定他们为党做的有益工作和历史功绩。毛泽东同志在一九四四年《学习和时局》一文中，对四中全会到遵义会议时期说到,当时犯错误的同志在反对蒋介石、主张土地革命和红军斗争这些基本问题上仍然是正确的。何况现在涉及的同志在工作上所犯的错误。一般是执行中的问题,与"左"倾路线领导者的错误性质根本不可同日而语。

写党史要有政治上的观察和把握*

（一九八八年八月九日）

大革命部分的稿子看完了，看来向党史领导小组请示汇报工作，问题不大。现在面临的问题是书稿问题，特别是后一部分，还需要作重大的修改。

比如，蒋介石是怎样变成反革命的？这个问题书稿可以说没有分析。我举这么一个具体的例子，说蒋介石和汪精卫在上海开了会，汪精卫说，他要到武汉去说服国民党左派，统一到他们会议的立场上来。蒋介石呢，等不及汪精卫到武汉去活动，就发动政变了。像蒋介石是不是要等汪精卫去武汉活动，然后才决心叛变呢？显然不需要。蒋介石要反共，还要等什么？他就相信汪精卫了？好，我等你，等不及就行动了。是不是把这句话改动了，这部分叙述就行了？不行的。这里面没有对蒋介石作正确判断。蒋介石是一个人，是一个政治人物。他对于中国革命，对共产党作什么计谋，什么筹划，对于他的势力怎么发展，怎么夺取这个领导权，建立他个人的统治，他完全是有计划的，有主意的。这个计划不是在一年以前、两年以前，或者几年

---

* 此篇是 1988 年 8 月 9 日就《中国共产党历史》上卷书稿修改问题与有关同志的谈话。标题是编者加的。

以前,他就定好了。当然不是这样。但是,他的活动的方向,早已定好了。蒋介石到广州,开始掌权力的时候,这个人的面目就开始显露。应该有这种分析,不需要采取谩骂的口吻,而是作具体分析。中国近代历史上过去那些军阀,从袁世凯起,都会运用这种手段。在这方面蒋介石并不是第一个。问题是对共产党来说,以陈独秀为代表,他没有什么政治经验,就是一个书生。在中国革命这样一个复杂的环境里,他要做好党的领导,是不可能的。其他的领导人,也没有这样的政治经验。当时,因为陈独秀地位特别重要,就当上了党的领导人。党成立不久,他开始活动,他的言论就明显表露出来。随后,他在整个大革命期间,迷信群众运动。这跟他的"二次革命论"有关系。但是,他是完全幻想的。认为只要有群众运动,有工人运动、农民运动就行了。这种思潮有相当的代表性。这种思潮,在共产党中的作用,就是在应该取得胜利的时候,不敢胜利,不想胜利。如果胜利了,感到没有办法。所以,军队不要,政权也不要,就专门搞群众运动。当时党内没有人想到要在这个问题上跟他们争论,是很自然的。党是政治的组织,要进行政治斗争,就是要取得权力,起领导作用,为人民的事业来发挥作用,满足人民的需要。而在当时的革命斗争中,不想取得权力,国民党的权力不要,政府的权力不要,军队的权力也不要。首先准备北伐时就不要。等到北伐起来了,斗争很激烈,还是不要。武汉时期又发生扩大还是深入的争论。扩大就是继续北伐,到河南;深入就是就地深入革命。以后中央还是决定要扩大。这么一个根本的思想线索,在书稿中没有提。国民党为什么胜利了,共产党为什么失败了,蒋介石、汪精卫不能就这样糊里糊涂叛变了。书稿没有对当时国内错综复杂的阶级斗争形势和国际斗争形势作概括性的分析,就是一件一件事情凑起来,中间没有脉络。应该点清楚的地方没有点,应该分析形势的地方没有分析,应该分析人物的地方没有分析。就是说,有这么一种写法,才会出现刚才指出的那样的话,说蒋介石等不及了。说明我们有些同志在写党史时,没有作政治上的把握。

我还讲了书稿中行文比较沉闷。实际上为什么沉闷呢?就是条理上没有说清楚。历史变化的条理,开始部分说得清楚一些,越往后看越说不清楚,因为形势越来越复杂了。前面讲的五四运动,比较容易。对于政治形势,政治转变,就要有政治的观察。对过去的书稿作大的修改不可能,但是还是要想办法改,要讲出道理来。对于共产国际与中国共产党的关系,也没有说清多少道理。要从根本上讲清楚。共产国际对于中国革命的问题,是怎么研究的,怎么了解的,怎么领导的。共产国际派出的代表,按当时共产国际的状况,对在这样大、这样复杂的国家的革命进行指导是很困难的,世界上没有也不可能有这种力量。这个现在不是责备哪个人,问题是证明了共产国际这样的组织,要想指导中国革命,不犯错误,是不可能的。就是列宁也不可能。一个国家,一个大国革命,外国离这里相当远,莫斯科离上海很远,通讯来往困难,来的人有限,来的人又不是很重要的,对中国问题没有什么研究。而中国党,当时要革命,如何革法,面临着可以取得革命胜利的时候,完全没有安排,没有准备。当时共产国际实行集中制的领导,这样一来发生的问题就比较多。如果说,他们尊重中国党自己的决定,邀请中国党来认真研究也好些。但是他们不会这样做的。共产国际的决定,必须执行。对这样一些事,书稿上可以作出评论,不会引起任何争论,全世界都会赞成,而且中国党内早已有这种认识。

你们给中央的报告中讲到要史论结合,但是实际上没有做到。我以前说过好多次,要夹叙夹议。对历史发展的关键,要点出来。一件事一件事,把材料凑起来,而历史脉络却看不出来。比方说,五大应该讨论什么问题,没有评论,只是作一般的叙述。我去年讲过,不要用会议的决议、文件来解释历史,要用历史本身来解释历史。五大的时候,能够作出正确的决议,当时只能是什么,不能是什么。因为在五大的条件下,阻止国民党走向反动、叛变不可能。那个时候,只能准备它叛变了以后,我们采取什么对策。这种对策不能挽救革命失败,但能使失败后我们有所准备。如果离开了这种形势,单去讲没有解决那个问题这个问题。完全是纸上谈兵。好像我们编党史的只能忠实于哪次代表大会;代表大会是万能的,历史不能解决的问题,代表大会都能解决。代表大会写个决议,就能解决。如果离开了政治形势,就那次会议作了什么决议,没有作什么决议来讨论,这种讨论没有什么意思。书里缺乏形势分析,分析这个时期的整个形势是怎么样的。不只是党内的形势,而是整个的政治形势是怎样的。整个政治形势下党将失败,是没有办法挽救的,但是,可以在失败中,使我们减少损失。所以,我们不要只考虑党的一个会议、一个决议起了多么大的作用。任何一个领导机构,都不能随心所欲,一定要怎么样,就怎么样。比如我们解决物价问题,并不是我们要怎么解决就怎么解决,而是要根据当前的经济形势,各方面的形势,抓住形势中形成的历史条件来判断。在这样的形势下面,我们有什么力量,采取什么对策,怎样做才能切实可行。这个问题过去我虽然说了,同志们也知道,但是这种习惯势力没有摆脱。离开政治形势,叙述党的决议,就不能正确评判党的决议,就不能评判党的决议的成败。

对历史人物的评述,也要根据政治形势来看。比如,汪精卫怎么样? 唐生智怎么样? 冯玉祥怎么样? 这里讲国民党的左、中、右,还有资产阶级,包括大资产阶级、一般资产阶级、小资产阶级等等,这些分析都要做。但是,这些分析要因历史形势的变动而变动。有许多可变的因素,一方面是国家的整个环境,包括帝国主义和中国国内的状况,另一方面也取决于共产党的政策。共产党是坚强的,那么左派也是坚定的;党弱了,左派也就弱了。离开了党本身去评判、去责备国民党左派,这也不是马克思主义分析问题的态度。所谓中间派,没有固定的,就是革命力量和反革命力量斗争的对比中,产生的一部分中间力量。没有孤立的中间派。像蒋介石,不是他本身阶级本质变化了,而是形势变化了。他要夺取权力。他在夺取权力中,什么时候感到共产党是他最大的障碍,他就反对共产党。他反对的第一着成功了,然后就安抚一下。他是很狡猾的,很会玩弄手法。整理党务案,不是坚决的反共吗?无非是他一步一步做就是了。他走上一个台阶,然后又上一个台阶。当他夺取国民党的领导权,走上反共道路时,他就不可能成为中间派。只有他没有反共时,才是中间派。他一反共,当然就是右派了。我们讲了戴季陶是右派。当时戴与蒋的关系非常密切,书稿中没有交代。当时陈独秀、共产国际一开始对蒋就作了错误的判断,对他让步了。他反共一开始,就应当同他斗争。这点,共产党到最后才觉悟。在第一次国共合作时,党的斗争觉悟太低了。当时,共产党不了解情况,共产国际也不了解情况。共产国际长期不了解,到了抗日战争时期,还是一样,不懂得在斗争中求团结。

现在的书稿中,怎样判断当时的局势,怎样看当时历史发展的客观规律,如阶级斗争、统一战线等问题,没有写好。主要就是没有把我们已经认识的经验,消化在、表现在书稿中,没有什么思想性,所以显得很枯燥。张闻天同志写的《中国现代革命运动史》,他是按照自己的判断写的,看起来很流畅。现在的书稿,没有自己的见解。没有见解,成了资料书。书稿中还有个问题,很少有第一手资料。书稿中很少援引外国人的评论、报道,有的外国评论是根据当时报纸摘引的。说明没有看到和掌握这些材料,说明我们掌握材料太差。

中国革命有许多生动的场面,许多显著的发展、书稿中进行新的生动的叙述不够。比如,当时的武汉时期,政治生活显得非常活跃,没有很好描写。我看完了稿子,没有看出武汉当时的情况怎样。一是武汉当时的工运是一个什么样的情况,没有很好反映。一是国民党左派当时有大的发展。尽管国民党左派是随着共产党的力量发展而发展的,但有它自己的特点,这方面没有反映出来,只讲到它的消极方面。当时国民党左派在全国人民心目中间是很了不起的。为什么? 它敢于同英帝国主义进行面对面的斗争,敢于收回英租界;政府中的官员,一般说是廉洁的。林语堂参加武汉政府一些活动,他讲,这是我生平看到的惟一廉洁的政府。那时武汉国民政府中左派处于主导地位,尽管上层一些人物是一些政客、军阀,可是它的主体是革命者,出现了一些新的气象,这是一方面。还有它腐败的一方面,把它分开来。在武汉还有吴玉章、林祖涵(伯渠)、董必武、陈潭秋等一大批共产党人在工作。这些在书稿中没有反映。还有,当时党内在武汉主持工作的是哪些人,运行机制是怎样的,也没有反映。党中央是在上海,还是在武汉,是怎样工作的,这是很重要的关键。广州时期,党中央不在广州;武汉时期,党中央也不在武汉。对革命的中心(武汉),党中央没有直接参加这里的工作。这可以说,当时党中央完全是靠听报告指导工作的。这也是共产党不成熟、幼稚的表现。当时武汉地区革命轰轰烈烈地发展,党中央不到那里去,怎么领导呢? 上海虽然是全国最大的城市,问题是当时革命发展比较慢,基础也不好。党中央在上海,这样一来,指导革命就有一定的困难,不可避免地出现一些错误。陈独秀根本不是政治家。党作了决议要北伐,他以个人名义写文章反对。在轰轰烈烈的革命运动中,这样的领导人,脱离革命,存在幻想,把革命引向灾难。书上对这些事,可以作出生动的评论。

写党史要表现我们的满腔热情,革命经验是革命先烈用大量鲜血换来的，不能用平淡无奇的笔法，采取无动于衷的态度来写，要恰当地进行评论，笔端要常带感情。我上面讲的文字方面的问题，是表面现象，根本方面的问题是没有用历史的条理，用应有的党的历史的观点，用已经得到的经验教训来写，把它贯穿到书稿里去。这些经验教训不是凭空想象的，确是客观的生动的现实，需要写到书稿中去。

这几天听汇报时，还想到一个问题，就是我们党史研究的力量怎么来加强。一波同志准备写建国后的一段党的历史，我们是否可以配合他的工作，把建国后的党史写好。他回忆的东西，不完全是党史，是两回事，但是也是一个机会，他可以提供大量的事实。你们书稿的主要缺点是没有思路，你们写建国后的党史困难会更多。看力量怎么摆布，主持写各部门稿子的人，他们不熟悉党史的全部情况，改起来有困难。工作量也是很大的。我去年讲的那些问题，有些是不容易改的。

现在有一些人，不正确地评论党史，但他们有的文章写得不错呀，很有文采。现在人家看我们的稿子不能满意，文采根本不能同人家比。我相信作者也会感到这个问题。这本书稿的质量，本身就有很大的政治意义。虽然不是中央直接指挥撰写的，也没有审查，但是中央批准出版的，所以我们不要马虎。当然改起来，也不是很困难，因为并没有提什么新观点。这些观点，早已在党内成为一种指导思想，就是我们运用的问题。这些观点如果在书中体现出来，我说不需要作太大的改动。主要是在这一块那一块中间，在联接的地方，在转轨的地方，把脉络搞明白，把关键点清楚。你们可以根据现有的人力来搞。

还有，五大提到争夺领导权的问题，完全是空话。那时候全党面临着被屠杀、被镇压的前夕，还谈得上什么无产阶级争取革命领导权问题呀！党的五大面临的根本不是这个任务，这个问题早在两年前提出来就正确了。书稿说,上海区委在主席团会上宣读陈独秀要缓和反蒋的信以后,上海的反蒋斗争开始放松,汪精卫回到上海后,又进一步放松了空气。怎么能在党史上写这样的话,怎么叫缓和了空气?汪精卫、陈独秀联合宣言一发表,"人们大大松了一口气"。人们是指谁呀,松了一口气是什么意思。实际上完全不是这么一回事。当时党的积极分子非常气愤,认为这样做糟了嘛!这不是措辞的问题。措辞改了就行了,而是站在党的立场上,如何叙述党的历史。马克思的《雾月十八日》议论比较多,但对历史事实,每个历史关节都讲了,政治社会背景也讲了。我们的书稿议论不够,引用一些议论也可以嘛。比如引用一些历史的、政治的和马克思主义的论断,这样增加它的可读性。读了以后,开卷有益。不但对历史事实的了解,条理清楚了,而且提高了政治觉悟。

当然这些意见,并不是我今天突然这么说的,而历来是这么讲的。这要作自我批评,我没有集中时间来看书稿。但你们也不要满足开了几次讨论会,听了意见,以为就能改好,还要进一步努力。

张闻天同志写的《中国现代革命运动史》是一气呵成的,有极大的可读性。

光看档案资料写历史,那根本不是历史研究。书稿中讲马克思主义在中国的传播,应该写清楚当时马克思主义在哪些方面发生重大影响。比如主要有共产主义理想、阶级斗争理论、资本主义必然灭亡的观点等。中国要不要发展资本主义,这个问题当然还未弄清楚。在党成立之后,才逐步搞清楚。这些都应该在书稿中说一下。

不能说党是简简单单成立的。党成立时的这些特点,在党成立以后都是起着作用的。共产党经历这么多失败,还有这么大的精神力量、政治力量,原因就在这里。所以党能够克服种种困难前进。

在共产国际中,中国党是一个支部、一个部分。共产国际派来的人,书稿没有一一介绍。如鲍罗廷、达林、马林等是什么人,哪国的,怎么来的,都未讲。作为有水平的历史著作,这些不讲,那就太低了。还有,这些人来到中国后干了什么,以后又怎么样了,没有交代。像米夫,对中国革命发生那么大的影响,还有李德等,都未讲。说明写书的人对这些事不关心,采取冷漠的态度。

共产国际当时派到各国的人也是临时抽调的,有些人不一定很行。

主要是历史关键时期要写好。如一九二七年失败后,全党状况,工人情绪怎样,遇到什么困难。工人运动当时断线了,受到严重的挫折。

共产党员加入国民党,争取领导权,用"领导权"的语言不好,看用什么话写比较妥当。

对蒋介石不能说是"篡夺领导权",应该说是"夺取"。"篡夺"这个词国民党不能接受。在政治斗争中,蒋介石用各种手段夺权,我们当时搞不过他,不能说他是"篡夺"。

还有国民党提联共的问题,可直接引用孙中山的讲法。那时他讲容共、亲共。

书稿上讲第一军里共产党有很大势力,派了很多政治代表,声势大。实际上不是如此。那时的军队,一级服从一级,党代表、政治部主任起不了多大的作用。所以,当时共产党作了一些傻事,在蒋介石看来,共产党是些笨蛋。

这些方面不要作很多议论,而是要讲得有分寸,不是信口开河。

大革命失败,完全是符合历史逻辑的,必然的。

党史要写清楚历史脉络[*]

（一九八八年八月二十日）

注释可以成为书中一个重要部分。在正文中不便说的，可以在注释中说，注释里可以提出一些见解。看了注释等于看到了索引。一部书看了以后，要使人感兴趣。比如索尔兹伯里写的《长征——前所未闻的故事》，讲到某个人时，就讲他是某个省某个县的人，干过什么事情，读起来使人感到很亲切，随时给人以知识。所有的人、所有的事都可以在注释中说明。比如说共产国际的代表，现在我们连他的国籍、经历都没有写。注释的情况实际上也反映了我们写作的水准。注释得好，说明我们对有关的事情有一种寻根究底的态度。否则，显得我们对一些事情怎么来怎么去的讲不清楚。就人物来讲，外国人是这样，中国人也是这样。

对党史本身，主要是头绪要清楚，这一点是整个党史书稿的主干。看了《中共党史研究》上《论大革命时期陈独秀与共产国际的关系》一文（载一九八八年第四期），像这样的文章就讲得条理分明。陈独秀对共产国际的指示不是机械地执行的，在哪些方面他是按着

＊　此篇是 1988 年 8 月 20 日就《中国共产党历史》上卷书稿修改问题与有关同志的谈话。标题是编者加的。

自己的方向执行的，文章提供了一些重要的观点。共产国际当时对蒋介石的态度，明明蒋介石已经反共了，却认为北伐重要，蒋介石的问题就不重要了，所以对蒋在策略上采取让步。实际上蒋介石已经同我们撕破脸了，而我们没有同他撕破脸。蒋介石看到共产党可以欺负。我们当时确实有一些书呆子的想法。蒋介石的想法不是后来才有的，中山舰事件就是一个试探。我们书稿对中山舰事件没有讲清楚，应该讲得有声有色。土地革命战争时期，国民党已经反共了。怎么分析国民党，在这个地方要讲清楚，以后没有其他的地方写了。

对于蒋介石的统一要作出评价。全书要有一个统一的布局。从辛亥革命后，中国没有统一过，蒋介石做到了。有的人对这一点是肯定的、赞扬的。究竟蒋介石统一还是没有统一中国，这个统一起了什么作用，要作一点实事求是的分析。再一个就是蒋介石所谓的搞建设，他说这是为抗日战争作准备。这个问题我去年在讲习班上讲过。当时有一个人写了一部稿子，前面有一个序，引用了陈诚的话，说一九三六年国民党为抗日作准备到了高潮，在各方面都有很大的进展，在政治上、军事上作了准备。这个问题是国民党理论的核心。这段话还有一定的能说动人的地方。因为国民党后来抗日了，日本也把蒋介石当作对手，认为蒋介石是要抗日的。所以，对蒋介石的统一，对蒋介石所讲的准备抗日，到底是不是把中国推到了比较进步的方面，或者说至少比北洋军阀时期要好。对这个问题要作分析，不能讲在蒋介石的统治下一个问题都没有解决，光这样讲，理论的力量不够。这种话我们党早在六十年以前就已经说了。我们不能停留在这个水平上。对国民党二十年的统治要有一个评价，否则共产党的历史就不好评价了。国民党的统治到底怎么样？人民的反映到底怎么样？对国民党二十年的统治，从一九二七年到一九三七年是十年，要有一个科学的分析、判断。这种分析、判断应当是能在历史上站得住

的。没有这种分析、判断,共产党的十年斗争就得不到理论上的解
释。为什么大革命失败以后,在国民党统治下人民有斗争,国民党内
部也有分化。这种分化有的是国民党军阀争权夺利的问题,但是逐
渐地有些斗争就带上了民族色彩。像福建事变、两广事变、冯玉祥的
抗日同盟军、西安事变等等。这些情况说明国民党是不能解决民族
斗争问题的。另外,在社会上邓演达、杨杏佛、史量才这样一些人的
出现,也说明蒋介石血腥的统治是解决不了问题的,人民是要反抗
的。像宋庆龄的表现,就成为一种道义上的力量。国民党也没有办
法对付。搞特务监视,但也不敢把她怎么样。因为国民党确实有弱
点,有的弱点被宋庆龄抓住了。要说明国民党虽然背叛了三大政策,
但是正义的呼声并没有消失。像蔡元培,开始是赞成清党的,以后也
参加了民权保障大同盟。这些方面也需要说清楚,这也是党史里重
要的章节。现在的书稿对于当时民族斗争的状况、社会上政治斗争
的状况,没有用适当的篇幅铺叙。总起来讲,对国民党一九二七年到
一九三七年十年的统治,要有比较周到的分析,当然不是写独立的著
作,而是要放到党史书稿中。这是我们党史书稿中一个必不可少的
组成部分。书里讲了辛亥革命的形势,篇幅较多,大革命以后的形势
不应少于这个部分。因为这一时期的形势对党以后的发展更重要。
这个形势讲清楚了,陈独秀的取消主义为什么是错的,"左"倾为什
么是错的,就好说清楚了。在蒋介石统治下,后来他引进法西斯主
义,这是一个很重要的动向。这个事情在人民中间,在各种社会力量
中间,必然会引起各种反响。但是我们党没有注意这种变化,反而说
这些中间势力更危险。当然改组派没有什么社会力量,它是国民党
里面的一个派别,同蒋介石争权夺利。对第三党就不能这样看了。
民族资产阶级当时没有搞出有力量的派别,民盟的成立是在抗战的
后期,一方面是日本的侵略,一方面是共产党的壮大,这是后来的事。

可是,在当时就已经出现了救国会这样强大的社会团体,这就是一个重要的社会现象,这种现象应该加以反映。所以我们对国民党的统治需要有一个说明,可以集中地说,也可以分开说,怎么说,你们再去研究。

书稿中写了六大,写了瞿秋白、李立三,也讲了农村包围城市,然后再讲秋收暴动、广州暴动、井冈山斗争、古田会议。这样写法有点不是很顺理成章。前面讲的是原则,后面讲的是历史,到底应该怎么组织法,值得推敲。

对国民党的写法也可以分段说。比如前面说一段,"九一八"说一段,要把国民党统治的实际情况和当时社会的政治、经济情况作一点解剖,说明当时客观形势是怎样的,那么党的主观努力是正确的还是错误的,充分的还是不充分的,就容易看清楚了。

党的历史线索要搞清楚,这是修改书稿中最重要的。把历史的脉络写清楚了,书就容易看下去,所以要在这方面多费一点力。可能解放战争时期好写一点,因为时间比较短,而且主要是国共两个方面。抗战时期就不同了,形势的变化比较大,头绪比较复杂,有国民党方面、日本方面、美国方面等等。

关于书稿的修改,一是几个方面提点意见,修改补充。二是党史本身的脉络要搞清楚。三是要搞一些叙事。就是直接叙述一些生动的史实,而不是通篇都是枯燥的论述。或者可以引述一些有价值的生动的史料。或者对有些问题、有些事件进行描写,这样使书看起来有血有肉。不仅逻辑关系要写清楚,而且要尽可能的有血有肉。当然这里有一个选材问题,所选的材料不能是大家都习见的,当然也不能都是第一次发现的材料,应该是从大量的史料中去选择、去剪裁。在书中有一些历史发展过程中的直接镜头,让人看了以后有一种身临其境的感觉,有一种历史再现的感觉,还可以对群众斗争作些描写。当然也不需要一大段一大段地写，而是应该在这里有一小段，那里有一小段，这样使书有色彩。我们党的历史上有许多可歌可泣的人、可歌可泣的事，所以我们也应该有可歌可泣的文。这样，书一打开，显得比较精彩，能够感动人。要使得历史上动人的事情，在书中也是动人的，不要变得平淡无奇的、枯燥无味的。不要使人感到过去的事情、过去的人物、过去流的血、过去的惊涛骇浪，没有如实地表现出来。我们的叙事应该是隔两三页就有一段。这样读者看起来就不会感到沉闷了。这个工程不小，要得其会心。像联共（布）党史也还注意引用一些歌谣、谚语，我们要使我们的党史书读起来有精神、有感情、有议论，对这样的书人们的评价也就不一样了。这不是我们给自己出难题，我们有责任写出这样一部书来。这个工作要分散着来做，哪部分由哪些人来做，要有分工。例如，过去有个史学家张荫麟，在《大公报》上写了一篇文章，说鲁迅写的《为了忘却的记念》，这篇文章的确是把国民党时期专制的历史记下来了。找不到一篇文章看了以后可以像这篇文章那样让人相信，那样吸引人们的同情。这个当然不容易了。鲁迅的杂文就很注意这一点，他把历史事件记录下来，立此存照。我们的书中不能单单引用鲁迅一个人的文章。实际上这种作品是很多的，如果我们注意这个问题，可以利用的材料是很多的。当时报纸上有一些著名的有影响的文章、评论，其中包括胡适、蔡元培和其他人的。复兴社出的一本专门讲政治间谍的书，讲特务是如何的神圣，中国的前途就寄托在他们的身上。这种书也是可以利用的。后来还出了希特勒的《我的奋斗》。过了两年，他们感到对法西斯主义的鼓吹太过了，又说些圆场的话，像这样的材料都是可以利用的。

党对于一些思潮的反驳，从无政府主义到国家主义、戴季陶主义、取消派，到对日本的主张，都要有些段落来说明我们到底是怎么样对他们批驳的。一九三五年,徐道临写了《敌乎? 友乎?》,就是鼓吹中国对日妥协和解的。当时,他是政学系的政客,现在他在台湾。当时国民党就是不准讲抗日,所以杜重远等要被抓起来了。国民党怎样谩骂共产党的话,也要引用一点,这样才能激起读者对这个问题有一种想法。共产党实际上是怎么样的,国民党清党的时候对共产党又是怎么诬蔑的? 这是一部血泪史,要写得惊心动魄。当时国民党讲的话要引用一些,说明国民党是那样的忘恩负义。对屠杀现场的场景也要有一点描写。有些问题,《东方杂志》是有记述的。《东方杂志》社中当时没有几个共产党员,胡愈之也还没有入党。"四一二"大屠杀时,《东方杂志》的编辑们上班路过闸北,看到屠杀情景,于是就写了文章。就是要把这些材料利用起来。书稿对这种事情写得不能太平淡了,这是一部痛史、伤心史,怎么能够让人读了不伤心呢! 司马迁写《项羽本纪》,现在看起来当时的情景还可以感觉出来。我们所描写的历史场面,比那个要壮阔得多了。所以要有一些铺叙,没有一些必要的铺叙不行,显得我们对这个悲壮的历史太冷淡了。对悲壮的历史,要有悲壮的感情,要用悲壮的文字来表达。当然这还是历史书,并不是要另外去写一些谩骂的话。还是要用一种客观的叙述,但对于这些事情,我们应有的愤慨是要表现出来的。陈伯达写的《窃国大盗袁世凯》,看了以后,让人感到袁世凯这样的人确实可恶,确实是寡廉鲜耻,做了这么多的坏事,嘴上还大讲仁义道德。对蒋介石也要有这种笔墨。所以要掌握这些史料,否则就要把那些熟知的材料炒来炒去,炒冷饭。不是利用第一手资料,书的学术价值就差了。有的书没有多少学术价值,但是有比较高的阅读价值。比如说索尔兹伯里的《长征——前所未闻的故事》和斯诺的《西行漫记》,这些不见得有多高的学术价值,但是有阅读价值。我们写党史要两方面都顾到,既要有学术价值,又要有阅读价值。党史是我们党所参与创造的中国历史,这段历史从一九一九年到一九四九年,这三十年来的变化是很大的,所以我们写这段历史,要让人感觉到有很大的气魄。

这本书的篇幅很大,但是还要给人看到是一以贯之的,是一气呵成的,观点是一贯的。当然文字表述还是次要的,主要是观点和材料要弄清楚、弄准确。胡绳同志讲过,每一段都要有一个思想。我看《中共党史研究》杂志编得不错,许多文章是有思想的,看了文章以后就可以把一个事情弄清楚了。我们的党史书稿应该让人感受到,看了这部书,原来不清楚的,看了以后就清楚了,读过没读过大不一样。这个刊物编得不错,有些作者能不能想办法能够调来的就调来,调不来的就约他们写些东西。比如说《论大革命时期陈独秀与共产国际的关系》这篇文章,就引用了一些陈独秀的话,看了以后,让人感到对这个人的分析不是出于一种偏见,而是从历史事实中得出来的,他就是这样一种人。关于红四军"七大"这篇文章写得也不错(载《中共党史研究》一九八八年第四期),把这个事情的经过写得详详细细,这就说明古田会议不是突如其来的。文章还讲到当时红四军"七大"选举前委书记是不对的,因为前委书记是中央指定的,红四军"七大"没有权力改变中央的决定,这也是一种极端民主化的表现。这也说明红军要搞根据地是不容易的,当时党和军队内部都有许多问题,几乎要把赣南闽西丢掉了,这是个很大的事情。

在北戴河见到刘英同志,她本来是湖南女学生,大革命失败,到上海向中央汇报情况,后被留下,又派到莫斯科去学习。恩来同志提出中国缺乏无线电的技术干部,要抽出一些人去学无线电,刘英同志被抽调了。所以,那个时候苏联还是帮助中国训练了一批干部。回国以后她被派到中央苏区工作。我听她讲这些经历时,就想到共产国际在组织上工作上对中国党还是有帮助的。尽管共产国际做了很多错事，但是单讲它帮助中国建党、实现国共合作还不够，还应该说对党的实际工作起的作用。这个话怎么讲，还可以研究。刘英同志与易礼容住得很近，易礼容今年九十岁了，原是个老党员，他同毛泽东一起建立新民学会。大革命以后他消极了。这个人有一个很大的好处，他的记忆力还很好，李维汉同志晚年整理回忆资料，许多问题都请教于易礼容。如果你尊重他，他什么都讲；如果你不尊重他，他什么也不讲。党研室要多做这方面的工作。关于大革命的一些事情，如果不清楚可以去问他。这个事情要抓紧，因为他已经九十岁了。易礼容要比罗章龙好。虽然他后来消极了，但没有做过对不起党的事情，没有做不利于党的事情。对于大革命时期，特别是武汉时期的问题，你们可以准备一下，去访问他。一次不行，可以谈几次。这样的人现在很少了。要把党史写好，除了书面材料，口头材料也是很重要的。我在北戴河找过刘英同志，回北京以后还要去找她，有很多事情她是知道的。长征时她是中央纵队的，管中央机关队伍，后来同洛甫结婚了，知道的事情就更多了。她身体好，头脑也很清楚。这样的同志要多找一些。特别是有些事有几种说法，这些说法又是不协调、不一致的，找一些人把这些问题问清楚，就更加重要了。

先讲清政治形势，才能讲清党的政策[*]

（一九八八年八月二十四日）

书稿逻辑层次不是太清楚，越往后看越感到是个问题。我们拿出的书稿一定要代表国内现在研究的较高水平。达不到这个水平不行，说话的人会很多。这是一个总的要求。不满足这个要求不行。

看关于内战时期的书稿，前面几章次序交叉太厉害。一个是从南昌起义、六大，讲到古田会议；第二讲到具体问题时，比如土地问题，又是开始怎么样，后来怎么样；讲红军战争又从头说一遍。这样写不容易看清楚。还是要一段一段地说，重点说哪几个问题。把这些问题历史地联接起来。中间需要有点调整。

讲到反对日本侵略，要单独写一段，从十九路军到福建人民政府，到抗日同盟军，这是三十五年前的一些重要事情。比如冯玉祥抗日同盟军这件事，完全是党在里面起作用的。日本侵略中国后，发生局部抗战，这件事在党史上要放在显著地位。十九路军淞沪抗战，党中央做了大量工作。在上海成立了反日会，这个组织是公开的，国民党也不能禁止。我们做了大量的援助十九路军的工作。蒋介石面临

---

[*] 此篇是 1988 年 8 月 24 日就《中国共产党历史》上卷书稿修改问题与有关同志的谈话。标题是编者加的。

民族斗争的形势，采取不抵抗主义，而共产党对抗日是积极的，不过共产党采取了"左"的做法，因此，局部的抗日斗争没有得到应有的发展。这三件事要单独写。

党史是要给人民看的，不要光讲怎么反"围剿"。吉鸿昌是个烈士，但我们只提了一下他的名字，这里要认真地写一下。这是一个很重要的发展，应当把他放在重要的位置上。不要有宗派观念，只看到我们自己，还要讲到全国的抗日运动。在这一抗日运动中共产党是主体，但也有很多非党员，不仅有学生参加，还影响到民族资产阶级。救国会的前身，就有许多知名人士的抗日爱国活动，如沈钧儒、邹韬奋、陶行知、章乃器等，他们并不是到了一九三六年才开始活动的。宋庆龄的活动也应有所记述。

九一八后形势发生变化，人们对国民党强烈不满。一部分就是抗日运动，一部分就是局部抗战。应该先把这种政治形势讲清楚。然后再写四中全会以后党的政策。在这样一个基础上来讲我们党主张抗日是光明正大的，是站在人民的立场上。所以，讲清整个形势，读者自然会感到在这样一种形势下，四中全会以后中央采取的"左"的政策是错误的。共产党在这里并不是没有做工作，许多党员和党的组织做了大量的抗日救亡工作，只是党中央的错误领导未能使局面有大的发展。总之，党史不要只讲党中央这样正确，那样错误，还是应把人民的斗争、党的斗争，热气腾腾的局面反映出来。不要光是冷冰冰地下判断，哪个对，哪个错，好像共产党做的坏事比好事还多。要讲清共产党犯的这些错误是同国民党的高压政策有关系的，当然也是党的幼稚的表现。正是在这种民族斗争的形势下，蒋介石把反共斗争提到第一位，说威胁他的地位的远远不是日本的入侵，而是共产党。书稿首先要说明蒋介石就错了，人民是要抗日的。蒋介石采取不抵抗政策，引起人民的强烈不满。这时已有了抗日的形势，已经发生了各种抗日运动、抗日斗争,而对这些运动、这些斗争,共产党并不是没有参加,甚至像抗日同盟军,如果没有共产党还搞不起来呢!把这些反映出来,更能说明那时党中央"左"的东西是错误的。

写党史要有三个新的态度[*]

（一九八八年九月八日）

"三二〇事件"中蒋介石也很恐慌，成天担心把他赶走，他自己也准备走，所以那时如果共产党比较强硬，局面就会不同。比如说当把李之龙抓起来，把苏联顾问包围起来时，我们党这时候完全有理由反击。如果反击就成了国际问题。因为苏联是援助国民党的。一强硬，至少可以把蒋介石的职务免掉。孙中山成立黄埔军校时，原来也不是让蒋介石当校长，是让蒋介石当副校长，要程潜当校长，以后蒋介石以不干作要挟，才当上校长的。当时如果真的把蒋介石的什么职务免掉，当然搞出来的人还是会反共的，但是力量就分散了。主要是共产党要把脚跟站稳，共产党不能随便受欺负，一碰就缩回去，就会受人欺负。蒋介石要吃掉共产党的计划早就说过：共产党要不就全部加入国民党，要不就全部分出去。这话他已经摆出来了，蒋介石的立场很明显，共产党没有注意。所以当时共产党硬一下，究竟什么结果不好说，但硬一下的可能是完全有的，并不是完全没有。共产党为什么没有硬一下呢？因为本身就相当混乱，相当软弱。这个软弱

---

[*]　此篇是 1988 年 9 月 8 日就《中国共产党历史》上卷书稿修改问题与有关同志的谈话。标题是编者加的。

也很自然,因为共产党不像国民党,它并没有什么政治斗争经验。共产党的经验就是搞工人运动、学生运动,所以真到与国民党合作,究竟怎么办,本来就没有什么章程。要反击蒋介石,当时党内没有这种思想准备,虽然有些同志提出来,但党的思想上没有这种准备。汪精卫也没有准备,也不敢跟汪精卫谈这些问题。所以不仅仅是陈独秀一个人的问题。比如说陈延年一般说来比陈独秀要坚决,但是陈延年也没有准备,苏联顾问也没有准备,共产党员当时不可能做到人若犯我,我必犯人。这一点是在打了若干年仗以后才说出来的。但当时有这种可能,就是不买蒋介石的账。这就要求共产党要有一个坚强的领导核心。不买账,谁不买账呢?周恩来没有这种地位。即使有这种地位,也下不了这个决心,要征求党内其他同志的意见。

党史书要把党的历史一步一步如何演变的脉络写清楚。在讲新民主主义论这一段,介绍了《新民主主义论》《中国革命和中国共产党》《〈共产党人〉发刊词》这三篇,显得分量太重了,这是大家都知道的,看到这里就不想看了。怎样从文山会海的格局中走出来,这样才能使读者一方面感到轻松,另一方面感到是老的历史,新的探索,新的见解,新的表述,这样就会对书有新的评价。当然,会找出这样那样的毛病。但从一部历史著作的评价看,有一种官方的档案汇编的感觉,要走出一条新的路子。这一走,就要花大的功夫。每个问题都要想清楚。熟悉材料才能提出新的方法,否则新的表述方法不敢提出来,不熟悉,站不住,提出来人家就会反对。

现在的写法是摆材料多,思想体现不够。可以把当时的争论写出来,不必提出哪一个人。红军从南昌起义开始就是人民军队。人民军队是就党的领导来说的,但党的领导并不只是一个组织的概念,共产党员在那里领导还不够,真正形成一支人民军队还要做许多事情。这里用不着处处标出来,说毛泽东的意见如何正确,而是要说,要搞根据地,要有土地政策,要有政权,军队与党、与人民是什么关系,这不是三言两语所能说清楚的。在实际斗争中,旧的习惯、旧的传统非常顽固,要改变很困难。如官兵关系、军民关系等等问题都很复杂,单靠游击战争的十六字诀并不能解决这些问题。十六字诀可以解决打仗的问题,并没有解决要不要革命根据地的问题。根本不要根据地打仗,十六字诀一样可以适用。提出军事方针是重要的,但不够。如果停留在这个水平,红军发展不起来,根据地也不可能形成,抗日战争也搞不起来;抗日战争搞不起来,解放战争也搞不起来。抗日战争为什么能搞起来? 就是已经有了这么一个传统,有了这么一套法宝了。确实是星星之火,在建立红军时慢慢地摸索起来的。遇到敌人怎么办? 就得依靠群众。怎么依靠法? 说农村工作要成为中心,军事工作要成为中心,如果孤立地提这种问题,还是成不了中心。要成为中心不是很容易的。城市工作固然很困难,但农村工作也很困难。没有军队不行,有了军队也还会有许多困难。所以南昌起义的军队,从后来的经验看,应该到农村去。如果真的到农村去,一时也不会有很好的结果,可能保存的军队多一些,但不一定会打胜仗的。因为不是马上就可以把根据地搞好,武装斗争与农村根据地建设不是一下子就能结合好。遇到困难没有办法就搞一省数省首先胜利。你也不能说他不把重点放到农村。以农村为中心这套想法是一个实践的过程,毛泽东本人也有一个实践的过程。党在革命实践过程中、探索过程中,不断发生争论。这种争论是很自然的,不发生这种争论倒是不可信的。把这一争论写清楚了,就能讲清楚红军是怎样发展的。

　　抗战时期,西安事变中蒋介石所答应的东西,或者说宋子文所答应的东西,等到张学良陪蒋介石到南京,就推翻了。比如释放爱国领袖,直到七七事变以后,七月下旬才释放。那时不释放也没有办法了,苏州都保不住了,他遇到危机了。很多共产党员也是到那时才释放。要不国民党还不释放呢。抗日后,国民党不得不承认八路军的番号,但要它开赴前线时必须经过什么路线,还是要把它一个一个地消灭掉。所以抗战一开始,斗争就很尖锐,很困难。不能造成这样一种印象,好像抗日战争初期蒋介石抗日是坚决的,国共关系是很好的。不是那么一回事。蒋介石在西安事变中不肯在谈判协议上签字,说如果签了字,他就不能做领袖了,威信扫地了。实际上是假的,只是一种说法而已。所以说王明对国民党存在幻想。他根本不了解国内政治,他讲了那一套东西以后国民党应有点反应,实际上毫无反应。国民党知道利用王明实际上没有多大用处,并不给他什么好处。他的讲话发表不久,国民党就宣传一个党、一个领袖、一个主义。所以毛主席经常讲这样的话:胭脂水粉,梳妆打扮,送上门来,一个巴掌打将过去。蒋介石还要共产党、国民党组织国民革命同盟会,蒋介石做主席。当时共产党赞成,拟定了共同纲领,蒋介石看了,还改了几个字,但他还是不签字。这说明对国民党,我们并不要丑化它,它本来就是这样反动。共产党如果不采取以斗争求团结的方针,八年的抗战局面都维持不了,和平民主新阶段也实现不了。虽说不能从中山舰那时算起,但也差不多。蒋介石每一次胜利了,就一步一步地压制共产党,以不变应万变。这说明阶级斗争不是人为造成的,不是共产党造出来的,是客观存在的事实。

对于这个书稿,我看完以后想了那么一些意见。不过这些意见是否有道理,能不能做到,可行性怎么样,还要请你们考虑。

党史要跟政治史、军事史相区别。党史是党史。这样,跟党史关系太远的事情,就不能成为党史的正式的篇幅。比如说抗战初期描写正面战场的篇幅太多了,就使党史写成了抗日战争史。像辛亥革命后的中国社会,篇幅也是太多了些。因为只要写出党成立的根据是什么就可以了。中国革命的问题,反帝、反封建的民主革命问题没有解决,中国有了资本主义,有了资产阶级,有了工人阶级,有了马克思主义,有了反帝、反封建的群众基础,这样,党就产生了。所以写法上,最好不拿出单独的一块来讲辛亥革命。因为党史是一个特殊的体裁,自始至终应有一个统一的体例。当然,每一个时期,革命发展的政治形势要交代清楚。这是从形势来说,不是叙述那些政治军事事件本身。

我们现在写的党史,要考虑到现在的形势,要有一些新的面目。一个要多用一些新的事实,对于这种事实一定要有新的见解,对于事实的描述和分析要有新的认识,新的思想,并且要充分利用现看的材料。已经发表的材料和没有发表的材料都要用得比较充分。这样,表明党史是在掌握了充分材料的基础上写的。包括尽量地利用党外的和国外的记录、述评、评论。这样说明党在八十年代出的党史,对共产党的历史研究,达到了这样一个水平。这个水平不能说是我们自己在拔高,而是水涨船高,已经有那么多水了嘛!我们不能在这个水面之下,船要比水面高。如果我们没有充分运用水的浮力,我们就会要落到水平面的下面去。这是从书的一般的写作、编辑方面来说的。

从内容上来说,从实质上来说,我们应有一些新的态度,什么新的态度呢?

第一,要讲清楚党在人民中间奋斗,是在群众斗争的基础上引导斗争,密切地依靠群众取得胜利的。因此党的斗争不能跟人民的斗争分开。有些人民斗争跟党没有关系,这是因为党的力量不够,或者因为党的政策不对,党没有跟人民斗争去联系。这些我们也应该写出。有些不是因为我们的政策,而是因为我们的力量达不到。有些人民斗争是独立的,在我们写党史的时候,要意识到存在这样的斗争。我们要给读者一种印象。中国的读者,或者是共产党影响下的读者,或者是对共产党不那么同情的读者,国内有,国外也有,他读了以后感到共产党是尊重人民的。他们写的历史是尊重人民的,并不是眼睛只看着自己,就像照镜子,只看到自己,而是左顾右盼。人民斗争跟党有联系的也很多,这是主体。联系也有联系得正确或不正确,联系得充分不充分的问题。人民在发生什么变化,党是不是跟上这个变化,是不是意识到这个变化,这就是在判断党的领导是不是正确。历史的事实也证明,人民的斗争得不到共产党的支持,得不到共产党的领导,这个斗争发展不起来,会失败。我看了《蒋介石生平》里面讲了四个青年暗杀汪精卫的事。他们本来是暗杀蒋介石,因为蒋介石没有出面,所以没有办法,只好改变主意。因为行刺的主角已经服了毒药,如果枪不发,他也完了,所以只好打了汪精卫。这四个青年一个死了,有一个后来到了延安。当然,这算不上什么了不得的人民斗争,但说明这四个青年人认为蒋介石是中华民族的敌人,不消灭蒋介石,中国就没有出路。跟这件事相类似的,比如说续范亭到中山陵剖腹自杀,就是反映了人民的一种情绪。对于人民的这样一种强烈的情绪,对于国民党的统治不能忍受的情绪,在我们这本书里表现太少。以为这跟共产党没有关系,所以在党史里没有地位。我觉得我们应当写。把人民的情况,人民生活在水深火热之中要求斗争的情况,在每个时期都把它表现出来。在这种情况下,共产党就有责任,应当把自己的工作做好,应当深入群众,应当反映群众这种革命的要求,加强跟群众的联系。我想我们现在写党史时,要有这么一种精神。全书要有这么一种精神,这样,国民党也好,美国人也好,随便哪一个人,对党有这样那样意见的人,他看了党史后,觉得是把人民放在书的中心。

　　其次,党是依靠跟党密切合作的人共同奋斗的,跟共产党合作的人应当在党史里面有他们的地位。其中有些人后来加入了共产党，没有加入共产党的那些人，也是共产党的亲密战友。比如说宋庆龄，宋庆龄同志在内战时期大部分时间是跟共产党有联系的，在上海的时候，她做了很多的工作，但是在党史里面没有表现。还有鲁迅，转变以后的鲁迅完全是跟共产党密切联系进行工作的，鲁迅成了地下共产党员找关系的一个联络站，哪个人失掉了关系就找鲁迅。从中央苏区或者是其他苏区，或者是延安到上海的共产党人，也要找鲁迅。像这样重要的人物，他的活动就是党史的内容，不应当把他避开。不应当仅仅说他的左翼文艺活动，那仅仅是一小部分。共产党应该有这种胸怀。这还不仅仅是个胸怀的问题，应该完全有这种立场。他们的工作就是党史不可分割的一部分。像这样的人，宋庆龄、鲁迅，当然是突出的，以后还有邹韬奋、沈钧儒等七君子。邹韬奋后来完全是按共产党的要求去活动的。就是没有和党发生关系的时候，他的活动我们也应该表现。国民党左派如武汉时期的陈友仁，是完全应该歌颂的，当时他反帝是很坚决的，以后表现也不错。西安事变，是许多共产党员和党外人士长期做工作的结果。到后来政协中民主党派的斗争，都应该成为这本书的正式的篇幅，不是捎带说说的。当然也不是说他们同共产党一样，他们是和共产党一起合作的。共产党的斗争不能离开他们。如果不写这些人，会显得我们有宗派情绪，有一种狭隘的观点。这些人没有加入共产党，但他们的活动跟党的方向是一致的。这样的人，无论哪个时期都很多，我们在党史里面不可能都写，但有些重要的应该写。

邹韬奋的影响，联系群众之广，那是很少有人比得上的。他从办《生活周刊》，然后办生活书店，办《大众生活》，《大众生活》之前办《新生》。以后，在内战时期的流亡，后来在抗战时期国民党就把他当做一个眼中钉，就想把他拔掉。对他的压迫跟对共产党人是一样的,这样的共产主义者,因为他当时不是党员就不写他,不给他一个充分的表述,只是在讲到"七君子"时带过一下。如果是这样的党史,不公道,不公平,我们要想到人民不能接受。

第三,是党的广大干部和党员。党中央是重要的,但是党中央并不是离开了干部和党员就能够使党的事业发展。所以,我想在这个书里面,是不是有意识地多写一批党的优秀干部,在各个革命时期起了重要作用的人物。虽然不可能详细地写,但是应该提到。也要选择一些普通的党员加以描写。这样,党的历史就不是一条线的历史,也不是一个面的历史,而是立体的。比方说我们解放上海。如果说上海没有广大的工人,而且没有党领导下的广大党员保护工厂,帮助解放军做各种各样的工作,那么上海的解放就要付出更大的代价,大批的工厂就要被破坏。在写解放重庆时,《红岩》描写的,有些就不能不写,因为这并不是简单地解放军占领了重庆,或者国民党仅仅把杨虎城杀害,还有那么多的党员被杀害。土地革命战争时期有很多普通的党员做了很多出色的贡献。在抗日战争、解放战争时期,特别要写每个游击区、根据地,游击区转变为根据地的普通党员。当时共产党员怎样跟人民血肉相连,那么多的群众宁可冒着生命的危险来掩护、接济他们。在这方面要有一种生动的描写。共产党的威信为什么会那么高呢? 也就是因为这些党员与广大人民建立了一种鱼水关系。现在党的威信所以下降,也就是因为没有能够继续发扬这个传统。所以,党史也应该在这个方面成为非常有教育意义的著作。

要描写党怎样在人民群众支持下进行非常艰苦的工作,有很大的困难。究竟写谁呢? 究竟写什么地方呢? 哪一个支部呢? 这件事当然要有安排,要有挑选。首先要提出这个任务,至于怎么挑选,怎么安排,可以再研究。如果不提出这个任务,那么,党史就没有这些人的位置。党的历史是群众的历史,也是共产党员群众的历史,不仅仅是党中央某几个人的历史。党中央领导的正确就是能够使得这些共产党员的积极性发挥出来，而且能够有效地在历史上起作用。

刚才我说了，党史应该有新的材料，新的观点，新的态度，党史是人民构成的历史，跟人民斗争的历史分不开，我们要在人民斗争历史的背景下写党史，党中央和领导人要写，但是要避免分量太大。早已作了结论的问题当然不可能不重复，但是要尽量地减少一些，避免过于重复。对于某一个时期的论断，最好减少"一、二、三、四"这种形式的论断，列举出来，而且按顺序排列好。这样好像就是结论，就是权威，但是实际上对历史的研究是没有"最后一言"的，它永远是不断发展的。我们当然需要有一种论断，我们不要表现出这种姿态，要作出一个好像最后的结论。这样给人一种感觉，好像你在这里作法律式的判决，不是让人家来思考，而是让人家接受。我们的党史并不是企图把所有的问题都分析完，谁也不可能把所有的问题都分析完。用这么一种写法，好像不让读者去思考，好像我们就代他思考过了。这些结论都不能动摇了。要避免采取这种形式。我们的论断要更多地采用现有的材料，客观的材料，不是党中央作出来的决定，不是领导人的著作。比方说蒋介石自己的话，美国人的评论，还有国民党中比较公正的人的话。比方说张治中的回忆录就很可以利用。如果像这样一批人，写出来的东西，我们也尊重，也使用，这才是历史的公正的证言。我们跟这些证人共同来探讨历史，分析历史。不是说别人的东西都不行，我才能够做最后的判断，最权威的判断。没有这种权威，权威就是人民，权威就是科学，就是对于历史所作的科学研究。这样使党史避免一种硬梆梆的强迫别人接受的感觉，多采取一种民主的、科学的态度。

马克思主义经典中一些对于历史观点的表述，我们要利用，这本书现在利用得不够。另外一方面也要利用其他人的表述。他不是马克思主义者,但是他对于历史有一种观点,这个观点是正确的,即使是历史上几千年几百年以前的人物,或者是外国的非马克思主义者的表述,都可以利用。我们写党史,我们是在讨论历史,对于历史作出一种规律性的表述。已经有的正确的东西。我们要尽量地利用,这个利用不是大段大段地引用,而是信手拈来,自然地引用。这样,使得读者读到党史以后,可以领会一种历史的智慧,对于历史的认识的一种智慧,增进这种智慧。我们的党史要写得让那些与党没有特别关系的人,读了也有所收获,他觉得总结了历史的教训,这种教训不是干巴巴的文山会海,谁是谁非,要使任何一个愿意从历史里面接受教训的人,都可以有收获。也不是只讲共产党方面的事,讲国民党的历史,或者是讲一个人,讲这个书里出现的某个政治人物的成败,或者说美国的外交政策的成败,或者其他国家的外交政策的成败,日本对中国政策的成败,都要用这样一种写法,抗日战争就可以引用日本的比较公正的作家或政治家的判断。抗日战争要给读者一种认识,日本帝国主义侵略中国是怎么一回事,可惜我们的书在这方面说得很少。日本当时为什么采取侵略的方针,日本天皇至上的军国主义思想同日本资本主义的发展和要求,以及法西斯主义的思想有什么关系,在这方面应该有些判断。对美国的政策,后来解放战争时期的对华政策是怎么一回事。美国在这方面的论著很多。国民党为什么失败,共产党为什么得到胜利,都有许多分析,要引用多方面的材料来阐明我们的观点。这样就使得党史不拒人于千里之外。你不是共产主义者,你照样看得津津有味。要有这么一种态度,要用这么一种方式来写。

我们对于所涉及的,对党本身,对国内的各种政治派别、政治集团(比如说国民党)、政治人物,都要有一个公正的态度,不是因为是中共中央党史研究室出来的书,因此共产党都是好的,党的领导人都是正确的,蒋介石就是反动的。蒋介石本来就是反动的。但是,比方说蒋介石在日本侵略以后,"九一八"以后到"七七"中间,他是不抵抗的。他不抵抗并不是就表示要投降,他是准备随时跟日本人妥协。日本人却始终认为蒋介石和国民党是日本人的祸害,要跟他干,日本并没有信任国民党。国民党不管怎么样不抵抗,究竟不是汉奸组织,他是很动摇,他认为抗日是要失败的,但是他并没有打算投降。在抗日战争中也是这样,日本多次要拉拢他,跟他进行谈判,最后还是没有谈成。没有谈成的关键在于他不愿意做卖国贼,他跟汪精卫还是不一样。蒋介石投靠美国,他究竟还不等于就是美国的走狗,跟美国的垄断集团还有一些矛盾。在这个方面,我们还是要尽可能地说得公正。这当然不是靠议论,而是在叙述事实中说清楚。蒋介石宣传法西斯主义,在中国很长时间,并且在组织上采取了很多的步骤,组织各种特务机关,军统、中统,这方面应该说,应该着重地说。但是他没有能够在中国完全实行法西斯主义。这有种种原因,他做不到。他很想做,不是不想做,可是他不能做到。这是客观的限制。他对共产党、民主党派最讨厌的就是这一点,虽然他暗杀了闻一多、李公朴、邓演达、史量才、杨杏佛等人,但是还不能够把所有这些人都抓起来杀掉。他并不是不能把这些人抓起来,比方说,把"七君子"关起来了,他就不敢杀。这就叫做形格势禁,不可能的。历史就是这样。不是说他有一种想法,他就能够实现。对国民党里面的各种人物,都要采取这么一种态度。对共产党里面的人物也要采取同样的一种公正的态度。他所企图做的,他实际上所能做的,他不能做到的,都要分析。对一些国家,比如说日本、美国、苏联,也是同样要采取这么一种态度。苏联在解放战争中对于中国革命采取保留的态度,这有一定的历史条件。中国革命确实在世界近代历史上是一个新的事物,这样一个很落后的半殖民地国家,主要依靠农民来进行。从大革命失败后,从斯大林的眼光看来,他难以接受,他不能了解,因为中国太特殊了,在历史上可以说是反常的。美国人也没有了解,苏联也不了解。这也是很自然的。当时苏联跟日本、美国不同。在解放战争时期,国民党不能占领哈尔滨,苏联还是起了很大作用,这还是要承认,要把它讲出来。三大战役中两大战役都是四野参加的。这在历史上还是要有一种公平态度。这本书,我们要尽量写得客观、求实,不抱有任何偏见,按照历史原来的面目写出来。

对党的工作、活动要用一种引起人同情的叙述,要令人信服,从头到尾都要采取这样的态度,不要强加于人。对于有些敏感的措辞、说法,要很慎重,要很适当。比如共产党在国民党里面的领导权,这个话要说得很适当。因为加入国民党,你要去领导,当然陈独秀是不同意的。我们和他是完全不同的观点。当时共产党很多人讲过这个道理,什么党团作用啦,等等。国民党为什么怕共产党,共产党为什么要在国民党里面发展,而且我们现在批评没有掌握军权,没有掌握政权。像这样措辞的表达,要很注意。不要给人一种印象,好像共产党只要是夺取权力,什么手段都能用,好像就是搞阴谋。这对于党外的人士来说,很容易这样想。而实际上也有这样的问题,跟共产党合作,合作到底是很不容易的,这固然有那些人本身的弱点,他不能革命到底,但另外一方面党内对他们的政策也有问题。

我们写党史的时候,就没有考虑把宋庆龄、鲁迅、邹韬奋这些人摆在适当的地位,这不是表现我们的关门主义还是很厉害吗?我们写党史的人并没有权力。假如我们有权力,那么,你看就是这样,所谓"过河拆桥"。我们现在不是解决具体问题,不是做实际工作,是写党史。写党史的时候,我们要避免让人说共产党不讲情义。共产党是很讲情义的,你看张学良陪蒋介石到南京,当时我们就非常不同意。事先我们不知道,知道了决不会同意,这是因为我们对蒋介石有充分的经验,而张学良的思想还是比较简单的。他对蒋介石,到西安事变时才最后下决心嘛。他一直要到蒋介石那里苦苦哀求,痛哭陈词,以为那样能够最后说动蒋介石。张学良显然是在劝说无效后才下了决心。可是他对蒋介石的态度,还是受那种旧社会、旧道德的传统影响,还要忠于他的上司。蒋介石对其他所有的人都是那样,要利用的时候,就卑躬屈膝,不得了,像武汉时期对冯玉祥。等到利用过了,那真是过河拆桥,马上就翻脸不认人了。我们党的历史上,我们对一些犯过错误的同志,如果采取那样的态度,我们现在也认为不应该。我们对邓演达要作适当的评价,就是因为我们实事求是。他还是革命家,他还是忠于他的原则的。这并不是说他接受了共产主义。当然,这也很难说,假如武汉时期我们支持邓演达,不支持汪精卫,那邓演达可能就会变化,也可能像宋庆龄一样。宋庆龄也不是说对共产党所作的事都满意。她也是有保留的。后来,她就完全跟共产党走到一起了。所以得看是在什么时候。

涉及这类事情很多。比方说我们利用什么事情来作掩护,这是常有的事情。群众斗争是党领导的,这些话,都要说得很适当。要使参加这个运动的人,以及今天的老百姓,今天的大学生,他们都能接受。他们不要说,哎呀,是不是又被共产党利用了。说党在群众运动中发挥了核心作用,这方面要说得很适当。因为有些话我们用惯了,不知不觉随时就会流露出来,这些话就会引起人们的反感。把事实说完了,说清楚了就行了,不要在这里面留下一些疙瘩,使读者对共产党产生不信任的感觉。我们要通过这本书的叙述,使读者对共产党有一种所谓油然的信服。这个信服是很自然的。要说清楚,哪些是必须这样干的,不能不做的,如果不这样做,就是对人民犯罪。整个书要让人信服,而不是强加于人。

历史发展到一九四九年,共产党付出了最大的代价,共产党的胜利是不可避免的。竺可桢的日记里面写了,他在上海解放的时候住在上海,听打炮,炮声不响了,后来家里人告诉他,上海已经解放了。他出去一看,解放军夜里都睡在马路上。他在日记里说,国民党必然要失败,共产党必然要胜利。这种事实非常有说服力,实际上也说服了很多人。像竺可桢日记,我是偶然看到的。其他人同样的表述的地方大概也很多。所以,要使得我们的书有说服力,就要用历史本身来说话。不要我们在历史旁边,好像总要作一番旁白。旁白有的地方需要,但说得太多了,那就没有必要了。还是要看戏,不要听旁白,旁白太多了不好。整个书要能够写成这样。对于一些事情需要分析的,尽量地利用多方面的表述。而且,编著者自己还是可以有分析,因为很多的分析还没有作出,很多的历史事件还没有作出适当的评价。就是已经做了评价的还有一些新的角度没有采用,还可以说出许多新的意思。比如说,解放战争的胜利,当时的整个国际形势,以及中国革命的胜利在国际上引起的变化,这是过去讲过的。但我们现在可以用更加客观、更加周到的方式来说明。我们可以说的话还是很多,但要采取尽量地让历史本身来说,让群众来作出他们的判断。我们呢? 把它组织起来,编织起来,这样这本书就会给人完全新的印象,而不是把以前早已说过的话,重新拿出来抄。因为要把这二三十年的历史有头有尾地叙述一遍,站在马克思主义的立场上。不是用口头的词句,而是实际的叙述、科学的分析,这样的著作还是没有的。所以不发愁我们的书难写,写不成,肯定有一些是我们过去没有探讨过的新领域。刚才我说会遇到很多困难,不过这些困难是可以克服的,也不是全要用新的材料。从我们现有的材料里去作一番选择,我们会找出我们需要的材料。当然这是相当艰苦的工作,现在的书稿还是完全可以作基础。

土地革命战争时期,对于国民党统治区的工作、人民的抗日斗争,应该单独写一部分,因为这是当时中国大部分人民参加的,是十年的历史,我们要尊重这个时期人民的活动。不然的话,好像那些人都不存在,或者是个影子。实际上可写的东西很多,特别是抗日时期。从义勇军到抗日联军,这本书上的位置摆得不好。到"七七"的时候,抗日联军的高潮已经过去,到一九三八年的时候,已经到了尾声了,所以抗联的斗争应当写到土地革命战争时期。东北的抗日斗争从义勇军开始,一直写到抗战。那么抗战以后呢?也还是要适当地写。"一·二八"抗战时,党中央在上海做了很多工作,对十九路军做了许多的工作。上海当时成立了上海反日会。上海反日会是一个半公开的群众组织,当时的规模虽然比不上五卅运动时期,还是有相当广泛的群众参加的。那往后就是抗日同盟军。抗日同盟军党是直接参加的。党和抗日同盟军的关系,应有比较详细的描述,这是很重要的一段。以后红军提出了三个条件,在人民中间引起反响。因为这时日本侵略以后,中国的政治形势发生了很大变化,因此就产生了福建人民政府。福建人民政府的性质虽然还是一种军阀之间的战争,但这个斗争有一个根本的不同,就是这时候不管他们主观怎么样,它不能不用抗日的旗帜,而且联合共产党。所以,对于福建人民政府,共产党的政策是完全错误的,这是一种愚蠢。我们对福建人民政府应有准确的表述。也不是说他们就特别好到怎么样,还是有它的局限。但是它走出了这一步,影响很大。这说明统治阶级在分裂,不得不表示抗日。无论真抗日、假抗日,都要打出抗日的旗帜。两广事变就不同了,特别是在西安事变以后,说明蒋介石如果不抗日,他就统治不下去。所以,这十年中党在国民党区的工作,应该有一个完整的叙述,不要好像共产党就都是犯错误。这时还是做了很多工作。这个时期在国民党统治区的许多大城市虽然犯了很多错误,但是群众的抗日斗争是持续不断的,没有这种斗争的历史,就不会有"一二·九"运动,也不会有救国会这样强大的群众组织,不会有左翼文化运动。

　　党在这个时期确实是做了很多的工作,其中有些工作是以群众组织的名义,并且动员了上层的很多人。比方在上海召集过一些会,其中有些是国际性的会议,其中有些是依靠共产国际。有一些地方英国的马来勋爵参加的反战活动,也是共产党领导的。对于这个时期的斗争,国际的声援作用是不小的。爱因斯坦为了中国的事情,就签过很多次名,发表过很多次宣言。还有很多国家的工人运动,都支持过中国革命。对这些方面没有作适当的表述,这有点交代不过去。好像这些人做过的工作,现在都不承认了。有些会议,如宋庆龄主持的,她是冒着很大的危险去出席的。这完全是共产党领导的,宋庆龄去,也是帮共产党的忙。这是很大的事情,不能连这些事都不提了。写这么一部党史,不说到他们,共产党就有点儿戏了。很多人都因此牺牲了,现在我们写的历史都不算了,或者说成"左"倾错误就完事了,这是不行的。

　　土地革命战争时期,一定要有单独的一章写国民党统治区的人民斗争。因为在革命的历史上确实革命的战争是根本,这也是血的教训,大革命的失败就是这样的。不过,土地革命战争跟抗日战争情况不同。抗日战争形成全国规模的战争,而土地革命战争是一个小范围的。但没有土地革命战争,也就没有后来的党,党也就完了,革命也就完了,但不能因为这样说,就对国民党统治区的人民斗争,党的斗争完全不写了。所以,对"一二·九"运动以及全国的救亡运动,这方面应有比较充分的表述。就是解放战争时期也是这样,也要把国民党统治区的斗争说具体。这是一个比较重要的问题。

　　另外在结构上,抗日战争部分写得头绪不够清楚,前后有些交叉,经常把后面的事情写到前面去了。应考虑怎么把头绪理得清楚一些。游击战争没有很多可说的,当然不能说这样的话,问题是要有充分的研究。要研究抗日根据地山地游击战、平原游击战,它的高潮是怎么形成的,是在什么时候,遇到什么困难,然后又在什么时候在更大的范围内掀起更大的高潮。抗日战争中军队大大发展了,人民充分组织起来。形式上,有这个会那个会,千军万马,支援前线。男女老少,家家户户,都参加反对日本的斗争,确实是这个样子。所以日本人来扫荡时就把全村的人,不分男女老幼都杀光。这是为什么呢? 因为抗日战争确实成为全民族的战争了。这样,党也得到很大的发展。党为什么能够大量地、很快地发展起来呢? 为什么能产生大批的干部,建立大量的政权和革命武装呢? 这是很重要的过程,因为有这样的过程,所以我们最后才胜利了。为什么说靠手推车取得了淮海战役的胜利? 正因为抗日战争的时候就是这样,确实是很广泛地把人民群众吸引进来了。对这一过程要有比较充分的描述。当然把每个根据地一个一个地去叙述也需要,但不能以这个为主线。如果单独一一介绍也比较枯燥。还得研究一下抗日战争这部分如何安排。要把党发动人民的过程和人民觉悟的过程写出来。抗日根据地当时虽很小,却在国内造成很大的影响,不但在国内,在国际上也产生很大的影响。最明显的莫过于美国空军降落在抗日根据地,这就产生了很大的影响。美国人亲自到根据地来后,认为共产党是真的抗日,国民党不能与之相提并论。

　　抗日战争部分究竟怎样组织,我还没有想好。怎样才能把人民战争充分反映出来? 抗日战争中各种政策的形成(这不是指毛主席《论政策》中的政策),我们怎样组织群众,发展游击战争,怎样组织群众反扫荡、反清乡,在最困难的时候如何利用两面政权等等。确实,国民党也搞曲线救国。但我们和他们的搞法是完全不同的。这可以形成鲜明对照,尽管蒋介石没有做汉奸,但国民党派了很多人去

做伪军。我们发表过系统的材料。这是国民党的政策。共产党不但
完全没有这样的事,而且真正利用两面政权支持了抗日。这是人民
的智慧,也是党的智慧。中央是根据群众的创造提出这些政策,并不
是先提出这些政策再找群众。共产党也到日伪军组织里去做工作。
潘汉年就做情报工作,这当然与到国民党那里去谈判是不同的。这
些情况也要反映。对抗日战争要展开写,采取什么形式? 要好好考
虑一下。现在这样显得太弱了。党的发展、人民军队的发展,不那么
简单,并不是数目字一下就出来了。抗战,在不同条件下有不同的特
点。华中主要是没有多少山,与华北不同。华北有些地方也是平原。
至于东江、海南岛又是另一种情况,这方面也可以表述一下。

　　解放战争的文字在整个书稿中是写得最流畅的,但是这个流畅
里面是有缺欠的。其中大量的都是用的毛主席分析过的话,新的东
西少。解放战争部分要研究怎样写出一些新意,怎样把国民党的失
人心,共产党的得人心说得比较充分。另外土地问题在中国革命中
十分重要,虽然土地斗争中犯了许多“左”的错误,但如果没有土改,
人民在解放战争中很难支持下去。为什么国民党那么大的优势,而
我们能支持打到国统区去,那么大量的国民党俘虏兵,今天被俘,明
天就参加解放军,这些方面要有充分的叙述。战争中的军队是从哪
里来的? 一方面从农民中来,一方面从国民党军队中来。我们的解
放军同国民党军队对比确实大大不同,所以俘虏能很快调转枪口。
要总结大革命失败后到这段时期党的威信大大提高的原因。

　　现在是不是研究一下如何建立一个分工,我只是提出一个方向,
能做到多少还要看实际的情况。不可能十全十美,这有一个长期的
工作基础的问题。总的是要力求多一些新的材料。另外要安排一些
具体材料,比方关于人的,包括领导人的要作些描写。国共双方的,
甚至对于日本侵华战争中的主要人物,也要作些描写。共产党方面

的人物也要作些描写。不需要很多的文字,但要给人一种感觉,这个人就是这个人。把党的干部排排队,选选材料,找些新材料。新材料也包括党外各方面的、国外的材料,选好材料好动手。在收集材料方面要有分工。还可考虑与近代史所现代史室建立一种合作关系,这样至少利用材料能有许多方便。统统自己找比较困难。一定要做到分工合作。反正这个书是要让人看的,与其事先没有参与,说我手中有多少材料你都不知道。与其落得这么一种评论,倒不如事先请他们合作。搜集材料还包括占有材料,这些材料并不是都摆在书架上。像陈铁健写《瞿秋白传》,确实看过很多材料,知道许多材料,如果没有占有的过程,短时间掌握是困难的。要仔细研究一下,哪些材料党研室已经掌握了,以前没有注意利用。哪些要借重文献研究室、近代史所。甚至一些国外的,没有翻译的,可能一些同志比较熟悉,有关中美、中苏关系,共产国际与中国革命的关系的。世界上的人对于中国革命历史的评论、叙述,不属于中美关系,不能单从中美关系这个角度看。这些材料不必用很多,而是适当引用,还没有翻译出来的在这本书里第一次引用,这就给这部书增光了,显出占有的材料比较多。

党史里面有一些两方面交叉的问题,但交叉的不会很多,这里引用的只是一个擦边,但这个擦边可能就很重要。比如说中山舰事件,这里不可能都插进去,但如利用一些材料可能起到一些特殊的作用。党史与中华民国史还是有不同的分工,而且党史我开头就讲了不是政治史、军事史,重复太多不符合体例。但要有视野,了解就说得内行,要不就说得外行。

另外党内材料也不够熟悉,很多方面都有问题,要增加的材料也包括已写了的材料说得不够清楚的,因为对当时的情况不够熟悉,单靠档案不够,要有些活材料。

要把历史上比较特殊的问题写出来。如琼崖纵队的历史就比较特殊，一个岛，与中央也没有多大联系，从土地革命战争到解放战争，这段斗争在书里应该说到。《瞿秋白传》里说到农民运动有个沈玄庐，萧山的农民运动最早，这段历史要不要提，也得研究一下。特科的历史，在战争中破敌人的密码，这始终是我们作战胜利的一个很主要的方面，这应该提。再如左翼文化运动，对革命战争作出重大贡献，不应不提。像张申府这样的人，就是要恢复名誉。他是党的最早的发起人之一，并没有做过对党不利的事，应当在书里对他有适当的评价。

从大革命到抗战时期党史的若干问题[*]

（一九八八年十月四日）

写共产国际与我党的关系不要渲染，要注意分寸。共产国际的许多材料已经公开了，在书中要有所反映。不反映就表示你不知道，或者知道了不敢说。当然说的时候要有个分寸，分量上也要注意。特别是有关斯大林的问题已公布了许多材料。如四中全会，我过去也不大清楚其中的许多事，目前书中也没有写清楚。李立三不仅要占武汉，还要把苏联拉进来。国际对他的态度前后显然有改变，不光是因为李立三说了拿下武汉再与国际算账，最主要的是他想把苏联拉进来，把苏联拖进中国的战争。这下国际便恼火了。看了我们党给国际的一些电报，于是将李立三的错误大大升级。从这以后，王明上台。三中全会路线被说成是调和路线。立三的罪状大大提高。恩来同志措手不及。我们搞党史搞了那么多年，这样一些问题都说不清楚就没法交代了。有一些重要环节在我们的书稿中要写清楚。因为在以往的党史书中许多重要环节写得模糊，如果不写清楚，对人们了解党的历史的真实便没有帮助。当时搞的确实太反常了，共产国

---

* 此篇是 1988 年 10 月 4 日就《中国共产党历史》上卷书稿修改问题与有关同志的谈话。曾在《山东党史》1998 年第 2 期发表。标题是编者加的。

际的领导方法太荒唐了。这些问题是由于当时的一些制度造成的。

　　一九三七年十一月王明回国，好像是代表共产国际，所以毛主席也不敢随便表态。毛主席说他在十二月会议上没有多讲话。王明的讲话在党内传达了，批评抗战初期我们讲独立自主搞过了头，说国民党没抗日时要逼它抗日，当它抗日了就要靠它领导，也就是说共产党要处于协助地位，强调正规军、正面战场，说这是主要的，不要过分强调敌后战场，游击战争，说国共两党都是优秀青年的总汇。王明还干预到军事方面，华北方面就直接干预了。而且在组织上也提出要求，认为延安不能称为中央，因为在长江局里面中央政治局委员的人数不比在延安的少。王明直接给朱彭打电报。党内搞乱了，没有个中央了。毛主席在很长一段时间在延安打电报，只能用个人名义，不敢用中央的名义。国民党进逼也比较厉害，这样就不能不反击了。留守处的布告就是这时候出的。王稼祥回来，传达了共产国际支持毛泽东的意见，当时共产国际知道了中国党内的一些情况，在这种形势下毛主席才敢讲话了。毛主席说王明在十二月会议上的讲话是他最后的一次欺骗。以后共产国际还有许多事情中央不得不接受。所以在延安这段时期中央与共产国际的关系很紧张。这也包括苏德条约的问题，当时毛主席也写了文章表示支持。

　　党史要多讲史实，因为历史就是由事实构成的。观点要通过叙述事实来表达。通过叙述事实，表达我们的看法、评价、分析，不要把表达观点与叙述事实完全隔离开，隔离开写出的东西就会枯燥无味，使人不想看。所以还是要准备对书稿进行比较多的修改。否则这本书在党史界、史学界、国际上不容易站住。

　　抗日战争要分段写。最近我看了吕正操的回忆录，里面谈到东北军的历史，张学良的历史情况，张学良当时的情况，张学良部下里左派的活动及发展。党史若不把这些情况写进去是不行的。不单要写邹韬奋,杜重远也要写,他是为革命而牺牲的。这个人品德很好,他的夫人在《解放日报》上发表过文章,讲到他在新疆牺牲的情况。吕正操的回忆录写清楚了东北军如何走上联共抗日道路的历史。

对各个解放区的重要情况及发展变化,如何克服困难,采取了什么政策,这些历史还是要写,否则就好像共产党在抗日战争中没干多少事。抗日战争史,尤其抗日战争中共产党的历史,除了写党的方针、政策、策略的形成变化以外,还要写具体人物的活动。共产党深入群众,与人民群众共生死,假如光这样抽象的讲就没有意思。要说出具体的情况,具体的事实,要生动叙述根据地发展的情况。当然怎样写要作研究。各个根据地的情况大同小异,在写的时候要有选择,面还是要兼顾到。华北和华中的历史地理情况、敌伪政权的情况不尽相同,八路军、新四军发展情况也不一样,这些特点都应当写出来。这样才能说明为什么抗日战争奠定了中国革命胜利的基础。当时人民为了保护共产党员宁肯牺牲自己、牺牲全家。党就是这样依靠群众才能坚持,才能发展的。

红军战争在这方面也写得不够。红军战争之所以能够发展,不是单靠打仗。要以少胜多还是要依靠人民,还是政治条件决定的。群众受了红军的影响后,多数是拥护我们的。因为中国的阶级压迫太厉害了,谁能推翻压迫,人民就支持谁。所以在最困难的时候,人民也愿意支持红军、保护红军。这个情况在整个党的历史的叙述中都要写得很充分。

国民党统治区的斗争过去写得太少。国民党统治区里共产党也做了很多工作。很多共产党员、党的干部确实是拎着脑袋来从事革命活动的,他们也得到了群众的支持和保护。在地下斗争中也培养了一大批干部。这些工作是不能抹煞的。

当时共产国际派人来中国活动,有的被国民党抓了,我们党组织营救。有的是用共产国际搞的左翼组织的名义,在上海召集过一些会议,这些会议本身没有多大的结果,但这类事情也还是要说的。那些活动有许多党外人士参加,不说这些,好像不承认似的。党本身的活动有重大意义,当然是主流,当然要表现,但支流也不能完全不表现。许多革命先烈,包括非党的进步人士,我们现在还在纪念他们,因为他们为革命牺牲了。这些人应该在党史中有所叙述。我们在考虑党史书稿的框架的时候要安排好,要把他们放在适当的位置。

党史对方方面面的人物、事件要考虑得比较周到。从何长工写的回忆录里,我们可以看到,建党时旅法勤工俭学的活动有比较特殊的意义。旅法中的建党活动是革命斗争的结果,不是有了党组织才有革命斗争。在那样一种特殊的情况下,党的活动家很密集,产生了那么一大批革命家,包括小平同志、聂荣臻同志、王若飞同志、李富春同志、蔡畅同志,等等。这方面我们这个书稿没怎么说,只是提了一下,应当改得充实一些。

十月革命时,在俄国的华侨里面有一些人也是参加了斗争的,有些人在苏联加入了共产党,这里有杨明斋,还有一个人,后来回国在肃反时被肃掉了。中国党开始形成的时候,国际派他们到国内来,这样一些人的活动也要提到,不提好像就把他们抹煞了。

大革命中冯玉祥表现不好。蒋介石搞“四一二”反革命政变,冯玉祥起了很坏的作用。当时我们要做冯玉祥的工作,把他争取过来也不可能。我们主要还是要靠自己的力量。但当时党还没有那样一种力量,自己不能控制局势,只得把希望寄托在冯玉祥身上。当时党只是搞群众运动,认为掌握政权、军权是卑鄙的东西,不是无产阶级应该干的事。实际上我们也没有掌握政权、军权的本领。所以党怎样起作用的问题没有解决。那时,冯玉祥被当成左派,好像力量很大,其实也没有多么大的力量,冯玉祥一倒过去,武汉政权变成丧家之犬。除了真正的左派以外,不少人只好跟着冯玉祥跑。

大革命的高潮,关键还是国共合作。当时的广州成为人们注意的焦点,要革命的人都往广州去、黄埔去。五卅运动是一个大的革命运动,虽然最后失败了。假如没有广东革命根据地,大革命的兴起不会那么快。尽管它还不能算做我们后来建立的那种真正的根据地,但有了广东根据地,在广州有政权,省港罢工才能顺利发展。共产党本来应当从这里得到教训,要掌握政权,拥有军队。虽然在这方面我们做了很多努力,但总怕喧宾夺主,总是说国民革命本来是国民党的事,共产党不能包办。这种观点并不是陈独秀一个人的观点,这是当时中央占主导地位的观点。所以对中山舰事件、整理党务案就没有办法。实际上不是没有办法,好像拿出什么办法来对付它就问心有愧,就是越俎代庖。革命就是这样,像角斗一样,要么你掌握主动权,要么你就陷于被动,作出牺牲。季米特洛夫在法庭上就引过歌德说过的这种意思的话。用中国话来说,就是你不为刀俎,就为鱼肉。共产党人嘛,本来应该为人民夺取权力,你把权力交给地主资产阶级,那怎么成呢,袁世凯虽然换了蒋介石,那还是不成的。

蒋介石有统一的名义,反对他是不容易的。蒋介石的统一虽然实际上没有实现,但他造成的貌似统一局面在全国人民中间还是有很大的影响。张学良反对日本,同意易帜,与这个问题是有关的。尽管蒋介石几次牺牲张学良,张学良还是死心塌地地拥护蒋介石。就在西安事变之后,还跟着蒋介石到南京去。这说明中华民族对统一有一种要求。苏联之所以那么看重蒋介石,跟这一点也有关系。我们说蒋介石是新军阀统治,但相对来讲同北洋军阀时期还是大不相同。当时中央政府能直接指挥的军事、财政力量,所能动员的人力物力都比北洋军阀时期要强。我们共产党是真正实现了统一的。没有共产党,不可能达到真正的统一,反帝反封建也搞不起来。只要一反共,革命就完了,就不可能反帝反封建。

大革命开端从一九二四年算比较合理。五卅运动比二七大罢工规模大得多,但是五卅运动如果没有广东的斗争接下来,没有北伐,也形成不了大革命。那时陈独秀不懂得北伐的意义,事实上,没有北伐就无所谓大革命了。共产党是把大革命发动起来了,但是不能领导,没有政治经验,没有政治胆略,胜利逼到面前来了,反而退却了。蒋介石在同共产党斗争时,搞赌博冒险,开始时是比较心虚的,他的力量是一步一步在冒险得手中增长的。每前进一步,成功了,力量就增长一些。他在南昌时就想挑起迁都之争,后来失败了,做一点让步。到武汉时,各种力量集合在一起,但共产党不能形成中心,实际上力量是很不牢靠的。到"四一二"时,蒋介石觉得力量可以了,有把握了,于是就拿起刀来了。

党史虽然不是政治史,但是写的时候,要以正确的政治史的观点来作背景。中心还是党本身的历史。如果说不清政治史,党史也说不清。

党史第三编要在一个地方专门讲一讲苏区的面貌,农民经过土地革命后的情况,农民的生活图景。在其他章节关于根据地建设都是自上而下地叙述的,这里要从农民来写,要把农民的生活状况、农民在斗争中的积极性、创造性专门讲一下,表明我们的革命是反映了农民的要求的,群众是要求革命的。他们在革命中是做了主人。革命也使农村发生了翻天覆地的变化。书稿中光讲军事斗争不成。不只是军事问题,实质是政治问题。农民在斗争中拥护中国共产党,反对国民党,假如没有农民的坚决支持,军事斗争的开展根本不可能。不光是说第三编,其他几编也要抓住这个线索,防止把农民写成一种消极力量。在一个地方集中讲一下这个问题,对于了解整个斗争是有必要的。

在写"一二·九运动"后，可以专门讲一下整个知识分子的状况，写他们的政治状况和对党的支持。当然其他抗日民主运动中也有知识分子参加，但在这里专门讲一段知识分子有必要。讲知识分子，范围可以讲得广一点，不限于当时"一二·九"救亡运动的范围。前面讲了国统区的文化运动，这里注意衔接起来，不要重复。

大革命后，知识分子有一个消沉时期，有些活跃人物退出革命，如施存统发表了声明，茅盾当时也消极了，他写《幻灭》《动摇》《追求》三部曲的小说，就是表现这种消沉情绪的。这一时期，左翼文化运动的范围也比较狭窄。知识分子在九一八事变时有很重要的思想转变。"九一八"以前蔡元培也是赞成清党的，"九一八"他挨了学生的打，后来态度就变化了。

从建党到大革命，工人运动是活跃的。大革命以后，工人运动很难形成全国性的运动，而农民运动在党的领导下得到了特殊的发展，所以要有一节专门讲农民。农民运动加上与知识分子的斗争结合起来，并以红军为主力，这样，抗日战争就发展起来了。民族资产阶级也要求抗日，但是它成为一支独立的政治力量还比较难，直到抗战后期，它的作用才逐渐表现出来。我们的书稿中要注意写好这几方面。

对每一个时期找出几个关键问题来写，使历史显得脉络分明。防止写的时候一个小题目一个小题目往下写，一小块一小块，互不联系，这样的方法可能把文章写死。有的议论，如长征的意义，到底放在中央红军到达陕北时写好呢？还是写到一、二、四方面军会师时？放到一、二、四方面军会师时好像不那么自然，因为这时候这一事件对历史发展就没有发生那么大的作用了，这时候历史的主线是西安事变。

写抗日战争也是一样，要找到几条主线，这样材料才好组织，文气也才能贯穿。当然并不是故意找几个题目做文章，这些题目是历史本身提出来的,是历史发展的必然结论。你不必把这些问题放在结论的位置上写,在过程里就把它写出来。这样叙述历史就有一种生命了,材料也就有机地结合起来了。这些很难在章节标题上表现出来,要做一些思索,写的时候再继续做一些探索。

把已有的研究成果充分掌握起来,这一点非常重要,而且要加以消化,使其连贯起来,有些文章的研究成果一个片段一个片段地比较深入,但对整个历史时期做比较深入研究的文章还比较少,我们这部党史就要完成这个任务。要通过一些关键问题写好重要的历史线索。这不是专门找一些特别的说法,而是历史上确实存在这些问题。忽略这些问题,历史就很难说得清楚,文章也很难写得通畅。我们的这部党史,史实应该比较丰富,然后用重要的线索把它们组织起来。这样的党史,可读性就大大增强了。

有几个问题还需要研究,要尽量使人感到我们的这部书是有进展的。写的过程中不要受标题的约束,注意从总体上把握历史。

关于南方局党史的编写及其他*

（一九八八年十二月九日）

南方局的这部分党史是很重要的。没有南方局的大量工作，就没有抗日战争时期那么一种局面，团结了大后方那么多的人、把抗战坚持了下去，还保存了我们党的一大批精干力量；没有南方局的大量工作，就没有后来解放战争时期那样大规模的群众运动，形成那样强大的第二条战线。那时南方局的工作很艰苦啊！南方局的统一战线工作是很出色的。没有南方局在大后方进行的广泛的统一战线工作，就很难把当时在国民党区域的各民主党派和各方面人士团结在我们共产党的周围，后来我们建立新中国的情况就会不一样。就没有今天这样的格局。因此，可以说，南方局的统战工作从一个方面的意义上讲，为新中国奠定了重要的政治基础。南方局的统战工作是多方面的。有国内的也有国际的，有上层的也有下层的，为我们党团结争取了许多的朋友。应该从多方面收集材料进行研究。在皖南事变前后一段时间，国际上的朋友去延安的不多，只有斯诺、斯特朗等少数几个人。但南方局在这里做的工作很多。一九四四年中外记者参观团和美军观察组到延安之后，国际朋友到延安的就多了。这些

＊　此篇是 1988 年 12 月 9 日与中共重庆市委党史工委同志的谈话。

人能去延安,有的还和我党建立了友好关系,这都与南方局、八路军办事处有直接关系,是南方局、办事处的同志们在这里长期艰苦工作的结果。

我们党的发展历史,包括南方局的发展历史,一离不开群众的斗争;二离不开朋友们的合作;三离不开国际无产阶级和国际友人的支持。南方局当时在非常困难的条件下工作,没有他们的帮助与合作是不行的。中国共产党的历史,南方局的历史,是党的组织、党员和革命群众共同斗争的历史。这不是说南方局领导机关的工作不重要。而是说不能离开人民群众和国内外朋友们的共同斗争。过去搞党史时对这些方面不重视,只侧重在领导同志的言行,这是不行的。当年南方局的领导同志,周总理、董老、叶帅等等都已经去世了,能复活当然最好。即使真的复活了,他们年事已高,恐怕也谈不了多少。南方局的史料仅从一个方向去找不行,还可以走其他的路,不要限于一个方向。历史是立体的,不是一条线,要从多方面来反映。南方局的历史不仅是从南方局本身反映,资料是很丰富的,可以发掘的材料很多。比如当时八路军办事处就与许多外国人有往来,有许多外国人著的书我们还没有翻译过来。许多与我们保持联系、与我们合作的人,如宋庆龄,如民盟的领导人,如文化界的朋友们,他们的活动是在党的指导和影响下进行的,体现了党的领导,是党史的一部分。听说重庆解放前夕,一位同情者提供情报,说国民党撤退前,准备在重庆搞大爆炸,于是解放军提前占领了重庆,这段史料就是党史的重要内容。党史与现代革命史、与人民群众的活动历史是分不开的。近十年改革开放的历史也是这样。我们党有这么多的合作者,是我们党的光荣。他们对革命、对党的贡献并不比有的党员少,有的人比党员的贡献还要多些。我们搞党史视野要放宽一点,要从四面八方来反映。

这样南方局的活动历史就具体了。

搞南方局的历史也要包括与国民党谈判对手有关的情况。凡是与党的活动有直接关系的人，不管是什么关系，只要对党的活动有影响的，也都要充分了解和掌握。

讲西安事变，过去的党史很少提到张学良的作用。他的作用是很大的。最近中央文献研究室办的刊物《党的文献》，连续三期刊登了一篇文章《刘鼎在张学良那里工作的时候》，作了详细介绍。我们党的政策，从反蒋抗日，逼蒋抗日，到联蒋抗日，张学良起了很大作用。张学良向我们党介绍了蒋介石的为人。他说蒋介石很坏，对他如何刻薄，逼他放弃了东北，又把不抵抗的罪名加在他头上。但是他又说蒋介石是要抗日的，当然蒋不放弃反共，他是反共抗日。张学良表示要劝蒋停止内战，共同抗日。同时，张学良又建议我们党：要抗日不联蒋不行。他先对刘鼎说，后来又对周恩来同志说，周当时没有答复，只说我们正在研究。实际上是中央有分歧。后来周恩来同志转达了张学良的意见，中央才下决心，联蒋抗日。

对于重庆谈判，停战谈判、政协会议，我们党都是有诚意的，我们下了很大的决心，做了很多的工作，提出了一些很好的方案，做了一定的让步。国民党蒋介石从根本上说是缺乏诚意的，但当时全国人民要求和平，国际上也不允许中国打内战。美国虽然支持蒋介石政权，但也不赞成他马上同共产党打内战。美国的政策是矛盾的，但在当时他的总方针还是希望中国不要爆发大内战。美国的这种态度，在某种意义上讲，对蒋介石国民党决定同共产党谈判，并在和平建国和停止内战等问题上取得一定的协议起了决定的作用。

你们的刊物（按：指重庆市委党史工委将于一九八九年创办的《红岩春秋》）可以反映的东西很多。内容要丰富一点，不要单调，要表现整个党的活动，革命活动，不限于南方局、红岩村的历史。当然也不能把党史搞成社会史。搞党的历史不能把党内党外分开，不能搞成只关在屋里开会，要搞得丰富生动，这样教育青年的作用会更好，否则读者就少了。总之，要开门不要关门。

中国在五十年代怎样
选择了社会主义[*]

（一九八九年三月二十九日、三十日）

中国经济在五十年代的最重要事件就是选择了社会主义。三十多年的时间已经过去，人们对于这个问题仍然抱有兴趣。这个过程是怎样和为什么发生的？我想就这个问题的实际方面作一些客观的解说。

中国共产党从来把实现社会主义作为自己的政纲。它认为，中国要确保国家的独立和统一，发展国民经济，实现繁荣富强，使劳动人民免遭剥削和贫困，只有社会主义才是唯一的出路。但它并没有在取得政权的时候打算马上这样做，而是到一九五二年至一九五三年间才根据毛泽东的建议决定作出这个选择的，随后在一九五四年被确定在由第一次全国人民代表大会所通过的宪法里。这时中国经济已经从长期的战争破坏中恢复过来，正在着手制定和实行后来被超额完成的第一个五年计划。按照这个计划，工业总产值年增长率将达百分之十四点七，农业总产值年增长率将达百分之四点三，职工

---

[*] 此篇是 1989 年 3 月 29 日、30 日在美国加州理工大学所作的学术讲演。收入《胡乔木文集》第 2 卷。

平均工资将增长约三分之一。将建设约一万个项目,包括六百九十四个大中型工业项目,而以苏联援助建设的一百五十六项为中心。

一九四九年,解放战争结束和人民共和国成立的一年,中国经济破敝不堪。与过去中国经济发展的最高年份相比,工业总产值减少了百分之五十左右,粮食减少百分之二十五,棉花减少百分之四十八。从一九三七年六月到一九四九年五月,国民党政府所发行的通货,膨胀了成千亿倍,物价上涨了成千亿倍。人民政府必须首先稳定物价,稳定金融,稳定财政。当时在中国的资本家中间流传着一种说法,共产党军事内行,经济外行。或者说,军事上一百分,政治上八分,经济上零分。人们的这种不信任感是可以理解的,他们没有经验。所有的人都没有经验。人们怀疑,共产党在解放区的经验和本领够不够解决这样的全国性的大灾难?

但是中国创造了奇迹。人民共和国成立八个月,即一九五〇年五月以后,中国物价开始稳定。一九五〇年财政收支基本平衡,一九五一年和一九五二年财政还略有节余。一九五二年与一九四九年相比,工业总产值增长百分之一百四十五,比战前最高年份增长百分之二十二点三;农业总产值增长百分之五十三点四,比战前最高年份增长百分之十八点五。粮食、棉花、电力、煤、钢、机床、纱、布、纸等主要产品产量都有明显增加或大幅度增加。

这个奇迹是怎样出现的? 我们了解了这个过程,也就能大致了解中国怎样选择社会主义的过程。

中国经济的恢复过程中有四个起作用的基本因素。

第一个基本因素是中国政府实行了全国财政经济的统一。这里包括统一财政收支,统一货币和现金管理,统一国营贸易和重要物资的调度。所以要实行这种统一,首先当然是为了把凡能集中使用的力量都集中起来,以便战胜当时所面临的严重困难。同时,也是为了使中国这样一个地大人多、贫穷落后的国家,能够把仅有的一点物质力量管好用好,足以维持全国的统一安定,有能力调剂各地区的余缺和应付各种意外,并且有计划有步骤地恢复和发展经济,保障和逐步改善人民生活。这种统一在中国历史上没有过。这种办法既不是出于事前预定,也不是出于国外的成规或建议,而只是在特定情况下的惟一选择。这当然是说的共产党所能作出的选择,共产党以外的任何力量即使想这样做也做不到。

人民政府在一九四九年五月采取坚决的行政法律措施宣布禁止黄金、白银和美元的流通,支持人民币作为惟一合法的货币。这是打击投机商的第一个重大步骤。但是为了稳定物价,还必须依靠经济方法。当时人民政府手里所能够掌握的主要经济武器只有粮食、棉花、纱布,运输它们的火车、轮船,以及支持工厂开工的煤炭。中国最大城市上海刚解放时(一九四九年五月底),政府只有二千万斤粮食;到一九五〇年七月,由于全国火车轮船有组织的调运,已经多达十七亿斤,够上海市一年半的周转。政府在上海、附近省份和远距离省份布置了三道防线,从而在七至十月战胜了囤粮抬价的投机商。一九五〇年二至三月即春节前后,同样的斗争又在棉纱和棉布上更复杂地展开,使投机商遭到毁灭性打击。为了适应十月援助朝鲜战争以后的形势,政府除了掌握更多的纱布外,还实行了对纱布统一收购和一系列紧缩财政稳定金融开支的政策。这样,到一九五〇年底各大城市的批发物价指数就比同年三月的水平还下降了百分之十四点六。这被称为经济上的"淮海战役"。

财政经济工作上的这种高度统一,加上后面说到的国营经济的迅速发展,以后被很自然地逐步引向计划经济的轨道。这里应该指出,建立在这种高度统一的基础上的计划经济体制(实行高度统一是物资短缺而需求紧迫的反映),后来作过几次重要的改变,主要是扩大了地方的财政经济权力。八十年代改革的一个主题是大大减少中央的指令性计划,扩大国营企业的权力,取消或减少对大宗物资流通的控制。但是一九五〇年所以能够那样迅速地稳定物价金融和财政,以后直至一九五七年全国经济所以能够保持稳定的增长,不能不归功于当时对财政经济工作的高度统一。后来的经验也表明,一定程度的统一或计划性,以及拥有相应的物质手段或宏观调控能力,对于国民经济的稳定发展始终是必要的(在遇到经济严重困难的六十年代前期,曾经再一次实行高度统一的体制)。这是中国选择社会主义的重要关键。

决定中国选择社会主义的第二个基本因素是中国国营经济的日益强大。

国营经济是没收国民党官僚资本的结果。解放前夕,国民党官僚资本约占全国工矿业、交通运输业固定资产的百分之八十。人民政府接管了属于官僚资本的工业企业,使国营工业的产值在一九四九年占全国工业产值的百分之三十四点七,到一九五二年,这一比重增加到百分之五十六。国营批发商业占全国批发商业营业总额的份额,一九四九年到一九五二年由百分之二十三增加到百分之六十。银行基本上由国家经营。

新中国的国营经济一开始就被认为是社会主义经济。它决不能与三四十年代的国民党时期或历史上更早的官营经济同日而语。在一九五〇年稳定经济所依靠的手段中,除粮食和棉花来自拥护共产党的农民,纱布、火车、轮船和煤炭都来自国营企业。派到各大企业的负责工作人员一般都是富有群众运动和革命战争经验的、有献身精神的青年,善于和职工打成一片,能够动员群众的力量在战争的废墟上克服种种困难,重建、扩建或新建企业。国营企业忠实于政府规定的各项制度、纪律和计划,不但使各种重要工业产品产量迅速超过战前的最高水平,而且开发了一大批新产品、新工艺、新技术、新产业和新的工业地区。国营企业职工生活稳定而充满热情,有各种权利、保障和福利,被社会尊称为老大哥,在他们中间出现了一大批技术能手和劳动模范。

中国的财政经济工作的统一得力于国营经济的支持,同时又为国营经济不断增添新的血液。第一个五年计划的主要任务要由国营经济承担,这当然需要大大扩大国营经济。这是中国选择社会主义的第二个基本因素。

第三个基本因素是资本主义经济的弱小和发展困难。

中国资本主义经济,在官僚资本被人民政府没收以后,已经很弱小。为了在长期战争结束以后求得生存,不能不依靠政府和国营经济的支持。政府也采取有力的措施来帮助工厂商店开业,既为了恢复经济,也为了防止失业。但是两者之间又存在着许多难以解决的矛盾。

人民政府为控制物价而进行的严重斗争反映了这种尖锐矛盾。物价稳定以后,资本主义工商业面临新的严重困难。消费者不再像通货膨胀时期那样抢购消费品,一大批工厂商店不能适应人民消费结构的变化和国家订货的需要。它们特别缺乏原材料和流动资金。在这种情况下,它们不得不接受政府所实行的一系列调整或改组的政策。大部分工业企业承办加工业务、接受国家的订货和收购包销产品,而商业企业开始为国营商业代销。改组的结果产生了一九五一年的中国资本主义经济史上前所未有的"黄金时代",工厂和商店的户数都增加了十分之一以上。

资本主义工商业的迅速发展,加剧了它们与政府、国营经济乃至社会的矛盾。大部分工商业主偷税漏税,在生产和经营中偷工减料或采取其他诈骗行为,并为此而大量行贿,从而导致一九五二年上半年的"五反"运动:反行贿、反偷税漏税、反盗窃国家资财、反偷工减料、反盗窃国家经济情报。人们开始认识到,资本主义工商业不仅需要进一步改组,而且需要通过国家资本主义的过渡形式逐步改造为社会主义。

尽管有了"五反"运动,随着国民经济的恢复和大规模经济建设的展开,社会主义经济和资本主义经济的冲突仍然日趋紧张。一九五三年粮食市场上出现了极其严重的形势。大规模的经济建设大大增加了需要供应粮食的人口,粮食的销量急剧上升,私商的抬价抢购却使国家的购粮计划难以实现,一些地方收购量甚至不到计划数的三分之一。这个情况不但威胁着所有工业企业的职工,而且威胁着全体城市居民。一九五三年冬中国被迫实行粮食、食油统购统销。随后,由于同样的原因,实行棉花的统购统销和棉布的统购统销,并使批发商业国有化。同时,加工订货和公私合营逐步由大企业扩大到中小企业。资本主义工商业的这种进退两难的情况,是中国选择社会主义的第三个基本因素。

第四个基本因素是新中国的国际环境。

新中国是在推翻为西方国家所支持的国民党统治的激烈斗争中产生出来的。一九五〇年的朝鲜战争,使中国与西方已经很紧张的关系更加紧张。中国受到了长期的外交上、经济上和军事上的严重封锁。中国不但不可能从资本主义大国得到什么援助,而且连普通的贸易和交往都很困难。中国人因此只能从自己受侵略受歧视的记忆中和受敌视受威胁的感受中认识资本主义。当时只有社会主义国家和战后为独立而斗争的国家同情中国,只有苏联能够援助中国,这种援助在中国的第一个五年计划中占有十分重要的地位。尽管中国在制定具体的经济政策和工作方法时坚持从中国的具体情况出发,苏联的社会主义制度仍然对中国具有重大的榜样作用。当然,如果国际环境是另一个样子,中国选择的条件、时机和形式将会有某些不同,但是叙述历史不是写小说,不能由我们自由想象。

中国对资本主义工商业实行全行业公私合营,对私方付年息五厘作为"赎买"的代价,使资本主义经济和平地转变为社会主义经济。这种方法确实是一个有历史意义的巨大的成功,虽然现在看来不免有些简单粗糙。八十年代的经验表明,在社会主义经济获得全面的统治地位以后,可以允许少量资本主义经济成分在国家的有效控制下继续存在(这与实行社会主义改造以前的状况当然完全不同),这对社会主义经济可以成为一个有益的补充。一九五六年中国资本主义工商业实行全行业公私合营,出现了一些戏剧性的场景。这显然受到了农业合作化高潮的影响。在压力下匆忙完成的过渡使一系列复杂问题没有得到仔细的处理。

中国领导人在一九五六年晚些时候已经指出,在资本主义工商业、农业、手工业社会主义改造过程中所采取的许多办法,主要是过分地统一生产、统一经营、统一收购、统一销售、统一计划的办法,并不适合于国民经济长期发展的需要,应该及时纠正,并且应该在一定范围内,使个体经营成为国家经营、集体经营的补充,使自由生产成为计划生产的补充,使自由市场成为国家市场的补充①。在一九五六年底,中国领导人曾经宣告,允许某些处在非法状态的"地下工厂""地下商场"合法化,只要不违法,十年二十年不没收②。中国有百分之九十几的社会主义,不怕有百分之几的资本主义作为补充和比较者③。但是,这个大有希望的进程,被一九五七年以后的"左"倾错误政策打断了。

---

① 陈云《在党的八大的发言》,1956年9月20日。
② 毛泽东《与民主建国会、工商联负责人的谈话》,1956年12月7日。
③ 刘少奇《在人大常委第52次会议上的讲话》,1956年12月29日。

　　至于农业，那是一个需要专门讨论的问题。中国农业合作化有很多不同于苏联农业集体化的特点。这个过程本身没有使农业受到破坏，并且带来了许多现在仍在起作用的成功，特别是在农田水利的基本建设方面和农业机械的应用方面。合作化的农业对于国家的工业化贡献了大量的低廉的粮食、农产品和劳务。但是过快的变化和以后的长时期滥用行政手段，以及工农产品比价的不合理，挫伤了农民对于农业劳动和农业经营的积极性。此外，合作化对农村多余的劳动力也没有提供出路。因此，八十年代的改革不能不首先从农业开始。众所周知，人民公社目前已被家庭联产承包责任制所取代。需要指出，中国农民的生产和经营至今仍不同程度地受到乡、村两级各种经济组织的协助、服务和调节，形成所谓"双层经营"以至"双向承包"。在经济发达地区，集体经济仍是主体。据统计，在一九八八年的农村经济总收入中，乡、村两级企业和集体统一经营收入占百分之四十点八；新经济联合体所占比重百分之二点五；家庭经营收入占百分之五十六点七。

　　就五十年代中国经济和中国历史的全局而论，重要的是，无论早几年或迟几年，保留多少私有成分，经营管理上和计划方法上具有多大程度应有的灵活多样性，总之，对社会主义的选择是不可避免的。

纪念中国共产主义运动的
伟大先驱李大钊[*]

（一九八九年十月二十九日）

今天是李大钊同志一百周年诞辰。中共中央党史研究室、中国社会科学院、中共北京市委、中共河北省委、北京大学等单位在这里联合举办李大钊学术讨论会，以纪念这位党的主要创建者之一，伟大的马克思主义者和无产阶级革命家，探讨历史对他和他对历史的影响，学习他作为爱国者、革命家、教育家、学者、作家和知识分子的坚定立场、热烈心肠、谨严态度和高风亮节，是很有意义的。我代表中共中央党史领导小组热烈祝贺这次学术讨论会的召开，并向到会的中外专家、学者表示亲切的问候。

李大钊是中国共产主义运动的先驱。他最早在中国举起马克思主义的旗帜，积极参加和指导五四新文化运动和五四爱国运动，教育团结了包括毛泽东、周恩来等一大批革命青年，引导他们走上了共产主义的道路，随后与陈独秀、毛泽东等一起发起和创建了中国共产党。他是党的早期的主要领导人之一。当时，中国共产主义运动的

---

* 此篇是 1989 年 10 月 29 日在李大钊研究学术讨论会上的讲话。收入《胡乔木文集》第 2 卷。

队伍还很弱小,斗争环境非常艰苦。为了共产主义的崇高事业,李大钊在工人、农民、知识分子、军队官兵、少数民族等各条战线上奋力开拓,卓著成效;并积极协助孙中山改组国民党,实行国共合作,在北方十五个省市发展了国民党和共产党的组织和工作。他也继续在教育和学术的岗位上耕耘不辍,而以所得的收入来支持革命运动,资助穷苦学生。一九二七年四月六日,李大钊被军阀张作霖逮捕。北方的反动派对李恨入骨髓,主张处以极刑,背叛后的蒋介石也密电张"将所捕党人即行处决,以免后患"。这样,我们的伟大先驱李大钊终于在四月二十八日被处绞刑,牺牲时年距三十八周岁还少六个月。

从那时以来,六十多年过去了,我们的国家已经发生了巨大而深刻的变化。李大钊等先驱播下的共产主义真理的种子,已经在中国的大地上生长、开花和结果了。当然我们还是处于社会主义初级阶段;毕竟毫无疑问,这是共产主义的起点,这对于我们和我们的敌人都是明白的。今天,我们虽然远离了他生活的时代,但依然感到他短促的生命的伟大,依然感到他的历史眼光的深远、思想价值的珍贵和革命道德的崇高。

自古以来,中国的优秀知识分子就有关心国家命运的传统。他们以天下为己任,提倡"先天下之忧而忧,后天下之乐而乐","天下兴亡,匹夫有责"。李大钊是继承和发展了这个传统的。他在十六七岁时,痛感日俄战争以中国领土为争夺对象和战场,国势危急,生民涂炭,发愤献身救国事业。他决定改名耆年为大钊,改字寿昌为守常,就是自己对自己永恒鞭策,不求长寿,而求终身为奋斗不懈、坚持原则的志士仁人的表现。他在《狱中自述》中说:"钊自束发受书,即矢志努力于民族解放之事业,实践其所信,厉行其所知,为功为罪,所不暇计。"①他

---

① 《李大钊文集》(下),人民出版社1984年版,第893页。

的爱国思想的一个显著特点在于,他对祖国的炽烈的爱是同他对中国广大人民群众命运的真切关怀结合在一起的。前期新文化运动的参加者中,不少人以个性解放的思想来否定三纲五常这类伦理原则,他们在反对旧道德、旧文化的斗争中起过积极作用,但他们并没有对广大人民的深广而久远的痛苦表示深切的同情,没有对群众的革命发动表示应有的期待。他们攻击旧制度的立足点和出发点是相当狭隘的。李大钊则不同。他对"农失其田,工失其业,商失其源"①的黑暗现实感到哀痛和忧虑。他是以人民大众代言人的身份来揭发旧制度的祸害并投身于争取变革的斗争。他认定:"光明缉熙之运,惟待吾民之意志造之,惟赖吾民之实力辟之。"②他对于人民群众的直接行动抱有强烈的希望和坚定的信念。

在中国共产党出世以前,中国的先进分子曾经努力向西方资本主义国家寻求救国救民的真理。李大钊也曾经是一个真诚的民主主义者,希望通过资产阶级共和国,使中国走向独立和富强。从爱国的立场出发,经过民主主义而走向共产主义,这是当时许多先进分子所走过的共同的道路。问题在于,为什么不是别人,正是李大钊最早抛弃资本主义的建国方案并为中国选择社会主义新方向的呢? 我想,这与他早期思想中的如下两个特点有直接的联系。其一,他在为中国选择道路时,是以它能否导致人民的幸福和解放为弃取标准的。他感到,辛亥以后所建立的民国,名实极不相符,"共和自共和,幸福何有于吾民也!"③第一次世界大战爆发后,他更从世界历史的角度来考察西方资本主义制度,指出"此次战争,使欧洲文明之权威大生

---

① 《李大钊文集》(上),第6页。
② 《李大钊文集》(上),第140页。
③ 《李大钊文集》(上),第4页。

疑念。欧人自己亦对于其文明之真价不得不加以反省"①。这样,即使在作为民主主义者的时候,他已经对资产阶级共和国的方案采取某种怀疑和保留的态度了。他在一九一六年六月曾说过:"代议政治虽今犹在试验之中,其良其否,难以确知,其存其易,亦未可测。"②这种怀疑论,正如列宁在评论赫尔岑时所指出的,乃是"从'超阶级的'资产阶级民主主义幻想到无产阶级严峻的、不屈不挠的、不可战胜的阶级斗争的转化形式"③。其二,他的思想中较早地具有了唯物论和辩证法的因素。他强调,人们的认识必须"据乎事实",论事析理,"求其真实之境"④;他认为,宇宙间充满着矛盾,正是这种矛盾的斗争推动着事物的变化。从这种观点出发,他从不固执成见。他相信社会是前进的,新事物肯定会比旧事物优胜。他在对西方代议政治表示怀疑的同时,就确信起而代之者必定是更为优胜的制度。正因为如此,他才能在十月革命胜利后独具慧眼,比同时代人更早地看到这个革命的胜利乃是庶民的胜利,布尔什维主义的胜利,看到社会主义的兴起乃是时代的潮流,认定它将带来中国民族解放的新希望。尽管他接触马克思主义在中国并不是最早的,但他最早同资产阶级民主主义划清界限,成了中国的第一个马克思主义者。

　　作为马克思主义在中国的最早传播者,李大钊一开始就以科学的态度来对待马克思主义。

　　首先,他重视马克思主义基础理论的研究,力求全面地把握马克思主义的理论体系,把握它的革命的实质和核心。《我的马克思主义观》一文就介绍了马克思的唯物史观、阶级斗争说和经济论,可以

---

① 《李大钊文集》(上),第565页。
② 《李大钊文集》(上),第168页。
③ 《列宁选集》第2卷,人民出版社1972年版,第418页。
④ 《李大钊文集》(上),第446页。

说是中国第一篇比较系统地介绍和宣传马克思主义的作品。文章指出,"阶级竞争说恰如一条金线",把马克思的上述三大原理"从根本上联络起来"①。由于当时的中国,首要的任务是进行革命,他特别重视马克思主义的唯物史观和阶级斗争学说,是很自然的。

　　其次,他初步揭示了马克思主义必须同中国实际相结合的思想。当他还是个民主主义者的时候,他就讲过正确认识中国国情的重要,认为考虑中国的问题,是不能"置吾国情于不顾"②的。这里的国情,既是指"近今之国情",也是指"往昔之国情",即历史③。他认为,这个国情问题,不可求于外人,"不可与客卿谋"④。在前期新文化运动中,他在揭露孔孟之道与现代生活相矛盾的同时,并没有对中国的传统文化取全盘否定的态度。相反地,他正是中国传统的优秀文化的继承者。他认为东方文明与西方文明各有短长,建设世界的新文明,并不是要全盘西化,并不是要全盘否定中国传统,而应是东西文明各"以异派之所长补本身之所短"⑤。他曾著文反对民族虚无主义和民族悲观主义,表示"深信吾民族可以复活,可以于世界文明为第二次之大贡献"⑥。他从世界文化发展史的角度考察俄罗斯文明,认为它"实兼欧亚之特质而并有之","世界中将来能创造一兼东西文明特质,欧亚民族天才之世界的新文明者,盖舍俄罗斯人莫属"。这也正是他主张对于俄国十月革命应"翘首以迎其世界的新文明之曙光"⑦,主张中国革命要走俄国人的路的一个重要原因。在他成为马

---

① 《李大钊文集》(下),第50页。
② 《李大钊文集》(上),第55页。
③ 《李大钊文集》(上),第113页。
④ 《李大钊文集》(上),第110页。
⑤ 《李大钊文集》(上),第571页。
⑥ 《李大钊文集》(上),第562页。
⑦ 《李大钊文集》(上),第574—575页。

克思主义者以后，重视马克思主义在中国具体情况下的实际运用，这不仅说明他对马克思主义这个科学世界观的正确理解。而且是他上述思想的合乎逻辑的发展。他指出，马克思主义"是一个时代的产物"①。我们接受某一学者的学说时，"不要忘了他的时代环境和我们的时代环境"②。作为一个马克思主义者，应当研究马克思主义理论"怎样应用于中国今日的政治经济情形"③。他指导的北京大学马克思学说研究会，当时就组织过"社会主义是否适合于中国"的辩论，并由他担任评判员；还开展过"世界资本主义国家在世界各弱小民族掠夺之实况——特别注意于中国"这类实际性的专题研究。他认为，社会主义"原有适应实际的可能性"，当人们"用以为实际的运动"时，它会"因时、因所、因事的性质情形生一种适应环境的变化"④，即在运用中得到发展。应当说，这些思想，是相当精彩的。在中国早期马克思主义思想运动中，他就提出这些思想，更属难能可贵。把这种宝贵的思想说成实用主义，是完全没有道理的。

再次，他认为马克思主义的绝大功绩，就是指明"社会主义的实现，离开人民本身，是万万作不到的"⑤。他不仅重视工人阶级在革命中的先锋作用，直接从事工人运动；而且重视农民在革命中的主力军作用，积极发动和组织农民斗争。在他开始向马克思主义方向发展时，他就写过《青年与农村》一文，认为只有把黑暗的农村变成光明的农村，中国的民主主义才算有了根底和泉源，因而号召革命的青年到民间去、到农村去。后来，他在《土地与农民》等文中，更对农民

---

① 《李大钊文集》(下)，第68页。
② 《李大钊文集》(下)，第69页。
③ 《李大钊文集》(下)，第711页。
④ 《李大钊文集》(下)，第34页。
⑤ 《李大钊文集》(下)，第64页。

在革命中的地位与革命者深入农村的必要性等作过相当深入的论述。他说过,革命者要关心水深火热中"倒卧着几千百万倒悬待解的农民",要"去导引他们走出这个陷溺,转入光明的道路"①。国外很有些学者据此认为李大钊和后来的毛泽东的思想具有民粹主义色彩,国内也有人响应这种观点。事实上,李大钊尽管曾经赞赏俄国民粹派"到民间去"的口号,但与俄国的民粹派不同,他并没有认为农民是天然的社会主义者。如果考虑到中国革命首先是反帝反封建的民主革命,而民主革命的根本问题正是农民问题,那末,我们就应当承认,李大钊重视农民,号召革命者到农村去,这正是他为把马克思主义正确地运用于中国的实际所作的努力的一部分。毛泽东的情况也是如此。

　　李大钊原本是一个学者。他是通过探索救国救民的真理走上革命道路的。当他成为一个革命者以后,他把自己的主要精力投入了革命斗争。他不仅运用马克思主义对中国革命的重大问题进行了富有成效的探索,而且,在党的组织工作和宣传工作、工人运动、农民运动、统一战线工作、军事工作、少数民族工作等几乎所有的战线上,都活跃着他的不知疲倦的身影,都留下了他的辉耀史册的业绩。从开始进行建党活动到最后牺牲,仅只七八年的时间。在这样短暂的时间里,他竟然为中国人民、为党的事业作出了那么巨大的、多方面的贡献,这不能不令人惊叹和感佩。

　　但是,作为革命家的李大钊,仍然不失学者的本色。建党以后,他还一直担任北京大学的教授,在哲学、社会科学的许多领域里进行着辛勤的劳作。他是中国第一个运用辩证唯物主义和历史唯物主义观察社会、认识社会和改造社会的马克思主义哲学家,又是中国马克

_____

① 《李大钊文集》(下),第 877 页。

思主义史学的奠基人,写过《史学要论》等一系列历史理论著作。在其他学科领域,他也做了不少开创性的工作。他还是一个文学家,写了很多脍炙人口的诗文。他的文章风格挺拔,笔力雄健,议论纵横,充满激情。王森然在三十年代写的《近代二十家评传》一书便说,他编辑《新青年》杂志时,"以矫激之笔致,犀利之文词,中国新文坛气势为之大昂"①。他去世后,一部分遗文被李乐光等冒着生命危险收集并保存下来,周建人等也在极端困难的情况下进行着他的遗文的收集工作。作为一个拓荒者,他在思想文化领域中所进行的一些草创性工作自然不免粗糙,然而他在中国第一个用马克思主义指导革命和占领哲学、社会科学阵地的历史功绩,是不可磨灭的。一九三三年,鲁迅在《〈守常全集〉题记》中就说过,一切死的和活的骗子的一叠叠集子,已在倒塌下来,连商人也"不顾血本"的只收二三折了,然而"他的遗文却将永住,因为这是先驱者的遗产,革命史上的丰碑"②。

李大钊的气节和操守是非常崇高的。在他的身上,凝结着中华民族的许多美德,体现着中国知识分子的优秀传统。在他成为马克思主义者以后,这一切更得到了升华,达到了新的高度,他为人忠厚、谦和、质朴,为士林所公认。同时,他又有很强的原则性。在危急关头,从不退避,总是挺身而出。在遭敌人通缉时,亲友们曾劝他离开北京,他为了工作,坚持留下。被捕以后,面对敌人的酷刑,他不仅严守党的秘密,而且独力承担全部责任,竭力掩护和解救同时被捕的青年。在狱二十余日,绝口不提家事。他的牺牲是很壮烈的,真正是从容就义,视死如归。他一生自奉俭约,生活刻苦。他把大部分收入用

---

① 《李大钊研究论文集》上册,河北人民出版社1984年版,第45页。
② 《鲁迅全集》第4卷,人民文学出版社1981年版,第525页。

于党的事业，用于接济他人，以至北京大学发薪水时不得不预先扣下一部分直接交于他的夫人，以免他的家庭断炊。他"生时仅可供家食，殁后则一贫若洗，棺椁衣衾，皆为友助"①。他确实处处可以为人之楷模。正因为如此，不管是同志、朋友还是敌人，对他的人品，没有不佩服的。凡是与他接触过的人，都给予他极高的评价。在五四时期，即有人写诗赞扬他与陈独秀是"双悬照古今"的"日月"②，毛泽东也说他们两人都是"当时中国知识界最出色的领导人"③。他与孙中山接触后，孙中山说他"是他的真正的革命同志"，是他"特别钦佩和尊敬"④的人。一些同时代人也说他是"宅心长厚之良友"⑤，是"现代中国的一个完人"，"不论他的思想，他的行动，他的为人，他的待友处家，都是无可訾议的"⑥。

李大钊曾书写过一副对联送给友人，就是"铁肩担道义，妙手著文章"。这副对联的原作者是明朝的杨继盛，原文是"铁肩担道义，辣手著文章"⑦。杨继盛也是河北人，嘉靖进士，曾任兵部员外郎，因弹劾奸相严嵩下狱，受尽酷刑后被杀，是明朝的著名志士。李大钊特地选择这副对联，说明了他对杨继盛等古代仁人志士的景仰。他将原联中的"辣"字改为"妙"字，也使这副对联别具韵味。这副对联，可以说是李大钊一生的生动概括和真实写照。有人借这副对联把李大钊称为"道德文章之楷模"，他确是当之无愧。一九三三年，即在李大钊就义六年后，他的生前好友，北京大学教授王烈、何基鸿、沈尹

① 《李大钊研究论文集》上册，河北人民出版社1984年版，第46页。

② 《回忆李大钊》，人民出版社1980年版，第35页。

③ 《毛泽东一九三六年同斯诺的谈话》，人民出版社1979年版，第40页。

④ 《宋庆龄选集》，人民出版社1966年版，第465页。

⑤ 《回忆李大钊》，人民出版社1980年版，第146页。

⑥ 《回忆李大钊》，人民出版社1980年版，第61页。

⑦ 贾芝：《铁肩担道义》，1957年4月28日《人民日报》。

默、沈兼士、周作人、胡适、马裕藻、马衡、傅斯年、蒋梦麟、樊际昌、刘复、钱玄同等,为公葬这位英烈募资立碑。刘复撰写的碑文称李大钊"理致谨严,思度宏远,见者称道";"温良长厚,处己以约,接物以诚,为学不疲,诲人不倦,是以从游日众,名满域中"。这说明在学者当中,无论对马克思主义的态度如何,都不能不承认李大钊的思想和人格的伟大。

我们今天纪念李大钊,要学习他的革命气概和高尚品质,学习他的一身正气,两袖清风,大公无私,自强不息,继承和发展他的思想遗产,从中汲取强大的精神力量。在建设社会主义的新时期,在改革开放的历史条件下,为了同时发展物质文明和精神文明,为了与资本主义列强对我颠覆演变的野心坚决周旋到底,这是尤其重要的。

这里我想指出,共产主义先驱李大钊的名字是与北京大学分不开的。他的革命活动是从北大的"红楼"、北大图书馆开始的。他在北大指导的马克思学说研究会一开始就得到了校长蔡元培的支持。被李大钊和他的学生们定名的"亢慕义斋"(即共产主义斋),就是蔡元培为研究会专门提供作为活动场所的两间房子。当时国内后来成为共产主义者的革命青年,很多都是这个研究会的会员或通讯会员。北京共产主义小组的最初成员,大多数也是北大学生和教师。可见,北京大学不仅有伟大的爱国民主主义者和教育家蔡元培的传统,而且有伟大的马克思主义者和革命家李大钊的传统,有研究和宣传马克思主义、形成共产主义主要发祥地之一的传统。这个传统在抗日救亡运动中,在抗美反蒋斗争中,都曾发出过夺目的光辉。新中国成立以后,北京大学得到空前的发展,在自然科学、社会科学、人文科学的教学和科研方面都达到新的规模和水平。这之间也经历了一些令人痛心的曲折,无论如何,北京大学的光荣革命传统是不可动摇的。今天,北京大学成为举办这次学术讨论会的发起单位之一,讨论会本身就在北京大学举行,是理所当然的。无论就历史地位和现实责任说,我相信,北京大学的师生今后一定会在党和政府的领导和关怀下,把蔡元培、李大钊等创立的革命传统坚守不渝,发扬光大。

像李大钊这样重要的历史人物,他们的历史本身,就是党的历史的一部分。我们应当联系当时的历史环境对他们进行实事求是的分析,作出客观的评价。我们越是实事求是地评价党史上的人物,越是如实地写出他们的思想、活动及其特点,我们的党史就越是真实、生动,越是具有说服力和感染力。近年来,史学界对李大钊的研究呈现出一派蓬勃兴旺的景象。我希望,这次学术讨论会将会把对李大钊的研究进一步引向深入。

关于写作《回忆毛泽东》
一书的设想[*]

（一九九〇年——一九九一年）

一九九〇年二月十九日的谈话

只想说一件事。好些同志老早就向我提过一个意见,要我写些纪念毛主席的文章,有的同志要我写回忆。我虽然作过毛主席的秘书,但许多重要事情并不是经过秘书执行的,说不出多少有分量的东西来。因此就想另选一个题目,就是着重写四十年代毛泽东思想的发展,毛主席怎样在四十年代领导中国革命取得最后胜利。当然我们还可以往五十年代延伸写,那样问题比较复杂一点。可以先把四十年代的写出来,下一步再作考虑。

四十年代怎么写法?不分阶段写。如果分阶段写,就同党史差不多了。我现在想了这么几个题目。

一、毛主席怎样分析四十年代的形势。形势变化很大,很快,很复杂。现在不是去重复哪一年怎么样变化,而是说在这个千变万化

---

*　此篇是就写作《回忆毛泽东》一书总体设想同编写组同志的三次谈话。谈话时间分别是:1990年2月19日,1991年8月28日,1991年9月6日。收入《胡乔木回忆毛泽东》一书。标题是编者加的。

的形势中,他用什么态度什么方法来判断、来分析。

二、毛主席怎么运用战略策略。在认识形势后对大的斗争局面要制定一个战略,要有许多具体的策略。在这方面,四十年代毛主席的言论留给我们非常丰富的遗产。

三、政策。政策同策略的性质不一样,有对人民的,有对敌人的、有对朋友的。一般说是比较稳定的。政策是为政治斗争服务的,表现在政治经济等各个方面,如土地政策,政权政策。对地主、资产阶级、知识分子的政策等等。这些方面,毛主席的言论也特别丰富。

四、对外关系的独立自主。这方面在四十年代主要是对美关系。对美关系是有斗争有联合的。还有对苏联、对共产国际,这方面很需要写,但怎么写好,要研究。现在共产国际的材料许多已经公布了,我们还没有充分地利用它。这个题目也可以把它放在前面的政策中作为一个小题来写。

五、关于党的整风和党的建设,毛主席提出各种思想、各种原则。

六、最后还可以写毛主席作为一个宣传家的活动。他在这方面的特色、贡献,直到现在我们还需要向他学习。

这样把毛主席在四十年代所作的贡献作一个比较条理化的分析,还是用他的著作、活动作主线,用当时具体的历史作背景(党内、国内、国际的)。目的是想为我们在宣传毛泽东思想时增加一点内容,可以对毛泽东思想的宣传教育有所贡献。

形势分析方面现在想到一些。在四十年代,毛主席对中国社会的阶级关系提出了一些新的观点。过去三十年代没有那样提。他从地主资产阶级中分出大地主大资产阶级,以后在解放战争时期把大资产阶级称为官僚资产阶级。把民族资产阶级同大地主大资产阶级划分开来,这是毛主席对中国革命的理论政策非常重要的一个贡献。可以说,这是中国革命在四十年代能胜利发展的一个很重要的前提。

在大地主大资产阶级中间又分出附属于不同帝国主义集团的,如依附日本的,依附英美的。后者主要是依附美国的。依附日本的又分为降日的和亲日的。只有正确认识这些区别,利用这些矛盾,才能坚持抗日民族统一战线政策并取得胜利。对其他中间力量(民族资产阶级也当做一个中间力量),也作了许多具体的分析并采取许多重要的政策。自从三十年代提出抗日民族统一战线后,党开始注意这个问题了,如从福建人民政府开始,利用不同的地方军阀同蒋介石集团的矛盾,一直是党的政治生活中一个重要的问题。在抗日战争的进程中,这方面的情况有更多的变化。党不但把中央军同地方军加以区别,而且对不同的中央军也采取不同的政策。对比较能接受抗日统一战线的如卫立煌,采取主要是联合的政策。在地主阶级中也把开明地主区分出来。这些区分,成了四十年代我们党制定政策的重要依据。

对农民的研究,毛主席在四十年代用的精力很多。从分析中国社会阶级关系这一点上,有的是值得说说的。他对农民和其他阶级之间的关系,在纠正土改中的"左"倾时说得特别清楚。所谓贫雇农坐江山的口号是完全错误的,应该是依靠贫农,联合中农,中立富农的一系列政策。在工人阶级同农民的关系上,他讲了许多话。强调工人阶级是领导阶级。在这一点上决不能有任何含糊。讲土改时他提出农村斗争的上述公式,但在分析农民时他讲了在中国社会农民是处在一个什么地位,共产党作为无产阶级政党对农民应采取一个什么态度。在这方面他在四十年代讲的许多话,有助于反驳认为毛主席是民粹派的错误观点。这种观点在国内外都有相当的影响,也很容易按照这种观点把毛主席的前前后后的想法、说法、做法作一种歪曲。但毛主席是完全用无产阶级的观点来看待农民的。

毛主席写给博古的信,谈巩固家庭的问题。这封信点明我们党同民粹派不同,我们并不把社会发展的希望寄托在旧式农民身上。旧式的农民家庭是必然要分化的。农民家庭要出工人,没有工人,革命就没有希望。农民家庭要出战士,妇女要参加劳动,那么农民家庭也就不能巩固了。就在延安,毛主席提出了组织起来的口号,这个组织起来不是说要固守农民的本来面貌,而是作为改造农民的手段提出来的。毛主席的这个思想是一贯的,在四十年代有许多重要的发展。

毛主席对知识分子也讲了很多,对其中不同的部分作了估计,提出大量吸收知识分子的号召。只要不反共,都欢迎,都要团结,都要使用。

四十年代所以比三十年代有所前进,是因为形势大为发展了。抗日初期,新的国共合作关系刚刚建立,我们党刚到敌后活动,这时对国民党还有种种希望。尽管我们党强调统一战线中的独立自主,又团结又斗争,但是对蒋介石还是希望他领导抗战到底。蒋介石从武汉撤退到重庆,一九三九年制造了第一次反共高潮,这时我们党对国民党对大地主大资产阶级有了进一步的认识。民族资产阶级的问题,三十年代已提出,但到四十年代初,这一点就更加明确了。许多民族资本家在抗战期间搬迁到大后方,这个阶级在政治斗争中的态度愈来愈激进,作用显得比较突出。三十年代它还不能形成自己的政党,到四十年代,它一方面建立自己的政党,另一方面积极参加政治斗争,对我们党表示同情,这种形势随着抗日战争的发展就日益明朗了。

民族矛盾和阶级矛盾的复杂关系,是党在抗日时期一个中心的问题。观察形势、分析形势,离不了这个问题。从抗日战争初期的局势,到中期国民党的消极抗日积极反共,局势有很大的变化,但民族矛盾始终是占主要地位。三次反共高潮为什么没有导致国共关系破裂？根本原因就在这里。日本尽管用种种方法来诱降，国民党也确实同日本进行了多次接触想妥协下来，但是除汪精卫一派外，国民党的主体还是投降不了。所以反共高潮一次一次掀起。到最后仍不能不收缩。这是个值得研究的非常有兴味的问题。到抗日战争结束后，我们党和全国人民都要求实现和平统一，国际上好多国家也希望中国和平统一，但是一切努力都被国民党破坏了。原因就在于这时候民族矛盾变了，变成另一种形式了，阶级矛盾突出起来了。

帝国主义国家同中国的关系，在抗日战争时期变化很快，也很大。比如美国，在中国抗战开初的几年，它的外交的重点还是同日本妥协。一直到太平洋战争爆发后，美国才被迫改变它的重点。可是，美国在中国究竟采取什么政策，很长一个时期举棋不定。这些关系，帝国主义国家之间的矛盾，帝国主义国家同中国之间的矛盾，也是影响抗日战争时期我们党的政策的一个重大的问题。

苏联同中国的关系也特别复杂。

对这些形势怎么作判断？特别在形势正在发生变化的时候，能够迅速判断这种变化，非常重要。

抗日战争开始的时候，中国和日本、国民党和共产党，力量对比的变化是个什么情形？然后到困难阶段，日本集中力量来对付我们党领导的抗日力量，国民党也用主要力量来反共。我们党对形势作了分析，认为困难尽管很大但终归是能够渡过的。到什么时候这种力量对比逐渐改变过来，以后有了更加明显的变化？到解放战争时期，这种力量对比的变化已是非常明朗了。

要从这种形势分析中，说明毛主席的思想方法就是从客观实际出发。客观实际是在不断变化的，是有多种因素在起作用的，这些因素又是互相联系的。从这种形势分析中制定我们党的战略和策略。在这些矛盾没有改变的时候，我们的战略就不作改变，比如只要抗战时期民族矛盾的地位超过了阶级矛盾，就要始终坚持抗日民族统一战线这个战略。日本投降了，蒋介石国民党及支持它的美国成了我们的主要敌人，这时我们又有了新的统一战线。服从于这个战略，有很多策略问题。毛主席曾经讲过，团结多数，孤立少数，利用矛盾，各个击破，在不同战略阶段，这个策略始终是我们在斗争中坚持的。在这方面有很丰富的内容。

抗日战争时期我们党在统一战线中实行独立自主的原则，以斗争求团结的原则，这些策略可以说是有普遍意义的贡献。尽管过去列宁、斯大林、共产国际也讲过这些话，但是运用成功像中国这样的例子，恐怕在世界历史上很少见。

由于运用这些策略，我们党怎么从最困难的境地一步一步地走出来，这些历史经验对我们今天的人民仍然有很重要的意义。我们现在面临的困难也很大，但是比起抗日战争，以至红军时期，那就要好多了。这些历史情况，许多过去经历过、现在还活着的人都能记得。我们要用这些丰富的历史经验来说明，我们党怎么运用这些战略策略来克服困难，渡过困难。由某种程度的劣势改变为政治上以至军事上的优势（政治上是明显的优势，军事上是潜在的优势）。抗战结束了，和平谈判是一个争取人民、教育人民、争取多数、团结多数的过程。解放战争中，我们怎么能以弱小的力量（装备上物质上）战胜比我们强大得多的敌人？军事上不去讲了，因为我不是搞军事的。可以从政治上分析这个变化。从政治上分析的时候，到解放战争时期，从许多文件中可以看到毛主席的历次预见，毛主席坚持胜利的信念。好像历史的发展变化差不多就是他指挥的。敌人尽管看起来是那么气势汹汹，但是毛主席毫不动摇，坚信最后胜利一定要到来。结果，最后胜利比党中央预见的来得更快一些。前面说的策略，它的依据，正是对人民的力量、对人民在斗争中创造历史这个根本的信念，这个马克思主义的信念。在中国的历史条件下,民族的解放、人民的解放没有别的出路,只有走这条革命的道路。

抗日战争时期,解放战争时期,毛主席写的文件很多。对于敌友我三方的政策,都有许多规定。抗日战争时期,我们对大多数国民党军,是当友军看待的。我们力求发展壮大,有时也要退避缩小。这些都依据形势的变化来定。

农民的土地政策,抗日战争到解放战争时期有很大的改变。为什么有那许多变化?为什么要采取那些政策?要说明。虽然中国人、外国人对中国共产党是捍卫农民利益的这一点至少在四十年代是一致公认的,但是解决农民的土地问题为什么要采取群众运动、群众斗争的方式?为什么要采取减租减息的政策,后来又采取平分土地的政策?为什么要依靠贫农?还有对富农的政策,等等,这是需要说明的,需要作一些理论上的说明。

经济政策、财政政策。大生产是在什么情况下产生的?因为国民党停止给八路军发饷。对这样造成的困难,我们采取了哪些方法?大生产是其中的一项。在精兵简政时,仔细地计算了多少农民能够养活一个脱离生产的人。这里有许多复杂的问题。

在解放战争中出现很多变化。一方面产生新区,新的农民问题,另一方面产生城市,新的城市问题。统一战线政策,对外政策,比在抗日战争中复杂了。像这些政策大都同现在的有很大的不同,但研究这些政策的形成、演变的历史,制定这些政策所依据的原则,对今天还是有重要意义的。

整风和党的建设。整风为什么会产生?要从整个历史背景、党的历史背景来说明。要解决一个从实际出发的问题。对立面就是从教条出发。从教条出发,关键是从共产国际的决议、指示出发。中国革命要依靠中国共产党人根据中国情况来做工作,来解决问题,这是一个总的原则。

中国共产党要真正懂得中国的实际，这一点是很不容易的。中国共产党从一开始就是在俄共、在共产国际的帮助下产生的。他们一方面给中国共产党许多积极的东西，但同时也给中国共产党带来许多消极的东西，造成很多困难。当然，在遵义会议后，经过长征的胜利，西安事变和平解决，第二次国共合作的实现，中国共产党已经能够独立地按照中国情况来决定自己的政治战略。尽管如此，还是有很多困难。这才产生第二次王明路线。而且，这种教条主义倾向不仅仅是到一九三八年为止，它在党内的思想影响一直还存在，并没有完全解决。如果不经过整风，全党在这个问题（从中国实际出发解决中国革命的问题）上的认识是解决不了的。

另一点从中国实际出发就是要依靠人民，依靠群众。如果不依靠群众，党的斗争也是要失败的。所谓反对主观主义宗派主义，就是有依靠中国实际依靠中国人民这么一个根本的问题。所以党的历史是一个比较曲折复杂的历史。只有把这个讲清楚，整风运动才能讲清楚。不然一般人对整风不太容易理解。为什么整风文件要那样学习讨论？要开展批评和自我批评，并用那么长的时间？这里还有个重要原因，是抗日战争处在相持阶段，前方根据地正处在缩小时期、困难时期。毛主席给彭德怀讲，只有你才懂得这一点，其他很多人不懂得这个意义。如果不是那个条件，在延安集中那么多干部来学习也是很难理解的。国民党的王世杰曾经问周恩来，你们怎么拿那么长的时间来作历史总结？这在国民党是不会这样搞的。普通的政党都不会这样搞。我们党以前的整顿也都同这次的整风不能比。那么多干部达到思想统一，一到需要的时候就能派出去工作，而且很顶用。如日本投降时去东北，都是整风取得成功的结果。不然，那是难以想象的。

通过这次整风，毛泽东思想在全党的指导地位确定了。这需要作些说明。为什么要提毛泽东思想？有这个需要。如果中国共产党不提毛泽东思想，很难在全党形成思想上的统一。提毛泽东思想这就是对着苏共的。共产国际尽管解散了，但是共产国际的影子、它对中国共产党的影响始终没有断。为什么八大没有提毛泽东思想？也是因为苏联的关系。苏联始终拒绝承认毛泽东思想，在苏联报刊上绝口不提毛泽东思想。凡是中共文件中提了的，他们刊用的时候都给删掉。这成了一个禁区。所以毛泽东思想是中国人民自己的、中国共产党自己的革命道路的象征。通过这个，实现党的统一和团结。党内各方面的关系，党同群众之间的关系，都在毛泽东思想基础上确定下来。为什么四十年代中国共产党能够在那么困难的条件下取得那么大的胜利？根本原因是党正确解决了这个问题。这一点就是到今天也仍然显出它的重要意义。

一九九一年八月二十八日的谈话

早一点把班子组织起来，以后我再给大家详细讲一下。两年时间写出书来，时间比较紧。虽然不同薄老的书攀比，大致上要相称。写作不在书的厚薄、文章的长短，我们的书肯定不能写那么厚，因为薄老和我两人的身份、作用不一样。书中个人回忆要比现在的稿子有所增加。五十年代的好加一些，容易一些，四十年代的比较困难。不能同《中国共产党的七十年》重复，也要同薄老的上下册尽量少重复。写成一篇篇文章，不是编年史。选题要好好研究一下。

可以设想的选题：

整风到历史决议到七大。

毛主席同解放日报。毛主席提议写的重要文章都经他看过改过。后来又有一次报纸的改组改版。毛主席认为解放日报是党报不是社报。解放日报以前是新中华报。毛主席在那个报上也发表过好多东西。我去他那里以后他就基本上不谈新中华报。以后放弃延安时就是新华社。这是较重要的一件事。

延安文艺界的整风,毛主席的讲话。文艺座谈会前后,写起来比较复杂,当时有些事作的有过头的地方,有些事现在写出来不大容易理解。有关文艺座谈会的材料很多,作家个人写的也不少。如果定下这个题目,可以专门研究一下。

共同纲领也是一个题目。

一九五○年下半年,我调到中宣部去了。毛主席要我去做常务副部长兼秘书长。这个时期毛主席有些关于宣传工作的指示,要写。

接下来有对几个作品的批判。开始是对《清宫秘史》的批判,这件事不太好写。"文化大革命"时把这个批判没有进行下去说得很严重,从《清宫秘史》到后来的《海瑞罢官》,一条线。那时的顶点是胡风事件。胡风事件写的人较多,书出了不少。这些事说起来比较麻烦。抓胡风,我是不赞成的。毛主席写的那些按语,有些是不符合事实的。胡风说,三年局面可以改变,毛主席认为是指蒋介石反攻大陆。实际上,胡风是说文艺界的局面。

同梁漱溟的争论,薄老的书没有提。在这个问题上要为毛主席说几句公道话。毛主席发火不对,但为什么发火? 当时关键是对待工业化的问题。不少人认为中国穷,要与民休息,搞工业化哪里来的资金? 同梁的争论主要在这里。梁说农民在九地之下,再搞工业化农民活不下去了。毛主席觉得这个完全是为了国家大计,非做不可的事。梁漱溟讲得那么尖刻,毛主席气得很。

然后是到合作化了。我写了一个合作社示范章程。毛主席非常重视,但实际上没有执行。四十年代,我写过一个农村各阶级的分析,毛主席很重视。我费了很大的精力。在写的时候毛主席不断来催,写出几页就拿走。

三反五反开始时,我作胃切除手术,休养了,这一年的事我不清楚。过渡时期总路线的产生,很难写得比薄老的更多。

七届四中全会的决议,毛主席花很大力量修改,有些观点已经过时了,但代表当时的思想。特别是毛主席加了一段,说堡垒最容易从内部攻破,个人野心家要分裂党。认为高岗是贝利亚第二。有人看到这个修改马上报告高岗。这是一个重要的事实。

一九五六年"反冒进",我也是活动分子之一。中宣部起草的那篇社论,我作过修改。

八大文件,除周总理的关于第二个五年计划的报告外,许多是我起草的,可以写相当一段文字。

然后到一九五七年,几件事情影响到一九五八年的"大跃进"。为什么提出"大跃进"? 一是反右派斗争胜利了。毛主席觉得是很大的胜利。完全是群众性的斗争,把资产阶级右派打退了。国际上各国共产党开了莫斯科会议。苏共原准备了一个宣言稿子,我们党提了许多修改意见。后来由我们党重新起草一个稿子,同原来的面貌不一样。这个稿子基本上被接受了,苏共的同志对我们党说了许多好话。关于和平过渡问题,小平同志讲了一篇话,讲得很清楚,毛主席很赞赏这个讲话。由资本主义向社会主义过渡,和平过渡是不可能的。只有社会主义向资本主义的和平演变,而且也不是很和平。毛主席对这个会议非常满意。加上苏联的人造卫星上天,毛主席这时确实感到胜利在我们一边,提出东风压倒西风,超英赶美。特别是他相信中国共产党领导经济建设,能够有更快的发展。整风中工人贴了很多大字报,毛主席在上海看了几个工厂的大字报,感到群众发动起来了,群众中蕴藏着很大的积极性。这些都为"大跃进"的提出打下基础。一九五八年《人民日报》的元旦社论,题目是《乘风破浪》,其中就有鼓起干劲、力争上游的话。后来他接受了一位民主人士的建议,将"鼓起"改为"鼓足"。社会主义建设总路线的提法就这样逐渐形成了。有这些内外因素,毛主席觉得可以探索一种更高的发展速度。把群众发动起来,而且是全国发动起来,生产一定会大跃进。有的地方领导干部提苦战三年改变面貌。毛主席开始还不大相信,说三年就能改变面貌了?曾希圣说,水利兴修了,两熟制改三熟制,就是改变面貌,毛主席听了觉得有道理。后来有的地方竟提出一年改变面貌的口号。

在一九五八年,年初开南宁会议,年尾开武昌会议。武昌会议的决议是我起草的,毛主席和我多次斟酌、考虑。他当时很满意。公社化已过了高潮,他在反思。当时有两件事,一是王稼祥同志给少奇同志提出,人民公社决议不要发,认为经验不成熟。后来毛主席答复了这个问题,他认为积累了相当的经验,也有大量的问题要解决,所以要发。另一件是,一九五九年的几大生产指标都订得很高。陈云同志主张不要在公报上公布。他要我向毛主席报告,我不敢去向毛主席报告陈云同志的意见。我认为,全会已经开过,全都定好了,大家一致同意,讲了很多话,人都散了,不在报上公布同当时的势头很难适应。这件事,以后在上海会议上我受到毛主席的批评。

在庐山会议开会前,毛主席曾开过一次政治局会议。毛主席在会上表示他不能搞经济工作,他不懂。他认为他这一辈子搞不了了,年纪这样大了,还是陈云搞得好。这话在庐山会议前期也讲过:国难思良将,家贫思贤妻,经济工作还是要陈云出来。后来庐山会议的气氛完全反过来了。庐山会议当然要写。同我有关系的是在会议前期写了一个会议纪要,即《庐山会议诸问题的议定记录》。在批彭德怀时,一些人也批了这个纪要。不过,对会议纪要没有攻得那么厉害。

写纪要集合了很多人，都是中央指定的，费了很大的劲才写出来。庐山会议在毛主席讲话以后，少奇同志主张批彭只在小范围进行，另外发一个反"左"的文件。他要我起草，我感到不好写。我对他说，是不是同毛主席谈一下。少奇同志生气了，说你写出来，我自然会去谈。后来我请彭真同志找少奇同志谈，决定不写了。现在看，如果写出来，少奇同志也要牵进去。

庐山会议以后的反右倾机会主义运动我没有参加。我到一九六〇年春就集中力量搞《毛选》第四卷的编辑工作。本来庐山会议后就有人提出继续出《毛选》。毛主席说现在不是出《毛选》的问题，而是出《刘选》。

以后几年，我几乎全在同苏联打交道。三次去苏联谈判。中苏争论开头一个很尖锐的问题是中苏合营建立长波电台、共同舰队问题。苏联当局企图用合营的方式在军事上控制中国，中国要保卫自己的主权，反对合营。毛主席当时说了三条：一、苏联要搞，我们去打游击；二、海岸都归你们；三、中国自己搞，苏联只提供技术援助。话说得很尖锐。苏联所以垮台，同它这种蛮不讲理的大国沙文主义有关。这里边的争论很多。

到一九六一年我去搞农村调查，然后开广州会议搞农业六十条。毛主席要我到韶山解决食堂问题。有个电视剧说毛主席要他的乡亲同去解散食堂，实际上不是那么回事。书上也有人这样写过，肯定夸大。这样大的政策，毛主席不会通过他的乡亲去解决。一直到起草六十条的末了，还写了一句，食堂可以办也可以不办。农民听了最有兴趣的是这句话。

从广州回来时，在路上我向毛主席说少奇同志在庐山会议时曾经想提出写个反"左"文件的建议，毛主席听后没有表示什么，只是说："啊，有这回事！"后来开工作会议，少奇同志在这件事上对我批评得很厉害。

不久,我患了精神衰弱症。报告了小平同志,决定让我休息。

这已经到了六十年代了。与这本书规定写的时间四十、五十年代有点超过。

一九九一年九月六日的谈话

写一本书,回忆毛主席的四十年代、五十年代,书名怎么定。再斟酌。大致是这个意思。一九四〇年我还未到毛主席那里去。我是一九四一年去的,到六十年代初离开。关于四十年代定了十五个题目,关于五十年代定了二十二个题目。五十年代时间长一点,新中国成立以后事情比较多,题目多一些。内容以回忆毛主席为主,全书以毛主席为主体,是对他的回忆。不把中央整个活动放到里面。中央一些活动同毛主席没有关系的就不说了。因为是个人回忆,拟定的题目同四十年代、五十年代的大事不完全吻合,有些很大的事我不了解,我没有接触过,就不好写进去,如三大战役,抗美援朝等。有些事也许没有那么大,但从个人回忆方面说,比较清楚,就列到题目里。

说是个人回忆,但有相当多的事也不能限于个人回忆。有些事我接触过,但详细情况我不很了解,这种事我还是要写。这在四十年代中的情况更多一些。五十年代个人回忆的成分多一些,同毛主席的接触超过秘书的身份。四十年代大部分时间我不能成为事件的参与者。写的时候不要勉强加入个人成分。勉强加入不适当,使读者感觉是故意把个人加进去,失掉书的主旨,成为不是回忆毛主席,而是回忆自己。回忆成分多少要看事实。凡是可以回忆的、个人接触多的就写进去,也还是以毛主席的活动为主。

书的篇幅现在还不能估算出来,大体上比薄老写的分量要小一些。他写的一些题目涉及范围很广,利用的档案资料比较多。我的书分量要稍微小一些。最早是想一篇只写一万字,现在看一万字不行,可能要到两万三万。看题目涉及的内容,需要讲多少就写多少。

材料来源,一是党中央保存的档案;二是各种公开出版物,回忆录,文章,当时的记载(报刊上的);三是个人回忆。三方面结合起来。仅仅靠个人回忆是不够的,不能把事情说清楚。

出书的时间,一九九三年纪念毛主席百年诞辰,最好在那个时候出。时间比较紧,一九九三年六月就要定稿。当然还是以书的质量为第一标准。如全书不能都定,也可以分册出。尽量争取全书都出。时间要计算一下,排个日程。

题目,四十年代十五个,现在分别说一下。

一、陕甘宁边区施政纲领和陕甘宁边区的政治经济建设。一九四一年我去毛主席那里工作时,他正忙着搞陕甘宁边区施政纲领,也可以说是新民主主义论在陕甘宁边区的具体化。那个纲领最初不是毛主席写的,但他作了大量的修改,费的心血比较多,同他写的差不多。对陕甘宁边区的政治经济建设,毛主席提了很多意见,做过很多工作。

二、皖南事变和打退第二次反共高潮的总结。这个总结的内容很丰富。毛主席的统一战线思想,毛主席的又团结又斗争的策略,在这里得到充分的展开。文章不限于写皖南事变,包括毛主席在打退第二次反共高潮前后提出的政治思想和军事思想。

三、苏德战争与中国战局。一九四一年苏德战争爆发,我们党、国民党、日本、英、美、苏之间的关系发生了很大的变化,发生了很多事件。苏德战争、特别是后来的太平洋战争爆发后,国共两党关系缓和,国民党作了很多表示,我们党作了很多努力。但我们党的努力始终没有从国民党方面得到积极的反应,一直到后来美国直接参与中国的内战。

四、编辑《六大以来》和《两条路线》。编《六大以来》的时间比较早。我到毛主席那里去时,他已经在编,并不是在整风以后才编。出版的时间晚一点。毛主席不但亲自编,而且亲自校对。后来我把校对工作接过来。《两条路线》是从《六大以来》中选出来的。编出《六大以来》使总结历史经验得到一个武器。把党的历史文献编出来,使正确路线同错误路线的对照非常明显。一些犯"左"倾错误的同志看了口服心服。过去没有涉及过六届四中全会以来的政治路线,整风时涉及了,这是很重要的事情。

五、整风运动。主要叙述党中央的整风。全党的群众性的整风要提到,但不占主要地位。党中央的整风同党的历史总结有关系。

六、文艺座谈会前后。整风时毛主席召开文艺座谈会。要介绍会前作家的状况,作品的状况,毛主席同作家的交谈,等等。会后,作家下乡、下部队,同群众结合。

七、大生产运动。介绍一下背景,为什么要发动大生产运动。一方面是国民党停止发饷,另一方面陕甘宁边区军民关系较紧张,农民负担重。因此要动员部队、机关、学校自己动手,解决财政来源,减轻农民负担。

八、组织起来。在大生产运动中出现了组织起来的动向,在农业生产中也在流通领域中形成各种形式的互助合作组织。毛主席发表组织起来的讲演。这是毛主席一生非常重要的思想。他一生的斗争从某一方面来说就是把人民组织起来,影响一直到解放以后,提出发展互助合作运动的问题。

九、同美国的谈判。一九四四年美国直接参加中国战场作战,有很多人要求同中国共产党发展一种关系,派美军观察组到延安进行一些政治谈判,最后没有谈成功,但影响比较大。写这个题目还有一个重要意义。国内没有一部写谈判的历史的著作,当时的许多材料没有公开发表,大部分是美国人的各种回忆。写这个是填补很重要的一个空白。

十、历史决议和七大。

十一、重庆谈判。指一九四五年八月末到十月初在重庆的谈判,不包括后来一九四六年年初的谈判,只以毛主席在重庆的谈判为限。毛主席的谈判为后来的谈判打下一个基础。

十二、战后国际形势。这是二次大战后一个很尖锐的问题,即第三次世界大战是否就要发生。毛主席发表了著名的谈话。同时由陆定一同志写了一篇文章。那篇文章由毛主席作了很多修改,对认识当时的形势意义较大,影响较深远。

十三、解放日报和新华社工作。毛主席同解放日报、新华社的联系相当密切。解放日报是毛主席创办的,毛主席为报纸写过大量文章、新闻,对编辑部的文章作过大量修改,对报纸的方针提过重要的意见。新华社是一九三七年成立的。毛主席为它写过多少东西,做过多少工作,要介绍一下。解放后毛主席也为报纸通讯社做了很多工作,但不如那一段有那么多时间来过问,写了那么多评论,包括观察家的评论、新闻稿(述评性的)。一直到西柏坡,毛主席还为新华社写了不少东西。

十四、在陕北。

十五、在西柏坡。

五十年代的题目二十二个,也分别说一下。

一、共同纲领。这是成立中华人民共和国的主要文件,提出了我党建国的各方面政策。要写明毛主席对此作过什么指示,作过什么修改。

二、建国初期的宣传工作。想把评论白皮书文章的学习包括在内。抗美援朝的宣传也是非常大的一件事。能不能打赢这个仗，前途怎样？对美帝国主义怎么认识？这些都很重要。知识分子参加土改也是一件大事。土改本身没有宣传，但为了帮助知识分子了解中国社会的实际，阶级斗争的实际，农村的实际，倡导知识分子参加土改，这对知识分子的思想进步有很重要的影响。《毛泽东选集》的出版，也要写一写。为了把中间派吸引到马克思主义轨道上来，当时做了许多工作。宣传工作不只是这些，但从这个侧面写很有意义。

三、对外关系。着重说一下中国真正独立了，结束了过去对帝国主义的依附地位，现在站起来了，各个方面表现出独立自主的思想和方针政策。

四、全国统一和少数民族问题。统一在中国现代史上是非常重大的事情。中国在现代史上长期没有统一过，在共产党领导下实现了真正的统一，高度的统一，是以前统治阶级不可能做到的。少数民族问题的处理，从解放新疆西藏到建立许多民族自治区，改变历史上汉族同少数民族之间的紧张关系，真正形成平等的关系。方针不是民族自决，而是民族区域自治。这个方针可以说是时间愈久愈表明它的正确性。汉族同各少数民族的关系四十多年来基本上保持了和睦关系，是新中国成立初期奠定的基础，以后发生了错误，已经纠正了。当然不可能一劳永逸，但基础是好的。

五、过渡时期总路线的提出、争论和宣传。主要指毛主席同梁漱溟的争论，很多人做了文章，甚至出了书。有些文章的观点是不正确的，没有把争论的实质说出来。争论不仅是对梁漱溟一个人。当时在党外，民主人士中，有人对立即实行工业化有疑虑。对社会主义改造有意见还不是第一位的。这些人认为，战争过后要有一段时间休养生息，搞工业化会使农民的负担大为加重。梁漱溟是一个代表。党内也有争论，如对统购统销。说明过渡时期总路线的提出，不是那么平静的一件事。

过渡时期总路线的宣传提纲,毛主席作了不少修改,也可以说一说。

六、起草宪法。在起草宪法前还起草过一个七届四中全会决议。决议内容主要是反对高饶,强调党的统一,党的纪律。这个文件是在毛主席指导下写的,毛主席作了大量修改,讲了一些很尖锐的话,说帝国主义必然要在中国党内寻找代理人,因此党必须加强团结统一,加强纪律,同帝国主义分裂党的阴谋进行斗争。按实际情况说,高岗不能说是哪个帝国主义的代理人,倒是同苏联有关系。

七、向苏联和苏联专家学习。毛主席很重视这件事。当时难免发生照搬照抄,所以后来提出要走中国自己的道路。但是总起来说,苏联确实给了我们很大的援助,苏联专家做了很多工作。我们也不应当忘记。

八、关于文艺问题的几次批判。对《清宫秘史》、《武训传》、胡风批判以后,没有就此完结,以后一直进行到"文化大革命"。这里主要说建国初期那一段,后面可以捎带说说。

九、农业合作化和农业生产合作社示范章程。一九五五年初毛主席提出要我修改邓子恢同志等起草的农业生产合作社示范章程。毛主席当时指示要稳定下来,要将合作社的一些规章标准化,在全国统一执行。但是后来领导思想变化太快,稳定不下来。毛主席是一种矛盾的思想,希望稳定下来,同时又想要不断改变。

十、知识分子会议和农业发展纲要。知识分子会议是中央决定召开的,由周总理主持,毛主席讲了话。农业发展纲要在会前进行过讨论,会议中间也进行过讨论。

十一、文字改革。毛主席作了不少指示,下了很大的决心,以致在一次会上讲要实行拼音化、拉丁化。后来毛主席的想法改变了,但汉字简化、汉语拼音方案,同毛主席的指导分不开。这件事的起因是毛主席同斯大林谈话,斯大林提出汉字太难认,是否可以搞一个民族化的拼音方案,不一定按照别国的字母来设计。

十二、苏共二十大和论无产阶级专政的历史经验的两篇文章。

十三、双百方针和人民日报的改版。毛主席在一九五六年鉴于斯大林问题的教训,很希望在我国的经济、政治和文化建设方面进行一种新的探索,为此做了不少工作。提出双百方针是个重要标志。人民日报改版,从一九五六年七月一日起,由原来的一张扩大为两张,主要是当时有个指导思想,要打破陈规,办得生动活泼,让各种意见在报纸上发表,包括对党的批评。毛主席不仅作了口头指示,中央还有正式文件。毛主席对宣传方面的新想法还有好多,可以一起说一下。

十四、八大。写些什么,还没有想好,是有许多问题值得讲的。

十五、从正确处理人民内部矛盾的讲话到反右派斗争以后。关于正确处理人民内部矛盾的问题,毛主席在最高国务会议上讲了话,中间有些复杂的过程。毛主席最初认为暂时不要宣传,怕别的国家接受不了。可是后来上海文汇、新民报这些非党的报纸大讲特讲,毛主席感到应该讲,对人民日报、解放日报不宣传作了严厉的批评,以后发展到大鸣大放,右派进攻,开展反右派斗争,以及反右斗争结束以后一些事。本来是全党整风,反右斗争一来打乱了,以后重新进行整风,在工厂农村中提出许多积极的批评意见。这对一九五八年"大跃进"有很大关系。毛主席认为,整风激发了群众的积极性。他在上海看了工厂的大字报,非常兴奋,感到群众真正发动起来了,加上其他因素,于是提出"大跃进"的口号。

十六、一九五七年莫斯科会议。莫斯科宣言,苏联搞了一个稿子,我们提了许多意见,等于推翻原来的稿子。后来由中国共产党起草的稿子通过了。毛主席发表了著名的讲话。这一段已经没有什么特别的秘密,可以讲了。

十七、一九五八年"大跃进"。这一篇在内容上要避免同薄老写的发生重复。少量的重复不可避免。

十八、武昌会议。一九五八年底八届六中全会决议,比较完整地反映了毛主席的思想。北戴河会议决议他没有多加考虑。武昌会议决议毛主席是深思熟虑,作了反复修改的。不仅涉及人民公社的问题,还涉及经济发展的速度。

十九、庐山会议前期的继续纠"左"。

二十、庐山会议。

二十一、毛选四卷的编辑。

二十二、人民公社六十条。

已写的稿子大体上定下来,对后来的稿子有好处,有个统一的标准。

与薄老的书不同,他写的是重大决策,我写的是回忆。

加强党史的研究、宣传和教育[*]

（一九九〇年三月八日）

在平息了去年春夏之交的政治动乱和反革命暴乱之后，在全党大力加强党的建设，加强思想政治工作的今天，中央党史研究室邀请全国党史工作部门的代表举行座谈会，这是非常必要的。党史工作是党的思想工作的一个重要部分。邓小平同志说，我们要用历史来教育青年，教育人民。他所指的主要就是要向青年和人民进行关于中国现代史、中国革命史和中共党史的教育。党史工作座谈会的主要任务，就是要研究如何加强党史的研究、宣传和教育，来更有效地教育青年、教育人民、教育全党。我祝贺这次座谈会能够取得预期的成功。

大家知道，去年春夏之交的七十天的政治风波之所以发生，是当时的国际大气候与国内小气候所决定的。这场风波，正如小平同志所说的，迟早是一定要来的，是不以人的意志为转移的。这一点，现在比过去任何时候都看得更清楚。由于党中央、国务院、中央军委对动乱和反革命暴乱及时采取了坚决果断的措施，经过党的四中全会、

---

[*] 此篇是 1990 年 3 月 8 日在全国党史工作部门负责人座谈会上的讲话。曾在《中共党史研究》1990 年第 3 期发表。

五中全会以来所决定和执行的一系列方针、政策、步骤,国内的小气候已经发生了重大的转折。党中央决策的正确和必要,现在也比过去任何时候看得更清楚。但是,与此同时,当时的国际大气候仍在继续并发展,出现了许多值得严重注意的新情况。很明显,我们反对资产阶级自由化的斗争,反对国际敌对势力对我国内政进行干涉渗透、企图在我国实行向资本主义和平演变的斗争,成为摆在我们全党和全国人民面前的一项长期的、严重的任务。在这种情况下,加强对我们党的历史的研究、宣传和教育,就有了新的特别重要的意义。

刚才一波同志提出,编写一部正式的、好的、真实的中共党史,刻不容缓。我完全同意他的讲话,希望参加这次会的中央和地方的全体同志能够集中力量,统一步伐,努力实现一波同志所代表的所有老同志的愿望。

现在我想就怎样加强对党的历史的研究、宣传和教育的问题提出以下几点建议,供参加座谈会的各位同志讨论时参考。

一、认清党史工作的战斗性。国内的资产阶级自由化思潮以及西方反共势力对中国实行和平演变的政策,根本上就是要否定中国共产党,否定中国共产党和中国人民的革命斗争,否定中华人民共和国所实行的社会主义的经济、政治、社会制度,否定社会主义理论和马克思主义理论,这当然也就要否定、歪曲和污蔑我们党、我国人民的革命历史。他们的种种论点,归根结底,集中到一点,就是说中国过去应该实行资本主义,现在仍然应该实行资本主义;过去不应该进行无产阶级领导的新民主主义的革命并发展到社会主义革命,现在就应该放弃社会主义。我们党正是在与这种反动思想的斗争中产生、兴起和胜利的。但是,我们的胜利不是最后的,因为敌对势力还很强大,它们还在时时处处企图颠覆我们、压服我们。我们的党史工作者,和党的其他思想工作同志一样,必须站在与这种敌对势力、敌对思潮斗争的最前线。党史工作是研究党的历史的，但是我们工作的目的并不是面向过去，而是面向现在，面向将来。我们是为现在而研究过去的，我们是为将来而研究过去的。我们的工作和党的其他思想工作一样，是为着坚持党的领导，坚持中国的社会主义事业而斗争的。因此，不能把党史工作看成是平静的、书斋里的事业，它是在思想斗争最前线的一项战斗性的工作。

二、要加强党史工作的科学性。党史工作的战斗性所以有力量，是因为我们依靠的是科学，依靠的是真理。这种战斗就是科学与反科学的战斗，是真理与谎言的战斗。历史的真相本来就是这样的。可是敌对势力硬要抹杀、歪曲、诬蔑过去党和人民革命斗争的真相，因此，我们需要用科学的态度、科学的方法、科学的论证来阐明有关我们党的历史的各种根本的问题。

我们的党史工作者要阐明，我们党的产生、兴起，是经历过无数艰难险阻才取得全国范围的持久的胜利的，这是中国近代历史发展的必然结果。中国人民没有其他的道路可以走，唯有走中国共产党所走的道路，这当然不是说每个细节，而是就整个历史发展进程来说的。比如，在第一次世界大战和十月革命后的中国，发生了"五四"反帝反封建的革命运动。在五四运动中，出现了一批共产主义的知识分子，他们跟工人运动结合起来，形成了中国共产党。中国共产党在发展了工人运动以后，跟国民党合作，成功地领导了中国大革命。在大革命失败后，共产党又领导农村的土地革命战争，发展了工农红军。到抗日战争前夕，形成第二次国共合作，然后产生了全国范围的抗日战争。在抗日战争中，中国共产党和中国的爱国民主力量由于坚持抗战、坚持团结、坚持进步，发展成了强大的势力，得到全国人民坚决的拥护，以至国民党在后来挑起的全国内战中遭到惨败。这一切难道是偶然的吗？难道是可以任意改变的吗？当然，它们都是有历史的必然性的。中国共产党在全国胜利以后，很快走上社会主义道路。社会主义使得中国的经济得到很快的发展，尽管中间出现了很多曲折；使中国这样一个落后的大国的国民生产总值上升到世界第八位；国家取得了独立，这个独立在中国近代史上是唯一的，以前从来没有也不可能有；国家实现除台湾地区以外的真正统一；中国人民的生活得到了根本的保障和巨大的改善，真正成了国家的主人。由于这一切，中国已经成为世界上的一支强大的力量，谁也抹煞不了。谁也别想再让我们受人支配。这一切都说明，没有中国共产党就没有新中国，只有社会主义才能救中国，只有社会主义才能发展中国，这确实是一个客观的真理。我们的党史工作要科学地论证我们党和人民所走过的这条道路，是符合历史发展的客观需要和客观趋势的，如果过去采取其他的发展道路，不可能有中国今天的一切。如果今天走其他的道路，中国只能出现大混乱、大倒退。

我们的党史工作者要阐明，我们党是无产阶级的先锋队。觉悟的工人阶级坚持马克思主义的这个原理：工人阶级只有解放全社会，才能解放自己。因此，他又忠实地代表了全国各族人民的利益。这就说明了代表工人阶级的共产党，为什么为农民的解放，为全民族的解放，为各少数民族的解放，进行了那样艰苦卓绝和英勇顽强的斗争。

我们的党史工作者还要阐明，我们党的每一步胜利都是马克思主义与中国的实际情况相结合的结果。现在西方世界以及受西方影响支配的一些国家，泛滥着这么一种思潮，说什么马克思主义失败了，社会主义失败了。这种现象本身也只有用马克思主义才能解释清楚。至于在中国，至少可以证明，马克思主义是牢牢地扎根在中国这块土地上，扎根在中国的十一亿人民中间。中国人民所走过的道路，中国革命所取得的胜利，中国现在所进行的社会主义现代化建设和改革开放事业,这些事业所取得的巨大成就,都是马克思主义的胜利,而这种胜利又都是马克思主义同中国具体实际相结合的结果。

我们的党史工作者还要阐明,党的斗争的胜利都是依靠人民群众共同努力才取得的。一切为了群众、相信群众、经过群众、依靠群众,这是我们党取得胜利的根本保证。党的群众路线已经成为实现党的思想路线、政治路线和组织路线的根本的工作路线。当然这方面的工作,从党的历史上说或从现实来说还存在着不少缺点、错误,但总体来看,我们党跟人民群众的联系是牢固的。现在全国的政治形势、经济形势、社会形势,总的来说是稳定的。靠的是什么？正是因为我们党与人民之间确实存在着在长时期斗争中形成的血肉联系,人民认识到,人民的前途离不了共产党,共产党也认识到,自己的前途同样也离不了人民。因此,我们在研究、著述我们党的历史时,必须时刻牢记着,党是在人民群众的斗争中,依靠和团结人民群众才取得胜利的。共产党所进行的革命斗争从来不是孤立的,党的历史不仅仅是党的领导者、干部、党员斗争的历史,同时也是党的一切合作者、支持者的历史,这两者是无法分开的。

以上说的,都是如何加强党史工作的科学性的几个主要问题。

三、对党的历史的研究要进一步深入,精密化,更要重视详细地占有材料。我们要继续做好党史资料的征集、整理和研究工作。只有充分地占有和利用一切可靠的资料,并把这些资料甄别清楚,才能弄清历史事件的真相和来龙去脉,才能写出有战斗力的历史论著。同时,必须加强对国外研究我们党的历史信息的了解和研究,注意国外有关的研究成果,并且对在国外论著中经常出现的许多比较重要的、有影响的错误观点和歪曲我们党的历史的言论,进行针锋相对的、有理有据的分析和批判。

四、加强和改善党史、革命史的教育和宣传工作。我们研究党史,不是为研究而研究。我们是为了对我们党的历史进行科学的、准确的叙述和解释,并用它来教育人民、教育青年、教育全党。我们在全党和全国人民中从事党史的教育,已有长久的历史。这中间,有哪些成功的经验,哪些不成功的教训,需要怎样改进,这些问题,希望党史学界要同有关的教育部门进行专门的研究。无论是在党校还是在普通学校里,关于党史以及革命史、近现代史的教育,都是加强思想政治工作的一项很重要的内容。这一工作究竟进行得怎么样,还存在哪些迫切需要解决的问题,我们党史工作者有责任从这方面来进行总结。同样,关于党的历史的宣传,在社会日常生活中,在报纸上,在电影电视戏剧上,在各种展览馆、纪念馆、博物馆、档案馆的工作中,有些什么样的经验教训,也需要进行总结。研究加强和改进的办法。使得党的历史、革命史的教育和宣传得到加强和改善。

五、对有关党史出版物的领导和管理需要加强。近些年来出了不少关于党史、革命史的书籍、人物传记和各种各样的回忆录、各种各样的纪实文学。一方面有很多很好的著作,另一方面也出现了不少严重的混乱现象。有的书对党的历史进行任意的歪曲,任意的捏造,对于党的领袖人物的活动进行种种歪曲的宣传,甚至胡编乱造。这种现象,即使在经过了反对资产阶级自由化的斗争和整顿报刊、出版物的斗争以后的今天,常常令人触目惊心。对这个问题,一方面要求党和政府有关的主管部门制定出明确有效的管理办法;另一方面,也要求全国的党史部门的同志和所有的党史工作者大力协助党和政府的主管部门做好这方面的工作,并且对自己的工作也要进行自我清理、自我整顿、自我约束。因为,一些很不好的作品的出现,往往是同一些党史研究机构的同志参加分不开的。坚持不懈地做好这项工作,应该成为检验党史工作质量的重要标准之一。这个问题希望参加座谈会的同志能研究一下。

　　六、要加强党史工作队伍本身的建设。过去我们在党史工作中取得的成绩,是同我们有一支比较整齐的队伍和努力工作分不开的,是全国党史工作者对党的事业的重大贡献,这是主要的方面。但是从去年的政治风波的考验来看,我们的这支队伍也并不是没有问题的。我们应该从去年的政治风波中认真地吸取经验教训,严格地按照党有关清理、清查的指示,从思想上、政治上、组织上、作风上进行严肃的清理整顿,这项工作绝不允许走过场。要使党史工作机构的领导权牢牢地掌握在真正的马克思主义者手中,使党史研究部门的全体同志更加坚定地团结在以江泽民同志为核心的党中央周围。身为党史工作者,应当对马克思主义理论,对社会主义、共产主义事业抱有无限的忠诚,抱有毫不动摇的信念。我们要用党的历史来教育青年、教育人民、教育全党。如果我们从事这项工作的同志自身对党的事业,对社会主义、共产主义的信念就存在这样那样的问题,我们又怎么能正确地开展我们的工作呢? 所以,我们应该对从去年发生的政治风波中得到的经验教训认真地加以总结,对我们自身的队伍认真地清理整顿,这方面的工作一定要贯彻始终。同时,我们还需要努力培养从事党史研究工作的新人。现在党史研究工作的队伍基本上是一支老年的队伍。如何培养新人已是摆在我们面前的一项迫切的任务。

　　我提出以上六个方面的建议,请大家讨论时考虑。

中国共产党怎样发展了马克思主义 *

——为纪念建党七十周年作

（一九九一年六月二十五日）

中国共产党的七十年是马克思主义在中国有组织地传播和实践的七十年。人们今天谈论马克思主义的命运，就不能不注意它在中国的发展。确实，这个发展不但远远超出过去一般人的预料，也是马克思主义创始人所预料不到的。在纪念中国共产党诞生七十周年的今天，回顾一下这段历史是很有意义的。

中国共产党初创时期的中国，已经有了一定程度发展的资本主义，因而有了一定程度发展的资产阶级和无产阶级，同时又有相互勾结的强大的帝国主义势力和封建势力，是世界上阶级矛盾和民族矛盾最激烈的国家之一。这是马克思主义被广泛接受的重要条件。在俄国十月革命胜利以后，有些国家也曾经历过很激烈的阶级斗争或民族斗争，马克思主义也曾经得到了比较广泛的传播，但是没有取得中国这样的成功。中国共产党夺取政权的斗争不是没有遇到过严重的困难和危险，它所以取得成功，除了由于党和在它领导下的革命人民善于根据马克思主义的观点分析斗争形势，总结斗争经验，把经验

---

* 此篇发表于 1991 年 6 月 25 日《人民日报》。收入《胡乔木文集》第 2 卷。

提高到理论高度,并在斗争中立场坚定,组织严密,团结一致,勇敢顽强之外,在客观条件方面,我想还应该指出:第一,竞相争夺中国的帝国主义列强长时期陷于自身相互间的尖锐的利益冲突,不可能对于中国革命的潜力和发展速度及时地作出恰当判断并采取统一政策和一贯步骤;第二,中国统治阶级的内部斗争表现为长期的军阀混战,加上中国疆域广阔,政治经济发展很不平衡,使革命力量有可能取得局部胜利并逐步壮大;第三,民族资本主义缺乏充分发展的条件,资产阶级思想的发展也受到限制,资产阶级革命不可避免地归于失败,因而深受压迫和贫穷折磨的中国人民比较容易接受社会主义的选择。

中国共产党的七十年,是党领导全国各族人民在革命和建设事业中曲折前进和取得伟大胜利的七十年。

党从创立后登上中国政治舞台到国民党大规模反共,不到六年时间。一九二七年反革命势力的血腥恐怖似乎把共产党人斩尽杀绝了,但是百折不挠的共产党人经过几年艰苦卓绝的斗争,又作为一支重要力量出现了。蒋介石对于这支力量的打击从未放松,但他所发动的"围剿"却连连失败。可是党内的"左"倾错误在客观上帮助了蒋介石,并且在一九三四年的长征初期几乎使党陷于绝境。遵义会议挽救了党和红军,到达陕北的几万人重新成为中国革命的希望。党由于努力和平解决西安事变,再次实现与国民党的合作,为全民族的抗日战争奠定了政治基础。

日本侵略者和蒋介石虽然没有放过一切可以重新扼杀共产党的机会,但是他们却没有力量改变历史前进的方向。在苏德战争、太平洋战争先后爆发的世界反法西斯战争的新形势下,英美不得不与苏联同样反对蒋介石消极抗日、积极反共的方针,日本侵略者和蒋介石也终于不可能携手合作。一部分美国有远见的人士曾经企图改变美国政府的片面援蒋政策,他们的努力失败了。抗日战争结束以后,美国政府竭力援助蒋介石重新发动内战,但是中国共产党在政治上和军事上已经成为巨人。它领导全国人民打败了和从大陆上赶走了美国政府装备和资助的蒋介石军队,建立了独立的、统一的、人民民主的新中国。

中华人民共和国的四十多年的历史远不是轻松的。西方列强长期封锁并以武力威胁中国,妄图把中国困死,直至七十年代这个政策才彻底崩溃。即使在与中国建交以后,它们对中国的关系也充满了复杂性。西方始终有一股势力想通过种种方式干涉中国内政,企图使中国向资本主义和平演变。但是,一个强大的社会主义中国已经屹立在世界的东方,任何力量也推翻不了。

中国共产党在领导人民建设自己国家的工作中,尽管发生过严重的失误,但总的说来是取得了巨大的胜利。中国在五十年代确立了社会主义制度,在八十年代实行了改革开放政策。中国的一切成就都应归功于这两座里程碑。现在的中国和以前已有很大不同,它已经实现了空前的国家统一和民族团结,已有相当强大的经济基础和国防实力,在国际事务中已成为一支不可忽视的力量。由于实行改革开放政策,中国经济的发展和人民生活改善的速度都大大加快了。尽管中国与西方发达国家相比还有很大差距。人均国民生产总值在世界上名次还很低,但是它的综合国力已达到世界前十名之列。无疑,在中国实现了它的发展的第二步战略目标以后,情况将有更明显的变化。中国人民建设有中国特色的社会主义的道路越走越宽广,对前途充满信心。

中国共产党的七十年历史说明,马克思主义是有强大生命力的。中国革命的胜利和中国社会主义事业的胜利,都是马克思主义和它在二十世纪的发展——列宁主义基本原理的胜利。很明显,没有马克思主义的历史唯物主义和阶级斗争理论,没有马克思主义关于无产阶级通过阶级斗争夺取政权以实现社会主义的理论,没有马克思主义关于无产阶级的先进分子必须组成新式政党以领导劳动人民实现本阶级的历史使命的理论以及无产阶级政党的建设理论(这方面列宁的贡献特别丰富),没有俄国十月革命成功的巨大鼓舞和直接声援,就不可能有中国共产党的成立,不可能有党所领导的中国革命和党所领导的工人、农民、知识分子群众的长期斗争。没有马克思主义关于无产阶级要在斗争中同其他有革命要求的阶级和其他可能联合的政治力量组成统一战线并且要在统一战线中保持自己独立性的理论,就不可能有中国共产党与国民党的充满风险的两次合作,不可能有共产党与其他爱国民主力量的长期合作。没有马克思主义关于无产阶级必须发展自己的暴力来反对统治阶级的暴力,建立自己的专政(按照本国的情况,中国人把无产阶级专政先后改变成为工农民主专政和人民民主专政)以摧毁统治阶级的专政的理论,中国共产党就不可能建立自己的军队和政权并最终建立人民共和国。没有马克思主义关于革命是为了发展生产力、社会主义要实现生产资料公有制、按劳分配、有计划发展经济的理论,人民共和国就不可能实现社会主义改造和改革开放政策,并在国家计划的指导下使中国经济得到巨大的发展,使中国人民的生活得到普遍的改善。

中国共产党的七十年历史是成功地运用马克思主义的历史,同时也是成功地发展马克思主义的历史。马克思主义的创始人明确地宣布,他们的学说不是教条,而是行动的指南。马克思主义认为世界是发展的,它本身也必然随着世界的发展而发展。世界千差万别,马克思主义在各国的成功的运用,也必然由于各国具体情况的不同而形成各自的特色,也必然形成对于马克思主义原理的各自的发展。中国是个大国,是个东方大国,而中国革命的成功又是主要依靠中国共产党独立自主、自力更生地领导中国人民长期艰苦奋斗的结果,因此,中国共产党成功地运用马克思主义的过程,不可能不是中国共产党使马克思主义获得重大发展的过程。事实上,中国共产党的历史在长时期内充满了关于是否把和怎样把马克思主义的普遍原理与中国革命的具体实践相结合的斗争和探索,而为了把两者成功地相结合,就必然要在许多重要方面把马克思主义加以创造性的发展。毛泽东思想正是两者相结合的最高成果。毛泽东最早提出并一贯坚持"中国革命斗争的胜利要靠中国同志了解中国情况",一贯要求中国同志认真研究中国的历史和现状,要从客观实践中探索中国革命的规律,"以马克思主义之矢,射中国革命之的",因而对马克思主义普遍原理与中国革命的具体实践相结合的努力作出了最大的贡献,并且长期教育全党,使全党接受了他的这一思想。这是中国共产党一贯坚持并一贯发展马克思主义的思想基础。

现在,我们就中国共产党在哪些重要方面对马克思主义作了哪些发展简要地观察一下。

(一)提出了无产阶级领导的农民土地革命战争思想和以农村包围城市的革命发展道路。在领导中国革命的长期过程中,党逐渐认识到,占中国人口百分之八十以上的农民是无产阶级领导的半殖民地半封建国家资产阶级民主革命(即新民主主义革命)中的主力军。要领导革命取得胜利,就必须首先领导农民在农村中发动土地革命,建立人民武装,发展游击战争,进而联合其他革命力量,建立革命根据地和革命政权,以此为基础,逐步扩大,实行以农村包围城市的战略,最终取得全国的胜利。无产阶级领导的这种农民土地革命战争,在马克思、恩格斯的时代还是不可设想的。虽然马克思、恩格斯都注意到要争取农民作为无产阶级的同盟军,但西欧的农民(他们的情况跟中国的农民很不同)却缺乏革命的要求,而当时革命无产阶级的力量又还没有发展到东方。列宁提出了东方国家的无产阶级要注重领导农民革命斗争,但是列宁的党并没有领导农民斗争的足够的经验,十月革命的土地归农民的口号是由夺取了政权的无产阶级宣布和实现的,而不是由农民通过自己的革命斗争实现的。真正解决领导农民革命斗争的任务,不能不历史地落在中国这个东方大国的共产党人身上。在一九二七年的革命失败以后,中国的城市无产阶级在严重的白色恐怖之下,既不能通过民主制度合法地争取自己的生存权利和实现自己的政治要求,又不能通过组织城市武装起义夺取政权。这种形势要求党非把主要的力量转向反革命势力相对薄弱的农村不可。中国的广大农民,特别是贫农,生活极端贫苦,有革命的迫切要求。因而无产阶级领导的农民革命斗争,不但是中国农民的唯一出路,也是中国革命的唯一出路。首先指出这一点的是毛泽东。他在领导秋收起义未能达到党所预定的夺取城市的目的之后,毅然决然地把失败了的队伍领上了湖南江西边界中段的井冈山,创立了农村革命根据地。他在理论上论证了在全国的反革命形势下为什么小块红色政权能够存在。以后,他又在江西南部、福建西部领导建立了大片的革命根据地(中央苏区),并且在理论上进一步指出这种革命根据地的发展将可能促进全国革命高潮的实现。在红军长征到达陕北,经过八年抗日战争和三年解放战争以后,众多的农村革命根据地终于胜利地发展成为伟大的人民共和国。党究竟是依靠什么力量造成了这样的翻天覆地的变化呢? 当然我们决不能忽视城市各阶层人民(以工人和青年学生为先锋)在开辟革命战争的“第二战场”中的作用,但是革命的主力,无疑是接受了无产阶级(通过共产党)领导的农民,亦即贫农和它的同盟军中农。中国共产党在一个农民占人口绝大多数的东方大国里成功地解决了革命基本动力问题,成功地解决了坚定地依靠农民并给农民以革命政治教育和严格组织训练的问题。党把如此众多的出身小生产者的农民在斗争中教育改造成为共产主义战士,成为人民军队的优秀指战员和坚定的党的干部,这在共产主义运动的历史上是没有先例的。中国的迫切要求土地和其他生活权利、贫苦而缺少文化的农民,在中国共产党的领导和教育下,竟可以激发出如此伟大的革命潜力,可以组织成如此有高度觉悟和严格纪律的队伍,可以经受穷凶极恶的阶级敌人和民族敌人所施加的如此长时期、大规模的围攻和迫害,可以创造出一个又一个如此令人难以置信的人间奇迹。这不仅是马克思主义历史上的一个伟大的新发现,也是中国历史和人类历史上的一个伟大的新发现。

（二）提出了关于人民军队和人民战争的一系列创造性思想。农民的土地革命之所以能够发展,农村革命根据地之所以能够建立,是同有一支由党所独立领导的人民武装力量分不开的。当毛泽东在一九二七年"八七会议"上提出枪杆子里面出政权的口号时,他并不是第一个发现这个真理的人,因为历史上很多统治者或统治地位的追逐者都懂得它,历代农民起义的领导者和组织者都懂得它,欧洲有工人武装起义传统的党也曾经懂得它,而且中国共产党自己也曾领导过上海工人的三次武装起义。他只是在当时不与国民党争军权的中国共产党领导机关内第一个说出了这个真理。蒋介石的反面教员的作用教育越来越多的共产党员拿起了枪杆子,同反革命作斗争。中国成立了工农红军。红军的名字是从俄国学来的,但是中国红军是在农民革命斗争中由下而上发展起来的,这与俄国红军是在革命胜利以后由上而下成立起来的情况很不相同,由此也就产生了中国人民军队独立形成的一系列至今在世界上少有的特点。毛泽东把红军的性质规定为"执行革命的政治任务的武装集团"。他说:"红军决不是单纯地打仗的,它除了打仗消灭敌人军事力量之外,还要负担宣传群众、组织群众、武装群众、帮助群众建立革命政权以至于建立共产党的组织等项重大任务"，否则"就是失去了打仗的意义，也就是失去了红军存在的意义"。红军既是这样的组织，就必须接受党的绝对领导，就必须进行革命的政治思想工作，就必须实行官兵一致、军民一致和争取敌军的原则，就必须实行"政治民主"、"经济民主"、"军事民主"，就必须遵守最严格的群众纪律，不但不拿群众一针一线，时时处处为群众服务，而且要在党的领导下组织群众进行各种革命斗争。党在创建武装力量和领导武装斗争中，实行并坚持了诸如党委统一领导下的首长分工负责制、党支部建在连上、设立政治委员和政治工作机关等一系列重要制度，以确保党对军队的绝对领导，使红军完全地、无条件地置于党的领导之下，成为实现党的纲领、路线的忠实工具，从而科学地规定和处理了无产阶级政党和无产阶级军队的关系。这样，红军就成为名副其实的人民武装力量。红军后来改名八路军、新四军，后来又改名人民解放军，军队的环境尤其在新中国成立以后发生了很大的变化，但是，这些建军的根本原则却没有也不容许有任何变化。新中国成立以来，人民解放军始终是人民共和国的坚强柱石，是人民利益的忠诚保卫者。人民解放军的许多部队长期驻守在自然条件极其恶劣的边防地带，帮助驻地（多数是少数民族地区或者海岛）的建设，发展和维护广大高寒地区的交通运输，他们默默地克服着常人所难以想象和忍受的危险、痛苦和困难，包括必要时击退侵略者的挑衅和入侵，不屈不挠地为祖国和人民的安宁奉献着一切。人民解放军经常担负着繁重的训练、建设和生产的任务，经常出现在一切发生巨大的自然灾害或人民迫切要求紧急援救的地方，而且经常地在地方党委和地方政府的统一组织领导下，同各族人民一起积极开展拥军优属、拥政爱民和军民共建精神文明的活动。解放军中大量涌现雷锋式直至苏宁式的既尽忠职守又忘我地为群众为战友服务的英雄模范人物不是偶然的。由于具有同人民群众的这种密不可分的血肉联系,我军在军事上就形成了一整套人民战争的战略战术,这套战略战术使我军在十年内战时期和八年抗战时期得以战胜比自己强大许多倍的敌人,而在三年人民解放战争时期得以迅速地最终地消灭国民党反动派的八百多万军队,比预计的时间更早地完成了解放中国大陆的任务。这种人民战争的战略战术的内容,随着战争形式的不同而有所不同。十年内战时期的战略,毛泽东曾在《中国革命战争的战略问题》中加以总结;抗日战争时期的战略,毛泽东曾在《抗日游击战争的战略问题》、《论持久战》中作出规定;而人民解放战争时期的战略问题,毛泽东曾提出著名的"十大军事原则"。当然,将来可能发生的强加于我国的战争,由于战争条件和军事技术的不同,一定会使人民战争的战略战术产生更多的新的变化。我军在现阶段所紧张进行的革命化、现代化、正规化建设,正是瞄准着风云变幻的未来世界的。但是如同我军是人民军队这个根本特征不会变一样,我军所进行的战争是人民战争这个根本特征也不会变。人民军队这个关于武装力量的新概念,它在国家生活、社会生活中的新作用以及随之而来的人民战争所形成的战略战术的新特点,不但在革命史、军事史和军事学上有其伟大的意义,而且在国家发展史上和马克思主义国家理论上写下了崭新的篇章。

(三)在与其他政治力量建立革命统一战线的问题上创造了独特的经验,提出了一系列新的理论和策略原则。革命需要建立广泛的统一战线,在革命发展的特定的阶段还需要同资产阶级政党建立统一战线,这都不是中国共产党的创见。早在《共产党宣言》里就写着:在德国,只要资产阶级采取革命的行动,共产党就同它一起去反对专制君主制、封建土地所有制等等。但是历史地回顾一下,国际共产主义运动在建立统一战线方面的成功经验确实是不多。在中国共产党怎样与国民党建立或保持统一战线的问题上,共产国际的指导就往往(不是全部)是不中肯的甚至是错误的。这种指导使第一次国共合作归于失败(当然,中国共产党内陈独秀主义的领导仍然要负主要责任),在第二次国共合作(抗日战争)中也曾造成一个时期的混乱,只是由于以毛泽东为首的中国共产党进行抵制,才避免了这种混乱的发展。抗日战争的八年是国共两党既合作而又尖锐冲突的八年。这次国共合作不同于西欧国家共产党与社会党所曾形成过的合作(当然国民党也不同于社会党),一则这种合作没有正式的书面的协定,没有一定的规章可循;二则这种合作是两个拥有各自的武装力量和政权的政党之间的合作,而且一方居于中央政府的地位,还采取限共、溶共、反共的方针,另一方既不被承认为合法的地方政府,又不能把自己的活动局限于地方政府的范围。后者的力量远弱于前者,而在政治上远强于前者。它必须在斗争中求生存,而又确能在斗争中求发展。中国共产党能够在这种又联合又斗争的形势中求发展,这首先是因为国共两者的团结是为了共同抗日,在它们两者之外有一个共同的敌人日本侵略者,在日本占领区(敌后)共产党大有发展的余地;其次还因为在国民党统治区,国共两者之外还有一个中间派,而中间派正是共产党所必须争取和可以争取的同盟军。毛泽东领导下的中国共产党正确地认识了和巧妙地利用了这种十分错综复杂的形势,提出了"发展进步势力,争取中间势力,孤立顽固势力","以斗争求团结",在斗争中"有理、有利、有节"等一系列方针政策,使得党所领导的人民军队和其他人民力量渡过了一次又一次的惊涛骇浪,最终由对国民党的劣势变为对国民党实质上的优势。诚然,这样的变化之所以发生,根本上是由于党站在坚持抗战坚持进步的立场,站在坚持人民利益的立场,但是如果不是坚持实行以斗争求团结的统一战线方针,得到这样的结果是不可能的。统一战线原则的具体运用,要根据不同的对象,不同的情况,这里没有简单的公式可以套用。要在统一战线中实行以斗争求团结,不要说做起来很困难,就是想起来也会使不深通马克思主义辩证法的人感到大惑不解。中国共产党不但由此证明自己在统一战线问题上远胜于共产国际的策略家,而且由此对马克思主义统一战线理论和世界政治斗争理论作出了重大的贡献。中国共产党的统一战线理论自然不限于对待国民党,也包括对待一切其他同盟者。毛泽东曾多次着重指出,共产党员在社会上总是少数,党外的人总是多数,所以党员总是要和党外的人合作。中国共产党所取得的一切成就,是与党外人士的共同努力分不开的。关于共产党和民主党派、民主人士的合作,可以总结的宝贵经验很多,可惜这里限于篇幅,不能加以论述了。中华人民共和国建立以后,统一战线成为国家政治生活的重要方面,而在党的十一届三中全会以后到现在的十多年中,中国共产党和各民主党派的联合已经日益制度化,中国共产党领导的多党合作已经成为我国的一项基本政治制度。党在这种多党合作制度中的领导地位一定不能动摇,这已经是实践所证明的了。

　　(四)创造了党的群众路线的工作方法。中国共产党从最初成立时的五十多个党员发展到现在的五千零三十二万党员,成为中国的领导党和世界最大的共产党,在党的建设理论和实际工作中当然有丰富的成就。我们在本文前面所说的领导农民土地革命斗争,创建人民军队和领导人民战争、领导革命统一战线,这些都是党的建设的重要内容。而党的群众路线的工作方法,无疑是中国共产党在党的建设方面的突出贡献之一。这是中国共产党的长期革命斗争必须坚决依靠群众支持和集中群众智慧的表现。毛泽东关于共产党要全心全意为人民服务的观点,关于人民群众必须自己解放自己的观点,可能来源于马克思和恩格斯的"无产阶级的运动,是绝大多数人的运动,为绝大多数人谋利益的独立的运动"和"工人阶级的解放应当是工人阶级自己的事情"的思想。而毛泽东提出的"从群众中来,到群众中去"的观点,则出自他的首创。关于党的群众路线的工作方法,毛泽东有过许多的精辟的论述。邓小平同志在党的第八次全国代表大会上曾经这样解释毛泽东所倡导的党的工作中的群众路线:"简单地说来,它包含两方面的意义:在一方面,它认为人民群众必须自己解放自己;党的全部任务就是全心全意地为人民群众服务;党对于人民群众的领导作用,就是正确地给人民群众指出斗争的方向,帮助人民群众自己动手,争取和创造自己的幸福生活。因此,党必须密切联系群众和依靠群众,而不能脱离群众,不能站在群众之上;每一个党员必须养成为人民服务、向群众负责、遇事同群众商量和同群众共甘苦的工作作风。在另一方面,它认为党的领导工作能否保持正确,决定于它能否采取'从群众中来,到群众中去'的方法。按照毛泽东同志所起草的党中央《关于领导方法的决定》的话来说,就是'将群众的意见(分散的无系统的意见)集中起来(经过研究,化为集中的系统的意见),又到群众中去作宣传解释,化为群众的意见,使群众坚持下去,见之于行动,并在群众行动中去考验这些意见是否正确。然后再从群众中集中起来,再到群众中坚持下去。如此无限循环,一次比一次地更正确、更生动、更丰富。'"这样,党的群众路线的工作方法,就由党是工人阶级的一部分、党除了阶级和人民的利益以外没有特殊的利益的观点,上升到只有革命的阶级、革命的群众作为先进的生产力和先进的生产关系的代表,才是历史的真正创造者这个历史唯物主义理论的水平,上升到人的认识的正确与否,只有客观的社会实践的检验才是唯一标准的辩证唯物主义理论的水平了。

党的群众路线的工作方法,一直是党对待劳动群众、革命群众的指针,是使党与广大群众保持密切联系的思想基础和组织基础。党在居于执政地位以后,特别是党在执行改革开放政策以后,党与群众的密切联系出现了某些松弛的现象。一部分群众对党内的某些腐败现象的不满,为少数反党反社会主义分子所利用,成了一九八九年春夏之交政治动乱和北京反革命暴乱的诱因之一。以江泽民同志为核心的党中央对于这个事实极为重视。为了坚决改变这种状况,在一九九〇年三月,党的十三届六中全会专门作出了《中共中央关于加强党同人民群众联系的决定》,决定指出:"力争今明两年在密切党群关系方面取得明显进步,实实在在地解决群众最关心而又有条件解决的问题。从今年起,每年年终总结工作,都要结合检查党群关系、干群关系中存在的问题,研究解决办法,开展批评与自我批评,考评干部,以利于不断改进领导作风和工作作风。"

(五)提出了正确处理党内矛盾和正确区别、正确处理人民内部矛盾和敌我矛盾的原理。正确处理党内矛盾,是党的建设的另一个重大课题。国际共产主义运动史上关于党内斗争的讨论很多,却很少提出过正确处理党内矛盾的原则问题。中国共产党是工人阶级的先锋队,党要求用马克思列宁主义、毛泽东思想统一全党的思想,并且要求用党的最高领导机关所作的决定统一全党的行动。但是在实际生活中,党内的思想不一致、行动不一致是难以避免地常常发生的,像中国共产党这样的大党尤其难以避免。为了保持党的纪律、团结和战斗力,正确处理党内矛盾就成为党的生活中的一个重大问题。中国党的历史上曾经发生过几次重大的党内斗争,其中有不少是错误的,所用的方法和所得的效果都是很不好的。一九四二年,毛泽东总结历史上的经验教训,为了教育团结在第三次"左"倾路线中犯了错误的绝大部分同志,提出了"惩前毖后,治病救人"的方针,也叫做"团结——批评——团结"的方针,思想教育从严,组织处理从宽,从而达到了团结全党的目的。一九四五年四月,党的六届七中全会通过了《关于若干历史问题的决议》，空前地统一了全党的认识，为党的第七次全国代表大会的胜利举行准备了充分的条件，而七大的圆满成功又为后来的人民解放战争的巨大胜利奠定了思想、政治、组织的基础。随后，党又扩大了应用这个方针的范围，在处理领导与群众的关系，处理军民关系、官兵关系，几部分军队、几部分干部之间的关系方面，都得到了很大的成功。全国解放以后，毛泽东又把这个方针应用到对民主党派和工商界方面来，并在一九五七年二月根据这个方针作了《关于正确处理人民内部矛盾的问题》的报告，对正确区分和处理两类不同性质的矛盾（人民内部矛盾和敌我矛盾）的原则和方法加以系统的说明。尽管从一九五七年夏季反右派扩大化直到"文化大革命"结束这段期间，这个方针并没有得到很好的执行，但是它毕竟已经在全党形成了长时期的历史传统，留下了不可磨灭的深远的影响。正是根据这个方针，党在邓小平同志领导下成功地处理了"文化大革命"十年所遗留的异常繁重复杂的问题。接着，在一九八一年六月十一届六中全会上通过了《关于建国以来党的若干历史问题的决议》，又一次空前地统一了全党的认识，从思想上、政治上、组织上保证了十年来的建设和改革开放事业的顺利发展。对于一九八九年春夏之交的政治风波的处理，党同样是按照正确处理党内矛盾、正确区别和处理人民内部矛盾和敌我矛盾的方针进行的，因而迅速恢复了国内局势的稳定。实践证明，这是中国共产党对马克思主义的党的建设理论和政治理论的重要贡献之一。

关于正确区别和处理两类不同性质的矛盾的原理，还有另一方面的重大意义。在《关于正确处理人民内部矛盾的问题》的讲话中，毛泽东指出，在基本完成了经济战线的社会主义革命以后，"无产阶级和资产阶级之间的阶级斗争，各派政治力量之间的阶级斗争，无产阶级和资产阶级之间在意识形态方面的阶级斗争，还是长时期的，曲折的,有时甚至是很激烈的。无产阶级要按照自己的世界观改造世界,资产阶级也要按照自己的世界观改造世界。在这一方面,社会主义和资本主义之间谁胜谁负的问题还没有真正解决"。随后不久,毛泽东又针对美帝国主义对社会主义国家实行"和平演变"的方针,指出中国国内这种阶级斗争将要长期存在的国际背景,要求全党和全国人民严重注意防止帝国主义"和平演变"的危险。这是社会主义条件下敌我矛盾的新形态。毛泽东的这个英明的预见,已经为多年来特别是近年来的国内国际政治生活所证实。这是中国共产党对马克思主义理论的又一重要贡献。

(六)创立了完整的新民主主义理论。列宁在一九二〇年提出过"落后国家可以不经过资本主义发展阶段而过渡到苏维埃制度,然后经过一定发展阶段过渡到共产主义阶段"的设想,但是由于缺乏实际经验,不可能形成成熟的见解。在这个问题上,中国革命创造了新经验,毛泽东据以对马克思主义作了新的贡献。毛泽东在一九四〇年一月写成的《新民主主义论》一书,对于受十月革命影响、无产阶级及其同盟者的政治力量比较强大而资产阶级的反帝国主义反封建主义的民主革命积极性比较薄弱的国家,革命人民应该建立一个怎样的国家,在这个国家里的政治制度、经济制度、文化制度应该是怎样的,这个国家的前途是什么等问题,作了系统的回答。中国共产党人能够创立完整的新民主主义理论,因为他们这时已经拥有大面积的抗日民主根据地和大量的人民抗日武装力量,已经在抗日战争的发展中证明他们的军事主张和政治主张是正确的和有效的,而且已经拥有多方面的丰富的政治经验,在人民中间享有崇高的政治威信,足以对未来中国的前途拥有有决定影响的发言权。诚然,《新民主主义论》书中所引的斯大林所说的在世界无产阶级革命时代中,任何民族问题,任何反帝国主义斗争都是世界无产阶级革命的一部分的论断(这个论断是从对世界革命形势的过高估计作出的),后来并没有为世界历史所证明;毛泽东后来也对这个观点作了公开的修正①。中国后来的历史发展完全证明了《新民主主义论》的预见。

(七)为和平实现社会主义改造创造了人类历史上的新经验。这实际上是新民主主义理论和政策的必然的进一步发展。毛泽东在一九五三年指出:"从中华人民共和国成立,到社会主义改造基本完成,这是一个过渡时期。党在这个过渡时期的总路线和总任务,是要在一个相当长的时期内,基本上实现国家工业化和对农业、手工业、资本主义工商业的社会主义改造。"后来的实践证明,实现国家工业化需要更长得多的时间。在实现国家工业化的过程中,实现社会主义改造却是必然的、不可避免的,而后一个任务是比预期的时间更早地完成了。这里不讨论在完成这个任务中有些什么简单化或其他可以避免的失误,而只讨论对资本主义经济实现和平改造的这一历史的创举。马克思、恩格斯和列宁都曾设想过取得国家政权的无产阶级可以对资产阶级采取赎买的方法。马克思、恩格斯没有机会实现他们的设想;列宁在一九一八年和一九二一年两次提出赎买的主张,但都因得不到俄国资本家的合作而失败。中国共产党则处在很不相同的历史条件之下:中国民族资产阶级曾经参加抗日民族统一战线,在解放战争中政治上大部分中立,一部分有影响的人士表现进步,拥护新民主主义,故而中国民族资产阶级(工商业者)作为一个集体参加了中国人民政治协商会议,并有代表人物参加政府机构;在新中国成立初期经营发生困难的一部分民族工商业者大都要依靠政府的支持,后来他们对于人民政府和国营经济的依赖程度愈来愈深愈广(尽管中间又经常发生冲突甚至严重冲突);他们表示拥护政府的国

① 《毛泽东选集》第二卷,第710页。

家资本主义政策和它的分配政策,即他们只从企业盈余中领取四分之一左右作为股息红利,而其余则分别归为国家所得税、企业公积金和职工福利奖金;最后,他们拥护实行全行业公私合营,在全行业公私合营以后,他们同意只接受一定时期内按核定的私股股额每年领取百分之五的股息。这样,中国就得以在一个世界人口最多的大国中,完全以和平方式有秩序地实现了社会主义思想有史以来先进的思想家们所提出的以赎买方法解决资产阶级问题的伟大设想。今后人类在遇到类似情况时也许还会比中国共产党人做得更完善,但是中国的这个经验无疑表现了中国共产党人的巨大的智慧和创造性。

中国共产党在农业社会主义改造方面也积累了大量的宝贵经验,这些宝贵经验决不因为后来变得极端刻板化的、挫伤了农民生产积极性的人民公社体制按广大农民的要求改变为家庭联产承包责任制为主而失去意义。家庭联产承包责任制是适合我国目前农业生产力水平的经营形式,它在土地公有、大型农田基本设施和大型农机具公有、乡镇企业基本公有、乡村两级经济组织对个体农产的生产和经营进行协助、服务和调节(所谓"双层经营")等方面,都继承和巩固了农业社会主义改造的积极成果。

(八)成功地开创了社会主义的改革开放事业。改革开放事业是五十年代社会主义改造事业的真正的续篇。邓小平同志在八十年代多次提出,要"建设有中国特色的社会主义"。我们已经看到,在中国革命的发展过程中,能否正确地把马克思主义的普遍原理同中国革命的具体实践相结合,是革命能否胜利发展的关键;在中国的社会主义建设的发展过程中,情况也是如此。中国建设社会主义到八十年代已经有约三十年的历史,这段历史中既有出色的成功(主要在第一个五年计划时期),也有在后来的探索过程中的严重的挫折。为了实现党提出多年的"实现四个现代化",为了在新时期走出新路子,面临的关键问题就是要摆脱长期流行的一些传统影响的束缚（这在建设初期是难以避免的），按照中国当时的具体情况进行改革开放。恩格斯在一八九〇年八月写给奥托·伯尼克的信中说:"所谓'社会主义社会'不是一种一成不变的东西,而应当和任何其他社会制度一样,把它看成是经常变化和改革的社会。"话虽如此,要对社会主义社会的传统体制进行改革实际上却是很不容易的,哪怕它只有几十年的历史。马克思主义的创始者们多次重复说,他们不能预言社会主义社会将是或应该是一个什么样子,这只能由将来的人们按照将来的情况在自己的实践中去决定。但是马克思、恩格斯、列宁提出过的一些论点和设想仍然在长时期内被教条式地对待了。例如认为社会主义是共产主义的比较短暂的初级阶段（这曾使得中国和苏联都曾积极准备过渡到共产主义）；又例如认为社会主义社会必须实行全部生产资料公有制,认为社会主义社会的生产必须是由计划直接调控,它的经济不再具有商品经济的性质；企业的兴建、组构,它们的一切生产经营计划、重要收入支出连同它们的产品的流通和价格都得由国家直接管理。此外,社会主义国家在早期的发展过程中还陆续实行了一系列看来很合乎社会主义理想、因而也难以改变的制度,例如国家负责公民的就业、养老、公费医疗和极其低廉的基本生活费用。长期实行以上这些原则和办法的总的结果,就造成中央的经济权力过度集中,经济体制缺乏活力,国家财政负担过重,严重妨碍生产力的继续发展。这些原则和办法的难以改变,除了思想上的原因以外,还由于第一,这些办法在一个相当长的时期内是大体上适合于当时的条件和需要的,所以曾经行之有效,确实取得了在旧制度下不能取得的巨大成就；第二,社会主义国家长期遭受西方列强的包围封锁,不但难于发展国际间的经济交往,也难于了解资本主义发达国家所积累的发展经济的丰富经验,这些经验中很多对于社会主义国家也是很值得借鉴的(这是列宁早就指出了的),而由于缺乏这种借鉴,社会主义国家不容易看到对原有体制实行改革的有效途径。以邓小平同志为代表的中国共产党人在七十年代末期决定实行改革,首先是搞活经济,因为当时正值"文化大革命"结束。旧的体制已不能再继续下去了,而这时中国又已与资本主义发达国家发展了关系,有条件在国际范围内进行经济上的交往和合作,有条件认真吸取他们的先进的科学技术、先进的经营管理方法和其他有益的经验,吸收他们的资金和人才。中国的改革首先从农村开始(这里却没有任何外来的因素,表明中国改革的主要动力来自内部)。按照广大农民的愿望,把人民公社的生产管理制改为家庭联产承包为主的责任制。这一改革的巨大成功推动了整个改革的进程。城市经济体制的改革,以搞活企业为中心,相应地进行了计划、财政、税收、金融、物资、商业、外贸、价格、劳动工资等方面的改革。同时,所有制结构的改革(由单一的生产资料公有制变为以公有制为主的多种经济成分并存)、分配关系的改革(实行了以按劳分配为主的多种分配形式),以及中央和地方经济权力的重新划分也陆续展开。随着经济体制改革的发展,政治、教育、科技以及社会生活的其他领域也都进行了改革。中国的改革事业以后还将继续深入发展。在实行改革政策的同时实行了开放政策。中国已经同世界经济技术的发展隔绝了二十年,而这二十年正是世界科学技术革命突飞猛进的二十年。中国仍然坚持独立自主、自力更生的方针,却再不能关起门来建设了。中国努力扩大了对外经济技术文化交流和合作的范围。为了吸引外资,中国鼓励合资企业、独资企业和中外合作企业的经营,并且设立了一系列的经济特区、开放城市和开发区、沿海经济开放区。中国的改革开放政策在八十年代的经济发展中很快显示了举世瞩目的成功。国民生产总值在一九八〇年至一九九〇年年平均增长率达到百分之九(在珠江三角洲、苏南等地区的增长速度更高得多),人民生活得到了明显的改善,国家经济实力大为增强。中国共产党在中国成功地发展了改革开放事业,不但使社会主义中国的地位获得了强大的基础,而且成功地使社会主义事业获得了新的生命力,走上了一个新的发展阶段。

(九)提出了社会主义商品经济的原则和社会主义初级阶段的理论。指导中国经济体制改革的原则是发展社会主义商品经济。这是一九八四年中共十二届三中全会《关于经济体制改革的决定》中提出来的。决定说:"改革计划体制,首先要突破把计划经济同商品经济对立起来的传统观念,明确认识社会主义计划经济必须自觉依据和运用价值规律,是在公有制基础上的有计划的商品经济。"这是对社会主义经济传统思想的一个突破,也是对西方资产阶级和社会民主党经济学家的市场社会主义学说的一个反击。社会主义商品经济的原则,亦即计划经济与市场调节相结合的原则,尽管现在还没有形成完整的成熟的理论,却为中国经济体制改革指明了前进的方向,并在若干年的实践中证明是可行的(并不是像西方资产阶级经济学家所说的是不可思议的),而且积累了一定的经验。这些经验表明,随着经济体制改革的深化,计划经济中的指令性计划的适用范围将逐步缩小,而指导性计划的适用范围将逐步扩大;国家直接调控的范围是国民经济发展目标、基本政策、总量控制、重大经济结构和布局调整、关系全局的重大经济活动、关系国计民生的少数重要产品的必要调拨分配、少数重要产品和劳务的价格,而一般工农业产品生产和流通,企业的大量生产经营活动,一般性技术改造和小型建设项目,大量的商品价格和劳务价格,则实行指导性计划或由市场调节。不论是计划调节,还是市场调节,在交换过程中都必须按照价值规律的要求,实行等价交换。社会主义有计划的商品经济是中国经济发展的总趋势,它的形态将随着时间的推移而日趋完备。

在目前,中国的市场机制还不成熟,因而中国的计划机制和市场机制结合的形态还不成熟,这在事物的发展过程中是很自然的。进一步说,从许多方面看,中国的社会主义关系还没有发展成熟,是同中国还处在社会主义初级阶段分不开的。我们已经有了社会主义制度,这使得我们取得了在资本主义制度下不能取得的迅速发展,是我们一切光明的前途的基础,这是第一;第二,社会主义社会是一个漫长的历史发展阶段,它的发展程度是由种种历史条件决定的,企图人为地强行提前它是不可能的,有害无益的。早在一九八一年六月中国共产党第十一届六中全会通过的《关于建国以来党的若干历史问题的决议》中,就已经指出我国还处在社会主义的初级阶段。一九八七年中国共产党第十三次全国代表大会政治报告提出了比较完备的社会主义初级阶段的理论,指出,社会主义初级阶段作为中国在生产力落后、商品经济不发达条件下建设社会主义必然要经历的特定阶段,从五十年代社会主义改造基本完成开始,到社会主义现代化基本实现为止,至少需要上百年时间。这就总结了新中国建国以来关于社会主义发展阶段问题的基本经验,彻底否定了一切很快将要进入共产主义的空想,实事求是地规定了当前经济社会发展的现实任务。很明显,这个总结对于科学社会主义理论的意义,并不限于中国一国。

(十)提出和实行了保卫改革开放中的中国社会主义制度不受腐蚀和颠覆的方针。在这个方针下,中国共产党在政治和组织上采取了一系列的措施,包括反对腐败现象、反对资产阶级自由化、坚持四项基本原则、防止"和平演变"、建设社会主义精神文明必须与建设社会主义物质文明并重,等等。中国共产党在改革开放一开始,就明确地继承毛泽东防止"和平演变"的遗教,认定改革是社会主义的自我完善,认定对外开放的同时要防止西方资产阶级腐朽的、不健康的、反社会主义思想的渗透,要防止党内、国内种种腐败丑恶现象的死灰复燃。邓小平同志曾经多次强调在新的形势下坚持四项基本原则的必要性。他早在一九七九年三月就旗帜鲜明地宣布:

中央认为,我们要在中国实现四个现代化,必须在思想政治上坚持四项基本原则。这是实现四个现代化的前提。这四项是:

第一,必须坚持社会主义道路;

第二,必须坚持无产阶级专政(人民民主专政);

第三,必须坚持共产党的领导;

第四,必须坚持马列主义、毛泽东思想。

在这以后,邓小平同志长期一贯地反复强调坚持四项基本原则和反对它的对立面即资产阶级自由化。在一九八三年四月,邓小平同志在谈到建设社会主义的物质文明的同时必须建设社会主义精神文明的方针时说:"在社会主义国家,一个真正的马克思主义政党在执政以后,一定要致力于发展生产力,并在这个基础上提高人民的生活水平。这就是建设物质文明。过去很长一段时间,我们忽视了发展生产力,所以我们现在要特别注意建设物质文明。与此同时,还要建设社会主义精神文明,最根本是要使广大人民有共产主义的思想,有道德,有文化,守纪律。国际主义、爱国主义都属于精神文明的范畴。"在一九八五年三月,他又说:"有一点要提醒大家,就是我们在建设具有中国特色的社会主义社会时,一定要坚持发展物质文明和精神文明,坚持五讲四美三热爱,教育全国人民做到有理想、有道德、有文化、有纪律。这四条里面,理想和纪律特别重要。……现在我们搞四个现代化,是搞社会主义四个现代化,不是搞别的现代化。我们采取的所有开放、搞活、改革等方面的政策,目的都是为了发展社会主义经济。我们允许个体经济发展,还允许中外合资经营和外资独营的企业发展,但是始终以社会主义公有制为主体。社会主义的目的就是要全国人民共同富裕,不是两极分化。"由此可见,中国共产党在改革开放的条件下反对腐败现象,反对资产阶级自由化,坚持四项基本原则,防止和平演变,坚持对建设社会主义精神文明与建设社会主义物质文明并重,目的都是一个,就是防止改革开放的消极作用,不让中国的社会主义事业变质。应当承认,在过去的十多年中,党中央的一些领导人对于执行这个方针并不是始终一贯的。一手硬,一手软,就给西方一部分敌对势力的"和平演变"图谋和国内一部分资产阶级自由化分子以可乘之机,终于爆发成为一九八九年春夏之交的政治动乱和北京发生的反革命暴乱。邓小平同志说,"过去十年的最大失误是教育",就是指这一点说的。党的十三届四中全会以来,情况已经发生了很大的变化。全党和全国革命人民都牢记了这个沉痛的教训。在后来的国际上更为严重的风云变幻中,社会主义的中国却显得更为稳定。但是国际和国内的阶级斗争都是长期的,我们在任何时候都不能麻痹。我们要建设有中国特色的社会主义,就永远不能忘记这一点。有中国特色的社会主义建设道路,就是既要坚持改革开放政策,又要坚持四项基本原则、防止"和平演变"。也只有这样,中国共产党才能以自己的理论和实践贡献于在困难条件下仍然坚持社会主义理想的各国革命人民之前。

(十一)在国际关系上提出了并一贯执行了和平共处五项原则。对不同社会制度国家实行和平共处的外交政策,这是列宁在十月革命后提出的。中国政府在一九五四年四月在与印度政府订立的关于中国西藏地方和印度之间的通商和交通协定中首次提出了和平共处五项原则,即互相尊重主权和领土完整,互不侵犯,互不干涉内政,平等互利,和平共处。同年六月,中印总理、中缅总理先后在联合声明中重申并确认这五项原则作为国际关系的指导原则。和平共处五项原则比列宁提出的和平共处的外交政策有了更为具体和丰富的内容。在以后的三十多年中,中国政府一贯在对外关系中奉行和平共处五项原则,这五项原则也为愈来愈多的国家所赞同。中国政府后来还把和平共处五项原则扩大应用到对社会主义国家的外交关系中,因为长期的实际生活证明,在社会主义国家的相互关系中,遵守和平共处五项原则不但是非常必要的,而且往往也是很不容易的。和平共处五项原则完全符合联合国宪章的宗旨和规定。与和平共处五项原则相违背的国际政策,是以强凌弱、以大压小、以种种名义干涉别国内政的强权政治即霸权主义,而这种国际政策在当代世界政治、经济生活中却屡见不鲜,成为威胁世界和平、稳定和发展的主要因素。因此,中国和其他许多爱好和平的国家一样认为,迫切需要以和平共处五项原则为基础来建立国际政治、经济新秩序。

与和平共处五项原则相适应,中国共产党在处理与外国党(包括资产阶级政党)的关系中执行独立自主、完全平等、互相尊重、互不干涉内部事务的原则。

(十二)把辩证唯物主义和历史唯物主义的观点贯彻到党的全部工作中。中国共产党一贯重视一切工作从实际出发(调查研究、实事求是),社会实践是认识的基础、事物发展的根本原因在于事物内部的矛盾、阶级斗争是阶级社会历史的动力、对社会现象要进行阶级分析等观点,用以指导党的全部工作。我们在前面所列举的中国共产党对马克思主义的发展,无一不是党在实际工作中切实应用辩证唯物主义和历史唯物主义观点观察和解决问题的结果。中国共产党对马克思主义哲学不但在理论上坚持,而且坚持把它运用到党的一切实际工作中,这在国际共产主义运动中是非常突出的。毛泽东的《反对本本主义》、《实践论》、《矛盾论》、《改造我们的学习》、《人的正确思想是从哪里来的?》以及并非专门讨论哲学问题的著作如《中国革命战争的战略问题》、《论持久战》、《关于正确处理人民内部矛盾的问题》等著作，都是对马克思主义哲学的重要贡献。党的历史上在毛泽东领导下进行的著名的延安"整风运动"，就是以马克思主义哲学观点克服非马克思主义哲学观点的一次深入而广泛的思想斗争和思想教育。七十年代后期，在邓小平同志支持下进行的"实践是检验真理的唯一标准"的思想讨论。是为改革开放在思想上开辟道路的又一次重要的马克思主义思想教育。党的十一届三中全会以来，邓小平同志、陈云同志和以江泽民同志为核心的十三届四中全会以来的党中央，再三强调全党特别是党的高级干部学习马克思主义哲学和整个马克思主义理论的重要性。党中央在全党和全国城乡人民中有系统地普及和深入进行社会主义思想教育。党在多年实践和多年教育中所形成的以马克思主义哲学为基础的思想方法和工作方法的传统，是党的巨大的精神财富。马克思说："哲学把无产阶级当做自己的物质武器，同样地，无产阶级也把哲学当做自己的精神武器。""理论一经掌握群众，也会变成物质力量。"在中国，正进行着一场用马克思主义哲学以及整个马克思主义理论掌握群众（这里首先是指党的干部和党员）的空前伟大的实践。

为了简单起见，我们在这里姑且不计算在各国革命人民中对马克思主义的信念。试问，世界上有什么力量能够战胜掌握了十一亿人口的马克思主义呢？

中国共产党怎样发展了马克思主义，对马克思主义作了哪些方面的贡献，这是一个很大的题目，是一个人的能力所难于完满解答的，在一篇提纲式的论文中更难于讲好。作者在这里只是作了一个初步的尝试。文中一定有不少应说而未说或说了而未说好的地方，希望读者多予指正，同时希望全国的理论工作者能够就这个题目进行深入的、系统的研究和讨论，以及通俗的宣传。

《中国共产党的七十年》题记*

（一九九一年八月）

在一九九〇年三月全国党史工作部门负责人座谈会上。尚昆、一波同志都提出要尽快写出一部完整的中共党史的希望（现行党史著作往往只写到一九四九年，少数写到一九五六年，个别写到改革开放）。在这之前，在一九八八年八月中央党史领导小组第二次会议上，领导小组的同志也曾提出这个任务；当时还考虑最好能写出一部篇幅不太大的党史简本，以便于广大干部、党员阅读。

恰好，建党七十周年的日子临近了，为了纪念这个伟大的节日，中央党史研究室在一九九〇年五月就集中力量进行《中国共产党的七十年》的编写工作，到去年年底，已写出全部初稿。今年一月，在胡绳同志主持下，约请中央宣传部、中央文献研究室两位同志，六月又约请国务院研究室的一位同志，同中央党史研究室的有关同志一起，进行全书的修改定稿工作。初稿提供资料，设计轮廓，功不可没；但是改定稿的整个水平是大大提高了。经过先后参加编写的十多位同志的共同努力，终于在今年八月完稿；完稿原定的时间推迟了，是

---

* 此篇是为1991年8月出版的《中国共产党的七十年》所写的题记。收入《胡乔木文集》第2卷。

为了遵守质量第一的原则的缘故。

我接到这个书稿，很是高兴，觉得它虽然没有能赶在今年七月以前出版，仍然没有失去纪念的意义，而且它的作用本不限于节日的纪念。它正好是大家盼望已久的一部中等篇幅的内容比较完善而完整的党史。当然，中等篇幅的党史并不能代替更详细的党史（如中央党史研究室所著的《中国共产党历史》，已成上卷），但是我相信，它的内容也会给尚在编写中的更详细的党史许多帮助。

胡绳同志告诉我，如果因为时间太紧，不能看全部书稿，希望我务必把本书的第七、八、九三章和结束语看一下。我照办了。这三章确是比较难写好的部分。八大以后的十年曲折很多；"文化大革命"十年是悲惨的十年，但这时期也并非只是漆黑一团；而在改革开放取得伟大成就的十年中，却又出现了两任总书记的严重错误。客观的历史是怎么样，写出来的历史也必须是怎么样。我读了这三章，认为大致可以判断这本书写得比较可读、可信、可取，因为它既实事求是地讲出历史的本然，又实事求是地讲出历史的所以然，夹叙夹议，有质有文，陈言大去，新意迭见，很少沉闷之感。读者读了会觉得是在读一部明白晓畅而又严谨切实的历史，从中可以吸取营养，引发思考，而不是读的某种"宣传品"。

当然，这部书并不是十全十美。党的七十年历史如此丰富，在一部四五十万字的书中不可能说得面面俱到，这是显而易见的。有所取，必有所舍，有所详，必有所略。但取舍详略之际，考虑间有未周，在所难免。而知人论世之处，作者颇具匠心，究难悉当。至于编辑性的差错，恐怕更少不了。无论如何，写这样的书而能写成这样，是不容易的。虽然文出多人，稿经数易，终得集合众长，统一条理，成为一家之言。积年余之功，竟初创之业，尤属可贵。

说是初创，也许不完全对。写这部书，前人已做了大量的工作，并非白手起家。中央作了两次若干历史问题的决议,使大的是非有了准绳;老一辈无产阶级革命家们的文集先后出版,为党史研究提供了许多指导性意见;多年来许多老同志写了各种形式的回忆录,记载了历史上的许多细节;历史工作者编写了多种党史、军史、政治史、经济史、外交史等等;又有国家保存的大量档案,可资查阅。但是在另一意义上,仍然不妨说本书是初创。真正的史书不是抄抄剪剪就可以"撰"成的。在这以前,如果不是完全没有同样的书,的确没有写得同样好的书。

中央党史工作领导小组在批准本书出版时,希望它在广泛征求意见的基础上再版时修订得更加完善。我和本书的作者们一样,热切地希望读者、教学者、研究者和熟悉各个时期党史情况的老同志们对本书多加指正,提出种种要求和建议,使本书再版时能得到改进(随着时间的推移,自然还得作必要的增补),以便更好地完成它在九十年代作为一部好的党史读本的使命。进入下个世纪,如果本书作为素材还多少有用,至少书名将改变为《中国共产党的八十年》之类了。但是,话何必说得这么远呢?

编　后　记

　　胡乔木一生在马克思主义的理论学术研究和党的思想宣传工作中，都取得多方面的杰出的成就。其中重大的成就之一是对中国共产党历史这一学科的建立和发展。一九五一年他撰写的《中国共产党的三十年》，是新中国第一本开创性的党史简明读本。一九四五年和一九八一年中共中央先后作出的两个历史问题决议。他或参与起草（第一个）或负责起草（第二个）。这既是他对党史工作作出的重要贡献，又为他的党史研究奠定了深厚的根基。多年来他对党史各个方面的问题提出过许多独到的见解，作过许多精辟的论述，这些都大量地见之于他的著作、文章、讲话、谈话、书信以及为中央起草的文件、编纂的文献之中。一九九三年出版的《胡乔木文集》第二卷，一九九四年出版的《胡乔木回忆毛泽东》，收入了这类言论的许多重要部分。这些言论和他从事党史的大量实际活动表明，胡乔木运用马克思主义于中国共产党历史的研究，成为把这门学科提高到一个崭新水平的开拓者。

　　这本《胡乔木谈中共党史》，没有收录发行量较大的《中国共产党的三十年》。从《胡乔木文集》第二卷中选辑了十三篇文章。从《胡乔木回忆毛泽东》中选辑了关于全书总体设想的三次谈话。这些文章加上在其他报刊上发表过的七篇文章，约为全书篇幅的一半。

也就是说,本书有一半篇幅的文章是第一次公开发表。在二十四篇
新发表的文章中,有两部分比较重要。一部分是起草《历史决议》中
的十多次谈话。这些谈话涉及中华人民共和国建立以后许多重要的
历史问题,比如对建国后各个时期的形势和党的任务,对若干历史事
件和历史人物的是非功过,对党在社会主义建设过程中的成就和失
误、经验和教训,特别是"文化大革命"的严重错误和沉痛教训,对毛
泽东和毛泽东思想的历史地位,对中国革命和建设的国际环境(尤
其是与苏联的关系)等等,都作了深刻的分析和评论。这些谈话是
在小范围里起草文件过程中的思想探讨,真正做到解放思想,畅所欲
言,有许多真知灼见,并且具有内部谈话所特有的鲜明性和生动性。
当然,即席谈话,有些议论难免不那么周到,但那里面显现的睿智的
思想闪光,不能不令人击节赞叹。不难看出,这些谈话的基本精神与
《胡乔木文集》第二卷中的有关文章(都经过作者亲自审定)是完全
一致的。如果将它们联系起来阅读,对于社会主义时期党史发展的
全过程,以至对于建设有中国特色社会主义的理论和实践,都会加深
许多了解。

　　另一部分新发表的重要文章,是就修改《中国共产党历史》上卷
所作的多次谈话。这些谈话涉及从党的创立到历次革命时期党史的
诸多问题,与上述起草《历史决议》中的谈话一样,也是很有见地的。
如果将这些谈话与《胡乔木回忆毛泽东》中的"谈话录",与胡乔木其
他的对党的历史事件和历史人物的论述,联系起来阅读,也会对于民
主革命时期党史发展的全过程,以及毛泽东思想的形成和发展,加深
许多了解。此外,这些谈话还就党史研究、写作的指导原则和方法,
提出了许多高标准严要求的意见,反映了一位博学多才的党史专家
对加强这项工作的殷切期望。

　　总之,这本书结集了胡乔木关于中国共产党历史研究的丰硕成

果,是他留下的一份十分珍贵的精神财富。学习和掌握这些精神财富,对于党史界提高党史研究和党史工作水平,对于广大读者增加对中国共产党的认识,都是很有裨益的。

本书部分文稿为中央档案馆、中共中央党史研究室提供。本书排成清样后,承逢先知、袁木、卢之超、沙健孙等同志仔细审读,提出许多修改意见。

这里要说明的是,以上两部分新发表的谈话稿,都是根据胡乔木当时的谈话记录整理成文的。谈话时不可能对表述的意思仔细推敲,记录时也难免有不准确和遗漏之处。现在编集已不可能经本人作最后的审定。这些连同本书编辑工作中可能有的其他缺点和错误,希望得到方家和读者的批评指正。

编　者

1999 年 6 月 10 日

再 版 后 记

　　本书出版以来,颇受读者欢迎。两年前已告售罄。此次再版,增补了一篇:《党的八大的基本精神》。将已经发现的几处差错作了订正。因本书原主编郑惠同志已去世,此次再版编辑的工作由黎虹同志负责。

编　者

2014 年 12 月

责任编辑：邓创业
封面设计：石笑梦
版式设计：周方亚
责任校对：吕　飞

图书在版编目（CIP）数据

胡乔木谈中共党史/《胡乔木传》编写组 编.—2版（修订本）.—北京：
　人民出版社，2015.1（2021.4 重印）
（乔木文丛）
ISBN 978－7－01－013768－1

Ⅰ.①胡…　Ⅱ.①胡…　Ⅲ.①中国共产党-党史-研究　Ⅳ.①D23

中国版本图书馆 CIP 数据核字（2014）第 172386 号

胡乔木谈中共党史

HUQIAOMU TAN ZHONGGONG DANGSHI

（修订本）

《胡乔木传》编写组　编

人民出版社 出版发行
（100706　北京市东城区隆福寺街 99 号）

北京新华印刷有限公司印刷　新华书店经销

2015 年 1 月第 2 版　2021 年 4 月北京第 5 次印刷
开本：635 毫米×927 毫米 1/16　印张：26.25
字数：340 千字

ISBN 978－7－01－013768－1　定价：59.00 元

邮购地址 100706　北京市东城区隆福寺街 99 号
人民东方图书销售中心　电话 （010）65250042　65289539